土耳其

历史与现实

马细谱 著

中国社会科学出版社

图书在版编目(CIP)数据

土耳其:历史与现实/马细谱著. —北京:中国社会科学出版社,2023.10
ISBN 978-7-5227-2621-2

Ⅰ.①土… Ⅱ.①马… Ⅲ.①奥斯曼帝国—历史 Ⅳ.①K374.3

中国国家版本馆 CIP 数据核字(2023)第 187642 号

出 版 人	赵剑英
责任编辑	耿晓明
责任校对	周　昊
责任印制	戴　宽

出　　版	中国社会科学出版社
社　　址	北京鼓楼西大街甲 158 号
邮　　编	100720
网　　址	http://www.csspw.cn
发 行 部	010-84083685
门 市 部	010-84029450
经　　销	新华书店及其他书店

印刷装订	北京君升印刷有限公司
版　　次	2023 年 10 月第 1 版
印　　次	2023 年 10 月第 1 次印刷

开　　本	710×1000　1/16
印　　张	32.5
插　　页	2
字　　数	439 千字
定　　价	189.00 元

凡购买中国社会科学出版社图书,如有质量问题请与本社营销中心联系调换
电话:010-84083683
版权所有　侵权必究

目　录

我们所知道的和尚不知道的土耳其（代序） …………… （1）

第一章　奥斯曼帝国的崛起和辉煌 ……………………… （1）
一　帝国的兴起和壮大 ……………………………… （2）
　　小亚细亚的骑士 ………………………………… （2）
　　横跨欧亚的新兴大国 …………………………… （6）
　　兵败维也纳城下 ………………………………… （13）
二　帝国的社会政治和经济制度 …………………… （16）
　　帝国的行政和政治制度 ………………………… （16）
　　帝国的军事建制 ………………………………… （20）
　　帝国的土地制度 ………………………………… （24）
　　帝国的伊斯兰化政策 …………………………… （27）
　　奥斯曼帝国鼎盛时期的文化 …………………… （31）
　　奥斯曼帝国统治下的巴尔干国家 ……………… （36）
三　两个世纪的稳定与危机 ………………………… （38）
　　17世纪最高统治者频繁更替 …………………… （38）
　　社会经济处于困境 ……………………………… （43）
　　18世纪奥斯曼帝国的政治生活 ………………… （45）
四　奥斯曼帝国博弈欧洲列强 ……………………… （50）
　　同奥地利哈布斯堡王朝争夺东南欧 …………… （50）

与威尼斯海上争霸…………………………………………（55）
　　遏制俄罗斯南下巴尔干……………………………………（59）

第二章　奥斯曼帝国在内忧外患中解体……………………（63）
一　奥斯曼帝国与"东方危机"…………………………（65）
　　人民暴动和起义……………………………………………（65）
　　巴尔干民族解放运动的思想与纲领………………………（69）
　　塞尔维亚两次起义…………………………………………（72）
　　希腊独立战争………………………………………………（84）
二　改革与危机……………………………………………（94）
　　奥斯曼帝国的"欧化"和改革……………………………（94）
　　"坦齐马特"改革运动……………………………………（98）
　　奥斯曼帝国与"东方危机"………………………………（106）
　　最后一次俄土战争与柏林会议……………………………（113）
三　青年土耳其党人革命和执政…………………………（117）
　　奥斯曼帝国日暮途穷………………………………………（117）
　　青年土耳其党人革命………………………………………（121）
　　青年土耳其党人执政………………………………………（125）
四　奥斯曼帝国在战火中灭亡……………………………（126）
　　意土战争以土耳其失败告终………………………………（126）
　　土耳其与第一次巴尔干战争………………………………（129）
　　土耳其与第二次巴尔干战争………………………………（139）
　　土耳其与第一次世界大战…………………………………（143）
　　奥斯曼帝国在一战中土崩瓦解……………………………（151）
　　从《塞夫勒条约》到《洛桑和约》………………………（153）

第三章　凯末尔与土耳其共和国……………………………（159）
一　凯末尔革命……………………………………………（160）

凯末尔崭露头角 …………………………………………（160）
　　民族解放运动的领路人 …………………………………（163）
　　土希战争的胜利将军 ……………………………………（167）
二　土耳其共和国诞生 ………………………………………（173）
　　共和国的缔造者 …………………………………………（173）
　　激进的改革家 ……………………………………………（176）
　　政治改革 …………………………………………………（177）
　　司法制度改革 ……………………………………………（179）
　　社会生活改革 ……………………………………………（180）
　　文化与教育改革 …………………………………………（182）
三　土耳其的欧洲现代化之路 ………………………………（185）
　　建设现代化土耳其 ………………………………………（185）
　　凯末尔的和平外交政策 …………………………………（190）
　　凯末尔主义 ………………………………………………（198）
四　旧中国报刊视域下的凯末尔其人其事 …………………（203）
　　《新土耳其》一书夸赞凯末尔领导土耳其革命的
　　　贡献 ……………………………………………………（204）
　　高度评价凯末尔的改革及其成就 ………………………（207）
　　一切赞美之词属于凯末尔 ………………………………（214）

第四章　二战中的土耳其 ……………………………………（221）
一　土耳其的中立政策 ………………………………………（222）
　　选择保持中立 ……………………………………………（222）
　　徘徊于轴心国和同盟国之间 ……………………………（224）
　　关于开辟巴尔干第二战场与争取土耳其参战 …………（229）
二　土耳其的战时经济政策 …………………………………（232）
　　最后时刻投靠同盟国 ……………………………………（232）
　　战时经济措施 ……………………………………………（234）

第五章　土耳其走上多党议会民主道路 ………………（238）
一　战后建立多党政治体制 ……………………………（239）
从一党制到多党制 …………………………………（239）
战后经济得到恢复和发展 …………………………（242）
1950年议会选举 ……………………………………（244）
二　军人政变和多党联合政府 …………………………（248）
1960年"5·27"军事政变 …………………………（248）
关键的1961年 ………………………………………（253）
伊诺努联合政府 ……………………………………（255）

第六章　政党之争与军人政变 ……………………………（261）
一　正义党执政（1965—1971）………………………（262）
正义党脱颖而出 ……………………………………（262）
从文官政府又到军人政府 …………………………（265）
二　联合政府上台（1973—1980）……………………（274）
埃杰维特再度执政 …………………………………（274）
正义党东山再起 ……………………………………（279）
70年代经济发展的成绩与问题 ……………………（281）
军人再次上台执政 …………………………………（284）
三　世纪之交的土耳其 …………………………………（297）
1980年的《经济稳定计划》…………………………（297）
1982年宪法 …………………………………………（301）
厄扎尔时期的土耳其 ………………………………（306）
土耳其政党的演变 …………………………………（311）

第七章　土耳其的新奥斯曼主义 …………………………（320）
一　何谓新奥斯曼主义 …………………………………（321）

土耳其提出新奥斯曼主义战略 …………………………（321）
　　什么是新奥斯曼主义 ………………………………………（324）
　　视中东为土耳其势力范围 …………………………………（327）
　　重返巴尔干地区 ……………………………………………（329）
　　视中亚为土耳其的"战略纵深"地区 ………………………（332）
　二　新奥斯曼主义在行动 ………………………………………（335）
　　土耳其欲成为地区大国 ……………………………………（335）
　　新奥斯曼主义在行动 ………………………………………（337）
　　新奥斯曼主义与伊斯兰教 …………………………………（338）
　　凯末尔主义 …………………………………………………（343）
　　土耳其的强军之路 …………………………………………（344）

第八章　正义与发展党执政 ……………………………………（349）
　一　土耳其的经济 ………………………………………………（350）
　　土耳其"经济奇迹"辨析 ……………………………………（350）
　　农业和农民问题 ……………………………………………（356）
　　土耳其的旅游业 ……………………………………………（362）
　二　埃尔多安的总统制 …………………………………………（367）
　　20世纪90年代动荡的十年 ………………………………（367）
　　正发党上台执政及其原因 …………………………………（370）
　　埃尔多安登上总统宝座 ……………………………………（374）
　　2016年恐怖袭击频发和未遂军事政变 …………………（378）
　　埃尔多安的总统制梦想成真 ………………………………（381）
　三　土耳其的库尔德问题 ………………………………………（386）
　　土耳其库尔德人的命运 ……………………………………（386）
　　二战后土耳其政府对库尔德人的政策 ……………………（390）
　　库尔德工人党及其活动 ……………………………………（394）
　　土耳其在库尔德问题上进退两难 …………………………（397）

库尔德问题是土美关系中的症结之一 …………… （402）

第九章　土耳其的外交政策 …………………………… （405）

一　土耳其加入欧盟：梦想与现实 ………………… （406）
土耳其的入盟历程 …………………………………… （407）
支持和反对土耳其入盟的欧盟成员国及其理由 …… （410）
土耳其和欧盟对待欧洲难民危机态度各异 ………… （414）
土耳其入盟面临诸多困难和问题 …………………… （417）

二　土耳其和美国：正在疏远的盟友 ……………… （420）
土耳其曾是美国的铁杆盟友 ………………………… （420）
土美之间存在什么矛盾 ……………………………… （423）
土美关系有摩擦但不会决裂 ………………………… （426）

三　土耳其与俄罗斯关系 …………………………… （430）
土俄关系复杂多变 …………………………………… （430）
土俄关系发展进入新阶段 …………………………… （432）
埃尔多安"破冰"之旅重启土俄关系 ………………… （436）

四　土耳其与巴尔干国家关系 ……………………… （438）
土耳其在巴尔干国家全面渗透 ……………………… （439）
土耳其在不同巴尔干国家采取不同策略 …………… （442）
土耳其与保加利亚和希腊的关系重要又复杂 ……… （448）
土耳其巴尔干政策成功的机会有多大 ……………… （454）

五　土耳其与中国关系 ……………………………… （456）
丝绸之路：从长安到君士坦丁堡 …………………… （457）
中土建交时的两国关系 ……………………………… （459）
建交后两国关系获得全面发展 ……………………… （462）
一带一路：从北京到伊斯坦布尔 …………………… （465）

附录一　奥斯曼王朝谱系表 …………………………… （470）

附录二 土耳其概况 ……………………………………（472）

附录三 土耳其历史上比较重要的日期和事件 …………（480）

主要参考书目 ………………………………………………（489）

主要人名译名索引 …………………………………………（493）

后　记 ………………………………………………………（502）

我们所知道的和尚不知道的
土耳其（代序）

当代土耳其的历史一般认为始于13世纪成立的奥斯曼土耳其国家。① 16世纪，奥斯曼帝国迎来黄金时期，一直持续到第一次世界大战结束时崩溃解体。经过20世纪20年代土耳其国父凯末尔的民族民主革命和激进改革后，土耳其开始走上世俗化和欧洲现代化道路。它是学习西方比较成功的国家。第二次世界大战后，土耳其建立了西方多党议会民主制度。今日土耳其是正在融入欧洲一体化和现代化的追梦国家。

传统上，土耳其是西亚国家，全国的面积约77.4万平方千米，它欧洲部分的领土只有2.3万多平方千米，不到全国面积的3%。人口近7660万人（2013），在欧洲仅次于俄罗斯和德国，居第三位。其中，土耳其族人占80%左右，少数民族主要有库尔德人和阿拉伯人，还有亚美尼亚人、希腊人、保加利亚人等20多个族群。99%的居民信奉伊斯兰教，其中绝大多数属逊尼派。土耳其语为官方语言。

---

① 本书中在不同历史时期，反复出现奥斯曼帝国、奥斯曼土耳其、土耳其以及君士坦丁堡、伊斯坦布尔等名称。有时遵循了历史年代，有时又混合使用，完全是考虑书写的方便，如奥斯曼帝国军队（奥斯曼军队）、土耳其军队（土军）等。

土耳其处于欧、亚两大洲交界处，扼守黑海的博斯普鲁斯海峡和达达尼尔海峡，战略地位险要。土耳其的矿产丰富，其硼、锑、铬在世界占有重要地位。粮食自给有余，少量供出口。畜牧业较发达，安卡拉羊毛驰名于世。土耳其的古迹和旅游胜地遍布各地，来自国内外的游人络绎不绝。

相传，土耳其民族和国家起源于西突厥乌古斯人的游牧联盟。13世纪30年代，突厥首领奥斯曼征服小亚细亚各地，蚕食拜占庭帝国领土，建立了强大的帝国。1453年占领君士坦丁堡，消灭千年帝国拜占庭，并迁都于君士坦丁堡（后改称伊斯坦布尔）。在此后的200余年里，奥斯曼帝国先后征服巴尔干半岛、黑海沿岸、阿拉伯半岛以及北非一带，成为雄踞欧、亚、非三大洲的庞大帝国，其面积约600万平方千米。

第一次世界大战中，土耳其加入同盟国参战。1918年10月奥斯曼帝国战败投降，土耳其沦为英法等协约国的半殖民地。1919年爱国青年军官穆斯塔法·凯末尔领导土耳其军民开展反对外来侵略和奥斯曼封建王朝的民族解放斗争，实行一系列进步的社会改革措施，1923年宣布成立土耳其共和国。第二次世界大战期间，土耳其保持"中立"，避免战祸殃及本国。

土耳其的近现代史是一部不断改革和革命的历史，是一部长期在探索中前进的国家和民族的历史。早在19世纪中期开始，奥斯曼帝国就开启了向西欧学习的改革运动，长达几十年。凯末尔领导的土耳其共和国在近20年的时间里更是进行不懈的改革，把土耳其引向世俗化和现代化道路。第二次世界大战后，土耳其除在以美国为首的所谓联合国军旗号下参加侵略朝鲜的战争外，一直没有任何外部势力侵犯它的领土主权和独立，保持了长时间不间断的和平发展。今天，土耳其的世俗化和西方化措施取得了举世公认的成绩。

我们知道土耳其是正宗的西亚国家，但它同时又是属于巴尔干半岛的欧洲国家；我们知道现代土耳其发端于奥斯曼帝国的漫长专制制度，但它又是具有欧洲多党议会民主制度国家；我们知道土耳其是市场经济国家，而它从1933年以来就实施五年计划经济；我们知道土耳其已经是个西方化国家，而它基本上是个保留了东方文明的欧化国家；我们还知道土耳其是伊斯兰教的捍卫者，而它也是希腊东正教总主教区所在地，而且整个立法体系都是世俗主义的，不允许发动伊斯兰主义运动。其实，土耳其是多种文化和文明的聚宝盆。这里有世界上独一无二的赫梯博物馆、罗马圆形剧场、拜占庭城堡和无数的清真寺，还有现代化的欧亚大桥以及满街林立的咖啡屋和茶座。在这个五颜六色的大千世界中有丰富多彩的土耳其文化，反映了土耳其人民的东西方性格和面貌。土耳其是继俄罗斯之后第二个欧亚国家，也是西亚和中东、巴尔干的地区大国。

土耳其外交政策的重点依次为：加强同美国和北约的军事和政治关系；努力与德国和其他欧盟国家以及俄罗斯发展政治和经济关系；加强同伊斯兰国家的全面联系。土耳其正进一步扩大自己在巴尔干、中东和中亚的影响。

长期以来，国外学者，特别是巴尔干国家对土耳其的研究著述甚丰。这些著作为研究当代土耳其的历史和现状提供了许多资料，有利于加强和发展这些国家与土耳其的全面合作关系和文化交流。在我国，国人对土耳其的了解和认识知之甚少，其原因是缺乏研究机构和没有自己撰写有关土耳其历史与现状的书籍。近年，中国学者发表了不少介绍和研究土耳其的文章，专门介绍土耳其的书籍却寥寥无几。个别研究土耳其的机构亦开始成立，但有分量的综合性或专题研究非常少，目前还没有出现全面论述土耳其历史和现实的专著。这与我们这个具有悠久历史而又正在对国际事务发挥积极作用的文明古国来说极不相称，有待改变。

今天的世界变得越来越小了，各国在政治、经济、文化和交往等方面的联系也越来越密切了。或者说,各国的互动已经超越了国界线。历史上,中国和土耳其同属拥有悠久历史的文明古国,分别是东亚和西亚的强大帝国,同为欧亚两洲和世界做出过重要贡献。土耳其处于陆上丝路和海上丝路的交汇地区,是"一带一路"的重要支点。从古丝绸之路起,中国与土耳其就有着悠久的历史联系,密切的经贸和文化往来。两国正好是古丝绸之路的两端,让丝绸之路恢复青春活力,土耳其占据特别的地位,起着十分重要的作用。1971年土耳其与中国正式建交。今天,我们要推动"一带一路"走进欧洲,自然绕不开土耳其这个横跨欧亚的地区大国。中国和土耳其同属20国集团,它们创造的经济奇迹令世界瞩目。两国在发展经济和反对外国干涉方面拥有共同利益,需要携手合作,更加积极地参与国际事务。为此,两国人民更加需要相互了解,加强联系,促进交流。

  本书叫作《土耳其:历史与现实》。顾名思义,它还不是真正意义上的土耳其通史或近现代史。笔者还没有能力完成这类历史著作。笔者的出发点是,认为土耳其这个国家非常重要,但国内学界对它关注不够。随着中国在国际事务中的地位和作用与日俱增,我们对土耳其历史和现实的研究应该得到重视。

  笔者希望通过对土耳其历史和现实的研究,全面梳理这个国家的历史、政治、经济和文化以及旅游业,重点是二战后和当代土耳其的发展及其存在的问题,力图从历史学和国际政治学的角度系统考察土耳其的对内对外政策和它在"一带一路"倡议中的地位和作用。尤其要分析土耳其如何利用奥斯曼帝国遗产、优越的地缘政治和能源通道以及西方化的经验,发挥地区大国的作用;同时关注土耳其在巴尔干、中东和中亚地区推行新奥斯曼主义的情况以及土耳其与美国和欧盟、俄罗斯的关系,土耳其与北约的复杂关系。

  笔者还希望通过上述研究,使中国读者对土耳其的过去和现在有一个基本的了解和认识。第一，奥斯曼帝国的兴衰及其原因；第二，凯末尔创建的土耳其共和国建立在奥斯曼帝国的废墟之上，与奥斯曼帝国存在着的密切联系；第三，土耳其作为一个西亚国家在欧洲现代化的道路上将温和的伊斯兰教与西方民主制相结合，产生了"土耳其模式"，成为崛起中的地区大国；第四，土耳其是一个非常特殊的国家。正义与发展党执政以来其对内对外政策取得了很大成功，但也存在宗教、民族、地缘战略等诸多不确定因素，需要加强及时的跟踪研究，关注土耳其的走向；第五，土耳其在中国"一带一路"倡议中具有极其重要的影响力。土耳其与中国的独特文化和地理优势是两国最重要的资产，应该得到充分的利用。面对日益崛起的新奥斯曼主义，我们应该对此保持应有的警惕。

2021年是中国与土耳其建交50周年，2023年是土耳其共和国成立100周年。土耳其提出要在建国100周年时从现在占世界经济总量第17位提高到占世界前10位，或者说到2023年使人均GDP达到2.5万美元，外贸达到5000亿美元，到2050年土耳其将成为欧洲大陆的第二大经济体。

土耳其正在为迎接100周年加速建设，奋勇前进。我们谨以此书献给中土建交50周年和土耳其共和国诞生100周年，献给勤劳的土耳其人民，献给日新月异的土耳其国家，并祝愿中土两国关系迈入新的发展阶段，取得互利合作和双赢的结果。

在这个时候撰写和出版有关土耳其的著作，不仅具有学术价值，而且具有现实意义，会产生一定的社会效益，受到广大读者的欢迎。社会有这种需要，学者应该承担起应有的社会责任。

鉴于笔者不懂土耳其语，只能尽量利用中文相关资料和剪报、利用保加利亚语、俄语，以及少量英文材料。不通晓对象国语言就想写一本像样的专著，俨然有点不自量力，自欺欺人。但是，作为世界史研究工作者却不能因为语言障碍而妄自菲薄、望而却步。只要具有广泛的知识，有较好的学术功力和写作技能，任何一个国家的历史都可以研究，甚至撰写。世界史研究不应该受到国界和语言障碍的限制，更不应该以是否懂对象国语言作为先决条件。当然，笔者深知，本书的缺点，甚至错误在所难免。诚心期待专家和读者的批评意见。

笔者希冀通过本书让读者对土耳其这个国家有更加全面、更加客观的认识，填补我们对这个国家认知上的不足。所以，拙作不仅专业人士，而且广大读者都值得拥有，开卷有益。

马细谱

于北京中国社科院昌运宫宿舍

2021年8月完稿

第一章　奥斯曼帝国的崛起和辉煌

一般认为当代土耳其的历史起源于 11 世纪出现的突厥塞尔柱国家或 13 世纪成立的奥斯曼土耳其国家。

到 15 世纪下半叶，几乎整个巴尔干半岛都被奥斯曼土耳其人占领。1453 年奥斯曼土耳其人攻占拜占庭帝国的心脏君士坦丁堡后，不仅宣告了强大拜占庭帝国统治的结束，而且从此奠定了奥斯曼帝国的基业。

在其后的一个世纪里，奥斯曼帝国迎来黄金时期。帝国的疆界迅速膨胀，以巴尔干为中心向四周扩展，很快它就成了一个横跨欧亚非三大洲的大帝国。16 世纪初奥斯曼帝国开始成为一个中央集权制国家。1520 年起，奥斯曼土耳其人剑指欧洲，把矛头指向西方的基督教世界。接着，占领了匈牙利和奥地利。与此同时，奥斯曼军队没有停止向威尼斯和其他地中海国家的海上扩张。奥斯曼帝国几乎完全占领了整个东地中海和阿拉伯的贸易通道。武力征服的成功得力于帝国一套严密的军事和政治机构、军事封建国家机器和伊斯兰教。

奥斯曼帝国拥有巨大的财富，各地源源不断的税收和岁贡流入国库。战争既掠夺了土地和财物，又刺激了国家和军人的胃口。其时，奥斯曼帝国政局稳定，经济发展迅速，能够维持军队的战争行动和庞大国家机器的运转。

17世纪是奥斯曼帝国的鼎盛时期。但从这个世纪的中后期起，奥斯曼帝国已经力不从心，变成博斯普鲁斯海岸的"病夫"，成为欧洲国家虎视眈眈的猎物。

一　帝国的兴起和壮大

小亚细亚的骑士

当代土耳其的历史一般认为起源于11世纪出现的突厥塞尔柱国家或13世纪成立的奥斯曼土耳其国家。相传，现代土耳其人的祖先是来自远古中国西域地区的突厥部落。他们途经中亚地区，最后定居地中海东岸的小亚细亚半岛。

由于缺乏可靠的文字记载，对于土耳其（Turk-Turkey，突厥）国家形成的历史只能依赖于中国和拜占庭一些零星的间接史料和民间传说。有的中国学者根据古代中国史料，认为土耳其人与中国有割舍不断的历史渊源。他们称现代土耳其人的祖先最早居住在阿尔泰山一带，属中国古书上的北狄。到了隋代和唐代，被称为突厥。突厥也是匈奴的别种，属于北匈奴的一支，中国史书记载"突厥者，其先居西海之右，独为部落，盖匈奴之别种也"。他们中的一支居住在贝加尔湖西边。现代"土耳其"一词就是从"突厥"的字音演变而来的。突厥部落强大时，其疆土范围从中国的北部边陲直达贝加尔湖。随后，突厥分裂为东西两部，势力日衰，在其他古代民族的挤压下，突厥部落一部分留居中国，一部分迁徙到中亚。突厥西迁前在东方时跟中国关系密切，并经常跟我们中国人的祖先发生战争。

宋代末年，蒙古部族在中国北部兴起，其首领成吉思汗率领铁骑东征西伐，攻入中亚地区。突厥部族有的被蒙古族所灭，有的开始向西迁徙，直至深入小亚细亚，与塞尔柱人会合，为奥斯曼帝国的诞生扎下了根基。①

土耳其中小学历史教科书中记述自己最早居住在东方的祖先是居住在蒙古高原鄂尔浑河流域的北匈奴人，直系祖先是突厥铁勒部的"突厥奥古兹人"（Tokhuz Oghuz），"突厥奥古兹人"西迁前的祖地是跟中国接壤的蒙古高原。

土耳其学界也认定他们的祖先起源于突厥人。他们指出，公元前4世纪至公元前3世纪，最古老的突厥部落由于人口的增长和受到其他部落的挤压，居住空间缩小，从中国的西北部地区纷纷西迁至里海和伏尔加河流域。这个迁徙过程一直持续到12世纪。突厥部落来到西亚和欧洲东部，对日后的亚洲和欧洲历史产生了巨大的推动和影响。

据土耳其学者的研究②，630年东西突厥分裂后，开始臣属于中国王朝。半个世纪后，突厥部落起来造反，仅以伊尔特里什（Ilterrish）为首的一支突厥部落就对中国发动了46次进攻。725年中国朝廷正式承认第二个突厥国家的存在。突厥部落信仰太阳、大海和河流。他们的天神是腾格尔。9世纪，小亚细亚的突厥人经过长时间的徘徊和磨合逐渐与其他民族融合，接受了伊斯兰教。突厥人主要在山区放牧，喜欢肉食、蜂蜜和皮革。他们拿这些产品与中国朝廷和拜占庭进行贸易。从中国进口大米、丝绸、纺织品和农具，从拜占庭进口武器和粮食。突厥人拥有自己的骑兵，所以他们控制着东西方的商业大道，即"古丝绸之路"（IpekYolu）。当时，从中国到东欧还有另一条大道，称为"皮革之路"

---

① 有关土耳其人起源于突厥的论断可参见柳克述编《新土耳其》，上海商务印书馆1927年版，第3—5页。

② 土耳其学者伊布拉赫姆·卡拉哈桑－杰纳尔在《土耳其》（Ибрахим Карахасан-Чънар, Турция）（索菲亚，"ЛИК"出版社2000年版，第11—16页）一书中，详细叙述了土耳其人的起源和与古代中国的联系，提供了一些很有价值的资料信息。

（Kurkyolu）①。许多珍稀动物的皮革输送到了中国。

10世纪，位于里海和锡尔河之间的突厥人建立了乌古兹·雅布古公国，定都叶尼肯特。1000年乌古兹国家崩溃，在其废墟上建立了一个塞尔柱（Seljuk kingdom）国家。从此，史书上便称这部分突厥人为土耳其人，或塞尔柱土耳其人。乌古兹部族在塞尔柱王朝中占据优势，起初这个国家甚至就叫作乌古兹国家。突厥塞尔柱人国家的首领塞尔柱去世后，他留下的4子争夺继承权。有的嗣子到了伊拉克和叙利亚建立自己的公国，而其中一个叫作凯勒·阿尔普·阿尔斯兰（КайъАлп Arslan），率领部分人马进入安纳托利亚，在那里奠定了塞尔柱人国家的基础。

突厥塞尔柱人骁勇善战，依仗彪悍的骑兵南下侵占阿拉伯人控制的地盘。他们在其首领图格鲁尔（Togrul）的指挥下，先后攻克了霍拉桑（1040）、巴格达（1055）、德黑兰（1059）以及阿富汗和巴基斯坦的部分地区。突厥塞尔柱人取得的巨大胜利动摇了古老的阿拉伯帝国阿拔斯王朝的统治，其哈里发被迫承认突厥塞尔柱人占领的土地，并授予图格鲁尔"苏丹"称号。据认为这就是土耳其苏丹的来历。

到了11世纪下半叶，当突厥塞尔柱人向东扩张进入小亚细亚时，他们遇到的最大障碍是拜占庭人。这时，他们在同拜占庭帝国的较量中已经开始取得主动，因为拜占庭帝国正处于封建主内讧、王朝更替和宗教纷争之中，已经无法有效阻止突厥人对帝国的频繁侵袭。1067年拜占庭皇帝君士坦丁十世（Konstantin X）病逝，驻守多瑙河流域的大将军罗曼努斯率兵叛乱，并在1068年1月加冕称帝。他急忙组织对突厥塞尔柱人的进攻，试图收复帝国失地。1071年8月28日，罗曼努斯率领庞大的军队在小亚细亚东部的凡湖北侧小镇曼齐克特与阿斯兰的突厥塞尔柱军队决战。结

---

① Ибрахим Карахасан-Чънар, *Турция*, София, "ЛИК", 2000, с. 14.

果，拥有优势兵力的拜占庭军队丢盔弃甲，遭到惨败，皇帝被俘。拜占庭被迫接受突厥塞尔柱人的苛刻和平条约，割让小亚细亚和叙利亚等地给突厥塞尔柱人。这样，在曼齐克特战役后，塞尔柱土耳其人便占领和统治了几乎整个小亚细亚，[①] 打开了进入安纳托利亚和巴尔干半岛的大门。

有的土耳其学者认为，土耳其人是古代历史的"后来者"，一个相对"年轻"的民族。他们有三个故乡：第一个故乡"中亚"，位于中国北面；第二个故乡大概位于里海以东，咸海以南，在今天阿富汗北部的河中地区（Transoxania），并在这里皈依伊斯兰教；第三个故乡在安纳托利亚和鲁梅利亚（Rumelia）地区。[②]

12世纪下半叶，塞尔柱人历代统治者继续在安纳托利亚轮番征战和统治，内讧杀戮，残暴至极。13世纪中叶，蒙古人的军队打败塞尔柱人，占领了塞尔柱苏丹控制的大部分地区。到这个世纪的后半叶，塞尔柱王朝在蒙古人的打压下，分裂成许多小封建侯国，相互对抗，混战不已。1307年，蒙古人俘获最后一位突厥塞尔柱人苏丹，结束了塞尔柱王朝的统治。据粗略统计，从1075年至1318年的243年间，安纳托利亚的塞尔柱人共更换了19位苏丹。

在众多的突厥塞尔柱部落首领中，有一位被封为"加齐"（Gazı 即"英雄"）的奥斯曼（Osman Ⅰ，1299—1326 年在位，见图1—1）首领崛起，继续征服和兼并拜占庭的领土，定都耶尼谢希尔（Eskishehir），正式宣布为独立国家。后来，人们就以他的名字称呼新成立的朝代和国家。在奥斯曼国家，伊斯兰教开始在小亚细亚兴起，逐步取代基督教。奥斯曼国家于13世纪在小亚细

---

① Д. Ангелов, *Турското заваевание и борбата на балканските народи против нашествениците*, ИП. Г. Ⅸ ., т. 4, София, Из. Наука и искуство, 1953, с. 378 – 379.

② [土] 悉纳·阿克辛:《土耳其的崛起：1789年至今》，吴奇俊、刘春燕译，社会科学文献出版社2017年版，第3—4页。

亚西部地区形成，其后奥斯曼建立的帝国也以他的名字命名，称为奥斯曼帝国（Osmanlı，Ottoman）。这个奥斯曼王朝从1299年建立到1922年11月解体，经历了28位苏丹，共存在了623年。

图1—1　奥斯曼加齐（1299—1326年在位）

奥斯曼死后，他的儿子奥尔罕（Orhan，1326—1360年在位）扩大占领范围，把都城迁到布尔萨（Bursa），建立了真正意义上的奥斯曼国家组织。接着，奥尔罕的军队通过1341—1347年的战争掠夺拜占庭的土地和财物，1345年起先后攻占了安卡拉和东正教圣地伊兹米特（Izmit），将其并入奥斯曼国家版图。伊兹米特距巴尔干半岛只有尺寸之遥。

横跨欧亚的新兴大国

据史料记载，1330—1345年奥斯曼土耳其人几度进入巴尔干半岛的东南部地区。但他们此举的初衷还不是掠夺土地,扩大地盘。他们是由于拜占庭宫廷内讧,应康塔库齐皇帝的邀请,去欧洲大陆出兵打援。直到1352年,奥尔罕的一个儿子苏莱曼巴夏(Sulayman Pasha)才攻占了加利波利(Galipoli)半岛,第一次渗透到欧洲大陆,并在那里建立向欧洲进一步抢劫掳掠的桥头堡,还把突厥居民从小亚细亚迁来定居。① 1355年,奥斯曼土耳其人已深入巴尔干半岛的东色雷斯地区,1361年奥斯曼土耳其人夺取了坚固的阿德里亚堡城堡(Adrianopole, Odrin, Edirne,又称奥德林,今日埃迪尔内)后,又把国家的首都迁到了这个战略要地。这时起,拜占庭帝国、整个巴尔干半岛和欧洲都面临奥斯曼军队的严重威胁。

14世纪三四十年代,奥斯曼军队像一把利剑刺向巴尔干半岛。其时,巴尔干地区处于封建割据状态,小领地和小侯国彼此对立,互不团结,这使奥斯曼土耳其人的入侵屡屡得逞。14世纪下半叶,奥斯曼土耳其军队已频繁侵袭巴尔干西部地区。据史料记载,奥斯曼军队在穆拉德一世(Murad Ⅰ,1360—1389年在位,见图1—2)率领下向西挺进,横扫巴尔干各地,几乎无人能够阻挡。1358年今阿尔巴尼亚地区第一次遭到奥斯曼土耳其人进攻。1364年,奥斯曼人占领了今日保加利亚的普罗夫迪夫和旧扎果腊,1382—1386年占领索菲亚和马其顿的大部分地区,并再次染指阿尔巴尼亚。波斯尼亚和瓦拉几亚在1389年也臣服奥斯曼国家。1396年位于巴尔干东部的整个保加利亚沦陷后,奥斯曼军队长驱直入塞尔维亚、马其顿和阿尔巴尼亚等地,势不可当。

18世纪下半叶保加利亚第一本历史书的作者帕伊西·希伦达尔斯基在其书中记述了先人的记忆:当穆拉德苏丹占领保加利亚

---

① Страшимир Димитров, Кръстьо Манчев, *История на балканските народи*, том Ⅰ, София, Парадигма, 1999, с. 17.

图1—2　穆拉德一世（1362—1389年在位）

土地后，他就挑选了许多人年轻人，把他们抢去，集中到埃德雷内，要他们在土耳其军队中充当埃尼恰尔，强迫他们土耳其化。那时的人们极端悲惨，极端可怜。他们为保加利亚沙皇嗟叹痛哭。母亲、父亲和亲戚们无比悲哀，为自己的孩子叹息。那时的人们在土耳其的统治下困苦不堪。漂亮的教堂被毁，变成了清真寺；基督教徒没有了教堂和修道院：房屋、田地、葡萄园，一切美好都被洗劫一空。基督教徒被杀害，他们的财产被抢劫。[①] 这就是奥斯曼土耳其人早期在巴尔干半岛的征服和统治。

早在1354年，奥斯曼土耳其人开始入侵塞尔维亚，1386年攻占塞尔维亚重镇尼什。1389年6月，苏丹穆拉德集中优势兵力讨伐塞尔维亚和波斯尼亚。这时，塞尔维亚的拉扎尔大公联合波斯

---

① Паисий Хилендарски, *Славяно-българска история*, София, Български писатели, 1960, с. 81.

尼亚，并说服群雄割据的其他巴尔干封建主，组成了一支包括塞尔维亚人、保加利亚人、阿尔巴尼亚人、克罗地亚人等的部队，共同抗击入侵者。最后，拉扎尔率领的巴尔干同盟军同奥斯曼土耳其军队于6月15日在科索沃平原的"画眉坪"决战。当双方酣战时，一位塞尔维亚显贵米洛什·奥比利奇潜入苏丹穆拉德的帐篷，称有重要情报告诉他，便乘机杀死了穆拉德。

于是，奥斯曼土耳其的军队指挥权落到了穆拉德的儿子绰号叫"闪电"的巴耶济德（Bayezid Ⅰ，1389—1402年在位）手里。后者宣布自己为苏丹，率部击溃了拉扎尔的同盟军。拉扎尔大公负伤被俘，巴耶济德命令把他剁成肉块撒在穆拉德的尸体上，以报杀父之仇。"科索沃战役"是巴尔干各国人民联合起来反抗奥斯曼土耳其征服者的一次伟大尝试。

巴耶济德在位时，这位苏丹统治者用火和剑开始了彻底征服整个欧亚地区的战争。1394年巴耶济德挥兵西征，在巴尔干各地横冲直撞，滥杀无辜；1395年他亲自统率近20万大军越过多瑙河，直捣匈牙利；1396年他在保加利亚西北部的维丁和尼科波尔大败以匈牙利国王西格蒙德（Sigizmund，1387—1437）为首的基督教十字军联军。此时，巴耶济德在基督教世界和伊斯兰世界声名鹊起。到14世纪末，奥斯曼人几乎占领了从多瑙河至雅典之间的广袤地区，站稳了脚跟。拜占庭帝国的首都君士坦丁堡此时已孤立无援，陷入四面楚歌之中。

占领基督教世界的首都君士坦丁堡，这是伊斯兰教徒的夙愿。从1394年起奥斯曼人就开始包围君士坦丁堡，但这时巴耶济德一世遇到了进入小亚细亚的强大劲旅——帖木儿（Tamerlane）大军。在1402年的安卡拉战役中巴耶济德兵败被俘，次年3月在囚车内饮自己藏在戒指内的毒液身亡。

安卡拉之战的惨败和巴耶济德的死亡迫使奥斯曼人暂时放松了对君士坦丁堡的包围，而摇摇欲坠的拜占庭帝国也因此又苟延残喘了50年。

当1451年外号"征服者"的穆罕默德二世（Mehmed Ⅱ，1451—1481年在位）登上苏丹宝座后，他就集中兵力和财力，把夺取拜占庭首都君士坦丁堡、摧毁拜占庭帝国和完成建立奥斯曼帝国大业作为自己的首要任务。即位之初，穆罕默德二世就下令修建了一座扼守博斯普鲁斯海峡的坚固城堡，① 并建造船只，铸造大炮，对君士坦丁堡形成包围之势。在奥斯曼军队兵临城下的生死攸关时刻，拜占庭皇帝君士坦丁十一世（Konstantin Ⅺ，1449—1453）紧急征集粮草、储备食物，加固城墙。为了阻止和牵制奥斯曼军队从海上进攻，拜占庭军队在海峡布满粗实的铁索链，酷似撒下一张大渔网，以封锁和俘获奥斯曼人的舰船。当奥斯曼军队的船只无法穿越铁索链的拦截时，他们决定从陆地架设木板滑道，涂抹上牛羊油脂，铺垫羊皮，将60多只小船先从博斯普鲁斯海峡偷偷拖进金角湾待命。

1453年4月初，穆罕默德二世亲自督率十几万大军兵临城下，而拜占庭守军仅1万人，其中3000—4000人为雇佣军。尽管该城军民在最后一位皇帝君士坦丁十一世的率领下，英勇抵抗奥斯曼军队的全面进攻，但在守城54天后，5月29日首都终于陷落。奥斯曼军队破城后连续三天疯狂抢劫，残忍屠杀，无恶不作。穆罕默德二世骑着高大的战马，威风凛凛进城，而拜占庭末代皇帝君士坦丁十一世却窜逃未遂，在混战中被奥斯曼人击毙。从此，人类历史的一个辉煌时期结束，东正教圣地变成一片废墟。奥斯曼土耳其人被西方人视为"侵略者""野蛮"和"破坏文明"的异教徒。从此，奥斯曼帝国的首都由最初小亚细亚的布尔萨和后来

---

① 1452年，穆罕默德下令在博斯普鲁斯海峡的欧洲海岸修建一座石头城堡，安装了先进的大炮，仅费时4个月。这个被称为"欧洲城堡"的建筑物今日被列为伊斯坦布尔的旅游景点之一。

的奥德林正式迁至君士坦丁堡。5月29日由此成为土耳其的纪念日。有的西方学者认为:"第二罗马在长达数世纪的抵御之后终于落入穆斯林之手,像这样富有戏剧性的历史事件,在后来欧洲人看来,似乎是标志中世纪终结,西方文艺复兴发端。"①

图1—3　土耳其每年举行1453年攻占君士坦丁堡的纪念活动

君士坦丁堡沦陷后,该城被改名为伊斯坦布尔,它成为奥斯曼帝国的政治、行政、宗教中心。奥斯曼帝国开始走向繁荣昌盛,壮大成为地跨欧亚非三大洲的世界大帝国。

接着,奥斯曼军队再次向巴尔干半岛大举进攻。从1453年至1459年,穆罕默德二世指挥奥斯曼军队先后攻占了塞尔维亚多瑙河上的城堡和希腊残存的伯罗奔尼撒半岛,整个塞尔维亚(1459)和希腊(1460)被征服,1463年波斯尼亚失守,1476年瓦拉几亚灭亡,1476—1478年阿尔巴尼亚降服,1474年卡拉曼尼亚被吞并,1475年克里米亚汗国投降,1482年黑塞哥维那丧失独立。

穆罕默德二世在位30年,征服了14个国家,夺取了200个城

---

① [美]戴维森:《从瓦解到新生——土耳其的现代化历程》,张增健、刘同舜译,学林出版社1996年版,第35页。

市。① 他是地道的"征服者"。这样，到15世纪下半叶，几乎整个巴尔干半岛都被土耳其人侵占。巴尔干国家近5个世纪处于奥斯曼帝国的统治之下。

从穆拉德一世上台到穆罕默德二世去世，奥斯曼土耳其人用了120年的时间占领了整个巴尔干地区，实行严密的封建军事管理制度。奥斯曼土耳其人的征战活动之所以获得重大成就，不仅因为他们的军事力量所向披靡和军事活动领导有方，而且因为基督教统治者之间缺乏合作；既由于奥斯曼军队的疯狂征服方法，也由于巴尔干半岛内部的分裂形势。有的学者指出，"在14世纪的最后25年中，巴尔干诸国在政治上没有统一起来，各国居民为内部竞争和相互嫉妒而四分五裂，不可能联合起来共同抗御奥托曼人"②。还有学者认为，奥斯曼帝国之所以能够征服巴尔干半岛，是因为：巴尔干各国国家小、力量薄弱且分割严重；各国之间相互对立和仇视；奥斯曼帝国采取"分而治之"政策。③

尽管罗马教皇也通过外交努力，想拯救穷途末路的巴尔干基督教国家，但终因"罗马教会首先追求不现实的利益，西欧的援助行动总是毫无结果"④。所以，尽管拜占庭人和匈牙利人曾联合抗敌；也尽管塞尔维亚拉扎尔大公率领巴尔干同盟军在科索沃进行了血战；还有阿尔巴尼亚民族英雄斯坎德培（Skenderbeg）领导了长达20多年的反对奥斯曼帝国武装起义，但这一切都未能阻止奥斯曼帝国征服者的凌厉攻势，占领巴尔干半岛也就打通了进入中欧的通道。

---

① Ибрахим Карахасан-Чънар, *Турция*, София, "ЛИК", 2000, с. 51.
② [俄] 伊兹科维兹:《帝国的剖析——奥托曼的制度与精神》，韦德培译，学林出版社1996年版，第11页。
③ Александър Тодоров, Инфраструктурната битка за Западните Балкани, ЕС, Турция и останалите, брой 2, 2021, "Геополитика", с. 103.
④ Едгар Хьош, *История на балканските страни от древността до наши дни*, София, "ЛИК", 1998, с. 94.

兵败维也纳城下

16世纪起,奥斯曼帝国迅速壮大,成为令世界瞩目的强大帝国。1481年5月穆罕默德二世突然病死在征途中,留下两个儿子争夺苏丹王位,一度出现内讧。穆罕默德二世的长子巴耶济德二世(Bayezid Ⅱ,1447—1512)依靠忠诚的埃尼恰尔(Enıçarı Odjak)近卫兵团战胜弟弟杰姆(Jım),继承苏丹王位。1495年杰姆在流放中死于慢性中毒,1512年巴耶济德二世被小儿子塞利姆一世(Selım Ⅰ,1512—1520年在位)逼迫让位,不久即病逝。奥斯曼帝国在占领小亚细亚和巴尔干半岛之后,继续向中东和中欧大肆征战,力求攫取更多的土地和财富。

1512年8月塞利姆一世登上王位后,没有急于对外扩张。他的首要目标是征讨帝国内部的政敌,尤其是小亚细亚地区包括他哥哥在内的封建割据势力,清除异己。1516年起,塞利姆一世在中东阿拉伯地区开始了一系列征战活动,占领叙利亚,先后夺取了大马士革、贝鲁特、阿勒颇、的黎波里、耶路撒冷等重要城市。1517年塞利姆一世亲征埃及,经过在开罗4天巷战,推翻了埃及马穆留克王朝的统治。更为重要的是,奥斯曼人占领了麦加和麦地那伊斯兰教圣地,奥斯曼苏丹开始称哈里发,并取代哈里发政权,自动变成伊斯兰世界的最高领袖和伊斯兰教的坚强捍卫者,集公民权、军事权和宗教权于一身。这样,16世纪初奥斯曼帝国就变成一个中央集权制国家,苏丹塞利姆一世1518年凯旋回到伊斯坦布尔市,被封为"强大的"苏丹。

1520年塞利姆一世在位8年后辞世,他唯一的儿子苏莱曼一世(Süleyman Ⅰ,1520—1566年在位,见图1—4)毫无悬念地继承父业。苏莱曼一世上台伊始,立刻剑指欧洲,把征战的矛头指向西方的基督教世界。1521年8月底,他统率的奥斯曼军队经过三个星期的围攻和炮轰,占领了贝尔格莱德的最后一个城堡斯梅德雷沃；1522年坚守罗德斯（Rodes）岛上的约翰骑士团被迫弃岛投降。接下来，苏莱曼的军队又在1524年攻占亚美尼亚，并乘胜北上，于1526年进入哈布斯堡王朝的属地，同年8月29日，奥斯曼军队通过莫哈奇（Mohac）战役占领了匈牙利。3年之后，1529年和1532年奥斯曼军队两次将维也纳四面包围，试图夺取这座作为奥地利首都的城市。但是，1529年10月奥斯曼军队攻打维也纳失败，意味着奥斯曼帝国向西扩张的野心已经严重受挫。奥斯曼军队遭到惨重伤亡后，不得不撤出奥地利。但这时起整个中欧地区已经深感奥斯曼军队的凌厉攻势和威胁，冲突时有发生。

图1—4 苏莱曼大帝（1520—1566年在位）

与此同时，奥斯曼军队没有停止向威尼斯和其他地中海国家的海上扩张。1534年，奥斯曼军队再次洗劫历史名城巴格达，奥斯曼帝国几乎完全占领了整个东地中海和阿拉伯的贸易通道。1540年，奥斯曼军队占领了威尼斯控制下的整个希腊，阿尔及利亚和突尼斯，北非除摩洛哥外都纳入了奥斯曼帝国的版图。

第10位奥斯曼苏丹苏莱曼一世执政46年，是在位时间最长的苏丹，奥斯曼帝国进入政治、经济、军事和文化鼎盛时期。苏莱曼一世因而被称为"立法者"，而被欧洲人捧为"大帝"。1566年时年72岁的苏莱曼死于征讨欧洲的途中。这位功勋卓越的苏丹早在1557年就为自己建造了豪华陵墓，它就是今日雄踞伊斯坦布尔市中心的"苏莱曼尼"（Sulemani）清真寺。

苏莱曼一世亲自参加了13次讨伐性战争，其中10次发生在欧洲。正是他将奥斯曼帝国变成了世界性大国。或者说，在他统治期间，奥斯曼的版图"在欧洲、波斯、地中海和阿拉伯大扩张"。奥斯曼人"与全力以赴地要夺取世界霸权的哈布斯堡王室陷入顽强的抗争中"①。据历史学家估计，此时奥斯曼帝国的人口达到2500万—3000万人。帝国的疆域东西长约7000千米，南北宽约5000千米，领土面积约为800万平方千米。② 到了16世纪，"奥斯曼帝国控制了叙利亚、阿拉伯半岛和埃及，包括耶路撒冷、麦加、麦地那三座圣城。极盛时期的帝国囊括了从北非延伸到克里米亚、从贝尔格莱德到巴格达的广大版图，控制了东地中海和东西方之间的商路"③。另一位希腊籍法国作者迪米特里·吉齐基斯认为，17世纪末，帝国的领土从西亚到在东南部至非洲北部，占据巴尔干半岛和小亚细亚以及阿拉伯世界。人口约2200万人，伊斯坦布尔拥有居民50万人。④

奥斯曼帝国之所以能够所向披靡，节节胜利，除了它代表新生力量具有强大的生命力和拥有强悍的骑兵外，还因为拜占庭帝国的衰败和巴尔干中世纪国家各自为政，失去抵御外来进攻的能

---

① ［俄］伊兹科维兹：《帝国的剖析——奥托曼的制度与精神》，韦德培译，学林出版社1996年版，第31页。Никола Тодоров Балканският град XV- XIX век，София.

② Д. Е. Еремеев，М. Мейер，История на Турция в средните венове и ново време，София，"проф. Марин Дринов"，1998，с. 150.

③ ［土］悉纳·阿克辛：《土耳其的崛起：1789年至今》，吴奇俊、刘春燕译，社会科学文献出版社2017年版，第9页。

④ Димитри Кицикис，Османската империя，София，Кама，2000，с. 13–14.

力，以及欧洲对突如其来的东方不速之客没有思想和物质准备有关，更重要的是没有联合抗击共同敌人的统一行动。

奥斯曼土耳其人攻陷拜占庭帝国首府君士坦丁堡之后的一个世纪里，迎来了它的黄金时代。帝国的疆界迅速膨胀，以巴尔干为中心向四周扩展，很快它就成了一个横跨欧亚非三大洲的大帝国。武力征服的成功还得力于帝国一套严密的军事和政治机构等军事封建国家机器以及狂热的伊斯兰教。

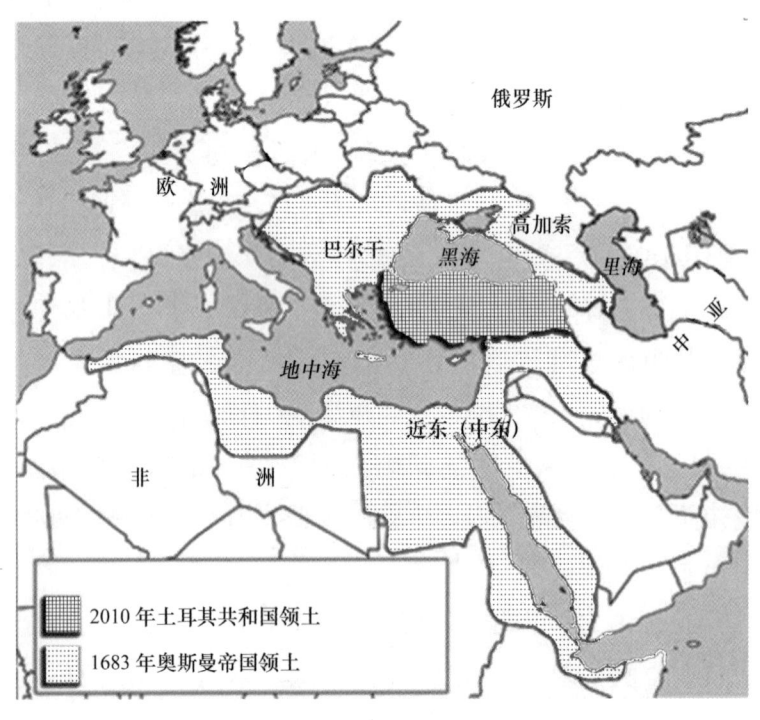

图1—5　1683年的奥斯曼帝国与2010年的土耳其领土

二　帝国的社会政治和经济制度

帝国的行政和政治制度

奥斯曼土耳其人建立的帝国不是奴隶制国家，而是一个高度中央集权的封建军事国家。尽管帝国存在奴隶制残余现象，但它的广大城乡居民是自由民，其统治者则把官僚行政机构、军事组织、财政收入和宗教信仰等巧妙地结合在一起，以管理国家并进行征战活动。也就是说，奥斯曼帝国统治的最大特点是高度中央集权，再加上强大的军队和狂热的宗教。同时，无论是从人种、语言文化，还是从宗教和教会来看，帝国都是一个多民族多宗教多元文化的国家。

如此庞大的帝国特别需要一套精心设计的政府行政机构，以便有效地管理治安、税收和维持一支强大的军队。最高统治者苏丹既是最高国家元首，又是全世界所有穆斯林的首脑（哈里发），拥有无限的权力。苏丹被认为是伊斯兰世界两处圣地麦加和麦地那的统治者和守护者，所以人们称颂他为"真主在大地上的影子"。他还是国家至高无上的军队统帅、最高司法官和国家土地与财富的所有者。苏丹根据自己的需要可以任意任命和撤换所有高级官吏，其中最重要的是指定"大维齐尔"，即仅次于苏丹的第二号人物，大宰相。他借助一个叫作"迪万"（Divan）的国务会议进行管理。这个国务会议包括宰相和军队、财政、司法、宗教、玉玺等几位主要大臣。同时，苏丹通过颁布诏令和谕旨维持国家机器运转，控制臣民。

尽管苏丹作为一国之主，权力无边，但在管理国家中，宰相起着别的大臣难以替代的作用。宰相主持由数名大臣和大法官组成的国务会议。在帝国早期，奥斯曼帝国的宰相职务一般由接受了伊斯兰教的原基督徒担任，如克罗地亚人、波斯尼亚人、希腊人等都担任过这个要职。帝国的国务会议下设4个部门，分别处理军事（主要是埃尼恰尔近卫军团）、税收政策、国库和礼仪与节日庆典等事务。随着帝国的发展，国务会议的人员构成和职能也在发生变化。15世纪创立国务会议时，它只是"苏丹委员会"，其成员仅包括苏丹本人、大维齐尔和最重要的几个部门的首脑，如安纳托利亚行省和巴尔干半岛的鲁梅利亚行省的省督、埃尼恰尔军团最高司令官等人,苏丹直接掌控委员会。16世纪末起,国务会议由大维齐尔主持,起着咨询性质作用,真正的重大决定仍由苏丹做出。到了18世纪初,成立了大维齐尔委员会,俗称"宰相府"(Sublıme Porte),是奥斯曼政府的象征,履行帝国最重要的事务。15世纪和16世纪的国务委员会分别由3名和7名宰相组成,而18世纪的宰相府已经拥有9名宰相。①

从表面看,奥斯曼帝国精心设计了一套国家机构及其严密分工的管理办法,大家都得听命于苏丹,但实际上宫廷内部在争夺高级职位时,充满了尔虞我诈,阴谋诡计。内宫的皇太后(苏丹的母亲)和皇后(苏丹长子的母亲)、嫁给了宰相和大臣的公主们之间,常常处于阴谋旋涡之中。至于苏丹王位继承人之争,往往也是一场触目惊心和你死我活的较量与战争。

奥斯曼帝国的伊斯兰教大教长(Müftı,穆夫提)在国家管理中具有特殊地位。他领导所有穆斯林的、司法的和宗教事务的机构,拥有特权地位。他跟宰相不同的是,穆夫提即使犯有死罪也不能处决,而只能发配流放。穆夫提们在奥斯曼帝国的历史上发挥过非常重要的作用,有的穆夫提在职长达28年之久,如法塔瓦·艾布苏德(1490—1574)就是苏莱曼一世和塞利姆二世两代君主的伊斯兰教大教长。

奥斯曼土耳其人在被侵占的巴尔干地区也完全推行帝国的一套行政、经济和军事制度。在15—16世纪奥斯曼帝国早期,帝国共设两个行省:小亚细亚的安纳托利亚行省和巴尔干半岛的鲁梅利亚行省。省区是帝国的军事和行政单位,省督称为"贝伊莱贝伊"(Beylerbey),由苏丹亲自任命,战时指挥骑兵作战,平时则负责行

---

① Кръстьо Манчев, *История на балканските народи*(1352 – 1878), том Ⅰ, София, Парадигма, 2012, с. 28.

政管理事务。省区的数量后来随着帝国版图扩大不断增加，省督还拥有"巴夏"（Pasha）的称号。16世纪末帝国实行行政改革，将两个行省改称"维拉耶特"，即大区。18世纪奥斯曼帝国划分为35个大区，其中5个区设在欧洲部分。大区下面设军事行政单位"桑贾克"（Sanjak，即州或区），它由"桑贾克贝伊"（类似州长）统辖，履行军事的和行政的职权，作战时它有自己的旗帜。15世纪末在鲁梅利亚设有26个桑贾克。桑贾克下设"卡齐"（Kayaza，即县），是基本行政领土单位，一般以一个城镇为中心。卡齐下设"纳赫亚"（Nahıy，即乡），是基本生产纳税单位。

例如，15世纪帝国在阿尔巴尼亚设立了7个桑贾克。它们是：斯库台、杜卡吉尼、发罗拉、德尔维纳、爱尔巴桑、奥赫里德和普里兹伦。它们仍属鲁梅利亚省区管辖。显然，随着新的桑贾克的成立，在这些桑贾克范围内居住的人，已不再全是阿尔巴尼亚人，还有黑山人、塞尔维亚人、马其顿人、希腊人等。阿尔巴尼亚中部和南部地区组成阿尔巴尼亚桑贾克，其中心设在吉诺卡斯特。该桑贾克也属鲁梅利亚省区管辖。阿尔巴尼亚桑贾克又分为10个卡齐。管理卡齐的官吏是"苏巴什"，他们又都受桑贾克贝伊的管辖。阿尔巴尼亚北部山区仍保持着原先相对独立的地位，不在桑贾克管辖范围之内。

又如，16世纪整个保加利亚土地被纳入鲁梅利亚行省管辖范围。当时该省在保加利亚境内设有奇尔门（色雷斯地区）、维丁（维丁地区）、丘斯藤迪尔（丘斯藤迪尔—德拉甘什地区）、尼科波尔（保加利亚北部地区）、锡利斯特拉（多布罗查地区）、巴沙、索菲亚和奥赫里德8个桑贾克。这些桑贾克基本上是14世纪末第二保加利亚国家的行政管辖范围。16世纪，（后来的）南斯拉夫境内各地被划分为25个"桑贾克"。

除上述行政区域外，18世纪开始奥斯曼帝国在西部边境地区设立了几个类似桑贾克的特别行政区，由苏丹的特别代表管理，称为"巴夏",其管辖区称为"巴夏勒克"(巴夏区),如贝尔格莱德巴夏区、波斯尼亚巴夏区、斯库台巴夏区、亚尼纳巴夏区等。

在奥斯曼帝国还有一些地区未直接包括进其行政区域内。如特兰西瓦尼亚、瓦拉几亚和摩尔多瓦,他们享有内部自治,是臣属于奥斯曼帝廷的公国。处于这种地位的还有埃及、突尼斯和阿尔及利亚,它们则由苏丹派出的"省督"管理,当地的行政和社会制度无须改变。无论是自治公国还是特别行政省区,每年都要向苏丹缴纳一定的贡赋。

帝国的军事建制

奥斯曼帝国能够一度在欧亚非地区称王称霸,是因为有一支强大的军队,包括骑兵、步兵、海军和其他武装力量。苏丹出征时可以统领10万—20万大军,这使任何一个欧洲国家望尘莫及。"奥斯曼帝国的军队能够克服所有障碍,消除任何威胁。它不仅征服了要塞、城镇和城市,而且征服了整个地区",因为"征服战争是有利可图的事业"[①]。早期的战争掠夺土地和财物,大大刺激了国家和军人的胃口。

军队是保障奥斯曼帝国生存和对外发动征战活动的坚强支柱。它主要由两部分军事力量组成:(1)帝国组建的近卫兵团(Enıçarı 即"埃尼恰尔");(2)各地封建主建立的武装骑兵"斯帕希"(Sıpahı)。奥斯曼帝国与基督教国家不同,它的军队将和平时期和战争状态结合得较好,一旦需要,国家机器马上可以从和平时期转变到战争状态。埃尼恰尔在参战期间是领取薪水的军人,而和平时期则参加农业活动,有一小块免税土地。奥斯曼帝国对战俘也采取了较为宽松的政策。如果他们在3—5年期限内本

[①] [土]悉纳·阿克辛:《土耳其的崛起:1789年至今》,吴奇俊、刘春燕译,社会科学文献出版社2017年版,第18页。

分守法，履行了自己的义务，又学会了奥斯曼土耳其语，允许他们到埃尼恰尔部队服役。

直到 17 世纪，帝国近卫军团的招募制度与一种赋税制度密不可分。其中，最常见的一种税是人头税（"德夫舍尔美"Devsırme），每隔 4—5 年或 3—7 年，帝廷要从基督教家庭（主要是巴尔干地区）征募总计 1000—3000 人的 8—18 岁（后来又改为 15—20 岁）的男孩，经过筛选训练，编入近卫兵团。一般是平均 40 户选送 1 名。这些青少年未婚，身体强壮，能吃苦耐劳，可以保障军队的战斗力。巴尔干国家还把这种征兵制度称为"血税"，可见其残酷性。

这些遴选出来的男孩第一步要接受伊斯兰教，第二步要经过专门的军事训练和文化教育，第三步进入军营。有资料说，招募来的青少年被送到伊斯坦布尔或布鲁萨。那些表现特别优秀的被编到新兵连队，学习如何当好宫廷的随从，完成宫廷的内务。对他们的教育培训极其严格。他们集中居住在宿舍，不能接触女人和外界任何人。他们的课程有：军事技术、伊斯兰宗教、书法、绘画等。他们需要学习奥斯曼语、阿拉伯语和波斯语；还需要学习行政管理方面的知识。学习 4 年期满后，他们中一部分人留在宫里服务（16 世纪有 700 个这样的随从）或继续修业；另一部分人充任骑兵军官；还有一些人被分配到帝国行省担任行政要职。①

他们中的一部分人日后可以成为骁勇善战的军官，一部分人成为高级官吏。史料表明，奥斯曼帝国的许多大臣、宰相和指挥官就出自"埃尼恰尔"陆军部队。而且，其中不少人来自基督教地区。15 世纪阿尔巴尼亚反抗奥斯曼帝国的民族英雄斯坎德培就是奥斯曼宫廷的一名近卫军人。

近卫兵团大约形成于 14 世纪，15—16 世纪最为盛行。1402 年之前，埃尼恰尔的成员主要是战俘和奴隶。关于近卫军团的人

---

① Димитри Кицикис, *Османската империя*, София, Кама, 2000, с. 75.

数，不仅不同历史时期人数不等，而且史学家们也没有共同认可的统计资料。有的学者认为，"近卫兵团的成员是奴隶武士，是皈依伊斯兰的基督徒，直接隶属于苏丹。起初，士兵队伍里满是战俘或出钱买来的奴隶。日后逐渐形成一套从基督徒臣民的男孩中募集兵丁的制度"①。近卫军人数从14世纪的几千人发展到17世纪的约7万人。有的学者指出，1475年有6000名埃尼恰尔和3000名斯帕希骑兵。1527年埃尼恰尔也只有2.8万人。② 这支精锐部队由于经常补充新鲜血液，训练有素，纪律严明，英勇善战，为奥斯曼帝国立下了汗马功劳。

土耳其文学家和奥斯曼史研究专家阿提拉·约兹凯勒姆勒认为，在苏莱曼一世的15万军队里约有2万埃尼恰尔，而土耳其另一位权威人士雷沙德·科丘在其《埃尼恰尔》一书中，却将埃尼恰尔的数量扩大到了20万—30万人。他甚至提到，根据15世纪下半叶穆罕默德二世的谕令，埃尼恰尔在40岁之前不得结婚成家。③

在1590年奥斯曼帝国已经组建了较为正规的军队。在1593—1606年，奥斯曼帝国再次发动对奥地利战争，但这时它的兵源已经严重不足。为了扩充埃尼恰尔部队，不得不将一些行省的警察改编成辅助部队，开赴战场。这在一定程度上影响了军队的战斗力。

到了17世纪，埃尼恰尔开始蜕化变质，甚至成为帝国的负担和威胁。早在16世纪中期，埃尼恰尔已开始丧失当初的锐气。塞利姆一世在1568年颁布御令，埃尼恰尔可以结婚生子。塞利姆二世则进一步允许埃尼恰尔的儿子可以继承父业进入近卫兵团。④ 有

---

① [美]戴维森：《从瓦解到新生——土耳其的现代化历程》，张增健、刘同舜译，学林出版社1996年版，第48页。
② Димитри Кицикис, *Османската империя*, София, Кама, 2000, с. 13–14.
③ Ибрахим Карахасан-Чънар, *Турция*, София, "ЛИК", 2000, с. 74.
④ Ахмед Садулов *История на Османската империя* (*XIV—XX в.*), В. Търново, "Faber", 2000, с. 49.

学者认为，造成埃尼恰尔解体的原因有：其一，穆斯林从出生就有权成为合法的埃尼恰尔；其二，埃尼恰尔被允许结婚生子；其三，他们可以离开军营，不再参加军事训练，而去经商致富；其四，招募埃尼恰尔新兵时，有人雇人替代；其五，埃尼恰尔从精锐部队变成了一帮寄生虫。①

15—16世纪，奥斯曼帝国最大的兵源是"斯帕希骑兵"部队。帝国各地的封建领主从苏丹那里获得的土地，叫作"提马尔"（Timar）。一个提马尔包括一个或几个村庄，其农民耕种提马尔土地，但必须向领主缴纳什一税和其他税赋。提马尔斯帕希需要在战时派出与其提马尔领地规模相称的骑兵，参加作战。领主根据斯帕希在战争中成败和贡献的大小，增加或减少斯帕希的土地。

所以，斯帕希实际上是一种军事采邑制度。中央政权将土地奖给军人和高级官吏以及被征服地的基督教封建贵族，后者在这些领地上获取的赋税收入也叫作"提马尔"。后来人们统称这种拥有斯帕希骑兵的领地为"提马尔"。提马尔的土地不能继承。

除正规军外，奥斯曼帝国还拥有一些非正规武装力量。例如，在15—16世纪的征战中，有一支所谓"阿卡吉伊"（Akajı）民间骑兵。奥斯曼土耳其人出身于游牧部族，骑马射箭是一种天性。这些骑兵尾随正规作战部队，伺机疯狂抢劫，打家劫舍。后来，由于奥斯曼帝国的军事行动屡遭失利，冒险性增大，参加阿卡吉伊队伍的人越来越少。

15世纪下半叶，奥斯曼帝国在海上的扩张行径急需一支强大的海军。于是，帝国从希腊、阿尔巴尼亚、达尔马提亚等地招来一批海员，以加利波里为中心组建了海军舰队，任命了海军"巴夏"。君士坦丁堡建立了大型造船厂和海军武器库。不久，奥斯曼帝国的海军成为一支可以和欧洲国家海军在地中海媲美的竞争

---

① Димитри Кицикис, *Османската империя*, София, Кама, 2000, с. 128.

对手。

奥斯曼帝国的统治阶级拥有许多特权，忠于苏丹和帝国当局。他们中既有伊斯兰教信徒，也有东正教信徒。他们是高级官吏、贵族和高级神职人员。他们出行可以骑马和佩剑，不参加生产劳动，免缴赋税。而被统治阶级称为"拉雅"（Reaya）的广大群众，则是帝国各地的农民，18世纪起泛指帝国的非穆斯林群众。他们是帝国的"二等公民"，是生产者和纳税人，名为"拉雅"，实即"牲畜"的代名词。"拉雅"在路上见到官宦贵人要行脱帽礼。他们需缴纳名目繁多的苛捐杂税，最多的时候约80种。① 拉雅耕种的土地数量和年限是有规定的，不能数量太多、年限太长，怕他们传承给后代，日后变成土地的主人。

帝国的土地制度

与强大的中央集权国家行政体制相适应的是帝国独特的土地占有制度。奥斯曼帝国对于所占有土地宣布为国家所有，即苏丹所有。国家将土地提供给农民耕种，后者则向以苏丹为代表的国家履行一定的封建义务。从理论上讲，苏丹可以把土地据为己有，由手下的官吏管理，每年向他缴纳赋税。但在实践中，他把绝大部分土地分封给各军事阶层的代表人物、各封建主或行政机构。这样，各征服地的所有耕地和非耕地都归国家所有，只有一小部分土地被认为是私人的和教会的财产。

奥斯曼帝国的土地制度比较复杂。所以，有的巴尔干史研究专家说："奥斯曼帝国的土地关系是奥斯曼学领域中最有争论的问题之一。它涉及土地性质、社会结构和财政法律方面诸多问题。"② 其

---

① Николай Генчев, *Българско възраждане*, София, "ОФ", 1988, с. 58.
② Ахмед Садулов, *История на Османската империя* (*XIV—XX в.*), В. Търново, "Faber", 2000, с. 61.

中，奥斯曼社会的社会经济形态和土地所有制问题等又尤为突出。奥斯曼国家早期将全国的土地分为三个基本类型：米尔克（Mülk）、米尔（Mır）和瓦克夫（Vakıf）。

14—15世纪，苏丹将大部分土地无偿地分给自己的军事首领和亲信占有，称为"米尔克"。这些米尔克土地可以自由买卖，因为这些土地的所有权不属于国家，而属于米尔克占有者。后来，随着奥斯曼帝国加强中央集权，出现了取消封建贵族世袭土地这种私有制现象。

上面我们看到，奥斯曼帝国最广泛流行的是提马尔（Tımar）制度。16世纪，奥斯曼帝国领地的大部分是提马尔。这种土地所有制的特点是，拥有土地的各封建主要履行一定的军事或行政义务，而且土地不能随意转让，更不能继承。承租土地的农民有权耕种自己的土地，缴纳一定的租税给提马尔所有者。他们不能出售或馈赠土地，但在一定的条件下他们有权将土地传给后代。农民拥有的仅仅是使用权，没有所有权。

研究者认为，奥斯曼帝国的土地制度要比西欧和俄国更加复杂。奥斯曼帝国的土地所有权属国家——苏丹，收益权属斯帕希提马尔，使用权归农民。农民并不是直接依附于斯帕希的农奴，而是苏丹的臣民"拉雅"。农民必须将自己农产品和畜产品的十分之一（即什一税）或者更多的份额交给斯帕希提马尔封建主，每年为提马尔封建主服7天劳役。在提马尔制度下，农民就得既向国家又向斯帕希提马尔缴纳双重的税赋。他们的处境一直非常艰难。有一部分人可以少缴或免缴土地税，但他们必须完成一些特殊的任务，如帮助军队运输辎重，看守山区隘口或担任军事警卫，等等。

但是，奥斯曼帝国不是奴隶制国家而是封建社会。所以，拉雅既有基督徒，也有穆斯林，他们不是隶农。他们不是独立的农民，但不隶属于谁所有。相反，他们拥有一块可供自己耕种的土地、自己的房屋、农具，甚至作坊。这些财产能够继承。

后来，奥斯曼帝国还根据土地面积的大小和租税收入的多寡又把土地分为三类：提马尔、扎美特（Zıamet）和哈斯（Has）。每一位提马尔占有者有权在自己领地范围内代表苏丹征收所规定的租税。当他们每年的收入（租税）在2万—5万阿克切[①]时，这块领地称为"提马尔"，通常给予普通的士兵；5万—10万阿克切时，称为"扎美特"，一般给予斯帕希骑兵的军官；每年超过10万阿克切时，称为"哈斯"，授予各地的最高行政管理者。[②] 个别高官的"哈斯"收入高达100万阿克切。帝国将土地划分为上述三种类型，是为了鼓励斯帕希骑兵积极参加军事行动，立功受奖。这种土地制度是帝国最主要的土地所有制和土地管理形式，其根本目的是满足帝国的军事需要，提供骑兵和税收，带有明显的封建军事性质。

同广袤的提马尔国家土地所有制一起存在的还有其他一小部分私有土地所有制形式。首先，苏丹及其皇室家族有自己的私人土地和矿场、港口与市场等税收；其次，在奥斯曼帝国的领土扩张过程中，许多军事指挥官和高官也将大片土地据为己有，叫作"米尔克"。因为土地归国家所有，所以这部分土地并不稳定，中央政权常常找借口把"米尔克"变成"提马尔"；最后，伊斯兰教寺院及其机构经常获得国家封赏的土地，称为"瓦克夫"（Vakıf），以便从中获取租税修建、维护清真寺，开展慈善活动。阿訇们则将其中的部分财产据为己有，甚至传给后代。有史料记载，直到1912年还存在瓦克夫领地这种土地所有制形式。

16世纪，奥斯曼帝国土地关系缓慢解体。提马尔持有者千方

[①] 奥斯曼帝国货币单位（小银币）。
[②] Георги Бакалов，Петър Ангелов и др.，*История на България*，София，"Бупвест 2000" 1993，c. 196.

百计回避派遣士兵参加征战活动，并竭力以纳税代替对中央政权应尽的各种义务，将领地传给后代。17—18世纪，奥斯曼国家的土地占有和使用形式呈现多样化。提马尔和扎美特继续存在，但发展趋势是土地的联合过程加快，大庄园越来越多。这说明大封建主兼并小封建主的现象频繁了。经过不断的大鱼吃小鱼，一些地方封建领主不断扩大自己的领地范围，建立了一种大庄园，叫作"契夫里克"（Çıftlık）。这种庄园制度一直保持到19世纪初。

帝国的伊斯兰化政策

伊斯兰教是继佛教和基督教之后于7世纪在阿拉伯地区创立的世界性宗教。该教早期主要反映了阿拉伯社会的生活和文化。它的基本信仰是，除"安拉"外没有其他的神，穆罕默德是安拉的使者。伊斯兰教不仅包括了阿拉伯文化传统，而且吸收了基督教和犹太教的一些宗教哲理，成为阿拉伯国家的国教。《可兰经》（又译《古兰经》）作为伊斯兰教的神圣法典，是立法、教育和文化的综合教规。

9世纪起，伊斯兰教在中亚和小亚细亚突厥人中间传播开来。伊斯兰教后来分裂为逊尼派和什叶派。奥斯曼土耳其人所接受的伊斯兰教属什叶派。伊斯兰教在奥斯曼国家的对内对外政策中发挥了巨大的作用，宗教成为帝国统治非穆斯林居民的法律基础。

奥斯曼帝国是一个典型的多民族多宗教国家。在它的境内生活着突厥（土耳其）人、阿拉伯人、库尔德人、亚美尼亚人、希腊人、斯拉夫人、阿尔巴尼亚人、匈牙利人、犹太人、瓦拉几亚人、吉卜赛人，等等。奥斯曼土耳其人并不占多数。不同人种集团都讲各自的语言，后来奥斯曼土耳其语和希腊语才成为官方语。

在宗教信仰方面，奥斯曼帝国成立之初，就存在希腊（拜占庭）东正教和伊斯兰什叶派两种主要宗教。1517年征服阿拉伯世界之前，东正教占据优势地位。这之后什叶派穆斯林一直是帝国的主流宗教。在巴尔干基督教地区推行伊斯兰化，这是奥斯曼帝国的一项基本国策。

在奥斯曼国家征战亚洲和欧洲的过程中，不仅需要非穆斯林提供物资，更需要大量的兵源和行政管理人员。于是，按照阿拉伯哈里发传统和奥斯曼帝国苏丹的谕令，需要把占领地的居民伊斯兰化。应该说，伊斯兰化在很大程度上是成功的，大部分城乡居民接受了这种宗教同化政策。到了17世纪，当奥斯曼军队在中欧的军事行动屡遭失败的时候，奥斯曼帝国当局开始用暴力加速伊斯兰化进程，以补充兵员，稳定后方。

因此，有的巴尔干史研究专家认为："伊斯兰教渗入巴尔干地区有两个途径：一是殖民途径，即通过奥斯曼行政机构或者穆斯林移民从亚洲来到被占领地；二是强制伊斯兰化，即将伊斯兰教作为宗教让当地基督教居民接受。"[1]

这种同化无非强迫和"自愿"两个途径。有时通过暴力，主要是针对普通基督教徒；有时通过向基督教徒中的头面人物提供优于其他基督教居民的政治和特权来实现，有些与奥斯曼当局合作的基督教徒官吏单独或集体地皈依了伊斯兰教。奥斯曼帝国为了巩固伊斯兰教的绝对统治地位，制定了一整套宗教宣传政策，建立了严密的宗教组织机构。在以宗教原则确定民族属性的奥斯曼帝国，成为一个穆斯林就像找到了向上攀升的一部梯子一样。因为，"对一个非穆斯林出身地位又低于军人阶级的人来说，通向奥托曼地位的道路包括首先成为一个穆斯林"。一个人一旦在宗教方面获得优势，他就赢得了信任和提升的条件与机会。而且，他可以豁免向国家缴纳繁重的赋税。同时，"就社会的地位来说，穆斯林'民众'虽然在政治、社会或经济上，显然都不及穆斯林军人优越，但仍然感到比非穆斯林的'民众'高出一等；他们与苏

---

[1] Кръсто Манчев, *История на балканските народи* (1352 – 1878), том I, София, Парадигма, 2012, c. 59.

丹，以及在征服异教徒斗争中奥托曼事业的胜利是一致的"。①

伊斯兰化的结果引起巴尔干地区的人口结构发生了根本性的改变。保加利亚巴尔干史专家尼科拉·托多罗夫院士写道："尽管进行准确的比较是不可能的，但不得不指出，16世纪奥斯曼帝国巴尔干行省里非穆斯林同穆斯林的比例为4∶1。而到了19世纪上半叶，穆斯林在各省居民中的比重已占30%以上。这说明按宗教特征来审视，居民的构成发生了有利于穆斯林的变化。"② 另有的学者统计，20世纪初奥斯曼帝国衰败时，巴尔干西部地区的穆斯林跟基督徒相比已明显处于多数或绝对多数。例如，"在阿尔巴尼亚，穆斯林几乎占全体居民的70%，科索沃约占72%、马其顿占近40%、波斯尼亚占50%"③。在巴尔干其他地区，伊斯兰化过程也有不同程度的推进。伊斯兰化比较严重的是西巴尔干地区。

根据近年的最新研究成果，17世纪下半叶奥斯曼帝国欧洲部分的穆斯林占全体居民的15%—17%。在巴尔干的城市里，穆斯林约占40%。当代土耳其的奥斯曼学研究者认为，15—16世纪奥斯曼土耳其人中约有30%是伊斯兰化了的原地居民。④

同时，基督教居民的食物、服饰和家庭结构都发生了变化。基督徒是一夫一妻制，而穆斯林有权娶4个妻室；基督徒被禁止穿华丽的衣服，服装的颜色不能与穆斯林的传统服饰相同；不准携带武器和骑马，路上见到骑马的穆斯林要脱帽行注目礼；基督徒无权修建新的教堂，只能征得当局批准后翻盖旧的教堂；所有基督徒不得公开举行自己的节日和宗教仪式；非穆斯林无权在法

---

① ［俄］伊兹科维兹：《帝国的剖析——奥托曼的制度与精神》，韦德培译，学林出版社1996年版，第54—56页。

② Никола Тодоров, *Балканският град XV-XIX век*, София, Издателство на БАН, 1972, с. 297.

③ Антония Желязкова, *разпространение на исляма в западнобалканските земи под османска власт 15—18 век*, София, Издателство на БАН, 1990, с. 141.

④ Ахмед Садулов, *История на Османската империя* (*XIV—XX в.*), В. Търново, "Faber", 2000, с. 79.

庭上起诉和控告穆斯林；等等。这样，国家沦陷、信仰被放弃、社会思想被扭曲、生活方式被改变，巴尔干人民生活在两种宗教和两种文明的夹缝之中，生存在冲突和矛盾之中。到了17世纪下半叶和18世纪，奥斯曼当局的伊斯兰化政策有所收敛。这一方面是帝国统治地区的思想政治阵地已经得到了巩固；另一方面是这时帝国的财政困难，穆斯林多了，国家的税收就少了（穆斯林可以不缴或者少缴赋税），穆斯林人口的比例不能无限膨胀。

奥斯曼帝国统治者对巴尔干地区的希腊东正教会和教堂采取了一种特殊的较为宽松的政策，一方面把许多东正教堂和修道院破坏掉或改造成了清真寺，修士们被迫还俗；另一方面又允许教会继续保留其行政机构、领地与财产，甚至有的基督徒（如希腊人、塞尔维亚人、亚美尼亚人和阿尔巴尼亚人）受到苏丹的宠信，被委任为大维齐尔。有的史料称，在16世纪帝国的"黄金世纪"，苏莱曼苏丹的9位维齐尔中，有8位出身于基督教教徒。① 在全部215名维齐尔中有62名出身于基督徒。这是因为希腊人文化素质高，也比较有经商经验，在帝国的外交部门和宫廷往往担任要职。

最典型的例子就是奥斯曼土耳其人1453年攻占君士坦丁堡后，赋予君士坦丁堡希腊东正教总主教区继续管辖原拜占庭帝国辖区里所有基督教徒的权力。这也使希腊在坚持和弘扬东正教方面在巴尔干邻国居于领导地位。君士坦丁堡希腊东正教总主教区一度成为奥斯曼帝国最有权力、最富有和最权威的基督教组织和希腊文化的积极传播者。它成为巴尔干半岛被压迫群众与苏丹任命的高级官吏之间的桥梁。有人戏称它是奥斯曼帝国的"东正教部"。在巴尔干半岛存在一个高级东正教机构，这个事实本身就是一种积极的力量，它鼓舞着广大的信徒捍卫自己的信仰，抵制伊斯兰教的同化，成为团结巴尔干东正教群众的一面旗帜，以及保

---

① Димитри Кицикис, *Османската империя*, София, Кама, 2000, с. 86.

持民族意识和属性的圣地。

到了17—18世纪，位于巴尔干山区的东正教修道院取代了城市里的清真寺，在坚持基督教信仰反对伊斯兰化和唤醒民族意识方面起了重要作用。这个时期的东正教修道院从修道士的隐居场所变成了被奴役者的避难所，成了印刷和保存宗教书籍的地方，成了培养修士和神父的学校，还成了文化活动和进步知识界革命活动的联络站。

所以，世世代代以来，伊斯兰教和基督教两种宗教的普通百姓能够在一起接触，相互尊重。这种不同文明的共处和融合也对后来巴尔干的社会和历史发展产生了积极的影响。

奥斯曼帝国鼎盛时期的文化

奥斯曼帝国的行政建制，特别是它的宫廷设置和运作在一定程度上保留了波斯帝国的遗风。14—15世纪奥斯曼帝国的官方语言或上流社会的语言大都是波斯语或阿拉伯语，土耳其语被视为是没有接受教育的普通百姓的民间语，不受重视。

奥斯曼帝国第一位用波斯语写作文学作品的人是哲学家和诗人杰梁雷丁·卢米（即"小亚细亚的杰梁雷丁"）。他在充满神秘主义色彩的诗集《梅耶内维》中认为，世界上任何一种有生之物都是上帝创造的，自身伴随着神灵。而神灵是不可知的，人们只能在通往智慧的道路上接近它，感觉到它的存在。他还宣扬说，人们彼此之间应该相爱，不管他们的社会属性和宗教信仰如何。爱别人，也就是爱神灵。

随着奥斯曼帝国行政机构的完善和政权的巩固，奥斯曼土耳其语必然成为帝国的官方语言。第一批土耳其语的文学作品和编年史问世。它们向读者普及伊斯兰教的教义和信条以及祈祷仪式；颂扬伊斯兰教创始人，特别是先知穆罕默德的传奇事迹；塞尔柱王朝和奥斯曼帝国的历史等。当时最知名的文学家要属15世纪上半叶的亚泽朱格卢（Lazedijurlu）兄弟以及尤努斯·伊姆雷（Unus Imre）、阿佘克巴夏（Ashek Pasha）等人。他们使用大众通俗易懂的语言写作，服务于乡村百姓。这一传统一直延续到 16—17 世纪。1527 年第一本土耳其文语法书面世。

苏莱曼一世在位时，奥斯曼帝国的文学艺术进入繁荣昌盛时期。这个时期文坛上的佼佼者有梅赫梅德·弗佐里（Mehmed Fuzuli，1495—1556）和马赫穆德·阿布德尔巴基（Mahmud Abadulbaki，1526—1600）。他们都是宫廷诗人，尽管与宫廷的权贵们时常发生冲突，但他们吸收了东西方文化传统的精髓，以富有感染力的语言，歌颂爱情、咖啡馆里灯红酒绿的放荡生活，把人民大众的渴望置之脑后。[①]

这个时期，奥斯曼帝国的史学研究著作也纷纷问世。这些著作有的论述奥斯曼帝国的形成和发展，有的记述历代苏丹及其征战活动。在纵横古今的史籍中，著名史学家梅赫梅德·内施里（Mehmed Neshri）的《和平之史》占有一席之地。该书利用大量史料，系统叙述了历代征服者的功绩和奥斯曼的宫廷生活。另一位受人推崇的历史学家是霍查·萨阿德丁，他的《历史上的帝王》一书为撰写奥斯曼帝国通史做出了尝试。

16 世纪，奥斯曼帝国最出类拔萃的地理学家是皮里·雷伊斯（Piri Reys，1501—1554）。皮里自幼学习航海、天文和制图，成为能文能武的海军将领。1513 年他绘制了第一张航海图，1521 年出版了他的《海图》一书，包括 215 幅大陆和海洋地图，他还第一次描述了当时人们还一无所知的南极洲。1528 年他绘制了第二幅世界大地图。这些世界地理史上的珍宝至今还存放在伊斯坦布尔的历史博物馆里。令人惋惜的是，这位奥斯曼帝国地理学泰斗因一次海战失利受到诬告，1554 年在开罗被苏丹苏莱曼下令处死。

---

① Страшимир Димитров, Кръстьо Манчев, *История на балканските народи* том I, София, Парадигма, 1999, c. 120.

后人一直牢记皮里·雷伊斯是一位"扩大了世界"的航海家和地理学家。

17世纪,奥斯曼帝国还涌现的一批优秀地理学家撰写了流传至今的著作。例如,霍查·卡尔菲和艾弗里雅·契列贝(1611—1682)在《游记》一书中,详细描绘了他在一些欧洲、亚洲和非洲国家的见闻和17世纪奥斯曼帝国各行省的风土人情。

奥斯曼土耳其人在文化艺术上的突出成就熔铸于遍布帝国各地的清真寺建筑艺术之中。几乎每一位自苏丹登基之日起,就大兴土木,不惜耗费巨大的人力和财力,在筹划和兴建他想象中的清真寺,以彰显他那一朝代的辉煌业绩。这种宏伟壮观的圆形大屋顶建筑最早出现在布尔萨市。穆拉德一世和巴耶济德等苏丹的大清真寺就坐落在这里。当时最负盛名的是穆罕默德一世清真寺。雕刻装饰绚丽多彩,外墙镶嵌绿色琉璃陶片,流光溢彩,以"绿色清真寺"的美名流传于世,堪称精湛的建筑艺术品。

奥斯曼土耳其人攻占君士坦丁堡后,将帝国建筑业的重心转移到了这座世界性都市。城市的新主人摧毁了拜占庭帝国富丽堂皇的宫殿及其规模庞大的雄伟建筑群,改建和兴建了一批新的皇宫和清真寺。举世闻名的圣·索菲亚东正教大教堂在1453年落入奥斯曼土耳其人手之后,胜利者苏丹阿赫梅特命令将其改成为清真寺,为适应伊斯兰教祷告需要在建筑物内部进行了修改和重新装饰。主体建筑的中央部分为直径33米的大圆屋顶,由4根24高的柱子支撑。圆屋顶的顶部离地面约56米,圆屋顶本身高14米。整个建筑浑然一体,显示了拜占庭帝国和奥斯曼帝国建筑风格的宏伟气魄。这座教堂的内墙镶嵌了一些奥斯曼土耳其人喜爱的瓷砖,而外墙树立了高耸的宣礼塔,威严神圣。值得庆幸的是,后来的几位苏丹尽管对这座建筑物进行过涂饰,增添了伊斯兰教经文,局部改建,但保留了原来的东正教圣像画,没有清除。该建筑物仍是拜占庭帝国不朽的艺术杰作。土耳其共和国成立后,于

20世纪30年代将这座清真寺改为"阿亚索菲亚"（Aya Sofia）博物馆，成了伊斯兰信徒顶礼膜拜的圣地和游人如织的旅游地。

奥斯曼帝国此时最著名的建筑大师是科贾·锡南（Kodja Sinan，1489—1588）。他的设计既壮观又精巧，是那个时代最具天赋的建筑巨匠。他生活工作到99岁，在整个16世纪设计和负责修建了300多座建筑物。他的代表作是苏丹苏莱曼清真寺和改建阿亚索菲亚大教堂。锡南巧夺天工的建筑杰作遍布整个帝国，但主要分布在伊斯坦布尔、安纳托利亚和色雷斯三个地区。人们称颂他的作品是"伊斯坦布尔的皇冠和骄傲"[①]。17世纪初，锡南的学生阿赫梅特·阿加（Ahemet Aga）负责修建的苏丹"阿赫默德"清真寺被誉为奥斯曼帝国建筑和艺术的辉煌作品。该清真寺始建于1609年，1616年竣工，由于它的内壁上镶砌的蓝色各种图案的瓷砖两万余块而闻名，被誉为"蓝色清真寺"（Blue Mosque）。该清真寺中央是一个硕大的圆屋顶，由4根圆柱承托。墙体四周有4个小圆屋顶和6座笔尖状宣礼塔。现在，它与近邻的"阿亚索菲亚"博物馆一起成为古代奥斯曼文化和东方文化的见证，受到世界各地旅游者的敬仰，流连忘返。

在奥斯曼帝国的建筑艺术中，托普卡帕（Topkapa）苏丹皇宫尤其引人注目。这座苏丹宫殿坐落在伊斯坦布尔黄金角海湾南岸一个名叫"皇宫鼻"的山顶上，大约建成于1478年。整个建筑群共有7个大门，正门面对阿亚索菲亚清真寺。皇宫内有称为"甲花园"的皇宫花园。花园的左侧是内宫，是苏丹、太后、皇后、妃子等居住的地方；右侧是世界上最大的御厨，可为1.5万—2万人准备饭菜。花园南侧是苏丹召集大臣们议事的厅堂。皇宫里还有郁金香花园和几座苏丹学习和日常生活的宫殿。这里是原拜占庭帝国首都城墙和城堡的一部分，周边是广阔的马尔马拉海和博

---

① Ибрахим Карахасан-Чънар, *Турция*, София, "ЛИК", 2000, c. 66.

斯普鲁斯海峡，风景十分美丽。奥斯曼帝国 25 位统治者从 1459 年至 1861 年在此治理庞大的帝国逾 400 年之久。这里既是宫殿，也是城堡，更是圣地。土耳其共和国建立后这里改称为托普卡帕故宫博物馆至今。博物馆贮藏和展出奥斯曼王朝的丰富精品，分为瓷器馆、国宝馆、历代苏丹服饰馆、兵器馆、钟表馆，等等。特别需要指出的是，瓷器馆里有几个厅陈列着大量精美的中国古瓷，从唐代的铜器直到元、明、清代的各式古瓷器，据说有上万件，只定期轮流展出一小部分。据土耳其人的说法，奥斯曼帝国是古丝绸之路的终点。这些土耳其引以为荣的珍藏品是古丝绸之路中土两国人民友好交往的证明。

奥斯曼土耳其人的建筑艺术对巴尔干各地产生了深刻的影响。星罗棋布的大大小小清真寺也出现在巴尔干的城镇，甚至大的乡村。有极少数清真寺保留至今，作为建筑艺术和文化古迹成为人们参观游览的场所。如奥德林（埃迪尔内）的苏丹塞利姆清真寺、普罗夫迪夫的舍哈巴丁巴夏清真寺、萨拉热窝的菲鲁兹贝格清真寺，等等。在巴尔干地区今天也还能见到一些奥斯曼时期的非宗教性建筑，如军事城堡、贸易市场、桥梁、运输站点、手工业品店铺、饮水池等，它们见证了那个时代奥斯曼帝国的文化遗风。

当然，奥斯曼帝国统治集团的官方文化、文学、艺术对巴尔干地区被压迫人民的作用是有限的。因为帝国当局倡导的伊斯兰教及其意识形态对基督教地区人民的信仰和文化几乎格格不入。相反，奥斯曼土耳其人的民间文化和风俗却对巴尔干人民的精神文化生活留下了深深的烙印。例如，在土耳其人、保加利亚人、塞尔维亚人、阿尔巴尼亚人、希腊人和罗马尼亚人经常使用的一些成语和谚语，就非常相近或雷同，这说明不同族群的人民朝夕相处，民间的口头文学相互借鉴，互相融合。不光是土耳其的日常俚语，而且一些土耳其语的单词还进入了巴尔干国家的官方语。如今在巴尔干各国广泛流传的关于纳斯雷丁霍查的故事、希特尔·佩特尔的笑话、民间歌手马尔科的事迹等，家喻户晓，经久不衰。生活在类似的社会经济条件下的普通土耳其人和非土耳其人，还有许多共同的生活习惯和饮食文化。

总体来看，15—17 世纪奥斯曼帝国政治上和军事上进入强盛时期，在文学、艺术、科学等方面亦创造了灿烂的文化，对世界文明做出了自己的贡献。但是，这个时期无论是奥斯曼帝国本身，还是被统治的巴尔干半岛，都与当时的欧洲文明有一定的差距。奥斯曼帝国的文化在 17 世纪之后才开始吸收欧洲文化的营养和元素。

奥斯曼帝国统治下的巴尔干国家

在巴尔干地区，奥斯曼帝国根据这里的不同国家政治经济情况，实行了有区别的统治和管理形式。大体来讲，可以分为四种类型：①

第一种主要分布在半岛的中部保加利亚、塞尔维亚、希腊北部和波斯尼亚等地，原来的国家和封建阶级被消灭，推行奥斯曼帝国的提马尔制度，广大居民受到奥斯曼国家的法律和行政机构管辖。在农村和山区，保留了原先某种自治形式和传统。村里推选出长老，负责与当地的土耳其人联络，宣讲征服的法令，维持村庄治安秩序，帮助收租纳税。

第二种主要是针对半岛北部的瓦拉几亚和摩尔多瓦制定的。奥斯曼帝国对这两个公国采取了一种宽容的态度，允许它们享有内部高度自治的地位。它们可以自由决定税率、任命军官、选拔和解雇国家公职人员、领导国家行政事务。这两个公国承认苏丹至高无上的权力，没有资格同其他国家签订条约，也不得参与任

---

① Кръстьо Манчев, *История на балканските народи (1352 – 1878)*, том Ⅰ, София, Парадигма, 2012, с. 45—47.

何反对奥斯曼帝国的行动。在这两个公国不实行提马尔制度，不驻扎苏丹的城防部队，不修建清真寺。相反，公国可以拥有少量的军队和贵族委员会（一般由8—12人组成）。

16世纪末开始，苏丹政府试图改变两公国的状况，使它们变成奥斯曼帝国的普通行省。苏丹经常亲自任命公国的大公或派遣希腊东正教高级神父到瓦拉几亚和摩尔多瓦任职，干涉公国的内部事务。到17—18世纪，奥斯曼帝国在保留两个公国自治地位的前提下，加强了其影响力。

第三种是奥斯曼帝国对希腊及其岛屿以及一些城市的特殊管理方式。例如，在伯罗奔尼撒、品都山脉、罗德斯岛、安东半岛等地区的教堂和修道院以及巴尔干半岛上的一些城市（如萨拉热窝、雅尼纳、内戈丁等）均拥有广泛的自我管理权，苏丹的军队和土耳其人的骑兵队不能轻易进驻这些地方。沿海岛屿需要给帝国的海军提供海员。

亚得里亚海岸杜布罗夫尼克市的地位则尤为特殊。14世纪末奥斯曼土耳其人占领这个城邦共和国后，这里成为国际贸易中心，造船业、木材加工业和皮革制造业相当发达。它还是当时巴尔干半岛上的文化和学术活动中心。它除了每年向奥斯曼帝廷进贡之外，完全是一个自由城市。它拥有自己的立法和司法机构，任免官吏、征收关税、决定战争与和平等。市政委员会负责管理整个城市的日常工作。

第四种形式主要涉及黑山和阿尔巴尼亚这样拥有自我管理权的山区国家。奥斯曼当局赋予黑山自我管理权。黑山的最高政权机关是全体黑山会议，每个成年人都有权参加。这个全国大会有权依照黑山的习惯法处理所有问题，而不受伊斯兰法典的约束。黑山向奥斯曼帝廷称臣，每年上缴一定的贡赋。黑山的另一种义务是必须站在奥斯曼土耳其人一边战斗。但后来的实践证明，勇猛的黑山人往往帮助威尼斯人、奥地利人或俄罗斯人打击奥斯曼土耳其人。

阿尔巴尼亚的处境也类似于黑山。阿尔巴尼亚北部山区的山民事实上保持着一种氏族部落制度。不管奥斯曼土耳其人施展什么样的武力和外交手腕,山区的居民仍过着自己的经济和社会生活,拥有相当的自由。

可以说,奥斯曼帝国对巴尔干半岛实行直接统治或间接统治(自治和自我管理)的目的是更好地掌控这些地区,这种政策的灵活性并不会动摇它的政权。这也许是它能够在巴尔干地区维持5个世纪的长久统治的一个原因。

正是奥斯曼帝国行政管理体制的这个特点,引起今天一些土耳其学者和巴尔干历史研究者对"土耳其统治"这个话题争论不休。特别是20世纪末巴尔干一些国家社会制度变革后,这个问题再度凸显于学术期刊和媒体。土耳其政治家强调说,16世纪奥斯曼帝国给巴尔干地区带来了"和平、繁荣和宗教宽容"。巴尔干国家学者对此没有一致的观点:有人称奥斯曼(土耳其)"侵略""占领""奴役",或者"统治";有人说奥斯曼(土耳其)"进入""存在",或者"土耳其化"[①]。这场争论近期很难找到一个科学的概念和定义,不会取得学界满意的结果。

三 两个世纪的稳定与危机

17世纪最高统治者频繁更替

17世纪是奥斯曼帝国的鼎盛时期。但从这个世纪的中后期起,奥斯曼帝国已经力不从心,变成了博斯普鲁斯海岸的"病夫",成为欧洲国家虎视眈眈的猎物。1683年帝国进攻维也纳失败后便开

---

① Крътьо Манчев *Балкански разпри*, София, "Перос-Крътьо Манчев", 2011, с. 9、10.

始衰败。这时，有两个方面的原因促使奥斯曼帝国走向瓦解：在国外，一连串的军事行动遭到失败；在国内，军事采邑制度开始解体。

奥斯曼帝国跟 16 世纪的繁华强盛相比，整个 17 世纪已经从稳定走向衰落。1571 年，威尼斯和西班牙联合舰队在莱帕托打败奥斯曼舰队，致使帝国损失了 225 只舰船，2 万人葬身海上。[①] 奥斯曼军队西进欧洲受挫，使帝国内部为之震惊。17 世纪初，奥斯曼帝国与伊朗为争夺格鲁吉亚和阿塞拜疆，进行了近 30 年不分胜负的战争。其时，安纳托利亚和叙利亚、埃及等地发生了暴动，说明帝国的统治在削弱。

与此同时，宫廷内部斗争激烈，苏丹频繁更替。从穆罕默德三世（Mehmed Ⅲ，1595—1603）到穆斯塔法二世（Mustafa Ⅱ，1695—1703）的 100 年内，更换了 10 位苏丹。执政时间最长的穆罕默德四世（Mehmed Ⅳ，1648—1687）在位 39 年，在位时间最短的穆斯塔法一世（Mustafa Ⅰ，1617—1618）不到 1 年。执政超过 10 年的苏丹也没有几位。而在此之前的 12 位苏丹平均在位时间超过 20 年。

这一方面是因为太后和大臣干政，另一方面是宫廷内斗残忍。所以，奥斯曼帝国高层钩心斗角，争权夺利，腐败无能，是它衰败的根本原因之一。请看这 100 年 10 位苏丹是如何上下台的。1603 年 4 月，穆罕默德三世因病去世，留下两个年幼的儿子。哥哥阿赫默德一世（Ahmed Ⅰ，1603—1617）只有 14 岁，被太后和辅佐大臣们拥戴上苏丹宝座，其弟穆斯塔法按照奥斯曼帝国的相关规定，被关进后宫女眷们居住的特殊住所里。他没有被杀害已经是不幸中的万幸。苏丹阿赫默德一世在位 14 年，比较成功地稳

---

① Страшимир Димитров, Кръстьо Манчев, *История на балканските народи*, том Ⅰ, София, Парадигма, 1999, с. 57.

住了动荡的中央政权,他只撤换了6位大维齐尔,竭力维持帝国国内外和平。新苏丹下令在伊斯坦布尔建造了一座大型的豪华清真寺。这就是保留至今的"阿赫默德"蓝色清真寺。他还颁布了一些有关帝国行政和贸易改革的法令。这标志着帝国仍处于兴旺发达时期。

1617年11月阿赫默德一世逝世时,他的大儿子奥斯曼刚刚13岁,能否接班引发争议。最后裁定由奥斯曼的叔父穆斯塔法接替王位。这一决定既改变了历代苏丹由父子相传的传统(但不一定非得由太子继承),第一次由帝国王室中最年长的男子承袭了苏丹王位;因为穆斯塔法一世是一位完全神经错乱、半疯半傻的人,根本无法打理朝政。苏丹料理国家政务的实权由阿赫默德的王后柯塞姆苏丹掌控,垂帘听政。从此,奥斯曼帝国历史上有二三十年出现了一个称为"妻妾理政"的时期。几个月后,1618年2月奥斯曼年满14岁,达到了他父亲登基时的年龄,被推上王位,叫作奥斯曼二世(Osman Ⅱ,1618—1622)。

奥斯曼二世头脑清醒,善于见机行事,试图削弱太后和大维齐尔们干预国家政务的机会,改组国务会议,提高办事效率。他尤其改组了埃尼恰尔最高层,吸收安纳托利亚地区的人进入军队指挥部门,还撤换了自己的高级宗教顾问。这一切被称为"土耳其化"。奥斯曼二世的举动遭到埃尼恰尔近卫兵团的强烈抵制和反对,要求苏丹收回成命。苏丹没有屈服于埃尼恰尔的最后通牒。1622年5月政变军人闯入王宫,逮捕奥斯曼苏丹,并立即处决了奥斯曼二世,将昏庸无能的穆斯塔法一世再次扶上王位。苏丹奥斯曼二世是奥斯曼帝国历史上第一个被处死的苏丹。这说明苏丹已不再是神圣不可侵犯的圣人、不再是伊斯兰教真主在人间的"代理人"。这还说明奥斯曼帝国已不再是骄横一世的欧亚霸主,相反,它在国内外的形象受损,江河日下的趋势日益明显。

穆斯塔法一世是个典型的傀儡苏丹,在位一年就被抛弃,被软禁在皇宫的半地下室直至 1639 年死去。接位的穆拉德四世（Murad Ⅳ, 1623—1640）是阿赫默德苏丹的小儿子，他登基时仅 11 岁，所以实权掌握在太后柯塞姆和宠臣的手里。后宫的嫔妃们肆意专权干政，导致宫廷尔虞我诈，政变阴谋四起。从 1623 年到 1632 年共撤换了 8 位大维齐尔，其中 3 人惨死在绞刑架上，同一时期还罢免了 9 位国务会议委员。1632 年年初，奥斯曼帝国首都发生埃尼恰尔近卫兵团和斯帕希骑兵暴乱，帝国 17 位宰相级高官人头落地。同年 5 月，埃尼恰尔部队闯进皇宫，要求交出大维齐尔雷杰布巴夏。此时的穆拉德四世已经是 20 岁出头的青年，血气方刚，决心独揽帝国大权，镇压街头暴乱。他将雷杰布巴夏的血淋淋的头颅抛向埃尼恰尔人群。埃尼恰尔被这一幕所惊骇，四处逃散。在接下来的 5 年里，穆拉德四世与大维齐尔一起采取严厉措施，以恢复帝国的威信和权威。这些措施包括：处决首都暴乱的头目；改组宫廷各个部门的领导层；关闭全国的咖啡馆和烟馆，禁止生产和出售酒精饮料；非穆斯林必须穿戴属于他们自己的服饰，不得佩戴属于穆斯林的衣服和装饰。另外，苏丹还颁布了一系列有关帝国行政、财政、首都和行省的法律。1640 年 2 月，穆拉德走完了他 29 岁的人生历程。可以说，穆拉德在位 17 年，奥斯曼帝国获得了一个短暂的政治、经济和军事稳定繁荣期。① 帝国首都伊斯坦布尔拥有 60 万人口，是当时欧洲最大城市。

但是，好景不长。穆拉德四世没有男性后嗣，只有 4 个弟弟。他生前担心兄弟篡权，杀掉了 3 个弟弟，留下一个智力低下的易卜拉欣，被关押在皇宫的一间陋室，整天过着提心吊胆的日子。1640 年初春的一天，一群大臣突然敲打易卜拉欣的"牢门"，宣布他哥哥穆拉德已逝世，请他继位。易卜拉欣吓得哆嗦，以为是

---

① Ахмед Садулов, *История на Османската империя* (XIV—XX в.), В. Търново, "Faber", 2000, с. 101.

拉他出去赴刑，紧闭房门不出。最后，太后柯塞姆让大臣们把易卜拉欣兄长的尸体抬到他面前，他才换装去参加登基仪式，号称易卜拉欣一世（Ibrahim Ⅰ，1640—1648）。

由于新苏丹天生智力低下，并伴有心理障碍，他不可能领导和治理庞大的帝国。这再次为柯塞姆和妻妾们插手朝政提供了机会。易卜拉欣一世的外号是"疯子"，他在位8年，任凭国家风雨飘摇，自己则成天寻欢作乐，沉溺在后宫闺房淫逸无度，据说子女逾百人。1648年8月，易卜拉欣一世被手下政变推翻，并被绞死于后宫。

由于易卜拉欣一世没有合法的后嗣，于是他6岁的侄子穆罕默德被拥上苏丹宝座，是为穆罕默德四世（Mehmed Ⅳ，1648—1687）。为了保护幼小的苏丹不被宫廷阴谋暗算，专门成立了一支卫队日夜防守。这时，国家的真正权力掌握在柯塞姆苏丹和大维齐尔的手里。同时，新苏丹的母亲图尔汗与柯塞姆之间出现冲突，都想对未成年的苏丹施加影响，争夺理政治国的大权。宫廷生活的腐败糜烂，中央政权严重旁落，致使税制混乱，财政枯竭。于是，弑兄戮弟成为惯例，卖官鬻爵，贿赂盛行。中央政权和地方行政以及司法部门的各级官职成了明码标价的官场交易。有学者认为，1648—1656年"奥斯曼帝国经历着一个悲剧性时期"①。1644—1656年，帝国更换了18位大维齐尔，其中4位被绞死、11位被罢免、两位自动辞职、只有1位是自然死亡。②

1651年9月，柯塞姆在同新苏丹母亲图尔汗的较量中败北，惨遭绞杀。穆罕默德四世开始成长，过问朝政。他在老师的授意下任命了奥斯曼帝国历史上最有才干的科普尤鲁家族成员担任大

---

① Робер Мантран, *История на Османската империя*, София, Рива, 1999, с. 251.

② Ахмед Садулов, *История на Османската империя (XIV—XX в.)*, В. Търново, "Faber", 2000, с. 102.

维齐尔。1656—1683 年，科普尤鲁家族为帝国贡献了三位杰出的大维齐尔。这样，年轻的苏丹为帝国迎来了 20 年的和平，奥斯曼帝国似乎又获得了生机，开始展现昔日的雄风。但以大维齐尔卡拉·穆斯塔法巴夏率领的军队 1683 年围城维也纳失败，穆罕默德四世遂下令处死了这位大维齐尔。不久，奥斯曼帝国又被迫签订了对自己极为不利的《卡尔洛瓦茨和约》（1699），从而开启了欧洲各国瓜分奥斯曼帝国的序幕。

奥斯曼军队在战场上的失利引起帝国内部行省出现暴动，这在阿拉伯地区尤为突出。尽管这些暴动还不足以动摇中央政权，但他们要求自治的倾向却越来越明显。早在 16 世纪末和 17 世纪初，帝国各地的地方武装支队就较为活跃。1595—1610 年曾称为小亚细亚的"暴动期"。1603 年伊朗国王阿巴斯（ShahAbbas Ⅰ，1587—1629）利用帝国的混乱，起兵驱赶奥斯曼军队，迫使帝国军队撤出波斯属地，回到小亚细亚。这也说明没有一个强有力的苏丹能挽救中央政权的衰落。

社会经济处于困境

毫无疑问，政治上、军事上和外交上的失利给奥斯曼国家的社会经济产生了很大的影响。尽管奥斯曼帝国是世界上一个重要的生产者和消费者，但它到 17 世纪仍然是一个相对闭关锁国的社会。帝国同伊朗和神圣同盟的长期战争给财政和税收带来沉重的负担：货币贬值、补充征收赋税、增加新的税种、拖欠国家行政人员和军队的工资、发行劣质硬币等。

在战时或商品短缺时，国家往往进行更加严厉的控制，采取极端措施供应商品或者禁止出口生活必需品。但是，17 世纪的奥斯曼帝国无论是中央政府还是地方官吏都没有这种权威能控制生产、流通和消费。结果，频繁出现经济问题和社会问题。奥斯曼帝国把对首都的粮食供应作为首要任务，花很多的精力保障粮食的运输和供应。但很快,这种工作都落到了商人的手里,粮食成了投机倒把的商品。奥斯曼帝国编年史学者艾弗利亚·切列比在描述小麦和大麦商人时写道:"他们破坏交通运输,低价购买农民送来的小麦,然后把它们储藏起来。等到干旱和饥饿横行的时候,他们再高价抛售。"①

国家在保障居民粮食和商品供应方面可以说软弱无力,但在征收名目繁多的赋税方面却毫厘不爽。如从帝国陆海出口的商品关税、过境和进口税、轮船税、销售税和签订契约税、土地税,等等。

这样,经济问题逐渐转变成社会问题。首都伊斯坦布尔流言四起,骚乱不止。埃尼恰尔部队因不能按时收到军饷或因得到劣质硬币而多次暴动。苏丹穆拉德四世将埃尼恰尔的编制从10万人压缩到6万人,大维齐尔还下令处死了埃尼恰尔的造反头目。1684—1686年埃尼恰尔最后一次发动大暴乱;手工业者和小商小贩在大街小巷散布不满言论,组织反政府集会;城市贫民和农民纷纷集会抗议,甚至强占提马尔封建主的土地,在安纳托利亚出现了小股"土匪"。在巴尔干行省和阿拉伯行省政治不满和社会骚动接连不断,有时直接威胁帝国的领土完整。

17世纪下半叶奥斯曼帝国社会出现的财政经济困难延续到18世纪,已经变成社会危机。出现这一状况的主要原因有:第一,整个18世纪帝国陷入连绵不断的战争,尤其是1768—1774年的俄土战争,进一步加深了帝国的财政、经济和社会危机。战争的消耗使奥斯曼帝国的财政捉襟见肘。第二,帝国的行省分离主义倾向日益严重,强大的巴夏和地方行政长官拒不履行或有折扣履行对国库的财政义务。

---

① Робер Мантран, *История на Османската империя*, София, Рива, 1999, c. 266.

奥斯曼帝国为了弥补财政赤字和经济困难，在历史上第一次提出向外借债。苏丹阿卜杜尔·哈密德一世与政府和宗教界领袖人物进行了磋商，并指令有关部门与荷兰驻伊斯坦布尔大使接触，希望荷兰政府放贷。但这个破天荒的决定立即引起帝国内部就借贷和如何还贷问题激烈辩论，绝大多数人认为，奥斯曼帝国无力偿还贷款，因为帝国的农产品质量不符合荷兰的要求，同时帝国1776年通过的法律明确规定不得通过出售黄金和白银还债。

看来借外债的动议难以实现。于是，奥斯曼政府为了稳定财政，不得不开始在金银货币中掺杂使假。结果，货币市场混乱动荡，反而加深了经济危机。另一项所谓财政政策是明码标价买卖官职。这自然导致贪污贿赂达到无法控制的地步。帝国政府还频繁撤换大维齐尔和簿记官，并没收他们的财产。这种治标不治本的措施显然对稳定国家财政无济于事。阿卜杜尔·哈密德一世在位的后期，帝国政府再次与荷兰政府进行长时间借贷谈判，但还是无果而终。苏丹塞利姆三世（Selim Ⅲ，1789—1807）即位后，因为俄土战争的大量消耗，又转而向西班牙借债。这次，西班牙政府明确表态，它不能借贷给奥斯曼帝国，因为它在俄土战争中保持中立。奥斯曼帝国的财政状况陷入死胡同，万般无奈，只好向臣属国阿尔及利亚和突尼斯请求贷款，但也碰了一鼻子灰。这一切说明奥斯曼帝国18世纪的社会经济困难已经到了非常严重的程度。帝国腐朽的政治生活同样是帝国走向崩溃的真实写照。

18世纪奥斯曼帝国的政治生活

18世纪，奥斯曼帝国的苏丹及其大维齐尔仍然是国家的最高统治者。他们的个人素质、道德品质和执政能力直接影响着帝国的对内对外政策。

1730年11月苏丹阿赫默德三世（Ahmed Ⅲ，1703—1730）自动将权力让给自己的侄子马赫穆德一世（Mahmud Ⅰ，1730—

1754）。马赫穆德一世在位 24 年，是奥斯曼帝国历史上一位得到肯定和尊敬的领导者。他从叔父手中接过苏丹权杖时已经 35 岁，与以往年幼的苏丹相比，他是一位聪明、睿智、干练的合格苏丹候选人。

马赫穆德一世最大的一个优点是能够虚心听取大臣们的谏言，谨言慎行，遇事不慌，头脑清醒，善于处理国内外复杂的紧急问题；他定期召开和主持国务会议，重视各方面的意见，及时做出决议；他特别关心首都伊斯坦布尔的秩序和安全，严厉打击违法乱纪行为。

马赫穆德一世在位时，大力修建清真寺、宗教学校、图书馆和各种文化设施。他热爱诗歌，是位受大众喜爱的诗人。他还是优秀骑手和象棋爱好者。

这位苏丹对国家的贡献还表现在他推行强军路线，尤其是进行军队改革和发展帝国的骑兵。他邀请 20 多位法国著名军事教官操练奥斯曼帝国骑兵，建立工兵学校，购买先进武器。"这样，奥斯曼帝国已经向欧洲模式敞开了大门。"[1] 他采取一系列措施恢复帝国最重要行省安纳托利亚的和平与秩序。马赫穆德一世及其大维齐尔的强军政治，旨在限制埃尼恰尔的权力，保障埃尼恰尔正常获得薪金，但必须严格履行维护国家安全和社会稳定的义务。同时，军队随时准备镇压各地的暴动和起义。

马赫穆德一世于 1754 年 12 月病逝，继位的是他的弟弟奥斯曼三世（Osman Ⅲ，1754—1757），登基时他已 55 岁，是奥斯曼王朝继位时年纪最大的苏丹。新苏丹是位玩世不恭、优柔寡断、疑心重重、一意孤行的庸人。他在短短的 3 年里撤换了 6 位大维齐尔，使国家机器处于瘫痪之中。他因为下令禁止出售酒类和禁

---

[1] Ахмед Садулов, *История на Османската империя* (*ⅩⅣ—ⅩⅩ в.*), В. Търново, "Faber", 2000, c. 166.

止妇女在公共场所露面，引起首都市民的强烈不满。他还强制非穆斯林必须穿戴属于自己宗教规定的衣服。奥斯曼三世在宫廷大院散步时，必须空无一人，贴身保镖也要躲到他看不见的远处。他还有一个诡异的习惯，每周3次突然消失，独自一人到伊斯坦布尔大街上溜达。

奥斯曼三世因为其行为怪异，是奥斯曼帝国历史上的一颗"灾星"。在他的三年任内，伊斯坦布尔于1755年9月27日夜晚和1756年7月6日凌晨接连发生两起大火。仅第二场火灾就烧毁了2000座房屋、1000个商店、200座清真寺，还有不少人员伤亡。[①]

奥斯曼三世于1757年10月30日寿终正寝，新苏丹是阿赫默德三世的大儿子穆斯塔法三世（Mustafa Ⅲ，1757—1774）。穆斯塔法身为阿赫默德三世的大儿子，应该是合法的王位继承人，但他父亲选择了堂弟马赫穆德一世，自己却被打入冷宫整整28年。在这漫长的幽禁日子里，他日夜担心奥斯曼三世的儿子们对他投毒，于是天天服用解毒药，这严重损害了他的身心健康。但他仍然顽强地坚持学习，了解外界的情况。他特别喜爱天文地理、文学和医学。新苏丹温文尔雅，学识渊博，受到人们的同情和爱戴。

穆斯塔法三世登基时已经41岁，是个成熟的执政者。新苏丹的第一道御令是指定拉格布巴夏为大维齐尔，后者被誉为18世纪奥斯曼国家最著名的国务活动家之一。他遵循穆斯塔法三世的指示，竭力阻止帝国一些高级官吏和政治势力以及部分大使对外交政策的曲解，处理好同欧洲大国的和平友好关系，包括与奥地利和俄罗斯的关系；积极改进中央各部门的工作，严格监督司法部门的工作，改进斯帕希土地制度，以进一步完善财政税收制度。当然，这一切还谈不到是什么改革措施，而只是在延缓帝国的衰

---

① Ахмед Садулов, *История на Османската империя* (*XIV—XX в.*), В. Търново, "Faber", 2000, c. 167.

退过程。史学家认为,"穆斯塔法三世怀有良好的愿望,他可以称为奥斯曼帝国改革运动的鼻祖"①。穆斯塔法三世确实想借助拉格布巴夏的才干立即进行一些激进的改革,以摆脱帝国内外交困的局面,但这仅仅是在延缓帝国的衰退过程。

1774 年 1 月 21 日,穆斯塔法三世逝世,新苏丹是阿卜杜尔·哈密德一世(Abdul Hamid Ⅰ, 1774—1789),阿赫默德三世的儿子。阿卜杜尔·哈密德一世跟大多数前任苏丹一样,长期被软禁在后宫,执掌国家机器时已届 49 岁,而且是奥斯曼帝国 18 世纪最困难的时期。新苏丹名义上是国家最高元首,但他的素质和心理都身不由己,难以挽救病入膏肓的国家。例如,在 1774 年 7 月与俄国签订《丘恰克·卡伊纳贾和约》时,尽管他对条约的一些条款不满,但他已经无法影响条约的签字和生效。1778 年 9 月阿卜杜尔·哈密德一世专门召集了一次国务会议讨论要不要履行对俄条约,但无果而终,无力进行一场新的战争以挽回奥斯曼帝国的颜面。俄国沙皇叶卡捷琳娜二世强硬表态说,如果奥斯曼帝国对执行和约条款犹豫不决,将在两个宿敌之间爆发新的战争。

俗话说,上梁不正下梁歪。以苏丹为首的统治集团腐败无能,致使帝国中央与地方和统治集团内部矛盾重重,国家机器运转不灵。在 18 世纪,奥斯曼帝国中央与各行省的关系变得越来越有利于各地方政权。

18 世纪帝国内部的离心倾向进一步加剧。一个最突出的表现是强大的封建主阶层日益崛起,并渴望干预政治。这个阶层包括地方上最富裕的农村人和最有影响力的地方官员,18 世纪的奥斯曼文献称他们为"阿亚尼"(Ayani)。这个新的社会阶层早在 17 世纪就已经出现,他们是当地富商、高级宗教人士和封建主。他

---

① Ахмед Садулов, *История на Османската империя* (*XIV—XX в.*), В. Търново, "Faber", 2000, с. 171.

们拥有自己的不动产或者封建庄园，他们积极参与农村的土地买卖。但是，到了18世纪，"阿亚尼"的势力从农村扩大到城市，形成了奥斯曼历史上的几大封建家族，如恰帕诺格鲁家族、卡拉奥斯曼诺格鲁家族、科扎诺格鲁家族，以及各省会城市较小的"阿亚尼"家族。同时，在叙利亚、巴勒斯坦和伊拉克等地也形成了强大的阿拉伯"阿亚尼"家族。

这些新兴的"阿亚尼"阶层有了雄厚的经济实力后，便千方百计打入省一级行政部门，谋求获得一官半职，参与政治活动。这些"阿亚尼"们与政府任命的每年更换一次的省市级官吏不同，他们级别较低，在国家行政部门任职的时间较长，更能培植自己的势力，结党营私。

奥斯曼帝国统治集团的内斗还反映在苏丹与大维齐尔之间的关系上。大维齐尔类似政府总理，具体落实和执行苏丹的御令，享有很大的实权。苏丹为了显示自己至高无上的权威，往往要限制大维齐尔的过大的权力。一个行之有效的具体办法就是经常撤换大维齐尔。据有关统计资料，马赫穆德一世在位24年，更换了24位大维齐尔。18世纪的其他苏丹也都采取类似办法，屡见不鲜。从1703年至1789年，大维齐尔的大印换手了56次。① 大维齐尔走马灯式地更换看似减少了政变风险，却加速了贪污腐败，因为大维齐尔一上台就开始聚敛财富，中饱私囊。当然，应该说大维齐尔都是苏丹亲自挑选，并信得过的宠臣或者亲属。但帝廷等级森严的制度反而使他们的个人主义私欲无限膨胀，靠罢免制度拯救不了官场弊病。

整个18世纪奥斯曼帝国经济困窘，财政岌岌可危。苏丹皇权的懦弱无能和中央政权贪污腐败，动摇了帝国的根基，使帝国受

---

① Ахмед Садулов, *История на Османската империя*（*XIV—XX в.*), В. Търново, "Faber", 2000, c. 164.

到外敌的欺凌，忍辱偷生。

四　奥斯曼帝国博弈欧洲列强

同奥地利哈布斯堡王朝争夺东南欧

17世纪中期起，奥斯曼帝国三面受敌的形势更加严峻。奥地利帝国主宰着巴尔干西部和北部以及多瑙河中下游的大部分地区和人民，威尼斯共和国仍然扼守着亚得里亚海岸和希腊一些岛屿的战略要冲，而俄国则全力南下巴尔干，欲打通黑海进入地中海。

从奥斯曼帝国占领巴尔干半岛开始，它同奥地利帝国的冲突和战争就接踵而至。两个帝国之间的战争不断，其掠夺和烧杀的战场就在巴尔干半岛。到18世纪，巴尔干半岛的西北部已由奥地利帝国盘踞。

位于中欧的奥地利帝国正是奥斯曼帝国西进的最大障碍。据史料记载，13世纪中期在奥地利确立了哈布斯堡王朝的统治地位。从1273年起，哈布斯堡王朝的统治者鲁道夫一世（Rudolf Ⅰ 1218—1291）开始当选为"神圣罗马帝国"的皇帝，使这个王朝存在了6个多世纪。

15世纪末和16世纪初，哈布斯堡王朝通过联姻和继承，不断扩张领土，在中欧和多瑙河流域建立了强大的奥地利君主国，并成为一支遏制奥斯曼帝国入侵中欧的重要力量。当1526年匈牙利在莫哈奇被奥斯曼帝国军队打败的时候，克罗地亚的一部分和匈牙利中部地区被奥斯曼帝国占领，而克罗地亚的另一部分和所谓"匈牙利王国"部分则被奥地利帝国分割。这些地区成为奥斯曼帝国和奥地利帝国的缓冲区。接着，匈牙利王国的贵族承认哈布斯堡王朝斐迪南一世（Ferdinand Ⅰ，1556—1564年在位）的统治。1527年1月，克罗地亚贵族也选举斐迪南一世为克罗地亚国王。哈布斯堡王朝则承诺尊重克罗地亚的国家政治权力和内部自治，拥有自己的首领巴昂和议会,并帮助它抵御奥斯曼帝国军队入侵。克罗地亚的这一举动意味着,它结束了同匈牙利4个世纪的"合并"关系,而参加了哈布斯堡王朝的反奥斯曼帝国同盟,被纳入奥地利帝国的版图。在奥地利—匈牙利帝国最强盛的时候,其疆域包括今天的奥地利、匈牙利、捷克、斯洛伐克、加利西亚、特兰西瓦尼亚、波兰的一部分、斯洛文尼亚、克罗地亚、巴纳特、伏伊伏丁那、亚得里亚海的达尔马提亚沿岸、意大利的一部分和波黑等地,其人口达近5000万人。

哈布斯堡王朝在长达几个世纪的历史进程中,既与西欧和中欧又与东南欧保持着密切的宗教、文化和经济联系。它在两个世纪中与奥斯曼帝国进行了7场各有胜负的战争,致使领土和边界发生了改变。①

在同奥斯曼帝国的多次战争中,奥地利帝国失败的次数远多于胜利。在一系列失利后,匈牙利退出了历史舞台,但奥地利帝国依然保存了实力,准备反攻奥斯曼帝国。它巧妙地动员、组织,并利用巴尔干半岛西北部的戍边区居民、塞尔维亚人、克罗地亚人、斯洛文尼亚人的反奥斯曼情绪,借助日益崛起的俄国、法国和英国,尝试达成反对奥斯曼帝国的某种协议。

这种转守为攻的机会主要发生在17世纪和18世纪的对奥斯曼帝国战争中。有几次战争对改变双方力量对比产生了深刻的影响。1593年奥地利帝国与奥斯曼帝国之间爆发了持续13年的战争。站在奥地利一边参战的还有西班牙、瓦拉几亚和摩尔多瓦等公国。双方势均力敌,互有胜负。最后签订的《西特瓦托洛克(Sitvatorok)和约》规定恢复冲突前的状态。奥斯曼帝国第一次平等地与对手谈判,没有提出媾和的任何条件。

---

① Румяна Прешленова, *Австро—Унгария и Балканите 1878 - 1912*, София, "Св. Климент Охридски", 2017, с. 13.

经过五六十年的"和平"之后,奥斯曼帝国在同威尼斯争夺克里特岛的24年战争中胜出,它在欧洲的主要敌人自然是日益崛起的奥地利。就是在这样的背景下发生了1683—1699年的土奥战争。这次,奥斯曼苏丹的进攻目标是攻克维也纳,清除它西进的最大障碍。但奥地利首都军民顶住了苏丹军队的重重包围。奥地利帝国得到了以扬·索别斯基(Jan Sobieski)统率的波兰军队的增援,奥斯曼军队攻城失败。从此,"奥斯曼帝国就停止了它在欧洲的扩张,并且开始逐渐失去它在这块大陆上的属地;曾经战无不胜的征服者几乎自此就没有打过一场值得称道的胜仗,等着他们的,是长达三个世纪的缓慢衰败"[①]。

随后,奥地利、波兰、威尼斯和马耳他等国于1686年结成"神圣同盟"。俄罗斯也很快加入该同盟。1686年奥地利人占领布达;1687年威尼斯人攻入伯罗奔尼撒,进入雅典;1688年奥地利人夺取贝尔格莱德,势力扩及亚得里亚海岸。奥斯曼军队经受一连串失利。但是,奥地利的战绩引起法国的嫉妒,打响了法奥战争。奥地利军队被迫从巴尔干战场撤出,奥斯曼军队遂稳住了阵地。在欧洲基督教联盟军队的打击下,奥斯曼军队未能深入欧洲的心脏地带。相反,却被迫接受"神圣同盟"提出的屈辱性条约。

根据1699年签订的《卡尔洛瓦茨和约》(the treaty of Carlowitz),奥地利帝国获得匈牙利、特兰西瓦尼亚、巴奇卡和斯拉沃尼亚的大部分地区;威尼斯占据伯罗奔尼撒、达尔马提亚的6座城堡和多个岛屿;波兰扩大到波多里埃(Podolie)地区和乌克兰;俄国进入了亚速海地区。有学者认为,"这实际上是第一次对奥斯

[①] 梁文道:《导读〈作为"圣战"的第一次世界大战〉》,载[英]尤金·罗根《奥斯曼帝国的衰亡:一战中东,1914—1920》,王阳阳译,广西师范大学出版社2017年版。

曼帝国欧洲领地的大瓜分"①。基督教欧洲与奥斯曼帝国的关系发生了新的不利于后者的变化。

从此，进入18世纪奥斯曼帝国开始江河日下，穷于应战，丧失昔日的辉煌。而奥地利和俄国的国力蒸蒸日上，咄咄逼人，两国几次对奥斯曼帝国采取联合军事行动，并制订了瓜分奥斯曼"遗产"计划。奥地利与俄罗斯一起发动了1736—1739年对奥斯曼帝国的战争。为此，1736年两个专制帝国秘密结盟。首先，俄罗斯于1736年5月向奥斯曼帝国宣战，俄军向克里米亚半岛和亚速海推进。奥地利哈布斯堡王朝的外交代表作为中间人，在奥斯曼帝国和俄罗斯之间调停，寻求和平。经过一段时间的准备后，奥地利于1737年6月正式向奥斯曼帝国开战。交战三方都有各自的利益，很难达成妥协。俄罗斯一心想拿下克里米亚半岛，在亚速海和黑海获得自由航行权；奥地利担心俄罗斯的过分扩张削弱自己在多瑙河和巴尔干地区的势力范围，奥斯曼帝国则在法国的授意下尽量拒绝俄奥的割地要求。最后导致1739年9月1日奥土单独结缔《贝尔格莱德和约》和9月18日俄土签订《贝尔格莱德和约》。这场战争几乎没有改变战前的现状，没有赢家。

奥地利和俄罗斯对这场牺牲了近10万人的战争并不甘心。几十年后的1782年，两国又一次炮制了针对奥斯曼帝国的共同巴尔干政策，即叶卡捷琳娜二世提出的"希腊方案"，旨在将奥斯曼人赶出欧洲和完全瓜分他们的"遗产"：俄罗斯将合并黑海沿岸地区和高加索，并获得地中海的出海口；奥地利将扩大到瓦拉几亚西部、波黑，并兼并伊斯特里亚半岛和达尔马提亚；威尼斯将达尔马提亚割让给奥地利，作为补偿将得到伯罗奔尼撒、克里特岛和塞浦路斯；法国将进入叙利亚和埃及；而没有被奥地利、威尼斯

---

① Кръстьо Манчев, *История на балканските народи*（1352 – 1878）, том Ⅰ, София, Парадигма, 2012, с. 69.

或俄罗斯占据的原奥斯曼帝国巴尔干行省的其他地区，则在俄罗斯的庇护下组建两个基督教国家：一个叫作拜占庭，包括希腊、保加利亚和塞尔维亚的土地，将称为"希腊帝国"；另一个叫作达契亚，一个罗马尼亚王国作为缓冲国家，包括瓦拉几亚、摩尔多瓦和比萨拉比亚。①

自从奥斯曼帝国入侵欧洲后，各种瓜分奥斯曼领地的计划和方案就纷纷出笼，上面只是其中比较具体的一个。但是，这些计划或方案一个也没有变成现实。究其原因，并不是说奥斯曼帝国多么强大和无法战胜，而是证明欧洲陷入分裂，尤其是主要大国之间的矛盾和利益难以调和。法国和英国没有受到奥斯曼帝国军队的践踏，它们主张维护奥斯曼帝国的完整性，尽管这不是它们的真实意图，而是担心俄国在巴尔干的强大影响力；奥地利帝国几次单独或同俄国一起抗击奥斯曼帝国，但从18世纪末开始却站在奥斯曼帝国一边反对俄国扩张主义威胁。西欧国家更希望给这个垂死的"病人"治病，让它按照西欧的模式改革，而不是盼望它寿终正寝。因为只有这样，它才能在西亚和东南欧地区平衡西欧国家与俄罗斯之间的激烈竞争。沙皇俄国则心知肚明，欲利用这个机遇期大举向南扩张。

从此，巴尔干半岛西部和北部的克罗地亚、斯洛文尼亚等地的社会经济和宗教文化都朝着有别于东部和南部奥斯曼帝国统治区的方向发展。奥地利帝国也跟奥斯曼帝国一样，在克罗地亚和斯洛文尼亚等地建立了强大而又坚固的防御体系，以保卫自己的帝国免遭奥斯曼帝国军队的侵犯。这样，克罗地亚、斯洛文尼亚成了两个帝国逐鹿的前沿阵地，而居住在这一地区的南部斯拉夫人逐渐变成了半自由农民和半军事化士兵，扼守"边屯区"。由于

---

① Кръстьо Манчев, *История на балканските народи*（1352 – 1878）, том Ⅰ, София, Парадигма, 2012, с. 69 – 70.

来到克罗地亚戍边的还有大量逃难的信奉东正教的塞尔维亚人，所以在克罗地亚境内斯拉沃尼亚等地形成了塞尔维亚人聚居区。谁也没有料到，这却成了20世纪90年代初一个有争议的领土与民族问题，成为塞尔维亚与克罗地亚冲突和战争之源。

奥地利帝国扩张到西巴尔干地区，采取了与奥斯曼帝国完全不同的方式和策略。奥地利帝国不是用战争征服巴尔干国家和用宗教同化巴尔干居民，而是以基督徒"拯救者"的身份出现，与奥斯曼帝国签订协议，或给予巴尔干地区人民自治权或通过邦联形式将西巴尔干地区纳入自己的疆界。例如，根据1699年《卡尔洛瓦茨和约》和1718年的《帕萨罗维茨条约》（the treaty of Passarowitz），奥斯曼帝国两次将克罗地亚、斯洛文尼亚和匈牙利等地的领土割让给了哈布斯堡王朝。于是，克罗地亚和斯洛文尼亚的历史，便与君主专制的哈布斯堡王朝（1527—1867）和后来中央集权的奥匈帝国（1868—1918）密不可分。它们接受了天主教，融入了拉丁文化系统。

当然，奥地利帝国和后来的奥匈帝国占据奥斯曼帝国欧洲部分的领土，进行整治和经济扩张，必然引起其他欧洲列强在该地区的利益竞争。其中，威尼斯共和国和沙皇俄国都是强劲的对手。

与威尼斯海上争霸

据史料记载，15—16世纪奥斯曼帝国与威尼斯共和国之间发生战争的年度有：1463—1479年、1499年、1503年、1537—1540年、1570—1573年，等等。每次战争之后即签订和约以医治战争创伤，恢复常态，为新的冲突做军事和外交准备。这种间歇几乎与奥斯曼帝国苏丹的更替是一致的，即新苏丹一上台就与威尼斯发生战争，随后子承父业，又发动新的战争。从1453年起百年里，奥斯曼帝国同威尼斯共和国不断在战争与和平、开展贸易和外交谈判中交替。

15世纪初期，威尼斯共和国作为海上商业强国，向巴尔干半岛西部的达尔马提亚岛和爱琴海的部分岛屿扩张。在这个世纪的前半期，威尼斯成功战胜克罗地亚（匈牙利），确立了对达尔马提亚地区和除杜布罗夫尼克（Dubrovnik）以外的几乎所有亚得里亚海岸的岛屿，如扎达尔、特罗格尔、斯普利特、科托尔、巴尔等地的统治。与此同时，威尼斯还攻占了伯罗奔尼撒南部、爱奥尼亚海上的岛屿、阿尔巴尼亚和黑山沿海。1489年攻占了塞浦路斯，但后来奥斯曼帝国在1571年夺回了塞浦路斯。

其中，杜布罗夫尼克市占有特殊的地位。它是奥斯曼帝国与威尼斯贸易的中介人，无论是和平时期还是战争时期都受到保护。它是亚得里亚海上的一颗明珠，从中世纪起就繁荣昌盛，一直持续到17世纪奥斯曼帝国逐渐变弱，杜布罗夫尼克的影响亦开始下降。

显然，威尼斯的成就与奥斯曼帝国西进巴尔干半岛的战略发生矛盾和冲突，特别是在穆罕默德二世攻占君士坦丁堡之后，奥斯曼帝国与威尼斯的关系变得越来越紧张。奥斯曼帝国为了遏制威尼斯共和国在亚得里亚海沿岸的影响，不惜挑战威尼斯的海上霸权。威尼斯当然不会放弃它在西巴尔干地区和爱琴海岛屿以及在君士坦丁堡的传统利益和贸易特权。

于是，从1463年到1479年两国开始了一场"长期"战争。双方争夺的地区是达尔马提亚、希腊伯罗奔尼撒的摩里亚（Morea）和爱琴海上的岛屿。7年战争期间威尼斯不仅没有守住战略要地摩里亚，而且丧失了最强大的海军基地埃维厄岛。精明的威尼斯商人还在财政上遭受了前所未有的损失。① 根据1479年的和约，威

---

① Снежана Ракова, *Венеция, Османската империя и Балканите XV—XVI в.*, София, "Св. Климент Охридски", 2017, с. 118.

尼斯将黑山的大部分地区让给了奥斯曼苏丹。双方同意确保船舰的航行和贸易安全，共同打击海盗。

1499—1503年的战事集中在亚得里亚海岸的莱潘特港口和希腊的纳夫普里昂海湾（今日的纳瓦里诺）。在这些海战中威尼斯人也失去了控制权。威尼斯面对"土耳其威胁"，被迫请求罗马教廷和欧洲天主教世界的法国、波兰和匈牙利出面斡旋，借助外交谈判调解。1503年苏丹巴耶济德二世签署停战令。1516—1517年奥斯曼帝国征服叙利亚和埃及后，东地中海的贸易形势发生了对威尼斯不利的变化。接着，奥斯曼帝国最强势的苏丹苏莱曼一世（Suleyman Ⅰ Kanuni，苏莱曼大帝，1520—1566）登基。奥斯曼帝国的军队已经剑指布达佩斯和维也纳。

与此同时，奥斯曼帝国开始对法国妥协，向其提供贸易特权。1536年2月同法国签订了奥斯曼帝国历史上第一个给予外国特权的"让步条约"（the Capitulations），以促使法国在地中海东部平衡威尼斯的影响力。其后，奥斯曼帝国又同英国（1580年和1583年）、荷兰（1612）和其他欧洲国家结缔了类似的不平等特惠条约。[1] 这在很大程度上也是针对威尼斯的。

于是，1537—1540年苏莱曼大帝发动了对威尼斯的战争。是年8月奥斯曼帝国的大军包围科孚岛，威尼斯军队利用坚固的要塞进行反击。久攻不下后，奥斯曼军队遂进攻爱奥尼亚海域内威尼斯驻守的其他岛屿。情急之下，威尼斯在1538年2月宣布参加欧洲反土耳其神圣同盟。但9月威尼斯共和国领导人去世，不得不收缩战线。根据1540年的和平条约，威尼斯放弃伯罗奔尼撒地区的拿坡里和莫内瓦齐亚等岛屿，并向奥斯曼帝国赔偿一笔战争费。这个条约确保了两国30年和平相处，直到1570年再次爆发战争。

---

[1] Димитри Кицикис, *Османската империя*, София, Кама, 2000, с. 122.

1797年拿破仑一度占据爱奥尼亚海上的岛屿，① 1798年俄国海军赶走了法国人，在俄国和奥斯曼帝国监督下给予这些岛屿自治共和国地位。1810—1864年英国进入这个海域，并占领了其岛屿。

尽管这些岛屿的命运多舛，但它们始终自认为属于希腊，其居民操希腊语，商业贸易发达，生活水平远高于大陆希腊。而且，在整个奥斯曼帝国统治巴尔干半岛时期，许多知识分子和革命者为了躲避奥斯曼土耳其人的迫害，往往在这些岛屿找到了开展反抗活动的场所。

达尔马提亚地区的居民主要是斯拉夫人，他们世世代代在这里发展手工业、航海业和贸易。沿海各城市与意大利、威尼斯、热那亚、佛罗伦萨和巴尔干国家的贸易和商业活动十分频繁。他们有自治公社组织的传统。威尼斯占据该地区后，向达尔马提亚派驻一位"总督"，常驻扎达尔，负责监督和管理各地方自治机构的活动。威尼斯当局还在达尔马提亚沿岸各大城市任命自己的代表，参与市政管理。在达尔马提亚的内陆农村，威尼斯当局允许村里的长老和自治会正常活动，但要接受当局的监督。城市和乡村都得缴纳一定数量的税金。威尼斯还通过相关法律和行政措施限制达尔马提亚的贸易，以防止出现新的贸易竞争对手。

威尼斯共和国的统治曾引起农民的反抗。例如，1510年，达尔马提亚的城乡群众起义反对威尼斯当局的封建压迫和繁重的徭役。起义群众推选马特亚·伊瓦尼奇当首领，后来又有一个传奇的名字"扬科统领"。起义者在他的指挥下攻克了赫瓦尔市，杀死

---

① 爱奥尼亚海位于希腊西部，有6个面积较大的岛屿（科孚、帕克索斯、莱夫基达、伊塔卡、科发洛尼亚和扎金托斯）；只有1个较小的岛屿（基蒂拉）在伯罗奔尼撒的最南端。这些岛屿历来是欧洲大国觊觎的目标。早在13世纪威尼斯就占领了其中的一些岛屿，尽管多次易手，但威尼斯一直占有优势。奥斯曼帝国侵入巴尔干半岛后，威尼斯就牢牢控制这些地方。

贵族，烧毁市政房屋。起义在威尼斯当局的干预下平息。1514年起义再次爆发，再次夺取赫瓦尔市。威尼斯当局出动军队镇压，起义首领被捕，残暴地被挖眼断臂，处以绞刑。

威尼斯除抢占亚得里亚海岸的达尔马提亚地区外，还在地中海拥有自己的领地，如克里特岛。克里特岛战略地位显要，一直是外来势力虎视眈眈之地。古罗马帝国、拜占庭帝国、阿拉伯帝国都占领过该岛。第四次十字军东征时，贪婪的骑士们将克里特岛廉价卖给了威尼斯。所以，威尼斯人占据该岛长达4个世纪，直到1699年被奥斯曼帝国军队打败。奥斯曼帝国占领了克里特岛的大部分地区，威尼斯仅保留了三块领地，到1715年整个克里特岛被奥斯曼帝国独吞。

至此，到17世纪末，昔日整个"威尼斯世界"，无论是它的势力范围西巴尔干和亚得里亚海岸，还是它直接占据的爱奥尼亚海和爱琴海诸岛屿，经过与奥斯曼帝国几场战争后几乎丧失过半。尽管威尼斯号称海上强国，但它无法在从达尔马提亚到爱琴海绵延几百海里的战线上阻止奥斯曼帝国的凌厉打击，眼看着自己的领地和影响力不断消失。到18世纪，威尼斯共和国只控制亚得里亚海岸和希腊某些岛屿的战略要地，并且丧失了对奥斯曼帝国统治区非穆斯林居民的宗教庇护。这正好被东正教和斯拉夫民族的捍卫者俄罗斯所利用，为其南下扩大政治影响留下了战略空间。

遏制俄罗斯南下巴尔干

16世纪末和17世纪初，东南欧地区的形势发生了不利于奥斯曼帝国的变化。帝国四处出击分散了力量，对中欧的攻击性明显减弱；相反，奥地利帝国在兼并"匈牙利王国"后越来越成为阻止奥斯曼帝国西进的中坚力量；法国和英国自16世纪下半叶起与奥斯曼帝国签订了关于领事和贸易特权的"让步条约"后，号称愿意保障奥斯曼帝国的完整性，实则为了追逐自己的经贸利益；

俄罗斯在北边日益强大，开始南下挑战奥斯曼帝国在巴尔干地区的统治地位，手段就是发动接二连三的战争。如果说，16—17世纪奥斯曼帝国的战争对手主要是威尼斯和奥地利，那么接下来的主角就是俄罗斯了。

1710—1711年，彼得大帝发动了对奥斯曼帝国的战争。这次，彼得大帝祭起亲斯拉夫和东正教旗帜，号召巴尔干的斯拉夫兄弟和基督徒支持俄国军队，共同打击奥斯曼军队。1711年夏季，黑山、黑塞哥维纳和阿尔巴尼亚等地的统治者组织地方武装站在俄军一边战斗。接着，瓦拉几亚和摩尔多瓦的大公也宣布与俄国结盟。但战斗没有进行几个月，俄军便踌躇不决，迟迟没有越过多瑙河，并放弃了亚速海。俄国以失败告终，跟随俄国的小兄弟们吃亏上当，遭到奥斯曼军队的残酷报复。

我们从上面奥地利与奥斯曼帝国战争中看到，俄国在1736—1739年跟奥地利联合抗击奥斯曼帝国的战争中，收获了胜利成果。

叶卡捷琳娜二世进行的1768—1774年俄土战争取得了重大胜利，获得比萨拉比亚、摩尔多瓦和瓦拉几亚，深入多瑙河流域。根据1774年《丘恰克·卡伊纳贾（Kuchuk Kaynarjia）和约》，奥斯曼帝国撤出克里米亚和高加索地区，俄国船只可以自由通过黑海两海峡。同时，俄国还获得了在奥斯曼帝国领土上开设领事馆的权利，以保护奥斯曼帝国境内东正教教会的活动。从这时起，希腊的商船开始悬挂俄国的旗帜，在黑海和东地中海游弋。①

18世纪，奥地利和俄国已经就它们反对奥斯曼帝国的巴尔干政策达成妥协性协议，以照顾各自的核心利益。在奥土战争（1736—1739）和奥俄制订"希腊方案"（1782）后，俄国将黑海沿岸和高加索并入了自己的版图，打通了进入地中海的通道；奥地利占领了瓦拉几亚西部、波黑、伊斯特里亚半岛和达尔马提亚；

---

① Димитри Кицикис, *Османската империя*, София, Кама, 2000, с. 133.

威尼斯因失去了达尔马提亚,而获得了伯罗奔尼撒和克里特岛以及塞浦路斯岛作为补偿;法国进入了叙利亚和埃及。这样,奥斯曼帝国已经大伤元气,处于被动挨打的境地。大国争夺巴尔干的战争致使巴尔干地区土地荒芜,房屋烧毁,难民逃亡,生活和生产遭受严重破坏。

在1768—1856年俄国同奥斯曼帝国的5次战争(简称俄土战争)中,奥斯曼帝国接连惨败,丧失了穆斯林集中居住的克里米亚半岛。在奥斯曼帝国同埃及穆罕默德·阿里巴夏的冲突中(1831—1833),苏丹被迫将叙利亚、克里特岛等地交给阿里巴夏管理;法国、英国、奥地利等国加强了对巴尔干地区和阿拉伯地区的侵略扩张,纷纷欲争夺奥斯曼帝国"遗产"。俄国稳固了在巴尔干和黑海海峡的影响。在这场长达近两个世纪争夺奥斯曼帝国"遗产"的斗争中,奥斯曼帝国损兵折将,丢失领地,不断龟缩,由强变弱。法国和英国眼看俄国和奥地利深入巴尔干地区,影响力明显增强,但为了维护自身的政治和经济利益,不主张奥斯曼帝国彻底解体,遭到瓜分。奥地利在巴尔干西部地区已经站稳脚跟,进入了亚得里亚海;俄国竭力坚持摧毁奥斯曼帝国在巴尔干和高加索地区的管控,支持巴尔干的民族解放运动,成立亲俄国的独立民族国家。

与此同时,在法国大革命的影响下,处于奥斯曼帝国统治下的巴尔干基督教臣民全面觉醒,希腊、塞尔维亚、保加利亚等地的民族解放运动蓬勃兴起。正是在1807—1812年和1828—1829年的俄土战争中塞尔维亚和希腊爆发了起义,赢得了民族独立。俄国通过1812年的《布加勒斯特和约》从奥斯曼帝国获得了比萨拉比亚。根据和约,瓦拉几亚和摩尔多瓦承认苏丹的宗主国地位,塞尔维亚获得自治地位。而根据1829年9月14日签订的和约,奥斯曼帝国割让高加索地区给俄国,承认塞尔维亚和希腊为独立国家。这进一步加强了俄国在巴尔干地区的影响,巴尔干民族解放运动亦进一步高涨。

奥斯曼帝国这种由强变弱的趋势有利于巴尔干人民争取摆脱奥斯曼帝国统治的斗争。当然，巴尔干人民的斗争不光是针对奥斯曼帝国的，他们同样反对奥地利帝国和威尼斯的统治，其表现形式主要有两种：一是反对异族统治、争取民族独立的民族解放运动；二是开展反对掠夺和压迫、争取社会公正的社会运动。

欧洲大国对奥斯曼帝国的瓜分、帝国内部各行省的暴动和起义，此伏彼起，加速帝国走向衰落。其中，塞尔维亚和希腊的民族解放运动为巴尔干其他被奥斯曼帝国奴役地区人民的斗争树立了榜样。

第二章　奥斯曼帝国在内忧外患中解体

从1912年10月至1913年8月的短短10个月时间里，巴尔干半岛爆发了两次战争。它们是：1912—1913年，保加利亚、塞尔维亚、希腊和黑山联合反对奥斯曼帝国。很快，联军在色雷斯、马其顿、科索沃和阿尔巴尼亚等地大败奥斯曼帝国军队，史称第一次巴尔干战争。但是，1913年胜利者在瓜分马其顿问题上发生冲突，保加利亚和同盟国之间立即开战，史称第二次巴尔干战争，亦称同盟战争。战争的策划者和应战者都被各自的爱国主义所绑架，忘乎所以地开始了血腥的厮杀。战争加深了巴尔干国家之间的裂痕和敌视，它们彼此在残杀中消耗精力，却很少取得谅解和相互帮助。欧洲大国和巴尔干资产阶级执政集团是发动战争的罪魁祸首，他们为了各自的国家利益和民族利益，煽动民族仇恨，主张用武力去征服和瓜分其他弱小国家（地区）和民族。这些战争对巴尔干国家的社会经济发展产生了至关重要的影响和作用，留下了历史的创伤和遗憾。

两次巴尔干战争的结果，加速了奥斯曼帝国垮台，也使巴尔干国家之间的领土和边界发生了明显的变动，产生了后来难以解决的领土和民族问题。战争还加剧了巴尔干地区动荡的局势，巴尔干"火药桶"一触即发。

青年土耳其党人力图通过改革挽救奥斯曼帝国的灭亡。他们的共同奋斗目标是摧毁苏丹的专制统治。但他们开展的革命运动缺乏群众基础，也没有在土耳其本土生根，更没有强有力的组织领导，最后以失败告终。但他们的革命却打破了1878年柏林会议以来欧洲的均势，成为1914年世界大战的前奏。

欧洲帝国主义国家瓜分殖民地和市场的矛盾激化，建立世界霸权的利益碰撞，导致形成了两个相互对立的军事集团。一个叫作协约国，包括英国、法国和俄国；另一个成为同盟国，由德国、奥匈帝国和意大利组成。后来参加这两个集团的还有其他一些中小国家。随着日本和美国的参加，已经变成一场世界大战。奥斯曼帝国是这两个集团争夺的重点。

1914—1918年进行的第一次世界大战，毫无疑问是20世纪巴尔干历史和人类历史所遭受的第一场空前的浩劫。这是一场帝国主义争夺世界霸权的战争。这场战争既改变了现存世界，也彻底改变了巴尔干地区的现状，巴尔干的政治地图也因此发生了根本变化：统治该地区长达5个世纪之久的奥斯曼帝国崩溃，奥匈帝国解体，多民族国家南斯拉夫在该地区新生和壮大。社会主义运动受到俄国十月革命的影响在半岛兴起。

历史不会忘记，这场战争的导火线是萨拉热窝谋杀案。由此，奥匈帝国向塞尔维亚发动了蓄谋已久的战争。当时世界上的列强为了各自的利益，先后纷纷卷入，形成一场波及欧亚大陆的世界性大战。在战争中奥斯曼帝国的腐朽充分暴露，它的死亡证书已经张贴到从巴尔干山脉到君士坦丁堡的大街小巷，丧钟已经敲响。

历史也不会忘记，一战的毁灭性后果给人类带来了前所未有的大灾难。在战火中两三千万人死亡和负伤，两三百万人终身残疾，更多的人流离失所，远走异国他乡。

巴尔干国家也不会忘记，一战后"战胜国"欢天喜地，放101响礼炮庆贺胜利，而"战败国"咬牙切齿，等待复仇的机会。整个欧洲被分裂为"战胜国"和"战败国"两大阵营。巴尔干国家发现，无论它们站在大国（集团）的哪一方，都是得到的少，而失去的多。战争没有实现公正，也没有消除冲突，矛盾依然存在，和平只是暂时的。特别是巴尔干的少数民族问题和边界问题并没有得到解决，它们很快又会成为冲突的源泉。巴尔干国家还没有喘过气来，它们又一次站在不同的营垒，滑向了另一场世界性大战。

一 奥斯曼帝国与"东方危机"

人民暴动和起义

早在16世纪末，帝国已经感受到各地人民群众的不满和反抗。饥寒交迫的农民逃离农村，在森林和平原地带游荡，寻找衣食。他们由漫无目的的流寇、游民慢慢变成了有一定组织的抢劫或偷盗小组或小分队。抢劫的主要目标是富有的土耳其人和地方政府当局的粮仓。还有一些农村青年进入大中小城镇谋生，有的进入学校，有的参加军队，成为帝国的未来知识分子和政治力量。

还在1443年11月28日，阿尔巴尼亚斯坎德培（Skanderbeg，约1405—1468）宣布发动反对奥斯曼土耳其的起义。他联合和组织阿尔巴尼亚各地封建主共同行动，占领克鲁亚城堡，在那里挂上了绣有黑色双头鹰的红旗。这便是阿尔巴尼亚沿用至今的国旗。这场可歌可泣的起义断断续续坚持了30多年，一直持续到1478年6月克鲁亚城堡陷落。苏丹穆罕默德二世（Mehmed II，1444—1446和1451—1481）于1460年被迫同斯坎德培签订了为期3年的和约。斯坎德培英勇抗敌，永垂史册。阿尔巴尼亚历史学家认为，斯坎德培"是一位天才的统帅，他在25年内，在同兵力强大许多倍的敌人作战中，赢得多次空前的胜利；是一位卓越的政治领袖，他创建了独立的阿尔巴尼亚国家"[①]。

[①] ［阿］弗拉舍里：《阿尔巴尼亚史纲》，樊集译，生活·读书·新知三联书店1972年版，第122页。

图2—1　阿尔巴尼亚民族英雄斯坎德培

在摩尔多瓦开展反对奥斯曼帝国斗争的同时,瓦拉几亚一个号称"勇士米哈伊"(Mihai Viteazul,1593—1601年在位)的统治者成为抗击奥斯曼帝国的代表性人物。米哈伊出身贵族地主阶层,作为王位继承人继续坚持亲欧洲和反奥斯曼统治的传统。

米哈伊上台后的第一个反奥斯曼土耳其人的行动是屠杀奥斯曼土耳其人。奥斯曼土耳其人在瓦拉几亚放高利贷,榨取钱财。一次,米哈伊以欠债人偿还债款为由将奥斯曼土耳其债主们召集到自己的行宫后,突然命令埋伏的士兵们放火烧毁了这座建筑物。所有奥斯曼土耳其债主连同他们的账单被化为灰烬。

米哈伊的这一举动引来奥斯曼帝国的疯狂报复。1595年夏天,辛南巴夏率领的奥斯曼帝国远征军开赴多瑙河沿岸,安营扎寨。8月13日,双方在格鲁格雷尼沼泽地交战,米哈伊的军队在没有外援的情况下竟然大败奥斯曼远征军,在基督教世界一举成名,成为后来的"勇士米哈伊"。1598年,他同奥斯曼帝国签订条约,帝国承认瓦拉几亚的独立地位。随后他与哈布斯堡王朝也缔结了一个条约，哈布斯堡王朝成为瓦拉几亚的新宗主国。

1660年7月，米哈伊在雅西宣布自己是瓦拉几亚、特兰西瓦尼亚和摩尔多瓦之王。1601年8月9日，米哈伊在特兰西瓦尼亚的一座军营里被奥地利人杀害。罗马尼亚学者认为，"虽然米哈伊实现的统一是短暂的，但这是一项产生重大影响的伟大业绩"①。

图2—2 罗马尼亚民族英雄 勇士米哈伊

在这个时期，在巴尔干地区塞尔维亚、保加利亚的"哈伊杜克"（Hayduk）和希腊的"克莱夫特"（Kleft）运动就是一种最常见的反抗奥斯曼帝国压迫的斗争形式。这是自发的游民和农民暴动，类似我们熟悉的绿林好汉打家劫舍。"哈伊杜克"队伍一般包

---

① ［罗］安德烈·奥采特亚主编：《罗马尼亚人民史》，［罗］安娜－埃瓦·布杜拉等译，商务印书馆1981年版，第86页。

括若干个小组,每个小组有 15—30 人,多寡不一。他们神出鬼没,机动灵活。"哈伊杜克"队伍由一名大家选举产生的统领指挥,还有一名担任副统领的旗手。他们有一定的纪律约束,彼此之间保持着某种联系。春天他们躲藏在深山老林里,筹划自己的活动;深秋时节才返回村庄和城镇,隐蔽在自己或亲友家中,等到来年春季再上山。他们在山里有相对固定的集合地点。他们杀富济贫的行动得到人民群众的理解和支持。

"哈伊杜克"主要袭击土耳其占领者的封建领地和拦路抢劫过往商队。奥斯曼当局下令缉拿"哈伊杜克"首领,并迫害帮助"哈伊杜克"的人。"哈伊杜克"的成员主要是基督教徒,他们的队伍成了后来武装起义的骨干力量。他们的斗争事迹深受人民拥爱,广泛流传,讴歌赞颂。

农民起义也是这个年代巴尔干人民连绵不断反抗外族统治斗争的一种基本形式。例如,当 1683 年奥斯曼土耳其人溃败维也纳城下的消息传出来后,1686 年在保加利亚大特尔诺沃的起义者揭竿而起。有一个叫罗斯提斯拉夫·斯特拉提米罗维奇(Rostislav Stratimirovic)的人自称是保加利亚王室后代,自封为起义的领袖,被起义者拥立为大公。但奥斯曼帝国的军队立即驱散了起义群众。罗斯提斯拉夫负伤后逃到了巴尔干山的一座修道院里。

毫无疑问,15—18 世纪巴尔干人民反对奥斯曼帝国、奥地利帝国和威尼斯共和国的起义、解放运动和求生存的斗争,往往在占领者强大武装力量的镇压下以失败告终。但它们却奠定了民族复兴和民族解放运动的基础。正如保加利亚学者所指出的,奥斯曼帝国在维也纳的惨败和 1686—1689 年保加利亚土地上接连发生的起义,"奠定了保加利亚人民解放斗争新时代的开始"[①]。这个

---

① *История на България—— с някои премълчавани досега исторически факти 681—1996*,София,Карина М·Тодорова,1997,с.56.

新时期的标志就是巴尔干地区民族复兴运动的兴起。

在对外政策方面，奥斯曼帝国与三大劲旅奥地利、威尼斯和俄罗斯长期以来，时战时和，没有较长时间的稳定发展期。尽管法国、英国和荷兰与奥斯曼帝国建立了较为良好的关系，但这三国的根本目的是想获得经济上的最大利益，并试图在帝国的内部事务中发挥更大的作用。

特别是经过几次俄罗斯对奥斯曼帝国的战争之后，帝国的力量严重削弱，而俄罗斯的胜利又极大地鼓舞了巴尔干被压迫人民的斗志。希腊人、塞尔维亚人、保加利亚人、罗马尼亚人、阿尔巴尼亚人等不仅积极参加俄土战争，支援俄军，而且自己发动了起义，反对奥斯曼帝国的统治。如果说18世纪巴尔干各国人民开始进行反抗奥斯曼土耳其的民族复兴运动，那么，到了19世纪，希腊、塞尔维亚、黑山、保加利亚和罗马尼亚先后掀起了民族解放运动，要求摆脱奥斯曼帝国的奴役和压迫，并获得了解放或独立，建立起民族国家。

巴尔干民族解放运动的思想与纲领

巴尔干民族复兴运动一般是指18世纪中叶至1878年之前这段历史。18世纪开始，巴尔干国家的民族复兴运动全面兴起，其主要目的是反对奥斯曼帝国的政治压迫和精神奴役。其主要表现是：民族开始觉醒，民族意识增强；接受西欧的启蒙运动教育和思想；倡导大众语言，民间文学；出现民族文化和世俗教育；争取东正教及其教会独立；缅怀中世纪国家传统，开始形成资产阶级民族，等等。所以，巴尔干民族复兴的内涵和实质反映了巴尔干各国从中世纪向资本主义世界历史过渡的全过程，是一个迟到的过程，却是欧洲整个文明进程的一个组成部分。

民族复兴时期，巴尔干地区的教育、文学、艺术、音乐、建筑等文化方面的成就与其他欧洲国家相比不是很突出，但这些成绩来之不易。19世纪后半叶巴尔干民族解放运动的全面掀起和蓬勃发展，就是民族复兴运动奠定了精神和思想基础的必然结果。

如果说19世纪中叶以前，巴尔干各国人民把自己的解放事业主要寄希望于欧洲国家（先是奥地利，后是俄国）反对奥斯曼帝国战争的胜利，那么从这个世纪的后半叶起，巴尔干各国人民及其先进知识界已抛弃幻想，开始建立自己的革命组织，制定开展民族解放运动的思想和纲领，组织武装起义。他们选择和利用合适的外部环境，依靠自己的力量，肩负起自己解放自己的使命。

在19世纪巴尔干地区的政治生活中，出现了两种关于民族解放的主要思潮：一股是改良主义的，认为可以通过发展教育或依靠外援获得"渐进"式解放，他们反对以武力推翻奥斯曼帝国的封建统治。这反映了资产阶级的利益和心态；另一股是革命的民主主义的思潮，他们主张除了革命，别无其他自救之路。他们代表了农民、手工业者、城市贫民及受西方思想影响较深的知识分子的愿望。

例如，在保加利亚民族解放运动中，实际上存在如下三种革命思潮：（1）一些位于邻国的活动家不了解国内的实际情况，认为不能独立进行革命活动，要同邻国的相关组织的计划和利益协调一致，同时发动革命；（2）另一些革命者主张依靠俄国这个传统盟友的帮助，全面周密地进行一场全保加利亚的大起义；（3）最坚定的一些革命者强调，保加利亚的革命斗争必须符合全体保加利亚人民的利益。① 或者说，在争取保加利亚民族解放的斗争中，在通过什么道路和采用什么方式的问题上，在如何对待内因和外因的态度上，始终存在着争论和分歧。

---

① Веселин Трайков, *Идеологически течения и програми в национално-освободителните движения на Балканите до 1878 година*, София, Наука и изкуство, 1978, с. 273.

同时，法国大革命的思想和口号强烈地影响着希腊的贵族阶层和知识分子、多瑙河两公国和南部斯拉夫人中的教育界。他们在开展民族复兴运动的同时，要求民族解放。随后发生在欧洲和地中海地区的拿破仑战争更是鼓舞了巴尔干地区人民的希望和斗志。希腊思想家和革命家提出了建立共和国和巴尔干联邦的思想；南部斯拉夫人爆发了武装起义；多瑙河两公国主张在自治基础上的统一；阿尔巴尼亚成立了革命团体和制定了活动纲领。斯洛文尼亚以社会活动家瓦莱丁·沃德尼克（Valentin Vodnik，1758—1819）为首的一批知识分子不仅热烈欢迎法国军队进入斯洛文尼亚，而且主张在斯洛文尼亚也建立法国式政权。因为1797年威尼斯共和国在拿破仑战争中灭亡后，奥地利帝国和法国瓜分了威尼斯昔日在巴尔干地区的属地。杜布罗夫尼克和达尔马提亚沿岸岛屿被奥地利帝国占领，爱奥尼亚海各岛屿划归了法兰西共和国。但仅一年之后，拿破仑占据的这些岛屿同奥斯曼帝国、沙皇俄国和英国的利益发生冲突，1814年拿破仑帝国崩溃后，这些岛屿被英国统治。这说明，欧洲大国并不关心巴尔干地区的民族解放运动，而关心的是它们各自的利益。

显然，外部环境不是巴尔干民族解放运动的真正原因和条件，而真正的原因是这个时期奥斯曼帝国和奥地利帝国内部出现的革命条件。到19世纪前半叶和中叶，奥斯曼帝国已经一蹶不振，无法挽回溃败的命运，巴尔干各地反抗的怒火使帝国内部不稳定，外部环境日益恶化；另一个帝国奥地利看来貌似强大，随着在巴尔干地区兼并的领土扩大，帝国在1867年还膨胀为奥匈帝国，但它与巴尔干统治区的人民，与其他欧洲大国的关系也越来越复杂，它的瓦解也只是时间问题。

19世纪六七十年代，巴尔干民族解放运动进入了一个新的阶段，其标志是巴尔干新形成的资产阶级民族和新出现的民族国家。它们不仅要求改变奥斯曼帝国和奥地利帝国中世纪式的社会经济制度和政治制度，而且要求在实现民族自由和建立民族国家后，走上近代资本主义发展道路。巴尔干新型的资产阶级力量还较为薄弱，且与奥斯曼帝国和奥地利帝国关系密切，难以领导巴尔干人民的民族解放运动，在这场运动中起重要作用的是巴尔干地区的先进知识分子，是他们率先制定了革命运动的纲领，建立了革命组织，领导这场民族革命运动。

对于巴尔干民族解放运动，我们可以把它的准备阶段称为巴尔干民族复兴运动，即整个18世纪巴尔干国家的人民对外来统治不满，要求取消中世纪式的宗教思维和教育，实现世俗教育，创办新学校，使用本民族的语言文字，恢复民族文化传统，等等。这时，采用的是和平手段，武力仅仅表现为努力参加欧洲国家（如奥地利、威尼斯、西班牙、俄国等）反对奥斯曼帝国的战争，起辅助作用，是较为次要的配角。

到了19世纪，巴尔干国家的人民开始有组织的武装起义，是有纲领和目标的民族解放运动。这个阶段持续了将近100年，又可以分为前后两个时期：19世纪前半叶，爆发了1804年和1815年的两次塞尔维亚起义和1821年的希腊独立战争以及波斯尼亚发生的三次（1834年、1842年和1848年）农民暴动；19世纪后半叶瓦拉几亚和摩尔多瓦两公国从自治走向统一，黑山和保加利亚公国成立与统一。1878年柏林会议标志着巴尔干民族解放运动的新变化，欧洲大国直接介入瓜分奥斯曼帝国的"遗产"，巴尔干民族解放运动暂时受挫。

但是，塞尔维亚起义和希腊独立战争为巴尔干民族解放运动打响了第一枪，树立了榜样。

塞尔维亚两次起义

从奥斯曼帝国统治塞尔维亚起，它同奥地利帝国的冲突也就接踵而至。塞尔维亚等南部斯拉夫地区自然就处于两个帝国的争夺之中，成为两个帝国掠夺和烧杀的战场。不管是奥斯曼苏丹还是奥地利皇帝统治，塞尔维亚人都始终保留了自己的东正教及其教会，以及教堂和学校的独立性和自治传统。他们主张从两个帝国的压迫下解放出来，建立独立的民族国家，再现中世纪大塞尔维亚的辉煌。

18世纪中叶，奥斯曼帝国当局在现今塞尔维亚的北部建立了统一的苏丹特别行政区——贝尔格莱德巴夏区，它包括12个"纳赫亚"（Nahia，这时的纳赫亚比乡大，比县小一些）。18世纪末，贝尔格莱德巴夏区由于地处与奥地利帝国交界的戍边地带，奥斯曼帝国特别加强了这个巴夏区的防务力量和统治力度，驻扎大量埃尼恰尔精锐部队。但此时的奥斯曼帝国中央政权严重削弱，无法控制那些利欲熏心的军人。指挥埃尼恰尔的军人们抢占贝尔格莱德巴夏区的土地，将它们据为己有，建立类似庄园的"契特鲁克"，收取耕种这些土地的农民的1/9税。另外，农民照常需要向斯帕希封建主缴纳1/10税，农民群众的负担明显加重，生活水平显著恶化。

与此同时，塞尔维亚长期形成的自我管理体制遭到破坏。此前，苏丹的谕令允许贝尔格莱德巴夏区每一个纳赫亚推选一位地方首领"克奈兹"（Knjaz），然后由"克奈兹们"选举一位塞尔维亚人当大克奈兹，负责各地乡村与奥斯曼帝国巴夏区当局打交道。而且，奥斯曼帝廷为了打击贝尔格莱德巴夏区埃尼恰尔的特立独行，防止他们叛乱，同意塞尔维亚成立一支拥有1.5万人的武装部队。

19世纪初开始，塞尔维亚人反抗奥斯曼帝国统治的斗争开始具有主动性和组织性，其中，在历史上最有名的是塞尔维亚1804—1815年的两次起义。

1801年，驻守贝尔格莱德巴夏区的4位埃尼恰尔头目反对奥斯曼帝廷对他们的限制和控制，发起暴动，处死帝廷派守巴夏区的特别代表穆斯塔法巴夏（Mustfa pasha）和其他忠于苏丹的高级官吏，建立埃尼恰尔恐怖制度，彻底取消了塞尔维亚的自我管理制度。1803年，巴夏区里的塞尔维亚人秘密集会，宣誓抵抗埃尼恰尔的屠杀，并派代表同奥地利当局接触，希望获得奥地利的武器；他们还寄希望于俄国，期盼俄国帮助创建一个"斯拉夫塞尔维亚王国"。这时起，在巴夏区已经形成了两个起义中心：一个在塞尔维亚西部的瓦烈沃（Valjevo）纳赫亚，领导人是颇有影响的克奈兹阿莱克萨·奈纳多维奇（Aleksa Nenadovic）；另一个在哈伊杜克运动的发祥地舒马迪亚（Sumadija），其领导人就是后来的塞尔维亚"首脑"卡拉乔尔杰·佩特罗维奇（Karagorge Petrovic, 1768—1817）。

但是，在起义的准备阶段，阿莱克萨·奈纳多维奇致奥地利当局请求武器援助和军官指挥的信件落到了贝尔格莱德埃尼恰尔头领的手里。1804年1月底，奥斯曼帝国当局对贝尔格莱德巴夏辖区表现出来的地方自治倾向不满，又担心奥地利和俄国借口支持塞尔维亚人的自治要求，于是放任巴夏区的埃尼恰尔开展一场屠杀，杀害塞尔维亚一些区县和农村选举出来的地方首领，以镇压塞尔维亚的民族解放运动。在准备起义的中心地区舒马迪亚，1804年有70多人被处死。有的资料认为有150多名塞尔维亚地方首领被杀，其中就包括阿莱克萨·奈纳多维奇。①

这场大屠杀成为塞尔维亚起义的直接原因之一。1804年2月2日（塞尔维亚旧历），贝尔格莱德巴夏区的几个纳赫亚组织了起义队伍，他们的代表（克奈兹、神父、商人、过去的哈伊杜克首领、大家族的族长等）在舒马迪亚的奥拉沙茨举行集会，决定全民起义，以武力报复奥斯曼帝国当局的血腥屠杀。在集会上，选

---

① Ахмед Садулов, *История на Османската империя*（XIV—XX в.）, В. Търново, "Faber", 2000, с. 198.

举农民出身、当过小商贩和曾在奥地利军队担任军官的卡拉乔尔杰·佩特罗维奇为领袖。从此,"塞尔维亚人民和整个巴尔干半岛开始了一个新时代"①。这个新时代的标志是重建15世纪以前的塞尔维亚国家,在政治、社会、文明等领域恢复塞尔维亚传统。所以,有的历史学家称这是一场革命。②

图 2—3　卡拉乔尔杰·佩特罗维奇,塞尔维亚第一次起义领导人

起义在短期内迅速发展,仅两个半月的时间就占领了12个纳赫亚中的10个。到1804年的春天,起义军已发展成2.5万人。5月,几乎将埃尼恰尔分子清除出整个巴夏区。到这年6月,起义队伍已攻克瓦列沃、鲁德尼克、波扎雷瓦茨等地,并兵临贝尔格

---

① Ćedomir Antić, *Srpska istorija*, Beograd, M Vukotić, 2013, s. 129.
② 对于这场奥斯曼帝国两个世纪统治以来的人民大起义的性质,有的历史学家认为,这是为了重建塞尔维亚国家,并使起义转变为革命;而有的历史学家强调说,这是塞尔维亚革命,是1798—1838年革命、现代化和解放进程的有机组成部分。

莱德城下。这年年底，起义者向奥地利和俄国派出使团，请求援助，以扩大起义的国际影响。

在这种情况下，奥斯曼帝廷原先是想利用起义军削弱贝尔格莱德埃尼恰尔的暴动，眼看起义规模有可能威胁帝国的统治，便开始同起义者谈判，以防止起义规模扩大被奥地利和俄国利用。于是，开始了塞尔维亚、奥斯曼帝国、奥地利帝国代表的三方谈判。卡拉乔尔杰被人们称为"黑旋风"，他不仅作战勇敢，而且是谈判高手。他代表起义军明确提出，贝尔格莱德的埃尼恰尔应该彻底撤出巴夏区，塞尔维亚应该自治和选举自己的大公，并由国际社会（如奥地利）来保证塞尔维亚的自治权。奥斯曼苏丹拒绝这些要求，谈判时断时续，起义范围则越来越大，双方各有胜负。

早在1804年5月起义者就在奥斯特鲁什尼查召开了第一届塞尔维亚人民议会，确定卡拉乔尔杰·佩特罗维奇为起义军的主要领导人，决定以2.5万兵力包围贝尔格莱德，还决定请求俄国的援助和保护。这年9月，一个以马蒂亚·奈纳多维奇（Matiya Nenadovic，1777—1854）为首的代表团前往俄国，寻求援助。俄国慷慨解囊，给予了资金和武器，并告诫塞尔维亚人直接向奥斯曼帝廷提出自己的要求。1805年4月，代表团从俄国回来后立即举行了塞尔维亚人民议会，根据俄国的指示，决定派遣一个谈判代表团到君士坦丁堡。7月，塞尔维亚代表团向奥斯曼帝廷要求从塞尔维亚撤走全部帝国军队，由塞尔维亚军队守卫边境和各大城市要塞，贝尔格莱德巴夏区由塞尔维亚大克奈兹管理，每年直接向苏丹缴纳固定的贡赋，而不由奥斯曼帝国各级官吏直接收税。苏丹政府被塞尔维亚的要求所激怒，决心终止毫无进展的谈判，以武力镇压起义运动。8月初，苏丹增派的部队与起义军在贝尔格莱德巴夏区和尼什巴夏区交界的帕拉钦（Paracin）和伊万诺瓦茨（Ivanovac）两地激战，奥斯曼帝国军队遭到惨败，奥斯曼帝廷派来的大臣在战斗中负伤死亡。

这样，起义军把矛头从指向贝尔格莱德巴夏区的埃尼恰尔暴动变成了直指奥斯曼帝廷。塞尔维亚已显现出独立于奥斯曼帝国的苗头。起义军继续扩大队伍，创建了人民军，包括步兵、骑兵和炮兵，共4万—5万人。卡拉乔尔杰当选为总司令。接着，起义范围已蔓延至贝尔格莱德巴夏区近旁的纳赫亚。1806年8月，起义军在卡拉乔尔杰的指挥下几次击退了奥斯曼军队的强攻，而且在这年年底攻克了贝尔格莱德和沙巴茨两市。

起义者在军事上的重大胜利激励他们向奥斯曼当局提出更高的政治要求。一个以商人佩特尔·伊契科（Petar Icko）为首的塞尔维亚代表团在君士坦丁堡提出了如下条件：奥斯曼帝廷派往贝尔格莱德的特别代表应该是一位财政官员；由塞尔维亚最高"克奈兹"同各纳赫亚的克奈兹一起共同解决所有涉及塞尔维亚的事务；塞尔维亚人一次付清全部税金；从塞尔维亚驱赶所有埃尼恰尔和一切危害人民的土耳其人；贝尔格莱德巴夏区的一切职位由塞尔维亚人担任；由塞尔维亚人守卫巴夏区的边界，等等。① 这次，奥斯曼帝廷表示愿意谈判，愿意做出让步，并于1807年1月与伊契科达成了史称《伊契科和平协议》。但就在此时刚刚爆发了新的俄土战争（1807—1812）。起义领导人没有等到代表团离开君士坦丁堡便宣布终止同奥斯曼帝廷的一切谈判，把自己的命运与俄土战争紧密联系在一起。也就是说，塞尔维亚起义的领导人希望通过与俄国的结盟来实现自己的独立，而不仅仅是获得自治。

1807年6月，塞尔维亚军队已经与俄国军队会合。在卡拉乔尔杰和俄军伊萨耶夫将军的指挥下给奥斯曼军队以沉重打击。正在此时，俄国趁热打铁，派来沙皇特使与塞尔维亚方面谈判，签订《俄塞同盟条约》。该条约规定俄军驻守塞尔维亚各大城市，向塞尔维亚军队提供军事专家和医疗服务，并派遣一名专家帮助塞

---

① Ćedomir Antić, *Srpska istorija*, Beograd, M Vukotić, 2013, s. 139 – 140.

尔维亚筹备建国事宜。然而，到了这年8月，情况急转直下。早在这年6月俄国与法国缔结了和平和同盟条约，而且俄国在法国的斡旋下于8月与土耳其签订了和约，停止了一切军事行动。俄军随即撤出了塞尔维亚，双方的军事联系终止。此时，塞尔维亚起义者对俄国感到失望，卡拉乔尔杰遂重新寻求奥地利的保护。俄国立即出面干预，迫使塞、奥停止谈判，拉开距离。与此同时，俄国向奥斯曼帝国施压，要求后者立即停止一切反对塞尔维亚的军事行动。这样，塞尔维亚境内迎来了两年左右的和平时期，直到1809年俄土战争重新爆发时，塞尔维亚起义军又一次同俄国军队一起，投入了战斗。

1809年5月31日，塞尔维亚起义军和奥斯曼帝国军队在尼什附近的切加尔（Cegar）展开战斗，起义军由于内部分歧，指挥失误，惨遭失败。奥斯曼帝国军队的指挥官胡舍德巴夏下令，在尼什市东部贝尔格莱德通往君士坦丁堡的主要干道旁，用起义者的头颅骨垒砌成一座"骷髅塔"，以恐吓塞尔维亚人民。[①] 在整个塞尔维亚第一次起义中，"塞尔维亚牺牲了1/5的人口"[②]。但是，奥斯曼帝国统治当局惨无人道的屠杀无法阻止起义军为争取生存和权利而继续战斗。

早在1807年8月8日，起义军在马蒂亚·奈纳多维奇和博扎·格鲁约维奇（Bozidar-Beza Grujovic，1778—1807）等人领导下，建立了一个统一的行政机构，即"执政委员会"，制定了第一部塞尔维亚宪法性法律草案，草案共有十二条。[③] 起义沿着建立新

---

① 在1809年5月尼什附近卡梅尼察村的一次激战中，4000名起义军阵亡。残忍的奥斯曼帝国当局在通往伊斯坦布尔的大道旁用952个头颅垒成一座塔，以吓唬那些"不听话"的塞尔维亚人。1878年尼什彻底摆脱奥斯曼土耳其人统治解放后，经过重新修整，"骷髅塔"今天成了进行爱国主义教育的基地。

② Čedomir Antić, *Srpska istorija*, Beograd, M Vukotić, 2013, s. 130.

③ ［南］伊万·博日奇等：《南斯拉夫史》上册，赵乃斌译，商务印书馆1984年版，第298页。

塞尔维亚国家和塞尔维亚政府的方向发展。卡拉乔尔杰成为人民起义的最高"克奈兹"（大公）和军事长官，他于 1811 年将"执政委员会"组建为设有 6 名大臣的政府，组建了最高法院，创建了拥有民防军和正规军的军队。

1812 年年初，俄国由于先后陷入同拿破仑帝国和同奥斯曼帝国的战争（1806—1812），它与同样受到拿破仑帝国侵略的奥地利都无法向塞尔维亚起义者提供援助。塞尔维亚起义被迫终止，并遭到奥斯曼帝国军队的镇压。根据这年 5 月 16 日俄土之间签订的《布加勒斯特和约》第八条的规定，奥斯曼帝国同意赦免塞尔维亚起义者，并给予塞尔维亚内部自治，但前提是塞尔维亚必须交出起义军占领的重要城市和城堡，并继续向奥斯曼帝廷缴纳适量的赋税。塞尔维亚起义的目标没有达到，起义处于危机之中。

1813 年 5 月，塞尔维亚起义军根据人民议会的决定，第三次派代表团前往君士坦丁堡，向奥斯曼帝廷提出如下要求：（1）塞尔维亚人解除武装，只保留一些"轻武器"；（2）被驱赶的奥斯曼土耳其人不再回到贝尔格莱德巴夏区；（3）贝尔格莱德接受苏丹派来的大臣以及一定数量的军队，这些军人和塞尔维亚人一起分布和驻守巴夏区的各城市。[①] 但奥斯曼帝廷拒绝了塞尔维亚代表团的这些最低要求，强调塞尔维亚起义者必须绝对服从帝廷的一切安排。

在这种情况下，塞尔维亚人除了继续战斗，别无其他选择。卡拉乔尔杰大公下令军事动员，凡 15—70 岁的塞尔维亚男子都得从军，加固各战略据点的防御工事，组织全民防御。1813 年 7 月，他号召塞尔维亚人民勇敢地迎接性命攸关的战斗，抵抗到最后一个人。此时，奥斯曼帝国调集约 7 万大军，兵分三路大举进攻起

---

① 转引自 Кръстьо Манчев, *История на балканските народи*（1352 – 1878），том Ⅰ，София，Парадигма，2012，с. 110。

义军的大本营——贝尔格莱德。9月21日，卡拉乔尔杰带领亲信逃离贝尔格莱德进入奥地利控制区。9月25日，奥斯曼帝国军队进入市区，屠杀成年男子，掳掠妇女、儿童，焚烧房屋，抢走一切值钱的财物。仅仅在10月5日这一天，就抓了1800名妇女和儿童在市场上当作奴隶出售。① 伊斯坦布尔一连三天大炮齐鸣，欢庆对塞尔维亚人的胜利。贝尔格莱德沦陷后，约有12万塞尔维亚人逃往奥地利占领区，风餐露宿，无依无靠。有的起义者和百姓逃进了深山老林，不少人荷枪躲藏起来。在短短的两个半月时间里，塞尔维亚起义销声匿迹，贝尔格莱德巴夏区重新处于奥斯曼帝国的统治之下。

屠杀导致起义，新的暴行引发新的反抗。塞尔维亚人的刚强性格促使他们再次发动了起义。塞尔维亚人以将近10年时间的艰苦斗争，实现了由自己人管理的自治权，他们不忍失掉这种胜利成果，决心将争取民族自治和独立的斗争进行到底。同时，到1813年9—10月俄国已经获得了自由行动的机会，敦促奥斯曼帝国履行《布加勒斯特和约》第八条的规定。10月底，奥斯曼帝廷宣布大赦，号召所有参加过起义的首领和战士回到原先的居住地，和平生活。逃离贝尔格莱德巴夏区的斯帕希封建主和庄园主回来了，四处避难的起义者和难民也都回来了，巴夏区重又恢复了1804年之前的秩序。但这种平静只是暂时的。奥斯曼帝国统治当局经过将近1年的整肃运动，又开始大肆镇压原先的起义者，收缴武器，缉捕起义首领和地方"克奈兹"，重新建立起类似埃尼恰尔统治的警察恐怖制度。

1814年9月，塞尔维亚人民在恰恰克、波热加、克拉古耶瓦茨和亚戈丁纳等地暴动，但遭到残暴镇压。仅在贝尔格莱德一天就有300人被钉在木桩上砍头示众。塞尔维亚人民忍无可忍，决

---

① Стойчо Грънчаров, *Балканският свят*, София, "Дамян Яков", 2001, с. 103.

心对这种野蛮暴行进行报复。于是,开始准备发动第二次起义。

这次起义是在奥地利的塞尔维亚人最先提出来的。他们中的一部分是原先起义领导人(包括卡拉乔尔杰在内)被奥地利当局驱赶到了俄国,另一部分人继续留在奥地利,从事反抗奥斯曼帝国的斗争。1814年12月,以马蒂亚·奈纳多维奇为首的一批领导人向维也纳当局递交了一份由上次起义领导者之一的米洛什·奥布雷诺维奇(Milos Obrenovic,1780—1860)签署的塞尔维亚《人民请愿书》,要求欧洲大国对奥斯曼帝国的暴行进行干预,以帮助塞尔维亚起义者。奥地利皇帝承诺向奥斯曼帝国苏丹施压,改善塞尔维亚人的处境,俄国沙皇表示希望在维也纳召开会议讨论这个问题。但是,由于欧洲大国对奥斯曼帝国的立场存在分歧,无法协调立场,而采取共同行动。这样,塞尔维亚人只好依靠自己的力量。

1815年2月中旬,奥斯曼帝国统治当局强迫大批塞尔维亚人到贝尔格莱德修复城堡,被召集来的还有贝尔格莱德巴夏区的"克奈兹"和一些原来起义的大小领导人(但米洛什·奥布雷诺维奇已被捕入狱)。3月,贝尔格莱德巴夏区的苏莱曼巴夏同意释放奥布雷诺维奇,条件是他必须缴纳一笔重金。后者答应到巴夏区各地去募集资金,借机逃离了贝尔格莱德,来到舒马迪亚组织愤怒的人们进行暴动。

1815年4月23日,起义者在达科沃村宣布起义,并在当天召开的会议上选举米洛什·奥布雷诺维奇为起义领袖。接着,起义从瓦列沃和鲁德尼克(Rudnik)等纳赫亚扩大到其他地区。起义队伍迅速壮大,在奥地利的塞尔维亚人纷纷回来投入战斗。1815年5月,起义军已达1.5万人,完全控制了瓦列沃、恰恰克、波热雷瓦茨等地。1815年夏初,整个贝尔格莱德巴夏区燃遍怒火,土耳其人被迫龟缩到贝尔格莱德城堡中。

米洛什·奥布雷诺维奇出身于黑塞哥维那农村的贫苦家庭,

图2—4　米洛什·奥布雷诺维奇，塞尔维亚第二次起义领导人

自小贩卖牲畜，走遍各地，参加过第一次起义，是卡拉乔尔杰的战友。他主张以较温和的方式解决塞尔维亚的独立问题，反对以暴制暴，反对屠杀被捕的奥斯曼帝国穆斯林和行政官吏。因为这对实现他的政治目的不利。他以起义为基础，谈判为手段，同奥斯曼帝廷进行斗争。这是第二次起义与第一次起义不同的地方，即卡拉乔尔杰领导的起义强调武装斗争为主，谈判为辅；而米洛什率领的起义军则重视与奥斯曼帝国当局的谈判，辅以军事行动。所以，起义发生3—4个月后，双方便进入谈判阶段。

奥斯曼帝国当局担心俄国出面干涉，遂于1815年秋派鲁梅利亚省总督马拉什利·阿里-巴夏（Marasli Ali-pasha）赴贝尔格莱德任钦差大臣，同米洛什·奥布雷诺维奇商谈塞尔维亚在帝国中的地位问题。双方很快达成了一项口头协议作为临时媾和条件：

塞尔维亚仍是帝国的一部分，但拥有自己的最高大公"克奈兹"（米洛什）；在贝尔格莱德设立有12名塞尔维亚"克奈兹"（每个纳赫亚推选1名）参加的"国民公署"，履行最高法院的职能；向苏丹缴纳的贡赋可由塞尔维亚首领们自己征集；塞尔维亚人有权携带枪支；等等。但起义者控制的所有城市及其城堡要交还奥斯曼帝国军队。这样，在贝尔格莱德巴夏区便出现了两个政权并立的现象：以米洛什为首的塞尔维亚克奈兹政权和以苏丹派来的大臣为代表的奥斯曼帝国的政权。

第二次塞尔维亚起义只持续了半年多，可以说是半途而废。因为这种没有得到奥斯曼帝国苏丹钦定的口头协议只是一纸空文，随时可以撕毁。但是必须承认，塞尔维亚两次起义向欧洲显示了塞尔维亚人民的外交才能和不畏强暴、敢于同奥斯曼帝国统治做斗争的精神。塞尔维亚实际上获得了半自治的地位，距实现完全自治，建立民族国家已只是一步之遥。

此后不久，1817年11月，塞尔维亚人民议会推选米洛什为世袭克奈兹。俄国承认塞尔维亚人民议会的决定，奥斯曼帝国则反对塞尔维亚扩大自治权。1826年秋，在俄国的坚持下，奥斯曼帝国被迫承诺执行《布加勒斯特和约》的规定，尽快解决塞尔维亚自治问题，但在行动上却一再拖延。1829年，奥斯曼帝国在俄土战争中惨遭失败，根据《奥德林和约》同意给予塞尔维亚完全自治，并归还塞尔维亚6个行政区域（纳赫亚），承认米洛什为世袭克奈兹。1830年塞尔维亚成为奥斯曼帝国苏丹统治下的自治公国，米洛什成为世袭大公。1835年，在克拉古耶瓦茨通过了塞尔维亚第一部宪法，1856年塞尔维亚的自治获得国际社会承认。塞尔维亚人民在两次起义的烈火中，弘扬了塞尔维亚英勇不屈的民族精神，为其他巴尔干国家人民，特别是希腊人民树立了敢于斗争、敢于胜利的榜样。

希腊独立战争

如果说塞尔维亚人民在巴尔干半岛第一个开启了民族解放运动,那么希腊人民1821—1829年的起义和革命就是19世纪上半叶半岛上规模最大和对奥斯曼帝国打击最沉重的一次起义。

希腊是欧洲文明的摇篮,世界的文明古国。但这个小国却遭受了一千多年的外国统治,特别是奥斯曼帝国近4个世纪的压迫和统治,使希腊社会经济发展蒙受重大损失。尽管这样,希腊人民的历史像一幅绚丽的画卷,充满许多扣人心弦的史诗。古代荷马的杰作《伊里亚特》和《奥德赛》,迄今仍在激励着读者。同样,1821年希腊人民的独立战争,跟第二次世界大战中反法西斯抵抗运动一样,是希腊历史上光辉的一页。①

15世纪下半叶奥斯曼帝国几乎占领了整个希腊大陆。希腊作为奥斯曼帝国的一个行省,起初被划分为6个桑贾克,后又扩大为11个桑贾克。希腊土地上从地方到中央建立了一整套奥斯曼帝国的行政管理机构,但希腊各地却有着不同的行政和政治待遇,即享有某种形式的自治权。以伯罗奔尼撒(Peloponnese)为例,1715年后该地区成为奥斯曼帝国的一个巴夏区,巴夏由苏丹直接任命,而该区下属的州县首领则由巴夏任免。巴夏区向帝国议会派驻两位代表,他们在当地居民和帝廷之间起着中介作用。

16—17世纪,希腊受奥斯曼帝国连绵不断战争的影响,曾大量向意大利和小亚细亚移民,使人口下降,经济萧条。18世纪末和19世纪初,当奥斯曼帝国显露衰败迹象时,希腊的社会和经济已经是帝国内部的较发达地区了。早在17世纪,当奥斯曼帝国把

---

① 关于希腊独立战争有两篇较早的材料和一本中文书可以参阅。马细谱:《希腊历史上光辉的一页》,《人民日报》1979年11月18日;王延生:《希腊独立战争》,世界历史研究所编《外国历史大事集》近代部分第一分册,重庆出版社1985年版;杨公素:《希腊近代史》,商务印书馆1997年版。

战争和伊斯兰教视为崇高事业而轻视商业活动的时候，聪明的希腊人走出贫瘠的农业区，开辟了商业和航运业新天地。随着资本主义生产关系的形成和发展，希腊的半山区和东部沿海地区集中发展手工业和工业，尤其是贸易、造船业和航海业兴起并不断发展壮大，成为威尼斯海上贸易的竞争对手。希腊的岛屿和港口开始城镇化。

到了 18 世纪末，希腊已经建立了规模较大的造船厂和轮船公司，资金较为雄厚。希腊的船舶除了自用，还开始出租。这时希腊的商船业已颇具规模，拥有 600 艘船，吨位总计超过 15 万吨，约有 3.7 万名船员。[1] 希腊已成为奥斯曼帝国海洋运输最发达的地区。显然，这时的希腊人已不是从事简单的航海运输，而是在生产自己的产品、在寻找原材料、开辟市场。很快，他们就在奥斯曼帝国各地和欧洲的一些城市港口设立了自己的贸易机构。

尽管这样，希腊人民反抗奥斯曼帝国统治的斗争从未停止。奥斯曼土耳其人占领希腊后，希腊出现了名为"克莱夫特"的武装小分队。战士们离开家庭，游荡在山区，主要是为了报私仇。"克莱夫特"袭击的目标是奥斯曼帝国行政当局的头面人物，特别是人民群众认为表现很坏的奥斯曼土耳其人。

19 世纪初，希腊开展一场民族革命的条件已逐渐成熟。希腊的知识精英和新兴的商业资产阶级在法国大革命思想的影响下，认为希腊的自由不能指望外部的力量，而要依靠自己，依靠希腊人民的全民抗争。为了确保起义成功，需要建立组织机构，唤起希腊人民继承古典文明、弘扬民族文化、摆脱外国奴役，建立一个现代化的希腊国家。正是这种爱国主义和民族主义革命精神奠定了即将爆发的希腊独立战争的基础。

---

[1] Кръстьо Манчев, *История на балканските народи*（1352 – 1878）, том Ⅰ, София, Парадигма, 2012, с. 121.

1814 年，希腊尼科拉斯·斯库法斯（Nikolaos Skufas，1779—1818）等三位著名商人在俄国的敖德萨秘密创建了争取民族解放的团体"友谊社"（Filiki Eteria）。敖德萨是黑海边的重要商埠，当时侨居着大批希腊商人和船主。成立友谊社的目的是团结希腊境外的侨民，为在希腊发动武装起义、推翻奥斯曼帝国统治和解放希腊做准备。友谊社有一套严密的纪律和制度，吸收社员必须宣誓，采用密语和联络暗号，保证遵守组织机密，不出卖同志，忠于友谊社。[①]

随后，友谊社迅速发展，成了群众性解放组织。希腊侨民和商人以及境内的原"克莱夫特"统领（如托多尔·科洛科特罗尼斯，Theodoros Kolokotronis）都纷纷加入了友谊社的活动。友谊社还得到了伯罗奔尼撒半岛首领马夫罗米哈里斯（Petros Mavromichalis）的支持。友谊社建立地方分社，募集资金，采购武器。1818 年友谊社总部迁到奥斯曼帝国的首都君士坦丁堡，向希腊各地派出了一批"使者"。

这时，友谊社制定了明确的纲领，强调不仅要在希腊，而且要在整个巴尔干地区发动反对奥斯曼帝国的起义。为此，友谊社的领导人与保加利亚、塞尔维亚和瓦拉几亚等地的革命组织取得联系，希望共同起义。1820 年，亚烈山德罗斯·伊普西兰迪斯（Aleksandros Ipsilantios，1792—1828）取代已故的斯库法斯，被推举为友谊社的总负责人。伊普西兰迪斯出身法纳尔贵族，投靠俄国，并在俄土战争中荣立战功，被提升为俄军少将，在希腊侨民中颇有声望。在同年 10 月的友谊社军事委员会会议上决定两个月后举行起义，地点选择在伯罗奔尼撒，预计伊普西兰迪斯率领起义军从的里雅斯特进入希腊，指望塞尔维亚、黑山、保加利亚等

---

① Надя Данова, Апостолос Христакугис, *История на нова Гърция*, София, Абагар Пъблишинг, 2003, с. 106.

地同时行动，希腊北部伊庇鲁斯地区的奥斯曼帝国"省督"阿里巴夏这位"土皇帝"也会配合起义。君士坦丁堡和奥斯曼帝国的舰队会被大火烧毁。

然而，现实却比计划残酷得多。经过一段时间的筹措和准备，伊普西兰迪斯发现原先的起义计划可能已被奥斯曼帝国发现，在希腊境内率先起义已不大可能。于是，伊普西兰迪斯彻底改变了原来的计划，决定在奥斯曼帝国统治的薄弱地区多瑙河公国点燃起义的火把，穿越保加利亚西部和马其顿进入希腊。同时，希腊境内将以伯罗奔尼撒为中心举行起义，与伊普西兰迪斯的起义军遥相呼应。为此，伊普西兰迪斯于1821年年初在罗马尼亚境内的小瓦拉几亚发出希腊总起义信号。短时间里，渴望民族独立的大量希腊人、保加利亚人、塞尔维亚人、阿尔巴尼亚人踊跃参加起义队伍，友谊社的起义军达到约7000人，向布加勒斯特进发。

图2—5　亚历山大·伊普西兰迪斯，希腊起义领导人

与此同时，罗马尼亚境内爆发了以图多尔·弗拉迪米雷斯库

(Tudor Vladimiresku）领导的起义运动。而且，起义大军于4月2日攻占了布加勒斯特。起初，这两支起义军因反对奥斯曼帝国的封建统治和民族压迫而共同战斗，互有理解和合作。但是，他们之间很快出现了摩擦和矛盾。其中一个重要原因是，希腊的法纳尔贵族与奥斯曼帝廷有密切的利益关系，而伊普西兰迪斯带领的起义军又不想推翻法纳尔贵族。在这种情况下，俄国沙皇谴责伊普西兰迪斯领导的起义，下令剥夺他的军衔，默许奥斯曼帝国军队镇压起义的行动。奥斯曼帝国军队利用两支起义军的矛盾和俄国的态度，各个击破，平息了在罗马尼亚境内的起义。1821年5月27日，弗拉迪米雷斯库（见图2—6）因宣布只反对希腊法纳尔贵族而被怀疑勾结奥斯曼当局惨遭友谊社军队杀害。1821年6月，伊普西兰迪斯的起义军被奥斯曼帝国军队彻底打败，他本人逃入奥地利，遭到当局监禁，1828年死于奥德林狱中。在希腊境外的起义到1821年年底已不复存在，但希腊境内的起义照常进行。关于这场战争，希腊学者认为，1821年3月几乎在两个地区同时爆发了战争：一是在罗马尼亚的多瑙河公国，二是在希腊南部的伯罗奔尼撒半岛。"罗马尼亚的战争以失败而惨淡收尾，伊普西兰迪斯在奥德林的监狱中终老；而伯罗奔尼撒半岛及具悠久商业传统的周边岛屿的起义，最终捧得胜利的桂冠。"[①]

在多瑙河两公国爆发起义时，1821年春季希腊境内的起义在友谊社特使帕帕弗莱萨斯的鼓动下，在伯罗奔尼撒和希腊一些岛屿达到了较大的规模。3月25日，友谊社的成员日尔玛诺·帕特雷大主教在伯罗奔尼撒的帕特雷（Patra）市中心广场宣布起义，得到了原克莱夫特统领科洛科特罗尼斯（Kolokotronis，如图2—7）和伯罗奔尼撒半岛首领马夫罗米哈里斯等知名人士的支持，聚

[①] ［希］约翰·科里奥普罗斯、萨诺斯·维莱米斯：《希腊的现代进程——1821年至今》，郭云艳译，上海人民出版社2008年版，第12页。

图2—6　图多尔·弗拉迪米雷斯库

集了各界起义者3000多人。经过数小时激烈战斗，起义者攻克了奥斯曼土耳其军队的军事堡垒，占领了卡拉夫里塔。起义迅速蔓延到伊庇鲁斯、塞浦路斯等地和希腊的大小岛屿。从此，每年的3月25日被定为全希腊的独立日，进行庆祝纪念。起义者在攻占奥斯曼土耳其人占据的军事要塞和城镇时，开始屠杀奥斯曼土耳其人和穆斯林，甚至滥杀无辜。奥斯曼当局则向希腊起义军发动"圣战"，采取野蛮的手段予以报复。君士坦丁堡的希腊总主教格里高利五世（Grigoriy V）被处以绞刑，成千上万的希腊人和基督徒惨遭奥斯曼当局的血腥镇压和屠杀。但希腊的起义烈火已经燃遍各地，奥斯曼当局难以扑灭。到1821年年底，几乎整个伯罗奔尼撒已经将奥斯曼土耳其军队驱赶殆尽。希腊大陆的大部分地区和爱琴海上的岛屿获得了解放，有的沿海岛屿开辟成了起义者的海军基地。①

1821年12月，希腊各地起义者派出代表在古城埃皮达文尔（Epidaver）召开了希腊第一届国民议会，宣告国家摆脱奥斯曼帝国统治独立。1822年1月国民议会按照法国大革命的模式起草和通过了希腊第一部民主宪法，确立希腊为共和体制，成立了希腊人自己的政府。由5人组成的政府任命各部部长；国民议会任期一年，议员由各省的起义领导人中直接选举产生，相当于政府的"执行委员会"。议会确定希腊起义是"民族革命"，而不是一般意义上的"暴动"②。希腊起义尽管属于资产阶级策划和领导，但具有民主性质。国民议会的召开大大鼓舞了希腊人民的斗志，也引起奥斯曼当局的恐慌和疯狂镇压。

图2—7　希腊独立战争著名将军科洛科特罗尼斯

---

① Кръťьо Манчев, *История на балканските народи（1352 – 1878）*, том Ⅰ, София, Парадигма, 2012, с. 12.

② Никос Зворонас, *Кратка история на нова Гърция*, София, Университетско издателство "Св. Климент Охридски", 1993, с. 52.

1822年春，奥斯曼帝国派重兵打败了盘踞希腊北部的阿里巴夏的分裂主义活动，使其重新臣服苏丹。从而，奥斯曼当局可以集中兵力，出动2万多名步兵和6000名骑兵从希腊北部南下，深入伯罗奔尼撒腹地。由科洛科特罗尼斯指挥的起义军进行伏击和堵截，杀伤大量敌军。双方攻守进退，伤亡惨重。但总体上讲起义军略占优势，赢得了暂时的休整机会。科洛科特罗尼斯因战功卓著，被任命为伯罗奔尼撒地区起义军总司令。

1823年夏，奥斯曼帝国军队再次发动新攻势，企图消灭希腊起义军。奥斯曼帝国调遣帝国和阿尔及利亚海军近万人从埃维厄岛登陆，纠集大量步兵从希腊北部和西部攻打伯罗奔尼撒。这次，苏丹军队由于遭到希腊起义军的顽强抵抗，各路军队产生矛盾，以及严重伤亡，被迫撤退到阿尔巴尼亚的斯库台地区。1823年秋起，希腊各条战线趋于平静。

本来，希腊独立战争这时赢得了乘胜前进、扩大战果、争取最后胜利的机会。然而，可惜的是，希腊政府和起义军将领们开始了争夺内部权力的派系斗争，发生内讧，贻误了战机。1824年希腊各派别的矛盾和纷争已经演变为内乱，各自为政，形成了两个政府：以马夫罗科达托（Mavrokodato）为首的大地主、大资产阶级在特里波利查（Tripoliza）建立了保守派政府；以科洛科特罗尼斯为代表的民主势力在克拉尼提昂（Kranidion）成立了自己的政府。双方的分歧既包括对奥斯曼帝国和欧洲列强的态度，也包括对国内未来政治制度和土地政策等问题的观点。

1825年年初，奥斯曼帝国利用希腊混乱之机，重新集结一支3万多人的陆军，并向埃及国王穆罕默德·阿里求援，允诺割让克里特岛和塞浦路斯给埃及，换取后者出兵。1825年2月，阿里派其子易卜拉欣巴夏（Ibrahim Pasha）统率9万埃及陆海大军进攻希腊，很快攻入伯罗奔尼撒。奥斯曼帝国军队大举进攻希腊大陆，与埃及军队会合于战略要塞梅索朗吉昂（Mesolongion），共同攻城。希腊军民经过几个月的英勇抵抗,终因城中疾病蔓延、粮草断绝,于1826年4月23日弃城突围,幸存的军民不到原来的1/3。这样,到1826年夏,希腊起义的火焰几乎彻底熄灭。

在希腊独立战争陷入泥潭的时刻,希腊另一位"克莱夫特"首领乔治·卡拉伊卡吉斯(Georgi Karaiskakis)像一颗明星在黑暗中升起。卡拉伊卡吉斯率领一支600人的队伍攻克阿提卡(Atika),竖起解放希腊的大旗,他以自己的威望聚集了大批志愿者参加战斗。正是这支衣着不整、装备低劣的队伍接连攻城略地,驰骋平原山区,打得奥斯曼军队狼狈不堪。1827年年初,希腊大陆的大部分地区重获自由,卡拉伊卡吉斯的部队与著名将领科洛科特罗尼斯指挥的起义军在伯罗奔尼撒会师,希腊独立战争再次出现转机。但奥斯曼帝国的兵力依然占优,控制着大陆希腊的一系列战略要地,尤其是伯罗奔尼撒。

希腊独立战争一波三折,出现反复,付出了沉重的代价和牺牲。西欧各国政府起初对希腊起义持观望态度,甚至谴责这场"革命"。随着时间推移,欧洲各国的态度逐渐发生转变,都想利用希腊革命来维护自己的利益,达到损人利己的目的。尤其是1826年后,欧洲列强公开拿希腊作为同奥斯曼帝国和彼此之间讨价还价的筹码。俄国政府要求奥斯曼当局遵守不迫害东正教徒的诺言,给予希腊自治权,否则将以战争相要挟。英国政府担心俄国打败奥斯曼帝国后,控制黑海两海峡。英国做出某种妥协,遂与俄国在1826年4月签订了圣·彼得堡议定书,主张希腊成为臣属于苏丹的自治公国。法国不甘心做解决希腊问题的旁观者。1827年7月,它同英国、俄国在伦敦签订了一项三国条约,三国决定与希腊建立领事关系,建议奥斯曼帝国给予希腊自治,每年向奥斯曼帝廷缴纳一定的赋税。如果奥斯曼当局不在一个月内同希腊人实现停火,三国将采取共同措施。奥斯曼帝国对这种警告熟视无睹。是年10月20日,俄、英、法三国的舰队分别进入东地中海和希腊海域，在纳瓦里诺（Navarin）海湾受到奥斯曼帝国和埃及舰队的袭击，于是爆发了著名的纳瓦里诺海战。结果，奥斯曼帝国和埃及的联合舰队遭到惨败，近60艘各种战舰被击毁，6000多名水兵丧命。奥斯曼帝国军队遭受沉重打击，形势对希腊地区的革命更加有利。

但是，对希腊独立战争结局产生最深刻影响的事件是1828—1829年的俄土战争。战争开始后，奥斯曼帝国被迫从希腊抽调兵力补充土俄战线。埃及易卜拉欣巴夏的军队也撤出了希腊。特别是1829年夏俄军进入巴尔干半岛，攻克了军事要塞亚德里亚那堡（即奥德林）后，奥斯曼帝国不得不媾和，并同意履行1827年7月的《伦敦条约》，给予希腊自治公国地位。

此时，希腊各派政治势力、军事力量和人民群众都不满意欧洲列强拿希腊做交易，要求实现完全的主权独立。同时，奥斯曼当局也拒绝大国的调解。在这种情况下，俄、英、法三国不得不于1830年2月3日在伦敦缔结新的条约，承认希腊独立，实行君主制。当时希腊的领土范围比较小，仅包括伯罗奔尼撒、雅典地区和希腊西部地区。而萨洛尼卡地区、色萨利、伊庇鲁斯、克里特岛和希腊的各岛屿仍处于奥斯曼帝国的统治之下，在帝国境内的400万希腊人只有80万人生活在这个新兴国家的疆域内。这对希腊后来的历史留下了许多遗留问题。

希腊独立战争赢得了欧洲进步舆论的关切和同情。跟希腊人民有着同样遭遇的巴尔干各族人民，或发动起义，或组织志愿队支援希腊人民。英、法、俄、德等国人民曾多次掀起声势浩大的支持希腊的运动。许多进步人士在报刊发表文章，声援希腊革命。有的国家还向希腊派出了成百上千的志愿人员参战。英国著名诗人拜伦1823年奔赴希腊，站在解放战士的最前列，驰骋疆场，为希腊人民的自由献出了自己的生命。欧洲各国人民坚定地支援了希腊人民的正义斗争，希腊人民的解放斗争也促进了欧洲革命运动的发展，特别为巴尔干各小国抗击异族统治做出光辉的榜样。希腊人民的独立战争经过8年多的浴血奋战，取得了令世界赞扬的伟大成果，使古老的希腊国家重放光芒。

希腊独立后的第一任总统根据列强的安排确定为雅尼斯·卡帕提斯特里阿斯（Ioannis Kapodistrias），他先前是俄国沙皇政府的外交大臣。上任后不久，他因推行强硬的中央集权政策在1831年11月遭到暗杀。1832年5月，英、法、俄三国签署第二个《伦敦条约》，宣布希腊为君主制国家，受到三国的保护，并推举巴伐利亚国王路易一世的奥托王子作为希腊的国王。1833年2月起，希腊开始奥托一世在位时期（Otto I，1833—1862）。

二 改革与危机

奥斯曼帝国的"欧化"和改革

有学者指出，奥斯曼帝国1699年签订《卡尔洛瓦茨和约》和1718年签订《帕萨罗维茨条约》已经证明，国家太衰老、虚弱从而无力发动战争，因此他们开始日益重视生活的文化方面；从"郁金香时代"（Tulip Era，1718—1730）开始，苏丹们带头倡导文化发展。① 改革和奋发图强的使命迫在眉睫。或者说，奥斯曼社会亟待学习欧洲的先进技术和科学管理，改革社会的政治和经济，以实现"欧洲化""现代化"。奥斯曼社会需要实现"西化"。

18世纪末，奥斯曼帝国统治集团中一些有识之士产生了以改革求生存、图发展的主张，开始寻求摆脱困境的出路。有人提议首先要整顿中央近卫兵团和斯帕希骑兵部队的秩序；有人则主张按照欧洲模式建立新的正规军。1789年，年轻有为的塞利姆三世

---

① ［土］悉纳·阿克辛：《土耳其的崛起：1789年至今》，吴奇俊、刘春燕译，社会科学文献出版社2017年版，第20页。

(Selim Ⅲ，1789—1807）登基后，吸取对奥地利和俄国战争失利的教训和受到法国大革命的影响，采纳改革军队的方案，通过改进军队的技术装备、军事训练和战略战术等入手，建立一支强大的正规军。1801年新的军团已拥有近万人，驻扎在首都近郊的雷文德大庄园。1802年实行征兵制度，1806年新军超过两万人，并聘请法国教官帮助军事训练，还创办了军事学校。塞利姆三世除改革军队外，还在西方主要国家的首都巴黎、维也纳、伦敦、柏林等地设立大使级常驻机构，为同西方国家进行正常的交往提供了方便；在国内建立火药厂、造纸厂、商船队等。有的作者说得好，"西方思想逐渐渗入帝国，有助于在19世纪使它变成一个较为现代化的国家。苏丹塞利姆三世处在古老的传统帝国和新出现的实体之间，而这个实体只有首先抛弃其传统制度和宇宙观，才能在以后的一个半世纪中幸存下来"[①]。

但是，塞利姆三世并不彻底的改革却触动了奥斯曼帝国保守势力的利益，特别遭到近卫兵团和斯帕希骑兵武装的反对。他们都担心中央政权失控和军队被裁减，一些地区出现了暴乱和冲突，主张恢复"昔日的传统"，反对向"贱民"让步太多。1807年春，君士坦丁堡的近卫兵团兵变，反对改革的顽固派立即响应，宫廷混乱。紧接着，塞利姆三世被赶下王位，组建的"法式"新军被解散，改革运动的倡导者和支持者遭到血腥镇压。

新即位的苏丹是塞利姆三世的胞弟马赫穆德二世（Mahmud Ⅱ，1808—1839，见图2—8），他把改革推向了新的阶段。他面对塞尔维亚连绵不断的起义运动和俄国新的战争威胁，意识到必须排除一切障碍，坚持塞利姆三世开创的改革运动。首先，他花大部分精力集中解决久拖未决的近卫兵团问题。1826年5月，苏丹

---

① ［俄］伊兹科维兹：《帝国的剖析——奥托曼的制度与精神》，韦德培译，学林出版社1996年版，第100页。

借助苏丹会议的大力支持，再度重建一支新式军队。这支新军由士兵和军官组建为步兵兵团，必须驻扎在兵营里，每天进行操练。从策略上考虑，没有提出解散近卫兵团，但将埃尼恰尔兵团的几万人削减到七八千人。尽管这样，1826年6月中旬在首都还是发生了有约两万名近卫兵团参加的兵变。苏丹利用这个机会，下令平息叛乱，"格杀勿论"。接着，他废除过时的军事采邑制度，将2.5万个采邑土地收归国有，其中的约1/3后来变成了私人所有。当然，这种改革没有从根本上改变农村的生产关系。1833年，他的行政改革措施包括将整个帝国按地域特点中心划分省和区，省区长由中央直接任命。政府部门按照欧洲模式设立各个机构。他还建立邮政制度；发展世俗教育，许多青年被派往西欧留学；进行全国性人口普查；重视经济问题，设立农业、工业和商业委员会，等等。① 1831年在伊斯坦布尔出版了第一份土耳其文和法文的政府报纸《记事报》。马赫穆德二世颁布御诏，取消国家对主要商品和原料的垄断，允许自由贸易，统一进出口货物关税等。正因为这样，1838年签订了奥斯曼帝国和英国等欧洲国家之间的贸易条约，使帝国融入世界经济体系。

马赫穆德二世的改革继承了塞利姆三世改造奥斯曼帝国社会的传统，但他主要还是想加强苏丹的个人权力，建立一套新的适应国内外形势的官僚管理体制。改革存在很大的局限性没有触及帝国的社会和经济基础，很难把帝国引向欧洲文明发展道路。但他对过时的帝国行政管理制度，特别是对日益腐败的军事制度进行了资本主义的"欧洲式"改革。一支正规军队的出现，增强了帝国遏制地方分裂主义活动和抵御俄国进攻的能力，拉近了奥斯曼帝国同西欧国家的政治和经贸联系。或者说，这些改革措施有

---

① Д. Е. Еремеев, М. Мейер, *История на Турция в средните венове и ново време*, София, "проф. Марин Дринов", 1998, с. 219.

图 2—8　马赫穆德二世

利于使帝国"欧洲化",有利于防止外部势力进一步干预和瓜分帝国的领土。这些改革措施不仅改变了人们的生活习惯,而且促进了资本主义因素在奥斯曼帝国各地的发展。

1839 年 7 月,正当改革方兴未艾的时候,马赫穆德二世不幸病逝,他的继承者是刚满 16 岁的儿子阿卜杜尔·迈吉德一世(Abdul Mejid Ⅰ,1839—1861,见图 2—9)。新任苏丹的唯一选择也是继续改革事业,倒退没有出路。因为在埃及的统治者穆罕默德·阿里巴夏势力非常强大,独立倾向严重,多次挑战帝廷的权威。1838 年 7 月在第二次埃土冲突中大败帝国海军和陆军。在欧洲英、法、俄、奥、普(鲁士)五国大使的斡旋下迈吉德一世接受了和平协议。西方列强也要求奥斯曼帝国坚持改革,模仿西方的社会组织机构和治国经验。

这就是说,此时改革的思想已经在保守的奥斯曼帝国生根,

图2—9　阿卜杜尔·迈吉德

成为一股不可阻挡的洪流。马赫穆德二世的改革在死气沉沉的奥斯曼帝国吹响了向西方学习的号角,为"坦齐马特"改革时期的到来做了舆论和物质准备。

"坦齐马特"改革运动

1839年11月3日,迈吉德一世在伊斯坦布尔托普卡帕皇宫的玫瑰园广场的隆重集会上,颁布了新的改革诏令,即后来史书上著名的"玫瑰园敕令"(Gulhane Hatiserif)。这意味着奥斯曼帝国历史上改革运动揭开了新的一页。由于"改革"(整顿秩序)一词的复数在当时的阿拉伯语叫作"坦齐马特",故由"玫瑰园敕令"起步的改革运动又称为"坦齐马特"(Tanzimat-I hayriye)改革。坦齐马特时期是指从1839年宣布改革诏令至1876年实行立宪君主制为止这个改革时期。

"玫瑰园敕令"的倡导者毫无疑问是新苏丹迈吉德一世。但它的真正起草人和设计师却是穆斯塔法·雷希德巴夏（Mustafa Resid Pasha，1800—1858，也说 1807—1856）。他是改革派最知名的代表人物，深得马赫穆德二世的宠爱。他长期担任驻英国、法国的大使，精通外语，熟悉欧洲事务，后被委任帝国的外交大臣和宰相。雷希德巴夏制定的改革文件由序言、基本条文和结束语三部分组成，其基本宗旨是要保障公民的生命和财产安全、保障人的荣誉和尊严。①

雷希德巴夏在序言中强调指出，奥斯曼帝国最近 150 年来已逐渐丧失原先的活力，当今形势下急需制定新的法典，以恢复秩序，改善全体臣民的处境，防止帝国衰落。雷希德巴夏还讲到，帝国的有利条件将使改革取得理想的结果。这些条件是：奥斯曼帝国各省具有优越的地理位置、土地肥沃、人民文明和勤劳。

雷希德巴夏和他的改革派同人直接领导改革的实施。研究者们通常以 1853—1856 年的克里米亚战争为界，把坦齐马特时期分为两个阶段。第一阶段的改革不仅涉及军队，而且已触及国家机构、司法和教育等领域。第二阶段，改革运动受到欧洲列强的直接干预（尤其是英国和俄国的干预），提出了"欧洲化"或"现代化"的具体要求。②

在坦齐马特的第一阶段，第一批法令于 1839 年 12 月颁布，立即执行。首先开始的行政改革，新设立由穆斯林和非穆斯林组成的国务委员会和省级咨询委员会，防止各级行政部门滥用职权。从 1840 年 3 月起，省督和州长等高级官员领取薪酬，按政绩升

---

① 有关坦齐马特改革运动可参见朱克柔《十九世纪奥斯曼帝国的坦齐马特改革》一文，载世界历史研究所编《外国历史大事集》近代部分第一分册，重庆出版社 1985 年版，第 629—644 页。

② Мария Тодорова, *Англия*, *Русия и Танзиматът*, София, Наука и изкуство, 1980, с. 5 – 6.

迁，禁止卖官买官；财政改革的主要内容是整顿税收制度。1840年4月的法规统一了什一税的税率，取消落后的包税制、各种徭役和对非穆斯林的人头税；新公布的刑法法典则强调必须保障人权和法律面前人人平等的原则；服役期限从过去的15年减少到5—7年；1840年公布的商业法，鼓励开办金属加工厂、纺织厂和造纸厂，创立银行。1850年按照法国的模式正式通过了贸易法典。

1843年政府制定了发展农业的措施，如政府发放种子、耕畜、农具贷款，创办现代化农业企业等。在1845—1849年制定了几个有关农业的法律，涉及土地的开发利用、对国家土地的占有权、扩大子女或亲属继承土地的权利等，如1847年制定的条令规定，国有土地占有者死后无合法继承人的全部土地应归国家所有。

坦齐马特改革运动刚起步不久，1845年2月开始了教育改革。同年3月成立了以外交部副部长为首的7人委员会，负责调查现存的学校体制，准备推行新的学校和教育制度。1846年的法律扩大了世俗教育，创办中小学和师范学校。1846年8月，该委员会提出了教育改革的具体方案，要求小学脱离宗教机构的管辖；中学世俗化，学习数学、自然科学、哲学、历史、地理、东方语言、法语等课程；宗教学校仍归宗教机构管辖，但要进行改革，大学只负责高等教育。① 1846年建立的教育总委员会在1847年变成了教育部。1868年创立了高等行政学院、师范学院和医学院。教育改革进展迅速，但因缺乏师资力量和教科书以及人们思想观念的障碍，推行世俗教育仍遇到来自各方面的阻力。

雷希德等有识之士的大胆改革措施从一开始就遭到帝国内部封建保守派势力和宗教界人士的顽强抵制和盲目反对，承担着巨大的风险。改革的反对者千方百计设置障碍，策划阴谋，罗织罪

---

① Мария Тодорова, *Англия, Русия и Танзиматът*, София, Наука и изкуство, 1980, c. 61–62.

名，事事与改革派为敌。在国外，除法国普遍赞扬改革外，其他列强对改革持观望和怀疑态度，认为欧洲的文明原则不一定符合奥斯曼帝国的传统精神，未必值得支持。

然而，这第一阶段的改革毕竟给古老的帝国带来了新的变化和新的气象。正如有的学者所指出的一样，1839—1853年坦齐马特第一阶段的改革是最活跃的时期，它改造了国家的行政，为国家的资本主义发展扫清了道路，改变了帝国陈旧的城乡结构机制，从而广泛分享了欧洲文明成果。① 当然，这场改革是由统治阶层的代表人物发动的，目的是挽救帝国的衰败，所以改革只能是部分地改变现存制度。这样，改革不可能得到社会的广泛支持，也没有根本改变被压迫的非穆斯林群众的生活和社会状况。同时，改革也没有确保排除外部势力的干扰，一旦遇到风吹草动，很容易受挫。

1853—1856年克里米亚战争迫使坦齐马特陷入停顿，从而结束了第一阶段的改革。这本来是沙皇俄国发动的对土耳其的战争，但很快变成了欧洲联盟对俄国的战争。像以往的俄土战争一样，这次的战事也在巴尔干地区引起强烈反响。俄国政府在战争爆发前夕发表文告，提出要充当所有东正教教徒的庇护人，号召巴尔干人民起义。保加利亚、塞尔维亚和阿尔巴尼亚等地建立了帮助俄军的志愿队，希腊政府也派出了武装支队。俄军越过多瑙河后，在摩尔多瓦和瓦拉几亚两公国建立了亲俄的临时政府机构和地方警察。战事进展顺利。

但是，当1853年11月俄国海军在黑海摧毁奥斯曼土耳其舰队时，英国和法国为了争夺黑海及其海峡的利益，立即与土耳其签订了同盟条约，于1854年3月正式向俄国宣战。盟军在克里米亚半岛与俄军经过近一年鏖战，终于攻克克里米亚和塞瓦斯托波

---

① Д. Е. Еремеев, М. Мейер, *История на Турция в средните векове и ново време*, София, "Проф. МаринДринов", 1998, с. 227.

尔（Sevastopol）要塞。1856年3月，俄国与英、法、普鲁士和奥斯曼帝国缔结《巴黎和约》。该和约承认奥斯曼帝国的现状，黑海及其海峡"中立"，摩尔多瓦和瓦拉几亚、塞尔维亚仍臣属于奥斯曼帝国，巴尔干基督徒由条约签字国"共同庇护"，南比萨拉比亚交还摩尔多瓦（臣属于苏丹），多瑙河在欧洲国家的监督下成为自由航行的国际航道等。

显然，《巴黎和约》的出笼是俄国的失败，却实现了西欧国家对奥斯曼帝国的影响和保护，奥斯曼帝国则可以继续维持其主权和领土原状。但是，后者必须在英、法的监督下，继续进行和完成所承诺的改革。西方大国迫使奥斯曼帝国当权者接受国际关系中的一些新概念和新规则。过去，西方国家的使节到奥斯曼宫廷觐见苏丹时，就像仆人向主子进贡，低三下四。他们不能穿戴西方人的服饰，不能携带武器。苏丹若赐觐见者豪华衣着，像奥斯曼人一模一样才能进宫献礼。至于派遣外交使团，奥斯曼帝国1721年开始第一次向法国派出了外交使节，但仅仅待了5个月就打道回府了。帝国在英国建立了第一个大使馆，但也只存在了3年（1793—1796）。"由于西方施加强大的压力，1836年成立了外交部。"[1] 这样，奥斯曼帝国的老一套规章制度失灵了。

所以，随着克里米亚战争的结束，开始了坦齐马特运动的新阶段。1856年2月18日，苏丹阿卜杜尔·迈吉德一世发出改革诏令（Hatihumayun），重申为了帝国的永久繁荣，需要扩大改革范围，并保障帝国臣民一律平等。一位西方历史学家指出：这个改革文件"是巴黎条约的一部分，它受到外部的压力，声明并确保基督徒和穆斯林将享有同等待遇"[2]。新诏令的内容大体反映在下

---

[1] Димитри Кицикис, *Османската империя*, София, Кама, 2000, с. 136.
[2] Барбара Йелавич, *История на Бадканите XVIII-XIX век*, том I, София, ИК "АМАГ-АХ", 2012, с. 291.

述几方面：

（1）不分宗教和信仰，所有穆斯林和非穆斯林臣民在担任公职、教育、司法管理、课税和服兵役等方面享有平等的权利。

（2）公民对自己的财产和物品拥有所有权。

（3）保证宗教和信仰自由。

（4）整顿财政和国家预算纪律，建立银行和其他信贷机构，发展建筑业，振兴经济。

（5）改革国家行政机构，公民代表有权参与国家管理。

（6）进一步推行司法改革，建立混合法庭，修订商法、刑法法典，改造监狱等。

（7）向欧洲开放，允许外国人购买和出售不动产。

第二阶段改革的主要策划者是穆罕默德·阿里巴夏（Mehmed Emin Ali Pasha，1815—1871）和穆罕默德·福阿德巴夏（Mehmed Fuad Pasha，1815—1869）。他俩几乎是轮流担任宰相和外交大臣。改革活动由他们领导的最高改革委员会负责执行，但幕后的指挥者是英国、法国和奥地利驻伊斯坦布尔的大使。西方支持奥斯曼帝国进行改革的根本目的是加强自己的政治经济渗透，控制帝国的内政和外交，争取巴尔干半岛的基督徒，最大限度地削弱俄国在巴尔干地区和中东地区的影响力。

这次改革的范围确实很广，也有一定的深度，涉及中央和省州政府机关、司法、军事、教育、财政和税收、教会和宗教等领域的具体改革及其措施。大部分改革计划在不同程度上得到了实施，有利于奥斯曼社会的现代化。这些改革在某种程度上损害了执政集团的利益，受他们的掣肘，改革不能真正到位并贯彻落实。1864年、1867年和1871年又先后发布了一些补充法令，将改革扩大到社会各个领域。特别是经济部门的改革，既促进了民族工业和整个经济的发展，也使外国商品和资本大量涌入，西方资本从奥斯曼帝国获得了丰厚的利润。

然而，改革不仅遭遇保守势力的阻挠，也受到新派人士的非难。1865年在奥斯曼帝国出现的"新奥斯曼人"组织，尽管其主要成员是一帮年轻的知识分子，但他们担心外国资本的进入和影响力的加强会使帝国丧失独立性，他们对改革产生疑问。不过，他们主张唤醒人民的政治意识，反对封建专制主义，努力实现君主立宪制。1861年迈吉德一世的弟弟阿卜杜尔·拉齐兹（Abdul Azis，1861—1876）继任苏丹后，由于他性情暴戾，出尔反尔，致使坦齐马特改革一度减速。后在英、法的催促下和改革家米德哈特巴夏（Midhat，1822—1884，见图2—10）等人的全力推动下，改革又回到原先的轨道，帝国的"欧洲化"势在必行。特别是1876年5月30日改革派将偏于保守的拉齐兹苏丹推下台，拥立拉齐兹的皇弟阿卜杜尔·哈密德二世（Abdulhamid Ⅱ，1876—1909）登基后，于1876年12月23日颁布苏丹诏令，奥斯曼帝国第一部"欧洲式"宪法诞生，正式承认所有帝国公民不分宗教信仰在法律面前人人平等并享有个人自由，建立两院制议会，实行君主立宪制。至此，延续了37年的坦齐马特改革时期被视为结束。

毫无疑问，坦齐马特改革在奥斯曼帝国历史上起了进步作用，全面改变了帝国的行政管理体制，增加了政治和社会生活中的世俗因素，促进了帝国的资本主义发展，繁荣了文化教育事业，使帝国融入欧洲文明迈出了一大步。这些革故鼎新、兴利除弊的新政，对国家富强和人民生活起了积极的作用，这一点是应该肯定的。

改革也使帝国暂时获得了和平稳定和发展。土耳其学者在讲到坦齐马特改革的重大意义时，认为"它给土耳其人带来人权、法治、自由及民主。这是土耳其脱离中世纪、进入新时代的转折点"[①]。还有学者指出，阿卜杜尔·哈密德二世尽管行事粗暴，实

[①] ［土］悉纳·阿克辛：《土耳其的崛起：1789年至今》，吴奇俊、刘春燕译，社会科学文献出版社2017年版，第25页。

图 2—10 改革家米德哈特巴夏

行独裁统治，但他遵循的改革，"系统地填补了急需填补的空白"，"在技术层面上为土耳其带来了电报、铁路和印刷等通信方式，同时也在人文和文化层面上为土耳其带来了现代化的框架，使这个国家可以按照自己选择的道路自由前进"①。

长期以来，对这场改革的争论在土耳其国内外一直未停。倾向于负面评价的学者指出，这场改革的发动者代表以苏丹为首的统治集团的利益，目的是拯救腐朽的、摇摇欲坠的帝国。他们不可能把西欧国家所指望的改革运动进行到底，所以这是一场"半途而废"的改革。奥斯曼帝国向欧洲敞开大门，使西欧的商品和资本大量流入，冲击了帝国的民族工商业，致使债台高筑，国家

---

① ［英］帕特里克·贝尔福：《奥斯曼帝国六百年》，栾力夫译，中信出版集团2018年版，第715页。

变成了"半殖民地",生存在西方列强的政治和经济奴役之下。①另外,改革并没有解决帝国境内复杂的民族问题。奥斯曼帝国是一个多民族和多宗教国家,尽管坦齐马特改革文件中承认帝国境内的各民族有权自由使用本民族的语言,但它仍把民族和宗教等同起来。它对其居民不是按民族,而是按宗教划分,即穆斯林和非穆斯林。正是巴尔干地区被压迫人民风起云涌的民族解放运动撼动了帝国的根基,没有因改革而从根本上改变它衰败的趋势。这也是历史的必然。

奥斯曼帝国与"东方危机"

19世纪中期起,巴尔干人民冲破奥斯曼帝国5个世纪的桎梏,开始建立自己的民族国家,在民族主义的基础上形成独立国家。但是,巴尔干基督徒对自治和独立的渴望却遭到欧洲列强强权政治和一己私利的遏制。于是,尽管奥斯曼帝国在日益衰败,但巴尔干的新兴力量仍然较弱,没有外来支援和干预仍无法争取到自由。此时,欧洲列强则召开了各种会议,力图决定奥斯曼帝国的命运。历史文献上称这个时期为"东方危机",或者"东方问题"②。还有学

---

① Кръстьо Манчев, *История на балканските народи（1352－1878）*, том Ⅰ, София, Парадигма, 2012, c. 199.

② 欧洲史学界对"东方问题"关注度甚高,但对这个问题的始末分歧较大。1821年希腊反土耳其起义后,西欧和中欧对东南欧、对"东方"（Orient）奥斯曼帝国的关注加强。可见"东方问题"与奥斯曼帝国的命运密切相关。这个历史现象随着帝国的灭亡而消失。笔者在本书中涉及"东方问题"时主要包括下面三个方面的问题:（1）奥斯曼帝国本身的社会政治危机;（2）欧洲列强对苏丹统治区域里的政策及其影响;（3）奥斯曼帝国境内基督教人民争取民族自决和独立的斗争。重点在1875—1878年巴尔干国家的起义、1877—1878年俄土战争和1878年的柏林会议,以及其后的奥斯曼帝国退出历史舞台。有的欧洲学者将"东方问题"划分为三个历史阶段:（1）奥地利时期（1688—1774）;（2）俄国时期（1774—1856）;（3）欧洲时期（1856—1923）。详见Иван Първев, *Балканите и Източният въпрос*, София, "Св. Климент Охридски" 2017, c. 19. 也就是说,"东方问题"从奥地利和俄国与奥斯曼帝国的双边冲突变成了全欧洲的问题,从外交走到了军事解决,从谈判演变成战争。中国史学界对"东方问题"的研究非常薄弱,这与我们对巴尔干学的研究起步较晚密不可分。

者认为，从 18 世纪到 1923 年土耳其共和国成立都属东方问题时期。严格地讲，东方危机应该是奥斯曼帝国内部民族要解放、国家要独立的冲突，却被欧洲列强利用变成了它们彼此之间和同奥斯曼帝国瓜分遗产的斗争。

在 1875—1878 年的"东方危机"中，奥斯曼帝国像残冬积雪迅速融化，巴尔干各国人民的民族解放运动像春风一样吹遍大地，民族解放运动蓬勃兴起，开始走上武装暴动的道路。

首先，1875 年 6 月，波斯尼亚和黑塞哥维那农民起义，震撼了巴尔干地区。奥斯曼帝国统治时期，波黑一直是一个落后的农牧业区。波黑 90% 的基本居民是农牧民。统治他们的不仅有土耳其的各级官吏和地主，还有当地的大土地拥有者和地方首领。19 世纪 70 年代初，波黑发生饥荒，当局没有减免租税，反而派人催粮。1875 年 6 月底，农民同前来征收什一税的官员发生冲突，最终导致奥斯曼帝国当局出动边防部队前来镇压。7—8 月，起义蔓延到整个东黑塞哥维那。此时，由佩科·巴夫洛维奇指挥的黑山支队前来支援，并成为农民起义的首领。8 月中旬波斯尼亚北部的农民暴动，由农村转而攻打城市。起义范围继续扩大，到 9 月起义者占据了整个波斯尼亚的西南部地区。

波黑起义者的主要要求有：推翻波黑的现存社会制度，争取未来加入塞尔维亚和黑山，使波黑走上现代国家发展道路。"起义的历史原因在于，土地制度的深刻危机，以及依附小农要求摧毁大土地占有和普遍实行另一种概念的土地和商业的私人所有制。"[①] 1875 年 10 月 2 日，奥斯曼政府发布告示，宣布不再增加什一税和减免部分债务，承诺继续推行改革，以安抚起义农民。

波黑起义规模迅速扩大，塞尔维亚、黑山、克罗地亚、俄罗

---

① [南]伊万·博日奇等：《南斯拉夫史》上册，赵乃斌译，商务印书馆 1984 年版，第 452 页。

斯等地的武装志愿者纷纷前来参加，国际社会进步舆论也表示严重关切。在巴黎还成立了声援波黑起义国际委员会。波黑起义影响下，保加利亚爆发了1876年四月起义。

其次，1876年4月，保加利亚掀起反对奥斯曼帝国大起义，引起欧洲舆论界的广泛同情。1875年11月，保加利亚爱国侨民在罗马尼亚聚会，决定成立以斯特凡·斯坦姆博洛夫（Stefan Stambolov，1854—1895）为首的革命委员会（见图2—11）。革命委员会预计国内的起义运动与国外的武装支队相结合，最后起义者将会集到巴尔干山区和丘陵地带，以阻击奥斯曼帝国的正规军，将起义坚持到底。

图2—11 以斯坦姆博洛夫为首的"四月起义"领导人

1876年年初，各革命区的领导及其助手越过冰封的多瑙河进入保加利亚，分别到达各自起义区域。起义进入紧张的准备阶段。

4月14日，第四革命区的领导人格奥尔基·本科夫斯基（Georgi Benkovski）召集会议，决定5月1日举行起义。

但起义的消息走漏，革命委员会的成员遭逮捕。4月20日提前宣布起义，当天，本科夫斯基带领起义队伍攻克帕纳久里什特市，并在那里成立了保加利亚临时政府，向全体保加利亚人发出了参加起义的号召书。号召书指出："推翻奥斯曼帝国奴役的时刻已经到来，同胞们拿起武器，杀向敌人！""今天起，以我们人民的名义，我们向整个文明世界宣布：真正的自由或死亡！"[①]

几天之内，全区相当大的一部分地方落到了起义者手中。奥斯曼帝国统治当局急忙调集地方治安部队和正规军镇压起义。4月30日，帕纳久里什特在奥斯曼帝国军队连续3天大炮的轰击下失守，城市被洗劫一空，全城居民不分男女老幼惨遭屠杀。随后，其他革命区也都发生了规模不一的起义，战斗一直持续到6月初。据有关统计资料，"四月起义"中，3万保加利亚人遭到屠杀、1.2万人被投入监牢和被流放、80个村庄被夷为平地、200个村庄遭到破坏。[②] 后人为牢记这次民族灾难和纪念死难者，在巴塔克镇修建了一座新的教堂。"四月起义"由于没有统一行动，没有国际社会的强有力支持以及奥斯曼帝国当局的残暴镇压，以失败告终。但是，"自由或死亡"的旗帜仍在巴尔干山峰飘扬。塞尔维亚和黑山与奥斯曼帝国的冲突在不断升级，俄国与奥斯曼帝国的最后一战已剑拔弩张。

再次，1876年6月塞尔维亚和黑山宣布对奥斯曼帝国战争。1875年夏，正当波黑起义进入高潮时，塞尔维亚人民、东正教会和绝大部分政党都主张给波斯尼亚起义提供大力帮助，甚至不惜

---

① Георги Бакалов, Иван Стоянов, *История на България 681—1960*, т. 1, София, "Аргес", 1995, с. 334.

② Петър Ангелов и др., *Записки по история на България 681—1878*, София, 1992, с. 220.

同奥斯曼帝国开战。1875年9月，塞尔维亚议会通过了包括如下内容的决议：第一，塞尔维亚为援助波黑起义和进行战争准备，需要借3600万第纳尔外债；第二，一旦发生战争，官员们的月工资不得超过120第纳尔。米兰大公不同意议会的决议，解散了政府。1876年春，米兰大公迫于国内各政党的压力，勉强同意用战争解决问题。塞尔维亚政府遂于同年6月与黑山签订军事联盟条约。1876年6月30日，塞尔维亚对奥斯曼帝国宣战。两天后，黑山加入战斗。很快，战争不仅鼓舞了波黑的起义者，而且得到周边国家的同情和支持，有4000多名俄国志愿者和2000多名保加利亚志愿者同塞尔维亚斯拉夫兄弟并肩战斗。塞黑动员了12.3万名官兵对阵奥斯曼帝国的13.3万名正规军和4万多名地方武装和后备军。塞黑军队装备差，缺乏训练和有才能的指挥官，而奥斯曼帝国的军队经过坦齐马特军队改革，拥有欧式现代化武器装备，受过基本的军事训练。战争的结局可想而知。1876年10月底，俄国通牒奥斯曼帝廷，必须立即停止进攻，否则将以战争奉陪。奥斯曼帝国担心奥匈与俄国合伙瓜分帝国的巴尔干行省，于是同意撤军，与塞尔维亚缔结了和平条约。

塞黑反对奥斯曼帝国的战争同波黑起义和保加利亚起义一样，拉开了东方危机的序幕。"这样，在巴尔干半岛以及围绕巴尔干问题，又产生了东方危机（1875—1878）。"[①]

还有，罗马尼亚两个公国实现了统一。早在"东方危机"高潮的前夕，摩尔多瓦和瓦拉几亚两公国开启了统一的进程。1857年9月，摩尔多瓦和瓦拉几亚两公国议会在一起召开会议，要求把两地统一为一个国家——罗马尼亚；邀请一名外国王子成为罗马尼亚国王；宣布两公国中立；选举一个拥有立法权的国民议会。

---

① ［南］伊万·博日奇等：《南斯拉夫史》上册，赵乃斌译，商务印书馆1984年版，第451页。

在两地议会提出这些要求后，争取罗马尼亚人统一的斗争进入了一个新阶段。1858年8月7日，摩尔多瓦和瓦拉几亚签订公约，规定有权保留各自的立法机关、政府和武装力量；成立一个联合中央委员会，负责制定共同的法律草案；两公国被命名为"联合公国"。根据公约精神，亚历山德鲁·伊昂·库扎（Alexandru Ion Cuza，1820—1873，见图2—12）当选为摩尔多瓦大公。库扎是1848年革命的领导人之一，是1857—1859年统一事业的坚定拥护者。摩尔多瓦人民热烈欢呼新大公当选。

图2—12 亚历山德鲁·库扎，罗马尼亚第一任大公

1859年1月22日，瓦拉几亚国民议会开幕当天，约两万名布加勒斯特市民（占全城人口的1/4）和应邀前来集会的农民包围了国民议会会场，要求摩尔多瓦的库扎大公兼任瓦拉几亚大公。1月24日，瓦拉几亚的统一派人士向国民议会提出了这个方案。被群众抗议活动吓破了胆的反对派不敢再不同意统一，一致投票同意库扎出任大会。这样，两公国的全部权力集中到了库扎一个

人的手里，从而实现了两公国的统一，罗马尼亚国家诞生。

1859年9月，奥斯曼帝廷在提出诸多附加条件后承认库扎当选为两公国的大公。1862年1月，统一的国民议会在布加勒斯特召开，标志两个公国组成了一个共同的政府。"罗马尼亚"一词开始在官方文献中使用。一个统一的立法机构也开始运作，制定了一批法律法规。1863年通过了土地改革方案，把寺院土地收归国有（寺院土地约占两公国土地的1/4）。农民可以购买分配给他们的份地，不再为地主服劳役。1866年2月11日，库扎迫于几名军官的政变压力，让出了大公职位，流亡维也纳。罗马尼亚历史学家指出："库扎统治时期虽然很短，却是罗马尼亚人民史上最富有成就的时期之一。"① 历史对库扎大公做出了公正的评价。

1866年5月，拿破仑三世的表兄弟、出身普鲁士霍亨索伦家族的王子卡罗尔被派到布加勒斯特，成为罗马尼亚的国王，改称卡罗尔国王（Carol，1866—1881年在位）。1866年7月罗马尼亚颁布了一部新宪法。宪法称这个国家为罗马尼亚；没有涉及任何关于土耳其宗主国权力的条款；它规定了一种现代的议会政治结构；它保证保护私人财产和个人自由；国王的权力是世袭的。② 这样，罗马尼亚作为一个统一的国家和较为现代的国家政治制度，在19世纪70年代的"东方危机"中，作为独立国家出现在世界历史舞台上。

上述巴尔干地区发生的起义和欧洲大国对起义的态度以及奥斯曼帝国的反应构成了东方危机的主要内容。此时，俄国与奥斯曼帝国的最后一战已剑拔弩张。巴尔干各地人民积极参加了1877—1878年最后一次俄土战争，并在俄国的帮助下获得了解放

---

① ［罗］安德烈·奥采特亚主编：《罗马尼亚人民史》，［罗］安娜-埃瓦·布杜拉等译，商务印书馆1981年版，第203页。

② ［英］尼古拉·克莱伯：《罗马尼亚史》，李腾译，东方出版中心2010年版，第110页。

和新生。有学者认为，1877 年年初的两三个月，"实际上，东方危机的外交准备已经完成，开始了军事解决"①。

最后一次俄土战争与柏林会议

俄国在克里米亚战争中失败后，一心想借助"东方危机"恢复战前在欧洲的地位和尊严，鲸吞奥斯曼帝国更多的土地。所以，它一直在准备发动一场新的对奥斯曼帝国的战争。早在 1876 年秋，俄国政府就宣布部分动员，决心同奥斯曼帝国进行一场生死之战。1877 年 1 月，俄国和奥匈帝国密谋在巴尔干地区划分势力范围：奥地利将攫取波斯尼亚和黑塞哥维那，以换取它在即将开始的俄土战争中保持中立；俄国将帮助保加利亚人建立一个"大保加利亚"，作为它从黑海进入地中海的桥头堡。同月，列强在君士坦丁堡召开大使级会议，敦促奥斯曼帝国在统治区实行国际监督下的改革。1877 年 4 月 12 日，沙皇亚历山大二世（Aleksandr Ⅱ）亲自来到基舍涅夫前线，突然向奥斯曼帝国宣战，俄军约 28 万人分别从高加索和巴尔干两个方向发动了全面进攻。战争爆发后，被奴役的巴尔干人民视俄国为救命恩人，纷纷站在它一边，助其一臂之力，以拯救自己，并"解放"和"统一"仍处于异族统治下的"同胞"。塞尔维亚和黑山乘机在半岛的西部再次发动起义，罗马尼亚和保加利亚在半岛的东部紧随俄军前进。

奥斯曼帝国当时拥有 50 万兵力，且是一支装备优良的军队，西方军事使团也在为奥斯曼帝国军队（以下简称土军）出谋划策。奥斯曼帝国出动了 38 万军队在巴尔干半岛的多瑙河沿线阻挡俄军南下。

1878 年年初，俄国军队在付出惨重牺牲的代价后，越过积雪

---

① Иван Първев, *Балканите и Източният въпрос*, София, "Св. Климент Охридски", 2017, c. 224.

齐腰的巴尔干山,攻占阿德里亚堡城堡(又称奥德林,今日埃迪尔内),直逼君士坦丁堡。奥斯曼帝国眼看大势已去,请求停火。3月3日[1]在距君士坦丁堡只有12千米处的小镇圣斯特凡诺(San Stefano)签订俄土和平条约,史称《圣斯特凡诺条约》(见图2—13)。在条约中,奥斯曼帝国第一次被迫做出重大让步,承认罗马尼亚、塞尔维亚和黑山完全独立,并同意按俄国方案成立一个"大保加利亚"。这个新国家的疆土北起多瑙河,南至爱琴海,东临黑海,西抵亚得里亚海。这样,就把整个马其顿、塞尔维亚东南部地区和阿尔巴尼亚的一小部分都纳入了保加利亚的版图,史称"圣斯特凡诺保加利亚"。它的总面积达到16.7万平方千米,超过当今保加利亚50%以上的领土。

图2—13 签订《圣斯特凡诺条约》(1878年3月3日)

俄国对这个条约十分满意,因为它建立了一个地理位置极佳和与它最亲近的保加利亚这个"基地"和"桥头堡"。但是,由

---

[1] 保加利亚1989年发生社会制度转轨后,这一天被定为国庆日。

于俄国过分追求在巴尔干地区以及从黑海直达地中海的利益，忽视了奥匈和英、法等国的利益，而且又不现实地让保加利亚领土过于扩大，触犯了奥匈帝国在巴尔干西部和英国在爱琴海沿岸地区的经济和战略利益，所以《圣斯特凡诺条约》缔结仅3个月，欧洲列强便聚首柏林，召开了近代国际关系史上一次重要的国际会议，将俄国推上了被告席。

1878年6月1日至7月1日，英、法、奥匈、德、意、俄在柏林举行会议（见图2—14），彻底推翻了《圣斯特凡诺条约》，通过了著名的《柏林条约》。该条约使俄国的扩张野心受到遏制，而巴尔干地区的弱小民族则又一次遭到列强的任意摆布，得利最多的是奥匈帝国。该条约的主要内容之一是：奥匈获得占领波斯尼亚和黑塞哥维那（该地区当时仍属奥斯曼帝国统治）以及管辖塞尔维亚同黑山之间的走廊新帕扎尔州（即今日的桑贾克）的权利。罗马尼亚的独立得到承认，并获得北多布罗查，作为将1856年得到的比萨拉比亚归还俄罗斯的补偿。确认塞尔维亚和黑山两国的独立，同时，塞尔维亚得到了尼什、皮罗特、弗拉涅和托普4个地区。黑山得到尼克希奇、波德戈里察（一度改称铁托格勒）和科拉欣、巴尔、乌尔齐尼等市镇，并拥有一个出海口。马其顿

图2—14　柏林会议（油画）

和阿尔巴尼亚依旧属奥斯曼帝国管辖，但后者必须保证改善其境内基督徒的状况，并同希腊谈判修改对希腊有利的边界。英国获得塞浦路斯岛。另外，俄国除收回比萨拉比亚外，奥斯曼帝国被迫将大片高加索地区土地割让给俄国，并向俄国赔偿一笔巨款。①

柏林会议是在巴尔干国家民族解放运动蓬勃发展和1877—1878年俄土战争中奥斯曼帝国遭到失败的情况下召开的。然而，欧洲列强为了各自的利益，在解决巴尔干国家的领土和民族问题上是不公正的，是越俎代庖的。《柏林条约》满足了欧洲列强削弱俄国在巴尔干地区的势力和影响的目的，显示了它们在解决奥斯曼帝国"遗产"和主宰巴尔干小国命运中的作用。欧洲列强是瓜分巴尔干半岛的得利者，它们改变了巴尔干国家间的力量对比。正是它们"瓜分了巴尔干半岛，而使奥地利的势力大为增强"。这种瓜分"开创了各种民族利己主义的时代，因为这些民族利己主义是在巴尔干半岛划分为势力范围这种后果的基础上产生的"②。

从此，巴尔干地区的矛盾、冲突、战争不断，被外界称为巴尔干"火药桶"。有的学者公正地指出："《柏林条约》产生了一连串的民族问题，不仅出现了马其顿问题，而且对保加利亚人民和其他巴尔干人民来说，都制造了民族问题。另外，该条约还引发了在此之前业已存在的巴尔干地区其他的和有争议的问题，并使这些矛盾尖锐化。"③ 有的西方学者也指出：大国向来直接控制

---

① 关于《柏林条约》的图书很多，这里列举两种：Сава Пенков, *Берлинският договор и Балканите*, София, Наука и изкуство, 1985; Страшимир Димитров, Кръстьо Манчев, *История на балканските народи*, София, Наука и изкуство, 1971, с. 158。

② [南] 伊万·博日奇等：《南斯拉夫史》上册，赵乃斌译，商务印书馆1984年版，第456页。

③ Сава Пенков, *Берлинският договор и Балканите*, София, Наука и изкуство, 1985；[英] 艾伦·帕尔默：《夹缝中的六国——维也纳会议以来的中东欧历史》，于亚伦等译，商务印书馆1997年版，第63页。

着巴尔干国家的内部事务，特别是在划定边界方面，这"历来是欧洲各大国首都老练的政治家们自诩的特权。边界是相互嫉妒对方利益的外交官们达成妥协的结果，绝少符合当地人民的心愿"①。许多研究巴尔干问题的专家认为，巴尔干地区的民族问题正是从1878年开始的。在此之前，巴尔干半岛并没有人称它为"欧洲的火药桶"，只有在《柏林条约》签订后，该地区才成为欧洲的多事之端。

欧洲大国的巴尔干政策主要表现在两个方面：首先是直接介入巴尔干国家要求解放与奥斯曼帝国继续统治的关系问题。其次是干预大国介入之后的巴尔干地区的秩序问题。其结果是列强都获得了领土与自由贸易的权利，大国分别管理和控制新兴的巴尔干国家，并向这些国家派遣由它们指定的来自欧洲王室的国王。

巴尔干中小国家和弱小民族掀起了建国的历史，但他们仍处于奥斯曼帝国和奥匈帝国的控制之下，在一定程度上讲他们获得了解放，赢得了高度自治权，但没有获得全面的独立，建立民族国家还需要进行顽强的斗争。

20世纪初，巴尔干国家已走上资本主义发展道路，奥斯曼帝国开始解体和崩溃。

三　青年土耳其党人革命和执政

奥斯曼帝国日暮途穷

1878年柏林会议后，巴尔干新兴民族国家彻底摆脱奥斯曼帝国的统治实现独立，希腊的疆界在日益扩大，克里特岛获得了欧洲列强保护下的自治地位；奥匈帝国兼并了波黑；英国不仅占领了塞浦

---

① ［英］艾伦·帕尔默：《夹缝中的六国——维也纳会议以来的中东欧历史》，于亚伦等译，商务印书馆1997年版，第6页。

路斯，而且染指埃及；俄国独吞了奥斯曼帝国的高加索边疆地区；法国控制了突尼斯。奥斯曼帝国的疆土在不断缩小，步步龟缩。

西方列强从19世纪50年代起就开始争夺土耳其的铁路租让权，开办外国银行，以控制奥斯曼帝国的经济；它们还在很大程度上垄断了奥斯曼帝国的海关、对外贸易和工业。一句话，昔日庞大的奥斯曼帝国逐步变成了西欧大国的半殖民地。①

巴尔干民族主义情绪日益高涨。绝大多数巴尔干国家在19世纪都建立了自己的民族国家，形成了资产阶级民族。早在民族解放、兴起和壮大的过程中，那些站在反抗奥斯曼帝国斗争前列的新兴资产阶级，都在怀念中世纪的辉煌，渴望在巴尔干地区建立更强大的国家。他们纷纷把矛头指向那些尚未获得独立的国家和地区，追求攫取更多的土地和居民，试图把同宗同族同一文化和风俗习惯的"兄弟"民族统一到自己的疆界之内。也就是说，他们都梦想在摧毁奥斯曼帝国大厦的同时，恢复本民族在某一历史时期的大国范围，实现地区霸权地位。所以，几乎每一个巴尔干国家在此后的不同历史时期都有过扩张主义行动，都产生过要求成为地区大国的思想。大家熟悉的大希腊主义、大保加利亚主义、大塞尔维亚主义、大克罗地亚主义、大黑山计划、大阿尔巴尼亚方案、大罗马尼亚主义等就是例证。

这就是说，几乎每个巴尔干国家，不论其面积大小和人口多寡，也不论其获得独立的迟早，无一例外地都想趁奥斯曼帝国和奥匈帝国崩溃时，扩大自己的版图。

同时，从1878年柏林会议到1908年的30年，也是巴尔干国家开始先后走上欧洲现代化发展道路和同奥斯曼帝国若即若离的历史阶段。作为独立和半独立的民族国家希腊、保加利亚、塞尔

---

① 参见彭树智、朱克柔《1908—1909年土耳其资产阶级革命》，载世界历史研究所编《外国历史大事集》近代部分第四分册，重庆出版社1986年版，第593页。

维亚、黑山和罗马尼亚，民族意识在不断加强，国家政治体制获得巩固，民族经济和民族文化迅速发展。同时，它们或多或少既同奥斯曼帝国有着千丝万缕的联系，又同西欧大国保持着割舍不断的关系。所以，这个阶段是这些民族国家追梦的时期，又是充满和平、共处、暴动、镇压、冲突的时期。

但是，截至20世纪初，巴尔干半岛的很大一部分领土，包括马其顿、阿尔巴尼亚、色雷斯、克里特、爱琴海诸岛屿仍处于奥斯曼土耳其的统治之下。而波斯尼亚—黑塞哥维那、克罗地亚和斯洛文尼亚仍属奥匈帝国管辖。居住在上述地区的人民迫切要求摆脱奥斯曼土耳其和哈布斯堡王朝的统治，或成立独立国家，或获得自治，抑或同已经独立的"母国"合并。那些尚未"解放"的地区成了已经独立的巴尔干国家竞相争夺的"猎物"。

这期间，巴尔干地区各民族国家的经济获得了长足的发展。它们开始向欧洲资本主义国家举借外债，吸引投资，修建公路和铁路，建造工厂，开发矿产资源，创办学校，兴办银行，等等。当然，巴尔干国家仍然是欧洲落后的农业国家，资本主义经济刚刚起步。

反观奥斯曼帝国，它依然如故，没有进行认真的改革，基督教居民的政治地位没有提高，他们的生活水平没有改善。到20世纪初，奥斯曼土耳其在巴尔干地区的行省还有6个，它们是：奥德林省（埃迪内）、萨洛尼卡省、科索沃省、莫纳斯提尔省（即今日马其顿境内的比托拉市）、斯库台省和约尼纳（雅尼纳、雅尼亚）省。每个省内都杂居着不同的少数民族。或者说，每个行省里都有穆斯林和基督教居民。一般情况下，他们和平共处，相安无事；一旦遇到风吹草动，他们出于宗教的训诫，很容易兵戎相见，六亲不认。奥斯曼帝国中央政权的不稳定立即波及帝国的各个行省。

1903年8月，马其顿爆发"伊林登节"起义，迅速波及周邻地区，一度建立了"克鲁舍沃共和国"；这一年，亚美尼亚人和阿拉伯地区人民加速了民族解放斗争；阿尔巴尼亚反土耳其的斗争扩大了范围。这个时候，反对苏丹阿卜杜尔·哈密德二世（Abdulhamid Ⅱ，1876—1909）的斗争形成了两条战线：一条是非土耳其人的民族解放斗争；另一条是帝国内部的青年土耳其党人运动。

1908年，更是巴尔干国家不平凡的一年。奥匈帝国在俄国的默认下于1908年10月兼并了波黑；保加利亚在同一时间正式宣布独立，脱离奥斯曼帝国，成为主权独立国家；1908年克里特岛议会宣布将与希腊合并。正是这年7月，奥斯曼帝国的青年土耳其党人在萨洛尼卡、马其顿等地发动政变，欲改造和挽救处于垂死的帝国，使之获得新生。一位土耳其政治家说得好："奥斯曼土耳其史既是一部充满对外战争的历史，也是一部充满内战和内乱的历史——每当对国家施加压力的倾向抬头，或是国家没有造福

图2—15　青年土耳其党人领袖恩维尔巴夏

于人民或领导无能时,就会发生内战和内乱。"①

显然,巴尔干民族主义情绪高涨,动摇了奥斯曼帝国的根基,有力地推动了帝国境内人民大众的觉醒和反抗帝国的斗争。土耳其青年和知识分子站在这场斗争的最前列。

青年土耳其党人革命

19世纪末和20世纪初,奥斯曼帝国境内的反抗斗争达到了顶峰,其组织者和领导者就是青年土耳其党人。这场斗争的主要成员是年轻的中下级军官和知识分子。他们代表正在诞生的民族资产阶级和自由主义封建阶层的利益。他们与那些维护苏丹专制制度的高级军官和将领不同,是向往自由的爱国青年。1889年在伊斯坦布尔的海军学校率先成立了青年土耳其运动的秘密的"团结与进步"组织(Union and Progress,又称协会、委员会),目的是推翻苏丹阿卜杜尔·哈密德二世(见图2—16)的专制统治。随后,在首都的其他军事学校和行政干部培训学校也建立了这类秘密组织。这样,团结与进步组织不断吸收新成员,逐渐发展壮大,但仍处于秘密状态。

青年土耳其党人还提出了大土耳其主义,又称"泛突厥主义"。他们一方面想在制度上摧毁这个病入膏肓的奥斯曼帝国,另一方面又谋求恢复奥斯曼帝国的疆界,统治土耳其境内外的一切突厥语系民族和非突厥语系民族,重建土耳其大帝国,再现昔日的辉煌。

不久,苏丹政府的特工部门发现了伊斯坦布尔团结与进步组织的活动,各个军校的组织系统一个接一个遭到破坏。该组织的一些头面人物要么被铺,要么纷纷逃到国外,到1900年在伊斯坦

---

① [土]埃杰维特:《中左——土耳其的一种政治思想》,徐鹍译,商务印书馆1984年版,第34页。

图2—16　苏丹阿卜杜尔·哈密德二世

布尔仅剩下了一个青年土耳其党人组织。流亡在欧洲的青年土耳其党人大都集中到了巴黎。1901年他们在巴黎建立了叫作"团结与进步奥斯曼协会"的团体，并在欧洲其他国家的大城市和巴尔干国家的某些主要城市建立了分支机构，进行反对奥斯曼政府、反对苏丹制度的宣传活动。他们的共同奋斗目标依然是摧毁苏丹的专制统治。

1902年在巴黎召开了青年土耳其党人第一次代表大会，试图克服各个组织及其成员之间的分歧。其中，青年土耳其人首领恩维尔巴夏（Enver Pasha）发挥了积极作用。然而，事与愿违，这次大会不仅没有达到加强团结的目的，反而加深了彼此间的矛盾，使青年土耳其运动发生了分裂，即形成了以阿赫梅特·里扎贝伊（Ahmet Riza Bey）为首的"团结与进步协会"和由萨巴赫丁（Sabahattin）王子领导的"个人倡议和非集权化协会"两个新的青年土耳其人组织。

青年土耳其运动经过两三年沉寂后又活跃起来，而且活动的中心开始转移到奥斯曼帝国境内统治较为薄弱的地区。1905 年希腊萨洛尼卡地区的知识分子创立了"自由奥斯曼协会"，与巴黎的"团结与进步协会"建立了直接的联系。1906 年在大马士革成立了"祖国与自由协会"，由当地的年轻军官组成，其领导人就是后来称为土耳其共和国之父的穆斯塔法·凯末尔（Mustafa Kemal，1881—1938）。在这些组织中，位于萨洛尼卡的"自由奥斯曼协会"起着主导作用。它团结起萨洛尼卡和奥德林两地的城防部队和帝国境内外的青年土耳其党人组织，于 1907 年 12 月 27—29 日在巴黎召开了青年土耳其党人第二次代表大会。出席这次大会的代表除青年土耳其党人的各个协会外，还有来自帝国境内的其他革命团体和组织的代表，如马其顿内部革命组织、亚美尼亚自由民族主义者党等。在大会通过的行动纲领中，主张推翻专制制度，恢复宪法治国；号召使用武装的和非武装的手段反对政府；拒绝纳税；在军队开展宣传工作等。① 声明中谴责阿卜杜尔·哈密德二世的专制独裁制度，号召消灭苏丹制度，恢复 1876 年宪法，建立议会制国家。

1907 年年底，苏丹政府加强了对青年土耳其党人组织及其革命活动的打击，安纳托利亚的革命运动开始减弱。1908 年春，苏丹政府出动警察开始清剿马其顿的青年土耳其党人。7 月 3 日，在萨洛尼卡地区组织（委员会）的支持下，马其顿境内雷森市的卫戍司令阿赫梅德·尼亚齐贝伊（Ahmed Niyazi Bey）率领近 200 人的队伍起义，提出了武装斗争的口号，高举武装起义的旗帜。其他青年土耳其党人组织响应萨洛尼卡委员会的号召，纷纷开始行动。起义者于 7 月下旬占领了整个马其顿及斯科普里、比托拉和

---

① Д. Е. Еремеев, М. Мейер, *История на Турция в средните векове и ново време*, София, "проф. Марин Дринов", 1998, с. 248.

萨洛尼卡等重要城市。

7月23日，萨洛尼卡团结与进步委员会以通牒形式致信苏丹，要求立即恢复宪法，否则革命军将进军伊斯坦布尔。在此前的7月22日，伊斯坦布尔成立了以萨义德巴夏（Said Pasha）为首的新政府。该政府宣布将尽快举行议会选举，住宅不可侵犯，公民有出国自由，对海军和炮兵进行改组等决定。阿卜杜尔·哈密德二世苏丹得知伊斯坦布尔、伊兹密尔等地的军队也都表示支持起义者，遂于7月24日凌晨发出诏令，宣布重启宪法和召开议会，并在最短时间内举行全国大选。

奥斯曼帝国的首部宪法终止30年后又得到恢复，引起土耳其国内外高度重视。帝国各地欢呼苏丹的诏令，举行游行集会。事态的发展迫使苏丹及其政府又做出新的让步：宣布大赦令，释放4万名参加革命运动的政治犯和侨民；废除新闻检查，出版新的书籍报刊；停止秘密警察的活动；销毁3万军人的告密档案。全国政治生活活跃，各种社团和组织纷纷成立，开始建立政党组织。[①]

在这种有利形势下，1908年8月3日青年土耳其党人的代表团从萨洛尼卡来到伊斯坦布尔，与苏丹哈密德二世及其政府举行谈判。8月5日，保守派萨义德政府被迫辞职，次日组建以80岁高龄的著名政治家卡米尔巴夏（Kyamil Pasha）为首的政府。新政府的一项迫切任务是组织和进行议会选举。11月15日，议会举行第一次会议，青年土耳其党人拥有275个议席中的150个席位，团结与进步组织党成为议会多数党。

在当局满足了代表团的一系列要求改革的条件之后，青年土耳其党人同意参加新成立的立宪政府。他们认为，只要控制了军队和议会，就是保留哈密德二世苏丹，也能在全国坚持和维护宪法秩

---

① Д. Е. Еремеев, М. Мейер, *История на Турция в средните векове ново време София*, "проф. Марин Дринов", 1998, с. 250.

序。1908年12月17日议会正式举行成立大会,青年土耳其党人的代表阿赫梅德·里扎贝伊(Ahmed Riza bey)荣任众议院主席。

青年土耳其党人执政

但是,苏丹哈密德二世及其宰相卡米尔内阁依然控制着权力要害部门,而青年土耳其党人并未直接掌握实权。这时的奥斯曼帝国实际上有两个政权并存:伊斯坦布尔的苏丹政权和萨洛尼卡的团结与进步组织的政权;在议会则有青年土耳其党人强大的议会党团。

1908年年底,在两个政权的较量中,团结与进步组织的政权暂时占据优势。然而,青年土耳其党人的革命过于温和,没有全面掌握政权,尤其没有控制国防部和内政部,一些革命措施却遭到亲苏丹的反动封建专制主义者和伊斯兰保守势力的顽强抵制。他们利用部分忠于苏丹的军队于1909年4月12日深夜在伊斯坦布尔发动政变,冲击议会,迫使议会关闭。政变者要求将青年土耳其党人清除出政府机关,并大肆屠杀青年土耳其党人组织的活动家。许多团结与进步组织的议员逃离首都,躲避到帝国的欧洲地带。

紧接着,团结与进步组织的领导者在马其顿重新集结革命力量,并联合萨洛尼卡等周邻地区组建起一支"行动军",在司令员马赫穆德·谢夫凯特巴夏(Mahmud Shefket Pasha)和参谋长穆斯塔法·凯末尔率领下,于1909年4月16日浩浩荡荡向首都进军。4月26日,"行动军"攻克伊斯坦布尔,直捣皇宫,占领京城的主要市区和政府部门。

次日,议会举行两院联席会议,通过了废黜阿卜杜尔·哈密德二世的决议,并将这位可恶的苏丹押解到远离首都的萨洛尼卡囚禁起来。新苏丹雷希德是哈密德的弟弟,在宫廷度过了30多年的"铁窗"生活,胆小怕事,软弱无能,完全听命于青年土耳其党人摆布，是一位傀儡苏丹，号称穆罕默德五世（Mehmed V，1909—1918年在位）。① 这样，团结与进步组织的人才直接掌握了全部政权，也标志着1908—1909年土耳其革命的开始。

青年土耳其党人上台执政后，在保留苏丹机构和特权的同时，开始进行一系列的社会、经济、行政、税收、军事等多方面的改革，有效地缩小了苏丹的权力，扩大了议会的作用，也赢得了社会的广泛支持。

但是，当改革的效果还没有来得及显现的时候，从1911年起接连爆发了4场战争，即土耳其与意大利战争（1911—1912）、两次巴尔干战争（1912—1913）和第一次世界大战（1914—1918）。土耳其国内工人运动和社会主义运动兴起，反对派政党纷纷成立，军人建立各种组织参政。

青年土耳其党人革命的胜利打破了欧洲列强在巴尔干和中东的力量平衡，加速了巴尔干国家的民族解放和独立运动以及欧洲两个帝国主义集团瓜分奥斯曼帝国这个欧洲"病夫"遗产的斗争。青年土耳其党人革命推翻了哈密德二世的暴虐统治，把封建专制的君主国变成了资产阶级立宪君主国，这只是使这个病入膏肓的帝国得到了苟延残喘的机会，仍难以挽救奥斯曼帝国日益崩溃的厄运。巴尔干国家之间军事冲突日趋激烈，青年土耳其党人的执政地位被接连不断的战争所动摇。

四　奥斯曼帝国在战火中灭亡

意土战争以土耳其失败告终

早在19世纪末，意大利实现统一后就越来越对奥斯曼帝国在

---

① Ахмед Садулов, *История на Османската империя (XIV—XX в.)*, В. Търново, "Faber", 2000, с. 307.

巴尔干的领地和北非的两个省的黎波里塔尼亚（Tripolitania）和昔兰尼加（Kirenayka）虎视眈眈，伺机行动。当1887年意大利与德国和奥匈帝国签订同盟条约时，就发表声明说，一旦土耳其控制的巴尔干、亚得里亚海和爱琴海岛屿的地位发生改变时，同盟应该倾尽全力占领这些地区。德国宣称将对法国宣战，把利比亚地区提供给意大利；而就在同一年，英国从意大利手中夺取了的黎波里塔尼亚和昔兰尼加。1890年意大利与法国达成交易，同意法国占领摩洛哥，法国则支持意大利在的黎波里塔尼亚和昔兰尼加的任何行动。1909年意大利国王埃曼努伊尔（Emmanuel）在会晤沙皇尼古拉二世（NikolayⅡ）时，俄国表示默认意大利对的黎波里塔尼亚和昔兰尼加两地的占领。显然，至此意大利侵占土耳其北非领地的外交准备已经就绪。

1911年9月28日，意大利为了争夺地中海霸权和向北非扩张，向奥斯曼帝国发出了最后通牒，称意大利在的黎波里塔尼亚和昔兰尼加两地的"文明使命"遭遇土耳其当局的阻挠，为了清除这种障碍，决定派军队到上述两地，要求土耳其军队和当地官员不要阻挡意大利军队的行动。奥斯曼土耳其当局答应协助意大利军队的"文明使命"行动，但坚决反对意大利的军事占领。意大利当局认为土耳其的回答"令人失望"，遂于9月29日开始了蓄谋已久的军事行动。[①]

这场突如其来的战争使奥斯曼帝国防不胜防。土耳其对战争毫无戒备，当时在的黎波里塔尼亚省只有约7000人的一个师，而意大利军团约有3.4万人，后来又增加至5.5万人。土耳其军队在力量悬殊的情况下很快在10月5日就放弃了的黎波里市，10月19日班加西和其他几座沿海城市失守。11月5日，意大利宣布兼并整个的黎波里塔尼亚，改叫这个地区为利比亚。

---

① З. П. Яхимович, *Итало-турецкая война 1911—1912*, Москва, 1967, с. 54.

北非当地的阿拉伯居民则与奥斯曼帝国军队节节败退形成鲜明的对照，他们拿起简陋的武器抗击意大利侵略者，捍卫自己的独立。在 1911—1912 年的冬季意大利军队驻守在的黎波里、德尔纳、班加西和霍姆斯这些大城市，不敢轻举妄动。阿拉伯部落反对意大利殖民统治的斗争一直持续了几十年。①

1912 年春季，意大利军舰试图穿越达达尼尔海峡，迫使奥斯曼帝国投降。但这次军事行动遭到失败。这时土耳其军队在陆地仍占据一定的优势。1912 年 3 月 6 日，意军在托布鲁克战役中遭到失败，陷入被动。奥斯曼帝国这些小小的胜利得力于优秀的青年军官恩维尔贝伊和穆斯塔法·凯末尔。但在海上的军事行动土耳其军队毫无建树，奥斯曼帝国的海军战舰在帝国本土的"金角"无法投入战斗。帝国军队被迫撤退到利比亚驻防。这是奥斯曼帝国在非洲最后一块领地。随即，意军于 5 月 4 日夺取了爱琴海上的罗德斯岛（Rodos）和其他 12 个岛屿（后来这些岛屿归属希腊）。爱琴海岛上的希腊居民长期遭受奥斯曼土耳其人的压迫，把意大利占领者视为解放者欢迎。

这时，奥斯曼帝国当局担心意大利军队登陆小亚细亚，决定放弃北非的领地以向意大利换取和平。其时，土耳其国内的青年土耳其党人革命正在兴起，动摇着帝国的统治。于是，在协约国的游说下，土耳其于 1912 年 10 月 18 日在洛桑与意大利签订和约，用两块领地换取约 200 万意大利里拉赔偿金。土耳其撤出北非两省，意大利还强占了爱琴海上的多德卡尼斯群岛。

与此同时，意大利军队的胜利暴露了奥斯曼帝国在军事上的软弱无力，推动了巴尔干国家结盟和反对奥斯曼帝国的战争准备。同时，巴尔干国家看到，在分割奥斯曼帝国巴尔干领地方面，又多了一个竞争者意大利。于是，它们开展频繁的外交活动，寻求

---

① В. Б. Луцкий, *Новая история арабских стран*, Москва, 1965, c. 273.

彼此接近和结盟，以加速分割奥斯曼帝国统治下的马其顿、色雷斯、爱琴海诸岛屿和阿尔巴尼亚等地区。这时，俄国也担心巴尔干半岛被别的列强抢占，竭力说服和促使巴尔干地区的斯拉夫国家结盟。

意土战争加深了奥斯曼帝国的危机，也动摇了青年土耳其党人的执政地位，导致政府改组。而此时，巴尔干国家保加利亚、塞尔维亚、希腊和黑山在1912年夏季秘密结成抗击奥斯曼帝国的同盟，准备攻占帝国在欧洲的土地，也正好在土耳其与意大利签订和约这一天（即1912年10月18日），爆发了第一次巴尔干战争。

土耳其与第一次巴尔干战争

20世纪初，巴尔干国家，特别是塞尔维亚、保加利亚和希腊，努力改造各自的军队，实行义务兵役制，设立健全各军种以及高级指挥机构。军队现代化需要从西方进口大量的新式装备和武器，请来西方的军官和教练官。

从1910年开始，保加利亚和塞尔维亚就断断续续地进行秘密谈判，内容主要讨论它们的巴尔干政策和瓜分欧洲土耳其问题。同年10月，黑山大公宣布黑山为王国，自称国王，表示支持阿尔巴尼亚的反土耳其起义者。

1910—1911年，阿尔巴尼亚和科索沃等地的起义规模庞大，多达数万人。他们对奥斯曼帝国于1878年柏林会议上承诺的改革已经失去耐心，要求实现阿尔巴尼亚人的自治。他们的行动得到了欧洲大国的同情和支持。

这期间，巴尔干新兴国家的人口在成倍增长。据有关统计资料，塞尔维亚的人口从1878年的170万人增加到1912年的290万人；保加利亚（包括东鲁梅利亚）的人口从1880年的150万人增长到1912年430万人；希腊1881年只有约140万人，而到1912

年已经拥有260万人。① 这样，随着经济的振兴，人口的增多，军力的壮大，舆论的鼓噪，要求向日暮途穷的奥斯曼帝国收复领土的呼声日益高涨。或者说，巴尔干新兴的各资产阶级国家的政府为了扩大国内市场，急需向外扩张，以夺取新的土地和增加新的人口。但是，由于它们国力不强，只有彼此联合起来，才能对付奥斯曼帝国。因此，它们只好把各自的利益和欲望暂时掩盖起来，彼此妥协，共同策划一场对奥斯曼帝国的战争，以瓜分它的巴尔干属地。

塞尔维亚和保加利亚在分割马其顿问题上经过约两年讨价还价的谈判和交易后，于1912年3月13日缔结了友好同盟条约。条约声称，为了"保障两国的独立和领土完整"，如果缔约一方遭到一国或者几国的进攻时，两国要"互相帮助"。4月29日，保加利亚和塞尔维亚缔结了军事同盟。

同期，保加利亚与希腊的谈判取得积极成果。1912年5月29日，保加利亚和希腊缔结共同防御条约，也附有一项详细的军事公约，指出需要防止奥斯曼军队对两国中任何一方的进攻。9月，黑山分别同塞尔维亚、保加利亚和希腊三国结成同盟或达成口头协议。

这样，从1912年3月到10月，一个联合巴尔干4国政治力量和军事力量共同反对奥斯曼帝国的巴尔干同盟便形成了。这4国在历史上第一次搁置分歧，真正结成同盟，共同进行反对奥斯曼帝国的战争。这个同盟的诞生，使一场战火迫在眉睫。

巴尔干国家只有罗马尼亚暂时没有参加巴尔干同盟，它与德国、奥匈帝国和意大利都保持着较好的国家关系。

从9月30日到10月15日的两周时间里，巴尔干同盟4国的舆论工具满怀激情，鼓动人民从军杀敌；人民群众以高昂的革命斗志从城乡各地奔赴兵营，高呼"巴尔干属于巴尔干人民"的口

---

① Еджигио Иветич, *Балканските войни*, София, Сиела Норма АД, 2012, с. 35.

号，拿起武器，保家卫国。按照事先的军事公约，保加利亚动员的兵力高达29.7万人、塞尔维亚30万人、黑山3.5万人、希腊10万人。有的学者估计，加上民兵，巴尔干同盟总共动员了80万（亦说75万）官兵，约1500门大炮。土耳其的总兵力约为29万人。① 从兵力动员的速度和规模来说，第一次巴尔干战争在欧洲战争史上也是空前的，少有先例。

从土耳其来说，它的军事力量应该是比巴尔干国家强大，武器也较为先进。当时，土耳其的陆军由德国军官指挥，海军是英国海军一手操办，而宪兵和警察则是照搬法国的模式。宪兵负责农村的治安，警察维持大城市的秩序。1909年宪兵达到3.5万人，警察拥有6500人。到第一次巴尔干战争开始时，他们的人数猛增，都变成了辅助部队。

1912年9月，巴尔干同盟国开始总动员，一场推翻土耳其在巴尔干地区统治的战争进入了倒计时：9月4日阿尔巴尼亚的各行省宣布自治；9月30日塞尔维亚、保加利亚和希腊实行总动员；10月1日黑山总动员；10月2日奥斯曼帝国总动员；10月5日保加利亚和希腊签订军事公约；10月6日塞尔维亚和黑山缔结同盟条约；10月8日黑山率先向土耳其宣战；10月12日，塞、保、希三国拒绝俄国和奥匈帝国提出的，不要效仿黑山宣战的建议；10月13日塞、保、希三国要求奥斯曼帝国在巴尔干地区解散军队并立即给予马其顿自治；10月14日希腊邀请仍处于奥斯曼帝国主权管辖之下的克里特岛议会的议员进入希腊议会，无异于向奥斯曼当局宣战；10月15日奥斯曼帝国拒绝巴尔干同盟13日的照会，并匆忙应允同意大利签订和约，积极备战应对巴尔干国家；10月16日巴尔干同盟军队都部署到各自准备进攻的阵地，土耳其军队

---

① Еджигио Иветич, *Балканските войни*, София, Сиела Норма АД, 2012, с. 70 – 71.

亦调兵遣将，重新部署兵力；10月17日土耳其借口塞尔维亚和保加利亚两国干涉其内政，剥夺这两国在土耳其首都外交代表处的委任书；10月18日希腊、塞尔维亚和保加利亚同时向土耳其宣战。

对于巴尔干战争爆发的原因，1914年公布的卡内基报告概括如下：(1) 奥斯曼帝国政治和经济衰弱；(2) 它的欧洲行省里基督徒遭受压迫；(3) 马其顿和奥德林地区居民争取自治的努力失败；(4) 欧洲大国要求奥斯曼帝国在马其顿和奥德林地区实行改革未果，彼此之间的矛盾加深；(5) 巴尔干基督教国家努力结盟争取民族统一和打败奥斯曼帝国、扩大领土范围。①

1912年10月18日，第一次巴尔干战争全面爆发。它经历了两个阶段：第一阶段从1912年10月中旬到12月初，巴尔干同盟军全线出击，土耳其军队败退，请求欧洲大国出面调停，在伦敦开始和平谈判；第二阶段从1913年1月上旬至3月底，巴尔干同盟军继续争夺城堡和要塞，土耳其从战场重新回到伦敦谈判桌上，直至5月签订和约。

在战争的第一阶段，巴尔干地区的战事集中在两个战场，即东部色雷斯战场和西部马其顿、伊庇鲁斯、科索沃和桑贾克战场。巴尔干同盟把重点兵力指向各自预先想夺取的地区：黑山军队进入阿尔巴尼亚北部；保加利亚军队的主攻方向是土耳其的心脏地带——（东）色雷斯。这就是说，土耳其需要在4条战线上同巴尔干同盟作战：在色雷斯与保加利亚军队；在马其顿与保加利亚、塞尔维亚和希腊三国军队；在阿尔巴尼亚北部和科索沃与塞尔维

---

① 转引自卡内基基金会调查报告的保加利亚文译本《两场巴尔干战争》：*Report of the International Commission to Inquire into the Causes Conduct of the Balkan Wars*, Washington, Canegie Endowment for International Peace, 1914. Фондация "Карнеги": *Другите Балкански войни*, София, Фондация "Карнеги", Фондация "Свободна и демократична България", 1995, c. 63–64。

亚和黑山的军队；在阿尔巴尼亚南部与希腊军队。最激烈的战斗发生在马其顿和色雷斯地区。

土耳其军队也主要部署在保加利亚军队进攻的方向。10月18日深夜，保加利亚三个军的兵力全部向土耳其方向进攻，第一军深入靠近土耳其的边界只有10千米；第二军沿马里察河向奥德林市进发。该城是通向君士坦丁堡的门户、铁路交通枢纽、烟草工业重镇，土耳其的宗教和文化中心之一。土耳其在该城周围修筑了两道工事和现代化防线，6万官兵驻守，作为保卫首都的性命攸关的坚固防线。

10月21日，保加利亚军队与土耳其军队的第一场遭遇战发生在克尔克拉雷利，战线长60千米，双方投入的兵力各有15万人。经过从10月22—24日的三天鏖战，保加利亚军队终于攻下克尔克拉雷利镇（约2万人口），赢得了开战6天来的第一场胜利。战斗双方均死伤逾万人。

在东色雷斯发生的第二大战役称为柳莱布尔加斯—布纳尔赫萨尔战役。这是两个大村庄的名称，它们之间相距40千米，距君士坦丁堡约150千米，战略地位十分重要，是土军第二道防线的重点扼守地段。据史学家们的评价，这场战役是两次巴尔干战争中最残酷、牺牲人数最多的一次战役：保军受伤人数高达17500人、阵亡2500人；土军损兵折将2.2万人，其中2000人被俘。如此惨烈的战斗在巴尔干战争中绝无仅有。

土耳其没有预料到战事会发展得如此迅速，看来在色雷斯地区的失败难以挽回。于是，边打边退的土军在距离君士坦丁堡仅30千米处的恰达尔贾（Qiadaljia）镇构建了第三道防线，北起黑海南至马尔马拉海，长45千米。充分利用了沿海地带的滩涂和水域，修筑了许多碉堡和工事，以大炮和机枪为主欲阻止保军的凌厉攻势。保军在斐迪南（Ferdinand）国王的亲自指挥下，摆出了迅速夺取伊斯坦布尔，独享胜利成果的态势。

图 2—17　第一次巴尔干战争中的土耳其士兵

到 10 月 31 日保加利亚第二军已经在奥德林市的远郊区形成包围圈。土耳其军队从战争一开始就意识到保卫奥德林的重要性，重兵防守。从 10 月 22—29 日，在通往奥德林的各战略要道上，双方的损失都很严重。

11 月 4 日，土耳其政府立即向欧洲大国求援，希望它们军事介入，并派遣海军到博斯普鲁斯海峡，以控制伊斯坦布尔可能出现的混乱局面。法国、德国、英国、俄国、奥匈帝国、意大利、西班牙、荷兰，甚至罗马尼亚等国马上派出了军舰开赴黑海海峡，都希望抢先占据这个战略要冲。

11 月 9 日，保军最终完成对奥德林市的包围。由于色雷斯主战场和马其顿战线整个形势的变化以及保军兵员的损失，保军指挥部决定暂缓冒险进攻，休整待战。

11 月 14—15 日，11.8 万保军将 10.7 万土耳其军队围困在恰达尔贾周围。17日，保军发起总攻，震天的枪炮声传到了君士坦丁堡上空。土军在马尔马拉海上的两艘军舰炮火的掩护下与保军展开殊死战斗。保军未能攻克恰达尔贾，遭到了开战以来的第一次失败，损失惨重，保军不得不放弃夺取土耳其首都的计划。

图2—18　巴尔干战争（油画）

与此同时，10月19日塞尔维亚军队出击马其顿北部，希腊军队开赴马其顿南部。战争开始后，同盟军情绪激昂，乘胜前进，达到了预定的目标。而土耳其军队不得人心，丢城弃池，节节败退。不到一个月的时间，土耳其军队就全线崩溃。它不得不请求列强调停。欧洲大国担心巴尔干同盟军队夺取伊斯坦布尔，失去它们在黑海两海峡的战略地位，遂出面斡旋。

在战火已经烧到阿尔巴尼亚境内，它的领土完整面临塞尔维亚、黑山、希腊和保加利亚等国瓜分时，阿尔巴尼亚民族解放运动领导人伊斯玛依尔·捷马尔（Ismail Kemal）下定决心，一定要在巴尔干同盟完全占领阿尔巴尼亚之前实现独立，否则阿尔巴尼亚将从地图上消失。1912年11月28日，来自阿尔巴尼亚全国各地的83名代表会集到发罗拉并召开了国民大会，宣布阿尔巴尼亚成为独立国家。捷马利当选为第一届阿尔巴尼亚政府总理，他亲自升起了阿尔巴尼亚的民族旗帜——民族英雄斯坎德培的旗帜。然而，这只涅槃的凤凰刚一起飞，就折翼在疾风暴雨之中。西欧大国经过讨价还价，于12月27日做出决定，让阿尔巴尼亚继续留在奥斯曼帝国的前提下，获得自治。希腊、塞尔维亚和黑山必须放弃已被它们占领的阿尔巴尼亚领土。奥斯曼帝国暂时保留了对阿尔巴尼亚的臣属关系，阿尔巴尼亚的真正独立又推迟了一些时日。

到1912年11月底，奥斯曼帝国在欧洲部分的绝大部分领土已经被巴尔干同盟国占领，只剩下奥德林、斯库台（Shkodra）、约阿尼纳（Yanina，雅尼纳）等城堡和阿尔巴尼亚的部分地区没有被攻下。早在10月30日，土耳其就看到伊斯坦布尔危在旦夕，失败不可避免，便向保加利亚政府提议媾和，但没有说明媾和的条件。保加利亚方面在对和谈条件尚不明确的情况下，不同意停止进攻。11月底，保加利亚军队攻打恰达尔贾受阻，遂于12月3日同土耳其军队签订停战纪要，双方在各自阵地停止军事行动，等待缔结和平条约。

12月16日，巴尔干同盟和奥斯曼帝国的高级别代表在伦敦开始就和约条件开始谈判。巴尔干同盟的主要要求是：土耳其彻底放弃黑海米迪亚以西的土地和爱琴海上的岛屿（包括克里特岛）；阿尔巴尼亚的边界和政治体制随后另行确定。土耳其要求继续保留奥德林省；马其顿在奥斯曼帝国苏丹管辖下实现自治；阿尔巴尼亚仍在苏丹管辖下成为自治地区；克里特岛的地位由土耳其与大国谈判解决；爱琴海上靠近小亚细亚沿岸的岛屿归帝国所有。①

---

① Сташимир Димитеров, Кръстьо Манчев, *История на балканските народи*, том 2, издание второ, София, "Парадигма", 1999, с. 335—336.

显然，双方难以就上述问题找到共同点，谈判陷入僵局。奥斯曼帝国以卡米尔首相为首的代表团愤然离开了伦敦。

在这种情况下，大国照会奥斯曼帝国，希望它做出让步，尽快签订和平条约。照会提议奥斯曼帝国撤离奥德林省，爱琴海岛屿问题交由大国解决。

这时，青年土耳其党人利用伦敦谈判危机，策划了一场军事政变。1913年1月23日，以恩维尔巴夏为首的200名军官突然袭击政府大厦，打死了国防大臣及其副官，逮捕了卡米尔首相和一批大臣，推翻了政府，组织了清一色青年土耳其党人的穆罕默德·舍夫克特巴夏（Mahmud Shefket Pasha）为首的新政府。新政府勉强接受巴尔干同盟提出的要求，同意恢复伦敦谈判。很快，该政府又改变立场，拒绝停战条款。谈判再度破裂。

1913年2月3日战事再起，战争进入第二阶段。巴尔干同盟军队全线出击，在不到一个月的时间里，保加利亚军队攻克奥德林市，舒克里巴夏率领城防部队投降；希腊军队于2月18日至3月3日借助猛烈的炮火和声东击西围城战术，最后夺取了约阿尼纳（雅尼纳）城堡；塞尔维亚和黑山军队经过2月7—20日和3月3—17日的两次战斗，终于攻陷斯库台。3月中旬，奥斯曼帝国再次惨遭失败，其谈判代表被迫重新回到谈判桌，重开谈判。

谈判中，不仅交战双方在一系列问题上存在着严重分歧，而且巴尔干同盟内部以及它们同欧洲大国之间，均存在着十分复杂的利益关系和尖锐的矛盾。巴尔干同盟内部最突出的矛盾是如何瓜分奥斯曼帝国在巴尔干半岛的领土，如马其顿地区和阿尔巴尼亚的部分领土；奥匈帝国竭力反对黑山占领斯库台和塞尔维亚拥有亚得里亚出海口，它自己欲控制这些地区，以抵御俄国势力的渗入。德国和意大利支持奥匈帝国的立场，而俄国和英国则表示理解塞尔维亚和黑山的要求。

土耳其同巴尔干同盟的和平谈判前后经历5个多月，反反复复，时战时停，它最后于 1913 年 5 月 30 日在伦敦签订了和约（见图 2—19）。土耳其宣布将米迪亚—埃诺斯（Midiya—Enos）一线以西的全部欧洲领土和爱琴海上的岛屿归还巴尔干同盟，克里特岛交给希腊。阿尔巴尼亚宣告独立后的边界获得承认，第一次巴尔干战争遂告结束。和约的签订是巴尔干同盟用一场正义战争打出来的，是用大量人员牺牲和财产损失换取的，也是大国斡旋的结果。

图 2—19　签订《伦敦和约》

为什么奥斯曼帝国如此迅速地惨败呢？一位土耳其学者认为，奥斯曼帝国与其对手相比，"或许有同样充足的武器和装备供应"，"但事态的发展清楚地表明，巴尔干联盟在谋略、通信和补给线方面更胜一筹，而且他们的军队更具机动性"[①]。

[①]　［土］悉纳·阿克辛：《土耳其的崛起：1789 年至今》，吴奇俊、刘春燕译，社会科学文献出版社 2017 年版，第 85 页。

这场战争顺应世界历史的发展趋势，使整个巴尔干地区结束了奥斯曼帝国长达5个世纪的半封建统治，有利于社会经济获得新的发展。列宁在评价这一事件时指出："巴尔干战争是亚洲和东欧中世纪制度崩溃的一系列世界性事件中的一个环节。"从此，"问题的重心已经完全从战场转移到所谓强国的钩心斗角的舞台上去了"①。

《伦敦和约》（Treaty for Pacification of London）虽然正式签字并公之于世，但它并没有给巴尔干国家带来和平。正当各国尚未履行批准手续时，一场新的战争又爆发了。

土耳其与第二次巴尔干战争

《伦敦和约》签订后，胜利者在瓜分马其顿问题上发生冲突，保加利亚和其他盟国之间立即开战，史称第二次巴尔干战争，又称同盟战争。第一次巴尔干战争有它的进步性，但也带来了诸多的负面影响。一些已经获得独立的国家和民族不是要在打败奥斯曼帝国后帮助解放那些尚未获得解放的地区和民族，而是要瓜分它们，同化这些地区的居民。同时，巴尔干同盟对新获得的土地分赃不均，开始反目。

塞尔维亚所占的领土大多在阿尔巴尼亚境内。由于阿尔巴尼亚宣告独立，塞尔维亚失去亚得里亚出海口，所以，它要求在马其顿得到更多的"补偿"；希腊因从阿尔巴尼亚南部撤出，它希望在马其顿和色雷斯拥有更多的土地，坚决反对保加利亚对港口城市萨洛尼卡及其周边地区的领土要求；黑山站在塞尔维亚和希腊一边，它同样不愿从阿尔巴尼亚北部撤军，企图取得新帕扎尔州，以便同塞尔维亚接壤。

保加利亚则认为，马其顿的大部分居民是保加利亚人，它应该占有斯科普里和萨洛尼卡等地，甚至独霸马其顿。保加利亚还

---

① 《列宁全集》第23卷，人民出版社1990年版，第39页。

认为，自己在战争中做出的贡献最大，牺牲最多，但它所希望解决的问题和得到的东西远没有真正实现。它依仗自己有强大的军队和俄国的支持，绝不会向塞尔维亚和希腊做出"土地"和"居民"方面的让步，并抢先采取了某些行动，驱赶希腊和塞尔维亚在马其顿的军队。为此，它将军队开进了保、希边界的斯特鲁马（Struma）河谷，伺机行动。

于是，塞、希两国很快走到一起，并在1913年6月1日签订了同盟条约和秘密军事协定，把矛头指向保加利亚。此时，保加利亚统治集团中大保加利亚阴魂未散，国王斐迪南于6月16日命令军队向驻守在马其顿的塞、希两国军队发起突然袭击。巴尔干战火重新燃起，这就是同室操戈的第二次巴尔干战争。

这时，保加利亚军队约有50万人；塞尔维亚军队约34.8万人，希腊拥有23万军队，黑山有2万军队。这三国的军队数量比保加利亚军队多出近10万。后来参战的罗马尼亚有50万军队、土耳其拥有25万军队。这几个国家不仅在军事上占有优势，而且事先在政治和外交准备方面也比保加利亚充分。它们面对保加利亚的突然袭击立即做出了及时的反击。

很快，希腊以5个师的兵力攻打库库什地区保加利亚4个团的防守部队。6月21日攻克库库什后，希军进入保加利亚本土。6月17日起，塞尔维亚军队开始进攻马其顿境内的什蒂普和科恰尼，保加利亚军队被迫转入防守。到6月底，保加利亚军队几乎已经放弃了在马其顿各地的阵地，重点保卫保加利亚本土。

紧接着，黑山和罗马尼亚利用保加利亚的困难处境，趁机向保宣战。土耳其看到形势对它有利，立即卷土重来，出兵东色雷斯。保加利亚政府意识到面临四面楚歌的灭顶之灾，于6月25日请求俄罗斯出面调停，签订和平条约。俄罗斯竭力劝阻罗马尼亚不要卷入对保加利亚的战争，但罗马尼亚认为收回南多布罗查（Dobrucha）的时机已到，遂于6月28日至7月2日，出动几十万王国军队从北部攻占南多布罗查,并越过多瑙河,逼近保加利亚首都索菲亚。

1913年6月29日,土耳其当局认为复仇的机会来了,遂发动全部兵力,进攻保加利亚控制的东色雷斯。几天之内,土耳其军队越过《伦敦和约》划定的米迪亚—埃诺斯边界线,经过激烈争夺于7月23日占领了奥德林城堡,并迅速向保加利亚本土挺进。

保加利亚军队因集中兵力在西部和南部同塞尔维亚及希腊军队作战,无暇顾及北部和东部罗马尼亚及土耳其军队的凌厉攻势。结果,在短短的一个月时间里,保加利亚腹背受敌,危在旦夕,7月初首都索菲亚告急。于是,保加利亚政府以斐迪南国王的名义请求大国出面请求停火。

这样,1913年7月17日,交战双方的代表开始谈判媾和问题,一切战事立刻停止。7月28日,以保加利亚为一方,以塞尔维亚、希腊、黑山、罗马尼亚为另一方,开始在布加勒斯特谈判。8月10日,保加利亚在布加勒斯特签订了割地赔款的和约,重新划定了巴尔干地区的新边界。保加利亚被迫割地赔款,遭受近代史上的"第一次民族灾难"。

9月16—29日,保加利亚与土耳其举行双边谈判,并签订了《君士坦丁堡和平条约》,重新划定了保加利亚与土耳其的边界线。同时,条约还规定仍然停留在保加利亚境内的所有土耳其公民需要在4年之内返回土耳其,而生活在东色雷斯的保加利亚难民则需在两年之内回到保加利亚。

经过这两次战争,奥斯曼帝国在巴尔干的属地被彻底瓜分了。帝国的欧洲领土1913年比1912年缩小了84%。塞尔维亚和希腊是最大的胜利者。塞尔维亚得到了新帕扎尔桑贾克的一部分,包括普里什蒂纳和普里兹伦两市在内的科索沃和梅托希亚、整个马其顿西部和中部地区,包括斯科普里、奥赫里德和比托拉等市在内,总共约3.8万平方千米和近150万人口。结果,塞尔维亚的面积几乎扩大了一倍，即从4.83万平方千米扩大到8.77万平方千米（+81.57%），而人口从290万人增加到450万人（+55.17%）。①

希腊得到的领土和人口最多。它获得北伊庇鲁斯（包括雅尼纳市）、马其顿南部，包括萨洛尼卡、色雷斯、德拉马、卡瓦拉和爱琴海上的一些岛屿，即总面积从约6.478万平方千米扩大到10.86万平方千米（+67.64%），人口从267万增加到430万（+61%）。

保加利亚从奥斯曼"遗产"中分到了自己的份额，即得到了西色雷斯地区和皮林马其顿，其领土面积从8.714万平方千米扩大到11.217万平方千米，增加了2.556万平方千米（+29.33%）；人口从434万增加到480万（+10.6%）。

罗马尼亚则从保加利亚手中得到了南多布罗查，增加领土面积约7100平方千米（5.1%），人口约15万—20万人（亦说增加领土7500平方千米，人口30万人）。

需要特别指出的是，在两次巴尔干战争中，命运最悲惨的是马其顿，它被希腊、塞尔维亚和保加利亚三国彻底瓜分。由于这三国在分得的领土面积和人口数量上的不均以及所处战略位置的差异，它们在马其顿的争夺就更加激烈了。列宁曾尖锐地指出："如果马其顿的解放是通过革命，即通过塞尔维亚、保加利亚和土耳其的农民共同反对所有民族的地主（以及反对巴尔干各国的地主政府）的斗争而实现的，那么巴尔干人民为争取解放献出的生命，大约只有现在战争中所牺牲的百分之一。这样，为争取解放而付出的代价会轻得多，解放也会彻底得多。"② 从此，马其顿问

---

① 有关巴尔干4国领土和面积、人口的增加情况参见 К. Манчев, В. Вистрицки, *България и нейните съседи 1931—1939*, София, Наука и изкуство, 1978, с. 18; К. Манчев, *История на балканските народи—отосманското нашествие на Балканите до Втората световна война*, В. Търново, Великотърновски университет, 1979, с. 455。

② 列宁：《塞尔维亚和保加利亚胜利的社会意义》，《列宁全集》第22卷，人民出版社1990年版，第206页。

题就从土耳其的一个局部的"内部"问题，转而成了全巴尔干，以及后来全欧洲性质的问题了。

巴尔干战争对每个巴尔干国家和整个欧洲的历史都产生了深远的影响。首先，庞大的多民族奥斯曼帝国惨败，使巴尔干民族国家的领土和人口成倍增长，为这些国家的发展奠定了基础；其次，巴尔干战争造成了严重的人员伤亡和财产损失。一般认为，参战的巴尔干同盟4国和土耳其在两场战争中付出的伤亡代价大致是：阵亡22万多人和伤残约36万人。双方在各个战场上参战的官兵约130万人。这就是说，每6个参战者中有1人阵亡，约每10个官兵中有3个人负伤。[①] 两次巴尔干战争还带来了巨大的财产损失。同时，战争还造成大量无辜的平民百姓流离失所和死亡。几十万难民游离于巴尔干国家之间，传染病流行。

上述人员和经济的严重损失制约了刚刚走上资本主义道路的巴尔干国家的发展，并对它们之间的国家关系产生了强烈的影响。巴尔干各国民族主义膨胀，彼此仇视，剑拔弩张，为一场新的冲突埋下了祸根。

土耳其与第一次世界大战

历史进入20世纪初，1878年柏林会议确定的列强之间的均势发生了很大变化。欧洲已经形成了以法国、俄国和英国为代表的协约国和以德国、奥匈帝国和意大利为首的三国同盟两个基本的地缘政治阵营，双方都宣称要维持欧洲现状。

在20世纪初，两个集团为了维护各自的利益，在反对奥斯曼帝国的共同斗争中对有些问题（如给予马其顿自治和阿尔巴尼亚建国等）的立场一度是一致的，欧洲大陆并未分裂为两个军事集团，但事实上每个大国或集团都想重新划分世界势力范围。英国

---

① Еджигио Иветич，*Балканските войни*，София，Сиела Норма АД，2012，с. 162.

依然是海上强国，它跟俄罗斯一样同属庞大的殖民帝国；德国后来居上，以它强大的资本冲击着老牌殖民帝国英国，成为欧洲大陆最强大的一支力量。当抢占殖民地的斗争接近尾声的时候，帝国主义之间重新瓜分世界的战争已难以避免。

如果说 1878—1908 年欧洲大国还能够在世界上和巴尔干地区维持现状，那么 1908 年奥匈帝国吞并波黑和爆发青年土耳其党人革命之后，随着奥斯曼帝国的衰落，奥匈帝国并不满足攫取波黑一地，而是欲继续南下，占领亚得里亚海沿岸直到希腊的萨洛尼卡。欧洲国家之间的关系则出现了尖锐对立，过去国家间互不侵犯的默契已被打破，以武力解决问题的思想日益抬头。

据学者们统计，从 1870 年至 1912 年，世界头号强国英国侵占了 1150 万平方千米的殖民地，法国的殖民地也达到 1000 万平方千米，而德国仅获得殖民地 300 万平方千米。[①] 这种地缘战略的不平衡，必然激发新的冲突，特别是奥匈帝国占领波黑后，德国、奥匈和俄国在巴尔干地区的矛盾进一步激化。

巴尔干国家刚刚经历 1912—1913 年的两场巴尔干战争，受到狂热的民族主义和扩张主义煽动，以及西欧大国的怂恿和支持，都想报昔日的"一箭之仇"。巴尔干国家无论是战胜国还是战败国，都陷入了胜利、喜悦、骄傲、失败、颓丧、灾难的泥潭之中。塞尔维亚在两场战争中的威望大振，成为联合南部斯拉夫人的首领，也成了奥匈帝国的死敌。它统一了科索沃，却留下了沉重的包袱，一直延续至今，进退两难；黑山是个小国，却成了勇敢和英雄的象征；保加利亚由于冒险主义发作，从胜利走向"民族灾难"；希腊统一了克里特岛，两次战争都是获利者，成为东地中海的地区力量，但它从此却与土耳其结下了仇怨；阿尔巴尼亚尽管

---

① [南] 伊万·博日奇等：《南斯拉夫史》下册，赵乃斌译，商务印书馆 1984 年版，第 480 页。

宣告成为主权独立国家，但继续被巴尔干国家争夺；马其顿仍然是塞尔维亚、希腊和保加利亚寸步不让的瓜分对象，它的命运仍然被欧洲大国忽视，照旧是奥斯曼帝国的属地。奥斯曼帝国的腐朽和灭亡不仅表现在军事上，而且反映在社会、经济和文化以及道义上，它的死亡证书已经张贴到从巴尔干山脉到君士坦丁堡的大街小巷，丧钟已经敲响。

总之，1912—1913年的巴尔干战争使巴尔干国家的经济衰退，政治上更加从属西方大国。希腊和塞尔维亚从属于法国，保加利亚和奥斯曼帝国则从属于德国和奥匈帝国。这两场战争改变了巴尔干半岛的政治地图，改变了巴尔干国家之间的力量平衡，也使欧洲大国在巴尔干地区的利益范围发生了根本性变化。这在接下来的世界大战中已经泾渭分明。当第一次世界大战爆发时，在巴尔干战争中处于不同利益阵营的国家分道扬镳，两方对垒：塞尔维亚、希腊和罗马尼亚倒向由英国、法国和俄国组成的协约国；保加利亚和土耳其站在德国、奥匈和意大利三国同盟一边。

土耳其是同盟国和协约国重点争夺的国家之一。它毫不犹豫地站在同盟国一边参加了第一次世界大战，惨遭失败，于1918年10月30日签订《穆德罗斯（Mudros）停战协议》，实际上沦为协约国的半殖民地。

第一次世界大战始于1914年7月15日奥匈帝国因斐迪南王子在萨拉热窝遇刺而向塞尔维亚宣战。随即，世界上38个国家站在对立的两个营垒参加了战争，全世界87%的人口卷入战祸。

战事发生后，土耳其名义上宣布中立，实际上是在等待合适的时机参战，因为谁也不怀疑它是唯德国马首是瞻的国家。这时在台上的青年土耳其党人执政者，一心想抛弃《伦敦和约》。经过再三权衡利弊，土耳其当局决定投奔以德国为首的同盟国。早在1913年年底和1914年年初土耳其的军队（包括海军舰只）事实上就处于德国军队的指挥之下。

1914年8月1日德国向俄国宣战。8月2日，土耳其首相哈利姆巴夏（Halim Pasha）与德国驻土耳其大使在伊斯坦布尔签订土耳其参战的秘密同盟条约。条约规定，一旦俄国参战，德国进入黑海的两艘军舰将投入战斗。但与此同时，土耳其宣布严守中立，以麻痹世界舆论。

1914年9月，土耳其苏丹发布御令，完全取消巴尔干战争后的投降条款，改变关税税率，取消领事法庭，因为后者对土耳其境内的外国人拥有审判权。

这时，奥斯曼帝国的国防大臣恩维尔巴夏（Enver Pasha，1881—1922）是位亲德派将军。他认为，战争的胜利者肯定是德国，只要土耳其与德国为伴，最后将收复丧失的土地。于是，他在一伙好战和亲德军人的支持下于1914年10月21日同德国秘密谈判，规定了土耳其参战的条件和义务：

（1）土耳其舰队将对俄国不宣而战，将俄国舰只沉没于黑海，从而控制黑海；

（2）苏丹将向同盟国的敌人宣布开始"圣战"；

（3）土军将在高加索战场钳制俄国军队；

（4）根据需要，土军将开赴埃及；

（5）一旦保加利亚站在同盟国一边参战，土军将协同保军进攻塞尔维亚；如果需要，将帮助进攻罗马尼亚和希腊；

（6）如果罗马尼亚参加同盟国阵营，土耳其将协同罗军采取对俄国的军事行动。①

土耳其当局对恩维尔巴夏的冒险行为持侥幸的态度。所以，战争爆发后不久，8月10日当德国的两艘军舰在英军地中海舰队的追赶下穿越达达尼尔海峡，停靠到伊斯坦布尔港口时，次日土

---

① Дженгиз Хаков, *История на съвременна Турция*, София, Парадигма, 2008, с. 44.

耳其政府向外界谎称，这是政府购买的舰只，并向外界公布了8000万马克的虚假价格信息。8月15日，土耳其政府给这两艘军舰取名为"雅武兹号"和"米迪利号"。1914年10月29日，这两艘军舰在土耳其空军的掩护下，轰炸了敖德萨（Odesa）市和俄国的其他黑海港口。这意味着土耳其向俄国及其盟友开战。于是，俄国、英国和法国分别在11月1日和5日向土耳其宣战。11月11日，土耳其苏丹正式向上述三国发动"圣战"。这样，土耳其完全置身于同盟国一边卷入战争。

德国直接控制了土耳其的军队和经济以及社会舆论。整个土耳其武装力量有德国利曼·冯·桑德尔斯（Liman Fon Sanders）元帅巴夏总指挥，其他各级军事单位也有德国顾问和军官；土耳其的经济和财政的所有重要部门都由德国控制；土耳其各地都有德国的情报组织，叫作"情报处"，共有60个，其总部设在伊斯坦布尔；土耳其许多地方还建立了土耳其—德国文化协会，收集和控制土耳其社会舆论。① 土耳其实行全国总动员的兵力大约是60万人，到1916年秋它的兵源最多时达到300万人。它的军队在德国军官的指挥下，被部署到高加索（Kavkaz）、加利波里（Gali-poli）、米索布达米亚（Mesopotamiya）和苏伊士运河（Suez Canal）地区4条战线上同协约国军队同时作战。

在高加索战线，土耳其军队由恩维尔巴夏亲自率领9万军队作战。1914年11月，大量土军死于安纳托利亚的严冬，幸存者只有两万人。俄军的胜利大大挫伤了恩维尔巴夏的锐气。

土耳其在其本土加利波里战线的形势略好，但很难挡住协约国联军的攻势。1915年2月，协约国军队从加利波里成功登陆。英法联军和土军双方有50多万士兵参加了加利波里的恰纳卡莱

---

① Стефан Великов, *Кемалистката революция и Българската общественост 1918—1922*, София, Издателство на Българската академия на науките, 1966, с. 13.

(Chanakkale)战役。但两个月内协约国和土耳其双方官兵的伤亡异常惨重。土耳其史书上称该战役为"达达尼尔战役",是土军在第一次世界大战中取得的一次最大胜利。土耳其历史学家指出:"土耳其在战场上也证明其独立的决心,决不成为西方列强的殖民地。最终,欧洲殖民帝国不可战胜的神话和欧洲殖民帝国的根基也被这出乎意料的胜利动摇了。"① 西方学者也认为,"达达尼尔海峡之战中,奥斯曼帝国军队经历艰难险阻,最终击退英国、法国与自治领的联军,成功守卫帝国领土"②。正是在这条战线上的1915年4—5月的几次战斗中,产生了后来威震土耳其内外的总指挥官穆斯塔法·凯末尔巴夏。由于作战和指挥有功,1916年4月1日当凯末尔35岁的时候被晋升为将军。

1915年2月,土军在苏伊士运河遭遇英军和阿拉伯盟军的打击,几乎不战而降地向北方逃窜,退据巴格达城。1915年夏,俄国军队攻占土耳其本土的安纳托利亚东北部,直接威胁奥斯曼帝国的安全。

1916年7月7日,麦加(Mecca)的酋长宣布赫加兹(Hijaz)脱离奥斯曼帝国独立。这年年底,英军已经进攻到巴勒斯坦边境。随后,英军先后攻占巴格达(Baghdad)、加沙(Gaza)、雅法(Yafa)、耶路撒冷(Erusalim)和盛产石油的巴斯拉(Basra)以及摩苏尔(Mosul)等地区。当德军撤出伊拉克和叙利亚后,土军在阿拉伯地区只能进行绝望的挣扎。在高加索战线,俄军取得了一系列胜利,占领了埃尔佐鲁姆(Erzurum)、里泽(Lize)、依斯皮尔(Ispara)、穆什(Mugla)和特拉布松(Trabozon)等城市。土军阻止了俄军向巴格达的进攻。

---

① [土]悉纳·阿克辛:《土耳其的崛起:1789年至今》,吴奇俊、刘春燕译,社会科学文献出版社2017年版,第116页。
② [英]尤金·罗根:《奥斯曼帝国的衰亡:一战中东,1914—1920》,王阳阳译,广西师范大学出版社2017年版,第201页。

1916年冬季，安纳托利亚地区遭遇历史上罕见的严寒。土军缺粮少药，冻死饿死的官兵有10万之多。有史料称，被驱赶和流放到安纳托利亚地区的亚美尼亚人饥寒交迫，被折磨殴打致死者多达100万人。这个数字尽管至今仍有争论，但这却是奥斯曼帝国即将战败的真实写照。安纳托利亚既是血淋淋的战场，又是尸骨遍地的人间地狱。

1916年年底和1917年，土耳其已经面临军事上的彻底失败，它的兵力资源和经济潜力已经无法遏制国家崩溃的命运。失败的一个重要原因是军队的装备、供应糟糕和全国性粮食短缺。土耳其历史学家雷菲克（A. Refik）1918年访问了安纳托利亚地区。他写道："到处是饥饿、贫穷和废墟。人们已经变成了鬼样……"① 前线的士兵更是食不果腹。供应士兵的面包的主要成分是大麦和玉米，面粉只占20%。1917年年底，在叙利亚前线的士兵每人每天只有350克面包，一匹马每天只有2.5千克饲料。1917年1月，在伊拉克战场的军人每人每日仅得到110克面包，而一匹马也仅能吃到550克饲料。这种状况导致土耳其军队没有战斗力，疾病流行，开小差的士兵高达四五十万人，甚至出现抗议和暴动事件。

在战争中，土耳其的国家财政状况显著恶化，国家的预算赤字不断增长。据统计，在战争临近结束的阶段国家的预算赤字比战争初期增长了14倍，国库收入连年减少，而支出却不断增加。国家的外债和内债一年比一年增多，人民生活苦不堪言。

1917年冬季，俄国政局发生根本性变化，二月资产阶级革命已经转变为十月革命，布尔什维克新政府上台执政，并在12月与德国和奥匈帝国签订了停战条约，在12月16日也与土耳其缔结

---

① Стефан Великов, *Кемалистката революция и Българската общественост 1918—1922*, София, Издателство на Българската академия на науките, 1966, с. 18 – 19.

了停战协议。与此同时，1917春夏之交英军在中东已攻克巴格达、雅法和耶路撒冷等城市，土军尽管由德国人帮助专门组编了"闪电"军团负隅顽抗，但无济于事。

1918年3月3日，俄国苏维埃政府宣布退出战争，遂与德国、奥匈帝国、保加利亚和土耳其缔结《布列斯特—里托夫和约》（Brest-Litovsk treaty）。根据和约，苏维埃政府从土耳其的安纳托利亚撤军，并向土耳其归还了1877—1878年俄土战争占领的巴统（Batum）、阿尔达汉（Ardahan）和卡尔斯（Kars）等地区。十月革命后，高加索地区的格鲁吉亚、亚美尼亚和阿塞拜疆三个共和国组成高加索联邦。但西欧国家渴望获得阿塞拜疆的石油资源，很快在1918年5月瓦解了这个联邦，英军随即穿过伊朗北部夺取了巴库（Baku）。土耳其的东集团军和高加索伊斯兰军趁机发动攻势，占领了里海西岸的巴库和马哈奇卡拉（Mahaqi-kara），继续充当德军的炮灰，负隅顽抗。

由于土军的优势兵力集中于本土和高加索地区，他们在伊拉克和巴勒斯坦地区的兵力明显减少。1918年秋英军利用土耳其阵地薄弱的情况攻下了大马士革（Damascus）和阿勒颇（Aleppo），直逼摩苏尔。土军顾此失彼，穷于应付，难以组织有效的防御战役。

保加利亚军队在萨洛尼卡（Salonica）战线溃败，于1918年9月29日向协约国媾和，随即退出了战争。这样，土耳其与德军的联系中断，难以抵御英军对东色雷斯和伊斯坦布尔的凌厉攻势。同时，英国海军正在向达达尼尔海峡进发，伊斯坦布尔危在旦夕。前线的土耳其士兵纷纷放下武器，四处逃离。青年土耳其党人内部互相指责，互不信任。

1918年10月7日，土耳其议会举行会议。会上，多数议员对青年土耳其党人的塔拉特巴夏（Talyat Pasha）政府投了不信任票。于是，反对派政党组织了以阿赫梅特·伊泽特巴夏（AhmetIzzet Pasha）为首的新政府。非青年土耳其党人政府的首要目标是，在德国投降之前与协约国签订停战协议，为最终缔结和平条约捞取哪怕是一星半点好处。土耳其在战争中步步紧随德国，遭到惨败，被迫停止一切军事行动，在苟延残喘中，等待历史的审判。

奥斯曼帝国在一战中土崩瓦解

1918年10月30日，奥斯曼帝国由于在战火中慢慢耗尽了物力和财力，决定退出战争，在爱琴海上的穆德罗斯（Moudros）港口（Lemnos，莱莫诺斯岛）的英国军舰上与协约国签署媾和条约，称为《穆德罗斯停战协议》。按照和约的规定，取消帝国占领的伊朗东部、高加索和阿拉伯各省（约旦、巴勒斯坦、黎巴嫩、叙利亚和伊拉克）的领地。这些地区约占帝国疆域的2/3；确立协约国对博斯普鲁斯和达达尼尔海峡、全部港口和整个土耳其舰队、一切运输和交通设施的控制权；土耳其的全部商船、铁路由协约国自由使用；解散帝国军队；将土耳其的军事装备全部转交给协约国代表，他们有权酌情控制土耳其的任何一个战略据点。[①] 10月31日，土耳其停止一切敌对行动，宣布"无条件投降"。奥斯曼帝国接受如此苛刻的条款，丧失如此之多的领地和人口，实际上已经变成一具僵尸，任由协约国摆布。奥斯曼帝国的灭亡正是始于《穆德罗斯停战协议》。

1918年11月1日，青年土耳其党人在伊斯坦布尔召开团结与进步组织的最后一次代表大会，决定自动解散。他们上台时，原本希望复兴帝国，挽救它的崩溃。相反，帝国却在战火中耗尽了最后的物力财力，寿终正寝。对战争负有直接责任的首相塔拉特、军机大臣恩维尔巴夏和海军大臣杰马勒巴夏（Cemal Pasha）3位将领成为历史的罪人，他们于11月9日漆黑的夜晚乘坐德国军舰逃亡国外。后来他们的尸骨遗留在异域他乡。

---

① Ибрахим Карахасан-Чънар，*Турция*，София，"ЛИК"，2000，с. 97.

1918 年 11 月中旬，协约国的 55 艘军舰进入"金角"，占领了伊斯坦布尔。《穆德罗斯停战协议》之后，协约国开始抢夺奥斯曼帝国的领地。协约国的军队进驻黑海海峡和伊斯坦布尔控制了港口、城堡、交通要道等设施；英国和法国占领了阿拉伯的领土，摩苏尔、亚历山大港和安纳托利亚的东南部；而意大利进入土耳其的地中海港口和安纳托利亚的西南部地区；参与瓜分帝国领地的还有土耳其的邻国希腊，它的目标是东色雷斯、伊斯坦布尔和士麦拿（伊兹密尔）地区，主要借口是这些地区居住着希腊人。

1919 年 3 月，协约国军队进驻伊兹密尔。5 月 15 日，希腊军队占领伊兹密尔地区。土耳其处于一片混乱之中。伊泽特巴夏内阁辞职，特弗费克巴夏（Tevfik Pasha）匆忙组阁，很快又因奥斯曼帝国议会解散导致内阁改组。接下来，由达马特·费里德巴夏（Damat Ferid Pasha，1853—1923）于 1919 年 11 月 14 日和 1920 年 4 月 5 日两次组织政府。它们追求的是自己的权力，是保留苏丹制度，对协约国的瓜分和占领漠不关心。

第一次世界大战使土耳其国破家亡，帝国解体，割地赔款，人员伤亡严重。有的学者认为，土耳其在战争中付出了最大的牺牲，伤亡、被俘、失踪约 400 万人（战争爆发时奥斯曼帝国的总人口约 2100 万人）①。由于农村劳动力显著减少，耕种面积从 1914 年的 640 万公顷降至 1916 年的 250 万公顷，大牲畜减少了 47%。②

第一次世界大战对土耳其的另一个严重后果是产生了至今仍令它头痛的"亚美尼亚大屠杀问题"。亚美尼亚是奥斯曼帝国的一

---

① Ибрахим Карахасан-Чънар，*Турция*，София，"ЛИК"，2000，с. 97. 据土耳其马赫默德·埃明巴夏（Mehmed Emin Pasha）上校于 1922 年 9 月向报界透露，一战中土耳其军队死伤的官方数字为：死亡 32.5 万人，伤残 40 万人，逃跑、失踪和被俘 130 万人，共计约 230 万人。见 Ибрахим Карахасан-Чънар，*Турция* 一书第 338 页上的注释 81。

② Д. Е. Еремеев，М. Мейер，*История на Турция в средните векове и ново време* София，"проф. Марин Дринов"，1998，с. 259.

部分，亚美尼亚人属基督徒，而非穆斯林。他们在帝国处于受压迫的地位，但因他们多为商人和手工业者，所以他们的地位又比其他被压迫的人民稍高一些。但在1894—1895年亚美尼亚人开始暴动，要求获得民族独立和国家主权。20世纪初，奥斯曼帝国出动大量军队将分布在帝国各地的亚美尼亚人驱赶到遥远的中东叙利亚等地。这种大迁移伴随着暴力、镇压和屠杀，加上饥饿和疾病，仅在1915—1916年的安纳托利亚地区的严寒中，据称有近百万亚美尼亚人死亡，土耳其军队也有近10万人付出了生命的代价。这一悲剧直到1921年3月16日苏联红军占领高加索地区、亚美尼亚成为苏联的一个加盟共和国为止。然而，"亚美尼亚大屠杀问题"却始终没有得到合理解决。

多民族的庞大奥斯曼帝国在一战的炮火中轰然倒塌。一战的胜利者占领和瓜分土耳其，威胁着土耳其国家主权和民族独立。这种殖民地式压迫激起土耳其人民的强烈不满，如火如荼的民族解放运动在土耳其境内爆发。

从《塞夫勒条约》到《洛桑和约》

第一次世界大战结束后，欧洲的政治地图发生了显著的变化。边界改动，有的国家消失了，出现了新的国家。整个欧洲被分裂为"战胜国"和"战败国"两大阵营。巴尔干地区作为对欧洲大国的政策具有地缘政治意义的区域，受到欧洲大陆的影响，在"战胜国"和"战败国"的基础上，出现了"维持现状"（或称"维约"）国家和"复仇"（或称"修约"）国家。属于第一类国家的有罗马尼亚、南斯拉夫和希腊，以及一定程度上的土耳其；属于第二类国家的有保加利亚和阿尔巴尼亚。

早在第一次世界大战的结束阶段，协约国开始在巴黎磋商解决战后的世界问题。1919年1月18日开始的国际会议主要讨论对战败国和平条约事宜。参加巴黎和会的国家多达27个。德国及其前盟友奥地利、匈牙利、保加利亚和土耳其没有被邀请与会，它们只是在签订与它们相关的条约时才被叫来签字。苏维埃俄国（因为特殊原因）也没有参加巴黎和会（见图2—20）。实际上，整个会议的过程由英国、法国等大国主宰，大多数小国即使作为胜利者也没有发言权。

图2—20 巴黎和会

当时美国在欧洲实际上并没有直接的利益。但战争后期美国总统威尔逊决心利用这个千载难逢的机会扩大美国在欧洲和世界的影响，提出了民族平等、自决权、取消民族压迫和建立民族国家等原则，统称"14点建议"。但各大国在巴黎和会上并没有完全接受这些原则精神，而是按照各自的利益制定了和约。经过多轮谈判、争吵、休会和半年的博弈，和会终于制定了一系列和平条约：1919年6月28日对德国和约、1919年9月10日对奥地利《圣日耳曼和约》、1919年11月27日对保加利亚《诺伊和约》、

1920年6月4日对匈牙利《特里亚农和约》、1920年8月10日对土耳其《塞夫勒条约》（又译《色佛尔条约》，Treaty of Sevres），后在1923年7月24日对土耳其又改签《洛桑和约》（Treaty of Lausanne）。这些条约统称《凡尔赛条约》（Treaty of Versailles），它们中的大部分内容涉及巴尔干国家，即按照什么原则瓜分奥斯曼帝国和奥匈帝国在巴尔干半岛的遗产。

战争中，腐朽的土耳其苏丹政府实际上作为一个独立国家已不复存在。1920年8月10日，战胜国在巴黎近郊的塞夫勒镇将已经准备好的和约文本交给了土耳其。出席和会的土耳其民族解放运动的领导人之一伊斯麦特·伊诺努（IsmetInonu，Ismet Pasha，1884—1973）发言说："我们经受了许多的痛苦，流了很多血。我们的唯一愿望是获得自由和独立，这也是每个国家人民的诉求。"①

《塞夫勒条约》规定：土耳其丧失所有欧洲部分的领土，仅保留伊斯坦布尔及其周边地区，留下伊斯坦布尔让这个名存实亡的政府忠实履行和约应该承担的义务；在亚洲，失去包括基里基亚（Kilikiya）到叙利亚边境的宽阔地带在内的所有阿拉伯领土；黑海海峡由一个国际委员会管理，它有权监督博斯普鲁斯海峡和达达尼尔海峡沿岸及其水域；伊兹密尔及其周边地区划为专属区，名义上主权归土耳其，实际上由希腊实际控制；条约还预计在土耳其东部地区建立一个库尔德人国家，而土耳其的东北部地区交给亚美尼亚；土耳其被完全解除武装；由英、法、意成立一个委员会，监管土耳其的财政。尽管这是一个令土耳其难以接受的条约，但达马特·费里德巴夏还是忍辱签了字。② 有的西方学者评论

---

① Ибрахим Карахасан-Чънар，*Турция*，София，"ЛИК"，2000，с.109.
② Дженгиз Хаков，*История на съвременна Турция*，София，Парадигма，2008，с.50.

说:"如果当时的苏丹政府能够利用'阿塔图尔克'的运动抵制《色佛尔条约》的话,现在立于土耳其共和国版图之上的也许还是奥斯曼帝国。无论奥斯曼帝国在一战中遭受了多大的失败,接受苛刻的和约才是最终导致它灭亡的根本原因。"① 当然,这只是西方唯心论者的一厢情愿,因为奥斯曼帝国解体这是被奴役人民开展长期民族解放斗争的结果,是历史的必然。

土耳其根本无法兑现《塞夫勒条约》提出的赔偿要求,战胜国只好放弃部分条约内容。于是,1923年7月24日对土耳其又改签了《洛桑和约》。这时,土耳其已是共和国,赔款一事就此结束。至于一战前奥斯曼帝国的债务则由它的继承国土耳其、南斯拉夫、保加利亚、希腊、阿尔巴尼亚和曾经属于奥斯曼帝国领土范围内的国家共同承担。同样,奥匈帝国的继承国也要承担奥匈帝国战前的债务。

《洛桑和约》的另一部分条款对达达尼尔和博斯普鲁斯两海峡的航行(军舰和商船)以及飞行宣布完全自由,唯一的限制是任何一个国家进入黑海的军舰数量不得超过最强大的黑海国家的军舰数量。《洛桑和约》专门重申《塞夫勒条约》关于在海峡两岸地带建立宽15—20千米非军事区的规定。同样,条约还在色雷斯(Thrace)地区建立非军事区,规定土耳其在与保加利亚和希腊交界的一个15千米的狭长地带不能保留军事存在和修筑工事。海峡由法国、英国、意大利、日本和其他国家成立的一个委员会管理,委员会设在伊斯坦布尔。该条约的一些规定在当代人看来是不公正的,带有明显的限制和损害土耳其欧洲领土主权的性质。战胜国中的大国为了各自的利益,力图控制黑海两海峡这个战略要地。

---

① [英]尤金·罗根:《奥斯曼帝国的衰亡:一战中东,1914—1920》,王阳阳译,广西师范大学出版社2017年版,第201页。

由维尼泽罗斯（Eleutherios Venizelos，1864—1936）率领的希腊代表团在巴黎和会上对北伊庇鲁斯、西色雷斯和东色雷斯、伊斯坦布尔和小亚细亚的伊兹密尔等地提出了领土要求。希腊的这一广泛要求只有英国表示支持，因为它想把希腊变成通向巴尔干地区和中东的桥头堡。但是，意大利反对希腊和英国的计划。最终，希腊获得如下领土：根据对保《诺伊和约》，西色雷斯脱离保加利亚，并入希腊；根据对土《塞夫勒条约》，东色雷斯（不包括伊斯坦布尔）和伊兹密尔交给希腊。此外，希腊与意大利签订条约，意大利拥有多德卡齐斯（Dodecanese）群岛（不包括罗多斯岛）；北伊庇鲁斯归属问题留待补充解决。

《洛桑和约》是凯末尔领导的土耳其共和国的外交胜利，欧洲大国不得不承认新土耳其国家的独立和主权。新土耳其在世界政治舞台获得了自己应有的地位。或者说，从此，"国际上普遍承认，依赖外国的奥斯曼帝国终结了，一个新的、独立的土耳其国家得以建立。同时，用凯末尔的话来说，《塞夫勒条约》对土耳其的死刑判决失效了"①。

对于《凡尔赛条约》体系人们做出了不同的评价。"战胜国"欢天喜地，放101响礼炮庆贺胜利，而"战败国"咬牙切齿，等待复仇的机会。有的巴尔干学者评论说，由国际条约构成的巴黎和会体系，"人为地建立了一些国家，划定了它们的边界，而没有考虑种族界限，忽视他们神圣的民族感情，致使千百万人生活在自己的祖国之外"。条约所制定的机制，"年复一年，使人类滑向另一次世界大战，使巴尔干地区滑向当代的冲突"②。

经过1912—1918年的三场战争，奥斯曼帝国和奥匈帝国在巴

---

① ［土］悉纳·阿克辛：《土耳其的崛起：1789年至今》，吴奇俊、刘春燕译，社会科学文献出版社2017年版，第206页。

② Ибрахим Карахасан-Чънар, *Турция*, София, "ЛИК", 2000, с. 98.

尔干地区的"遗产"被巴尔干国家彻底瓜分完毕,它们都在一战的烽火中湮灭。战前,奥斯曼帝国的面积高达297.1万平方千米,其中16.7万平方千米位于欧洲;帝国人口2500万人,其中600万人在巴尔干半岛。战后,土耳其作为奥斯曼帝国的继承者,它在巴尔干半岛仅剩下2.7万平方千米土地和100多万人口。土耳其在小亚细亚本土也只有约69万平方千米领土和1200万人口。

在战火中,奥斯曼帝国彻底崩溃,凯末尔领导的一个新生的土耳其共和国诞生在欧洲大地。

第三章　凯末尔与土耳其共和国

19世纪下半叶和20世纪初，奥斯曼帝国传统的伊斯兰保守主义思想出现危机，奥斯曼社会开始涌现一种学习西欧的政治思潮。它对尔后凯末尔思想的形成产生了决定性的影响。

穆斯塔法·凯末尔是土耳其共和国的缔造者、土耳其近现代史上一位杰出的国务活动家。在他的领导下，土耳其人民高举反对奥斯曼帝国军事封建专制制度的旗帜，取得了民族独立，捍卫了国家主权，建立了民主的土耳其共和国。

他在年轻的共和国实行大刀阔斧的政治、经济、社会改革，摧毁了旧的社会行政制度，创立了以西欧为榜样的土耳其新的国家机构。他的改革成果得到西方大国的承认，为国家为人民带来了福祉，提高了土耳其的国际地位。他的革命精神和激进改革为巴尔干国家树立了榜样，成为大家学习的楷模。

凯末尔领导制定了共和国宪法，建立了现代化共和人民党，创建了土耳其大国民议会及其议会选举。他提倡的共和主义、民族主义、人民性、世俗性、国家主义和革命性这些土耳其革命和建设的基本原则，成为共和人民党党纲的核心内容和价值观，是一直保留至今的凯末尔主义，或称凯末尔思想。这也是土耳其立国和强大之本。

土耳其共和国开启了西方化的进程，并将沿着欧洲现代化道路前进。

一　凯末尔革命

凯末尔崭露头角

1881年5月19日，穆斯塔法·凯末尔·阿塔图尔克（Mustafa Kemal Atatjurk，1881—1938）出生在希腊萨洛尼卡一个小官吏家庭。[①] 母亲是个虔诚的穆斯林，父亲是海关职员，后经营木材生意。父亲思想开明，凯末尔在6岁时被送进当时刚刚开办的一所新式世俗学校学习。凯末尔小学快毕业时，父亲因经济拮据，积郁成疾，47岁就离开了人世。凯末尔一度跟随母亲投奔乡下的舅舅，帮助放羊看田。苦难的童年培养了凯末尔与逆境作斗争的顽强性格。

1893年，年仅12岁的凯末尔背着母亲进城考入萨洛尼卡的军事预备学校。这个乡下来的"小学员"，品学兼优，得到老师和同学的青睐。凯末尔的原名是穆斯塔法，这个名字与军校的数学老师同名。于是，有一天数学老师给凯末尔取名穆斯塔法·凯末尔，意即"聪慧的穆斯塔法"。这个光辉闪亮的名字注册在学生名册里，永远记载在土耳其共和国历史上。

1895年，凯末尔升入比托拉市（Bitola，今马其顿境内）中等军事学校。这个时候，马其顿地区作为奥斯曼帝国仍然保留的为数不多的属地，受到保加利亚、塞尔维亚和希腊以及欧洲大国的激烈争夺，爆发了强烈的争取自治的革命运动。凯末尔开始学习法语，对文学、历史也表现出浓厚的兴趣，并对至高无上的苏丹政权推行的民族压迫政策表达了某种不满。

1899年，凯末尔被保送到伊斯坦布尔的军官学校骑兵班深造。

[①] 5月19日这天成为土耳其的青年运动节，以纪念凯末尔的诞辰。

他在接受军事知识和训练的同时，秘密阅读东西方的哲学政治书籍，关心军队和国家的一些重大事件。1902 年毕业时，得到"头脑聪明，反应机敏"的评语。他被分配到伊斯坦布尔参谋学院，很快获得上尉军衔。

1905 年 1 月 11 日，当凯末尔即将结业、走向军营时，他因阅读"禁书"和成立"秘密团体"而被捕。鉴于"政治上不可靠"，被关押 3 个月后，凯末尔由于出色的军事才能仍然提升为（见习）大尉，但被派往帝国属地叙利亚的大马士革骑兵团服役。这实际上是变相的流放。

凯末尔和他的同行者感到当地的军官们对他们的欺凌和侮辱。他和几个最可靠的战友遂于 1906 年在军营里成立了"祖国与自由协会"。他们的誓言是："只能用革命来回答专制。自由是进步与解放之母。"① 在叙利亚期间，凯末尔越来越看到奥斯曼帝国政治制度上的弊病，军队的贪污腐败，同情被压迫民族争取独立的解放运动。他决心同这种腐朽现象斗争，因而走上了与帝廷对抗的道路。

1907 年春，凯末尔已经无法忍受枯燥而又单调的军营生活，他秘密途经埃及、希腊等地潜入马其顿，并在萨洛尼卡建立祖国与自由协会分会，反对苏丹的专制统治。很快，奥斯曼当局掌握了凯末尔的行踪，规劝他回心转意、回到大马士革。凯末尔的决心已定，拒不服从命令，坚持继续留在萨洛尼卡。

1907 年 6 月 20 日，军方授予凯末尔上尉军衔，让他在马其顿的第三军团任职。这时，它参加了青年土耳其党人组建的"团结与进步"组织。他认为，自己创建的祖国与自由协会、团结、进步组织并不矛盾，可以共同开展反对苏丹残暴统治的行动。正是

---

① ［保］Халил Реджебов, *Идеологията на Мустафа Кемал Ататюрк*, София, Издателство на Българската Академия Наука, 1983, с. 24.

从这时起，凯末尔立志为土耳其人民的革命事业献身。

1908年起，凯末尔作为青年土耳其党人的积极支持者，在1909年3月31日，担任"行动军"的参谋长，率领他们向伊斯坦布尔进军，讨伐以苏丹为首的封建保守势力对1908年青年土耳其党人革命的反扑，平息了叛乱，废黜了苏丹阿卜杜尔·哈密德。

在1909年9月青年土耳其党人萨洛尼卡代表大会上，凯末尔关于建立一支强大的军队和一个权威的政党的提议没有得到大会的采纳。他决定退出青年土耳其党人组织，潜心研究军事科学。

1911年，意大利军队入侵利比亚的的黎波里（Tripoli），凯末尔率领军队在一片沼泽地狙击并围困敌人，立下战功，他的军阶晋升到少校。

当1912—1913年的两次巴尔干战争爆发时，凯末尔正在索菲亚任中校武官。正是在这里他结识并爱上了一位保加利亚将军的女儿迪米特里娜·科瓦切娃（Dimitrina Kovacheva），结为终身伴侣。

1914年第一次世界大战刚一打响，凯末尔毅然奔赴前线。他在1915年改编的第十九师任师长，在达达尼尔海峡保卫战和阿纳法尔塔战役中英勇善战，指挥卓越，保卫了首都伊斯坦布尔的安全。所以，他赢得了"伊斯坦布尔救星"的荣誉。

1916年，凯末尔在以军长的身份赶往迪亚巴克尔（Diarbakir）赴任的途中，被提升为将军，并荣获"巴夏"的称号。这年8月，他成功击退了俄国军队的进攻，收复了部分失地，被任命为第二军团司令。随后，他又在奥斯曼帝国军队里担任各种高级职务，直到1918年10月奥斯曼帝国在停战协定上签字为止。

凯末尔曾经说过："我的微末的躯体终有一天会埋葬地下，但土耳其共和国永远会屹立不动。"① 他用自己的行动履行和实践了一生的诺言。

民族解放运动的领路人

土耳其参加第一次世界大战的野心很大，却力不从心。在战争中，前线士兵节节败退，大量开小差。土耳其的安纳托利亚地区是前线逃跑官兵和农民造反部队的大本营。他们反对同盟国和协约国军队的先后占领，反对国家遭到瓜分，反对地方政府的封建统治和警察的暴行。土耳其的资产阶级和爱国知识分子也加入这些农民和士兵的行列，并成为其中的领导力量。

1918年年底开始，安纳托利亚地区逐渐形成了若干个捍卫起义者权益的组织，成立了各种权益保障协会。这些协会的共同目的是反对肢解国家，号召抵抗占领者的统治，为国家独立和民族的新生而斗争。但是，它们却忠于在伊斯坦布尔的苏丹政府。这场运动在史书上称为土耳其民族解放运动。

1919年春，凯末尔自告奋勇作为土耳其军队的巡视员来到安纳托利亚东部地区，了解那里所发生的情况和寻求解决办法。他到达后，与各地权益保障协会取得联系，会晤一些领导人，召开会议，游说各爱国团体和组织联合起来，统一行动。

此时，苏丹及其政府认为，凯末尔在军队和地方的权力越来越大，威胁中央政府。于是，苏丹颁布谕旨，要求开除凯末尔的军职，撤销他的检阅使授权，并通令各地逮捕他。凯末尔对此嗤之以鼻，继续留在安纳托利亚开展救国救民的革命活动。这样便导致他和苏丹政府决裂。从此，凯末尔被当局视为"暴动分子"，走上了领导

---

① 本节有关凯末尔的引语见保加利亚《凯末尔·阿塔尔图克讲话选集》译自土耳其文 Кемал Ататюрк, Избрани речи и изказвания, София, "Народна просвета", 1981。以下简称：Кемал Ататюрк, Избрани речи и изказвания. 又见［土］卡密尔·苏《土耳其共和国史》，杨兆钧译，云南大学西亚研究所，1978年，第189页。

土耳其民族解放斗争的道路。凯末尔后来对这段回忆写道:①

> 爱国的伊斯坦布尔人民在寻找自己的道路,组建了各种政治党派,有各种纲领主张。我也对此感兴趣,收到和阅读了他们的纲领。但我觉得他们的纲领和主张不切合实际,不会取得很好的后果。我决定不跟任何一个党派合作,而另起炉灶。我深信,我们要依靠的力量是人民大众。

1919年7月23日,凯末尔在安纳托利亚的埃尔祖鲁姆(Erzurum)举行来自各地的保障协会的大会,宣布"必须建立一个反映民族意志的国民议会和组织一个以民众为力量源泉的政府"。凯末尔在《告各方人民书》表示:

> 为了拯救祖国,为了民族的神圣目标,(我将)不怕任何牺牲地工作。一心为了国家,以个人身份参加卫国战争。特此做出保证,并告国人。

1919年下半年,各地分散的民族解放运动已形成一个统一的组织。1919年9月4—11日,各地权益保障协会在锡瓦斯(Sivas)举行代表大会,宣布成立安纳托利亚和鲁梅利亚全土耳其权益保障协会,凯末尔当选为代表委员会的主席。土耳其史书认为,这届代表委员会事实上是"新土耳其的第一届临时政府"。这次大会通过了土耳其民族解放运动的纲领,基本要求有:
(1) 接受《穆德罗斯停战协议》确定的土耳其国界;
(2) 在这个国界内全国各地区是一个统一的整体;
(3) 全面反对瓜分土耳其和在它领土上建立亚美尼亚国家和

---

① Кемал Ататюрк, *Избрани речи и изказвания*, 1981, с. 121.

希腊国家的企图；

（4）反对肢解祖国的任何建议；

（5）召开议会，以确定民族的未来和彻底结束伊斯坦布尔苏丹政府的无政府状态；

（6）将现在各地的权益保障协会组织联合为一个安纳托利亚和鲁梅里亚（色雷斯）权益保障协会；

（7）选举一个以穆斯塔法·凯末尔为首的新的13人代表委员会。①

该纲领还坚持土耳其主权独立、驱逐占领者、土耳其有独立发展的权利、取消一切违反民族主权的限制，等等。

这样，从1919年夏秋起，在土耳其就有两个政权并存，即以费里德巴夏为首的伊斯坦布尔苏丹政府和以穆斯塔法·凯末尔为首的锡瓦斯代表委员会政府。前者法律上合法，但没有群众；后者拥有群众，但没有法律地位。这个时候，因为参加土耳其民族解放运动的各组织及其领导成分复杂，代表不同的利益集团，特别是其中的穆斯林宗教界团体和人士，他们同苏丹政府关系密切，利益攸关。这迫使凯末尔等人虽不愿也不能与苏丹政府闹翻。

但是，这种状态仅仅持续了几个月。1919年秋天，以凯末尔为首的代表委员会向苏丹政府发起进攻，逮捕了几位省长，控制了安纳托利亚的国家机关，导致费里德巴夏政府下台，成立了阿里·里扎（Ali Riza Pasha）新政府。这个政府被迫向凯末尔及其追随者让步，同意召开土耳其国民议会，举行议会选举。在1919年11月底和12月初的伊斯坦布尔议会下院选举中，凯末尔派大获全胜，在175个众议员里有116个支持凯末尔的解放斗争，反对协约国的占领。但凯末尔本人拒绝到伊斯坦布尔出席国民议会的会议，而是从

---

① Дженгиз Хаков, *История на съвременна Турция*, София, Парадигма, 2008, с. 55.

锡瓦斯转移到安卡拉，在那里设立代表委员会的首都。

同时，凯末尔已经明确提出了建立新土耳其的主张。他说，国家存在的唯一办法是，维护国家主权，无条件地独立和建立一个新土耳其。如果接受大国的保护和支持，或者把它们请进来，国家就要处于被人摆布，成为傀儡、木偶。一旦当俘虏，我国的子孙就要毁灭。凯末尔面对大国的干涉和伊斯坦布尔政府的威胁说："我们的口号只有一个，并且是不可改变的，这就是：不独立，毋宁死！"

1920年1月8日，伊斯坦布尔政府与凯末尔临时政府达成谅解，同意在伊斯坦布尔召开国民议会。会上庄严宣告土耳其独立，它的领土范围是1918年10月30日《穆德罗斯停战协议》的边界范围。同年3月，伊斯坦布尔政府改组，吸收凯末尔及其追随者的代表参政。这种情况引起苏丹和协约国的惶恐不安。

1920年3月16日，英国军队正式占领伊斯坦布尔的国家机关和军营，抓捕了几十名国会议员，解散议会，里扎巴夏政府被推翻，费里德巴夏再度组织政府。伊斯坦布尔政府依仗英军的支持，向安纳托利亚开战，凯末尔被宣布为被通缉的"叛乱分子"。

1920年4月23日，首届大国民议会在安卡拉开幕，凯末尔当选为议会主席，并成立了以凯末尔为首的政府，宣布从3月16日伊斯坦布尔被占领之日起签订的协议一律无效。凯末尔掌握着议会的立法权和执法权，实际上在履行国家元首的职责。4月26日，凯末尔以大国民议会的名义写信给列宁，表达土耳其人民对俄罗斯人民的友好情谊，提出要与苏维埃国家建立外交关系，并请求列宁向争取独立和自由的土耳其人民提供道义上和物质上的援助。①

大国民议会成立一周之后，立即颁布法律，惩办叛国投敌分

---

① Халил Реджебов, *Идеологията на Мустафа Кемал Ататюрк*, София, Издателство на Българската Академия наука, 1983, с. 30.

子，并于同年 9 月 16 日建立了审判叛国投敌者法庭。

苏丹为了铲除安卡拉的凯末尔政权，动用了他作为君主和最高宗教领袖的全部权力机器。伊斯兰教教长颁布教谕组建"哈里发军"，煽动武装冲突；军事法庭缺席判处凯末尔等人死刑；协约国在英国的操纵下唆使希腊军队也发动了对凯末尔的战争。

土希战争的胜利将军

苏丹政府在征服安卡拉凯末尔起义者失败后，英法俄协约国便策划直接武装干涉。1919 年 5 月 15 日，希腊军队在英国军官的指挥下攻入伊兹密尔（Izmir），后又侵占了艾登（Aydin）、马尼萨（Manisa）等省，并将这些领土划归希腊，从而实现了一百多年来的"民族夙愿"。希腊人开始报复性大规模屠杀穆斯林居民。

希腊占领军在两天内杀害了 2000 多民伊兹密尔居民。5 月 19 日伊斯坦布尔的"法缇赫"区组织了 5 万多人的集会，抗议希军的暴行。土耳其著名女诗人和社会活动家哈迪德·阿德瓦尔在集会上发表了激动人心的演讲。她说：①

> 穆斯林兄弟，土耳其人！今天，我们正经历最黑暗夜晚的煎熬。黑夜，这是漆黑的夜晚！但是，人生不可能没有黑夜就迎来了黎明。明天，我们将熬过这恐怖的黑夜，迎接灿烂的黎明曙光。今天，我们手无寸铁，没有大炮机枪、没有弹药，但我们拥有比这更强大的武器：尊严和权利。

还是这位爱国诗人在 5 月 22 日的一场集会上说：

> 让我们宣誓：只要这场革命没有成功，只要我们没有获得生

---

① Ибрахим Карахасан-Чънар，*Турция*，София，"ЛИК"，2000，c. 101.

存的权利，我们将为了祖国扛起一切困难，献出宝贵的鲜血。

这时的希腊军队还不敢进犯凯末尔政权的心脏地带安纳托利亚地区。1920年6月，希腊军队兵分两路，一路进攻安纳托利亚，另一路攻占东色雷斯，企图迫使凯末尔武装力量立即投降，迫使苏丹立即签署《塞夫勒条约》。希腊的直接借口是保护伊兹密尔地区的希腊居民免遭土耳其屠杀。同时，希腊匆匆忙忙出兵，还因为担心意大利抢先出兵占领伊兹密尔地区。

图3—1　1919年5月希军进入伊兹密尔

协约国军队虽然强大，但没有迅速取胜，因为它们内部矛盾重重：法国和意大利不满意英国在土耳其和中东占据绝对优势。尽管土耳其面临沦亡的严峻形势，但无论是苏丹政府还是凯末尔政权都没有在外部敌人面前屈服。凯末尔在议会发表了激动人心的演说。他说：

> 先生们！假如被破坏的国土不是五十分之一，而是全部，假如全国都处在一片火海之中，我们就上山去，在那里继续战斗！

刚刚成立不久的土耳其国民军，在凯末尔的指挥下，于1921年1月10日在伊诺纽村成功阻止了希腊军队的前进。接着，2月在伦敦召开有凯末尔政府代表参加的国际会议，协约国等于承认了凯末尔政权的合法存在，而3月16日土耳其和苏联签订了友好条约，确定了两国的边界，苏俄政府承认土耳其新政府。

凯末尔运动在土耳其境外的英法占领区里的穆斯林居民中也得到广泛支持，他们以资金和武器声援凯末尔反对占领者的斗争；苏联根据自身的需要，对凯末尔运动表示同情和支持。凯末尔政府着手建立一支土耳其国民军，由抗击希腊入侵军的西线司令官伊斯麦特上校指挥。

1921年3月31日，希腊军队尽管有英国的武器和装备，但在新的攻势中又在伊诺纽村附近遭受重创。于是，希腊国王康士坦丁亲自率兵出征。1921年夏发动了总攻，希军的前锋已接近安卡拉。经过8月23日至9月13日的20天鏖战，希军未能攻入安卡拉。这又一次提高了土耳其的威望。在战斗最困难的时刻，凯末尔下达了一道命令：①

> 阵地的防线是没有的，有的是肉体的防线。这种肉体的防线，是由全体人民组成的。人民的每一寸土地，都是用鲜血换来的，我们都不能放弃。

---

① 转引自［土］卡密尔·苏《土耳其共和国史》，杨兆钧译，云南大学西亚研究所，1978年，第127页。

1921年8月5日，凯末尔成为新土耳其国家武装力量的最高统帅，扬威欧洲。9月10日，土耳其大国民议会通过一项法令，授予凯末尔以"胜利者的尊号"，并晋升他为新土耳其国家的元帅。

1921年10月20日，法国与土耳其缔结条约，不再继续对土耳其作战，取消在《塞夫勒条约》上的签字，承认凯末尔政府；基里基亚归还土耳其；而亚历山德雷塔桑贾克成为叙利亚境内的法国特区；法国向土耳其移交大量武器；意大利也停止对土耳其的战争，于1921年秋撤出安塔利亚（Ataliya）。1921年10月13日土耳其同格鲁吉亚、亚美尼亚和阿塞拜疆三个高加索共和国分别签订友好条约。1922年1月2日土耳其同乌克兰签订友好条约。

这样，在法国和意大利退出战争后，只有英国有保留地支持希腊继续对土耳其的战争。到1922年夏，凯末尔政府的军队开始反攻。凯末尔本人被任命为最高统帅，制订了详细的作战计划，以击溃武装干涉者。凯末尔政府增加了军队的人数和装备，特别加强了骑兵。

1922年8月，双方的军事力量对比是：土军拥有8659名军官、199283名士兵、100352支步枪、2025挺轻机枪、839挺重机枪、5000把战刀、340门大炮和8架飞机；希军拥有6564名军官、218000名士兵、83000支步枪、1300把战刀、3113挺轻机枪、1280挺重机枪、418门大炮和50架飞机。[1] 显然，希腊军队的机枪、大炮、飞机、运输、车辆、弹药和其他军需品较为充足，占据一定优势。而土耳其军队只有骑兵较为强大。

土耳其和希腊为进行这场生死存亡的战斗，两国都动员和投入了几乎全部的资源、财力、物资和道德力量，都想取胜于对方。

---

[1] Дженгиз Хаков, *История на съвременна Турция*, София, Парадигма, 2008, с. 65.

下表反映了土希双方在战场上投入兵力和装备情况。

表3—1　　　　　　土希战争中双方的兵力和装备比较

	军官(人)	士兵(人)	步枪(支)	机枪(架)	加农炮(门)	牲畜(头)	货运马车(辆)	卡车(辆)	飞机(架)
土耳其	5401	96326	54572	825	169	32137	1284	—	2
希 腊	3780	120000	75900	2768	286	3800	—	840	18

资料来源：[土]悉纳·阿克辛：《土耳其的崛起：1789年至今》，吴奇俊、刘春燕译，社会科学文献出版社2017年版，第185页。

1922年8月26日土军开始全线反击，先后收复卡拉希萨尔（Karaxisar）等地，8月30日在多尔穆—伯纳尔（Dumlupenar）与希腊军队决战，结果希军惨败，整个司令部被俘，希军四处溃散，土耳其军队取得决定性胜利。[①]

1922年9月9日，土耳其军队浩浩荡荡进驻伊兹密尔，9月16日在整个安纳托利亚的入侵者被清除。土耳其军队通向伊斯坦布尔的道路已敞开。后来的土耳其历史书籍对这次重大胜利的评价是："谈到思想上的准备，特别是巧妙的战略指挥，使作战中的土耳其军队，最后获得光辉的和决定性的胜利，这是全体土耳其军官们和司令员们，发挥了高度的能力和英雄主义，历史上再一次载明的伟大成就。"凯末尔则认为："这次的成就，是土耳其民族的自由和独立的思想永不消逝的一个纪念碑。"[②] 至此，凯末尔像一颗冉冉升起的星星，光彩熠熠。

希土战争给希腊带来的灾难是沉重的。5万希腊官兵死在战场，7.5万人残疾，物质损失巨大。此外，约有150万希腊人被迫

[①] 1922年8月30日这一天被定为土耳其的胜利日，现为土耳其的公共假日。
[②] 转引自[土]卡密尔·苏《土耳其共和国史》，杨兆钧译，云南大学西亚研究所，1978年，第145—146页。

从小亚细亚逃离家园,来到希腊四处流荡,无处栖身。希腊史学家对这场灾难只轻描淡写地说,希腊"这个人口不足 500 万的国家突然接收了 100 多万希腊人,而离开的土耳其人不足 50 万","难民对国家政策带来的影响也确定无疑"①。

图 3—2 满载小亚细亚希腊难民的船只上拥挤的人群（1922）

1922 年 10 月 11 日,土耳其与希腊在白海港口穆丹尼亚（Mudanya）缔结停战条约,结束了希土战争。希腊承诺在两个月内撤出东色雷斯,由协约国驻军取代,安卡拉政府可以派驻 8000 名宪兵。伊斯坦布尔和黑海两海峡由协约国控制直到最终签订和约为止。随着《穆丹尼亚条约》的签订,《塞夫勒条约》也就失去了意义,完全失效。这个停战条约的签订,意味着凯末尔领导的土

---

① ［希］约翰·科里奥普罗斯、萨诺斯·维莱米斯:《希腊的现代进程——1821 年至今》,郭云艳译,上海人民出版社 2008 年版,第 305 页。

耳其人民和军队的胜利成果第一次获得一战的胜利者协约国的外交承认，为新土耳其的诞生开辟了道路。

二 土耳其共和国诞生

共和国的缔造者

凯末尔领导的是一场民族民主革命，它的主要目标不是挽救垂死的奥斯曼帝国，而是打击瓜分奥斯曼帝国遗产的外国占领者，捍卫本民族的尊严。与此同时，它要结束奥斯曼帝国的封建军事统治，建立一个独立的、现代欧洲的土耳其民族国家。

1922年11月1日，土耳其大国民议会通过法律，废除7个多世纪的苏丹制度。11月17日，奥斯曼帝国的最后一位苏丹穆罕默德六世·瓦赫德廷（Mehmed Ⅵ，1918—1922年在位）仅在位4年便遭到流放。他在英国军舰的护送下，从伊斯坦布尔逃亡到马耳他。1926年病逝于意大利的圣·雷莫（San Remo）。11月24日，穆罕默德六世的表兄弟阿卜杜尔·迈吉德二世（Abdulmejid Ⅱ，1922—1924年在位）在不可能宣布为苏丹的情况下，而只称穆斯林世界的哈里发。

这场革命胜利的一个重要标志是1923年7月24日土耳其与一战的战胜国签订了《洛桑和约》。该条约承认土耳其独立，其国家边界大致与今日土耳其的边界一致。1923年10月6日，最后一批外国占领军离开伊斯坦布尔。凯末尔为实现土耳其成为独立主权国家的理想变成了现实。

1923年8月，凯末尔及其追随者在安卡拉的大国民议会选举中获得全胜，凯末尔等人遂创建自己的政党——共和人民党，该党在尔后的20年里是土耳其唯一的政党，成为土耳其社会政治生活的中流砥柱。正是这届大国民议会批准了《洛桑和约》，宣布安卡拉作为土耳其的首都。

图 3—3　奥斯曼帝国最后一位苏丹穆罕默德六世（1861—1926）

1923 年 10 月 29 日晚 8 点半，土耳其宣布成立共和国，穆斯塔法·凯末尔当选为共和国第一任总统一直到他逝世。菲特赫·贝伊（Fethi Bey）为大国民议会议长，伊斯麦特·伊诺努担任政府总理。消息传开，全国一片欢腾，各地都鸣礼炮 101 响，以示庆祝。

在大国民议会上，凯末尔在掌声中登上主席台，向全体议员鞠躬致谢，并发表了简短讲话：①

> 朋友们！这个伟大的最高议会，是土耳其人民最近 4 年争取来的胜利成果。今后，还会取得许多倍的成果。我诚恳地请求，最高议会对我个人给予善意的信任和继续持帮助的

---

①　转引自［土］卡密尔·苏《土耳其共和国史》，杨兆钧译，云南大学西亚研究所，1978 年，第 174—175 页。

态度……我经常地与尊敬的朋友们极其亲密地握手。这些人中，甚至有在某个时期对我不满的人，我绝不介意。全国人民的意愿经常向我们提出要解决的中心任务，我们要为此团结起来，共同前进。土耳其共和国将获得幸福、成功和胜利！

就在人民群众欢庆凯末尔当选的同时，大国民议会里也传出反对派议员的杂音。他们企图质疑凯末尔的议员资格，证明他担任总统是非法的。几位奥斯曼帝国的遗老遗少炮制了一个选举法修正案，他们说，大国民议会的议员资格必须是土耳其现在疆界内的公民。凡是本土之外的公民须定居5年方有被选举权。言下之意，凯末尔的出生地在希腊的萨洛尼卡，现处于土耳其境外。凯末尔尽管是土耳其人的子孙，出生入死驰骋疆场，但尚不到5年时间，不具备议员资格，当然不得当选总统。这个蓄谋已久的修正案一出笼，立刻引起全国人民的愤怒，绝大多数议员在议会投票，否决了这一针对凯末尔的条款。

1924年4月20日，随着土耳其共和国宪法的通过，奥斯曼帝国的哈里发制度及其残余被彻底消灭了。早在这年的3月4日深夜，共和国当局通知末代哈里发阿卜杜尔·迈吉德，要他于次日离开土耳其国境，其他奥斯曼王朝后裔也被一并逐出国外。这样，一向愚弄和麻醉人民的哈里发制度被扫进了历史的垃圾堆。

这一切为凯末尔革命的进一步发展创造了条件。当然，摆在凯末尔等人面前的改革任务仍然十分艰巨，需要有新的勇气和革命斗志。

这位42岁的男子汉登上共和国总统宝座时，年富力强，精力充沛，具有丰富的政治、军事和革命经验。他凭借自己的坚定信念和勇气、坚强意志和革命干劲带领年轻的共和国走上全面改革的新征途。

激进的改革家

土耳其共和国成立后,凯末尔主张变法革新,对昔日的土耳其社会进行了脱胎换骨的改造和创新。由于凯末尔革故鼎新,年轻的土耳其共和国才没有重蹈昔日奥斯曼帝国的覆辙,而是摆脱了半封建半殖民地的羁绊,进入欧洲现代文明社会。

图3—4 "土耳其之父"穆斯塔法·凯末尔(1881—1938)

凯末尔进行革命和领导新土耳其时,继承了沉重落后的经济遗产。土耳其当时是巴尔干半岛上一个落后的农业国,最不发达的地区是东安纳托利亚。该地区的土地由大地主控制,农民没有土地,也没有任何政治上的权利,属于一种原始的封建的自然经济。西安纳托利亚和南安纳托利亚的情况则不同,那里出现了大庄园,有的雇工多达上千人,农业耕种较为现代化。这一带生产的棉花、烟草、麻、橄榄和葡萄除国内消费外,还供出口。土耳其中部高原和小亚细亚北部地区则以分散的小农为主,半封建的耕种和剥削形式占据统治地位。

20世纪20年代,土耳其的大地主仅占全国人口的1%,却占有全国耕地的50%;富农和中农占有40%的耕地;贫困农民占全国人口的65%—70%,却只拥有全国不足10%的耕地。约有45万名农民没有任何土地。①

20世纪20年代,土耳其后工业经济尚处于资本主义的初始阶段。1927年土耳其拥有6万多家企业,但非常分散,且规模很小,总共只有约30万工人。一般的企业都是4—5个人,很少超过10个人。没有重工业,大都以手工劳动和农产品加工为主。外国资本和外国银行在土耳其经济和贸易中起着特别重要的作用,民族工业和民族资本处于从属的地位。

凯末尔正是在这种环境下开始了改革。他推行一系列重大改革,按照欧洲模式进行激进改革,学习欧洲文明,赋予土耳其以欧洲形象,吸收欧洲的文化和文明价值。②

凯末尔从建国开始就强调说,不改革就会灭亡。所以,他对土耳其进行了史无前例的彻底改革,涉及国家体制、司法制度、教育、文化和日常生活等领域。他的全面改革措施从根本上改变了国家和人们的面貌。按照时间顺序,他的主要改革有以下几点。③

政治改革

首先,废除苏丹制度,改变土耳其国家的结构和面貌。1922

---

① Кръстьо Манчев, *История на балканските народи*(1918 – 1945),София,Парадигма,2000,с. 129.

② Ибрахим Карахасан-Чънар, *Турция*,София,"ЛИК",2000,с. 122.

③ Кръстьо Манчев, *История на балканските народи*(1918 – 1945),София,Парадигма,2000,с. 72 – 73.

年10月30日，凯末尔和伊斯麦特·伊诺鲁等人向土耳其大国民议会提交取消苏丹制度的动议，强调六七个世纪以来土耳其的国家及其治理一直由奥斯曼的后代把持，现在土耳其人民已在行使自己的权力，这是既成事实。经过讨论和辩论，1922年11月1日土耳其议会一致通过决议令苏丹与哈里发分离，彻底终止这种制度。先废弃苏丹制度，以减少议会中宗教保守势力的反抗和缓解伊斯兰世界信众对哈里发顶礼膜拜的情绪。

其次，宣布土耳其为共和国，将政权交还给人民。一个新土耳其登上世界政治舞台，融入文明世界，在国际上享有应有的地位。

再次，废除哈里发制度。苏丹制度被废黜后，阿卜杜尔·迈吉德仍以"全世界穆斯林的哈里发"名义招摇撞骗，迷惑广大信众。1924年3月1日，凯末尔在大国民议会春季会议开幕式上强调为了捍卫共和国的革命成果，要把宗教教育并入普通教育，并将伊斯兰教彻底从政府机构脱离出来。3月3日，议员们提出了三项动议：（1）废除哈里发制度并将奥斯曼王朝的后裔逐出国外；（2）关闭宗教事务部；（3）统一教育部。在激烈讨论之后，3月4日议会绝大多数议员投票通过了上述议案。当晚即通知阿卜杜尔·迈吉德，他的哈里发职位被取消，他本人应于次日离开土耳其国境。奥斯曼帝国最后一位哈里发已经成为历史的垃圾。在其后10天内，奥斯曼王朝后裔不分男女老少都被赶出土耳其，永远不得回国，苏丹的不动产归全民所有。取消哈里发和伊斯兰宗教事务部是土耳其向世俗化迈出的重要一步，为土耳其抛弃宗教迷信走向文明世界开启了新航程。

最后，政治领域的一项决定性改革是1924年4月20日大国民议会通过的新宪法。这是土耳其国家的根本大法，规定"全部政权完全和无条件地属于人民"。政权的最高机关是土耳其大国民议会，它选举共和国总统、批准政府成员和通过各种法律。宪法宣布取消一切特权阶层及其权力，倡导民主自由，保障"每个人的生活、财产和居住权利"。这样，土耳其确立了共和政体，开始实行欧洲议会民主。这部宪法以法国宪法为蓝本，部分借鉴了波兰和美国宪法的内容。随着它的制定和通过奠定了中央政权的牢固基础，加强了宪法赋予总统和议会的权力。从而，在最短的历史时期内可以推进各项改革措施的实施，构建现代化的土耳其国家。

司法制度改革

每个民主国家都根据自己的特点、政治制度和社会价值观制定各自的法律。1923年起，土耳其共和国司法部成立了由议员、法律专家、教授、法官和律师组成的专门委员会，负责起草公民法典。1926年2月17日，大国民议会颁布了依照瑞士民法制定的土耳其共和国民法。该法禁止一夫多妻制，主张世俗婚姻，从法律上保障农民对土地的权利。民法典还规定改造教育制度，政教分离，宣布伊斯兰教不再是国教，土耳其是世俗共和国。民法典强调"土耳其属于土耳其人"，禁止在公共场所讲其他语言，只准使用土耳其语。

民法典的一项重要内容是确保人权和自由，宣布全体公民不分出身、性别、宗教信仰和阶级属性在法律面前一律平等，特别强调男女平等，妇女在结婚、离婚、就业等方面享有与男人平等的权利。过去妇女受到歧视和奴役的地位得到彻底改观，妇女享有参加社会生活和政治生活的权利。1930年4月3日，土耳其妇女获得了参加选举的权利，在1934年12月5日的大国民议会里已经有17名女性代表。1932年7月一位年轻美貌的土耳其姑娘克丽曼·英杰在布鲁塞尔被遴选为世界小姐，而凯末尔收养的一个女孩还当上了土耳其的第一位女飞行员。这都是土耳其历史上破天荒的重大事件。男女平等是凯末尔革命的主要成果之一。

接着，土耳其大国民议会又先后颁布了一系列其他法典。如

1926年3月1日的刑法、1926年3月22日的国家公务员法、1926年4月22日的借贷法、1926年5月29日的贸易法、1926年6月18日的民事法、1929年5月13日的海洋贸易法，等等。

这些法律法规充分吸收了瑞士、意大利、德国等国的实践经验，摒弃了奥斯曼帝国时代的陈规陋习，为凯末尔的改革运动持续发展提供了法律保障，打下了坚实基础。

社会生活改革

土耳其共和国要想在短期内克服与世隔绝的落后面貌，汲取西欧文明成果，唯有在社会各个领域进行激进的改革，其中也包括社会生活方面的改革。早在1924年3月3日，土耳其大国民议会通过了土耳其人的着装法，改变人们穿衣戴帽的习惯。凯末尔以身作则，第一个改变了自己的衣帽，剃去了胡须。他认为，服饰和装束看起来是个人的小事，却反映了人们的文明程度。同时，开展同奥斯曼帝国时期风俗习惯残余作斗争和欧化运动，强调土耳其人的衣食住行应该与现代欧洲接轨。

凯末尔从1925年起现身说法，反复强调服饰衣着反映了人们的精神面貌，社会的文明程度，对身体健康也有益处。1925年11月3日，政府通过一项法令，通令全国人民头戴礼帽，废除妇女戴面幕和头巾。为了突出服饰衣帽改革的重要性和迫切性，凯末尔还列举了法国军队的例子。他说，1912年法国士兵还在披蓝色斗篷，戴红色条纹军帽，穿红裤子。法国国防部长梅西米到巴尔干前线视察后，意识到保加利亚军人穿暗灰色军服在战斗中有明显的好处，因为火力的强大和武器的射程要求士兵尽量不要暴露目标。但是他提出不穿红裤子的建议却遭到普遍反对。法国前国防部长埃狄恩甚至说，绝对不能取消红裤子，因为"红裤子就是法兰西！"这种盲目和愚蠢地迷恋最惹眼的颜色，势必带来严重的后果。

1931年，土耳其开始使用新的度量衡制度，西欧的米尺和公斤代替了土耳其原来的长度和重量标准。采用统一的欧洲度量衡有利于土耳其的经济、商业和对外贸易。与此同时，土耳其还实施欧洲历法和新的纪年法。1935年4月宣布星期日为休息日，取代过去的星期五休息日和穆斯林祈祷日。1936年还确定了土耳其的新国旗和国庆日。

凯末尔推行改革10年，其最后一项改革是在1934年公布姓氏法，取消头衔制度。

毫无疑问，凯末尔的改革使土耳其的社会政治制度发生了翻天覆地的变化，为土耳其加速摆脱封建羁绊、走向资本主义发展铺平了道路。凯末尔的历史功绩在于，这些国家体制、文化、生活等领域的改革具有进步意义。它们有利于土耳其民族的强盛，有利于经济的高速发展，有利于国家从封建社会转向资本主义社会形态。①

然而，所有这些改革都是自上而下贯彻下去的，没有广泛的群众基础，而欧化也是简单地借鉴，而不是源自土耳其人民对西欧文化和文明的学习。或者说，凯末尔的改革仍然带有资产阶级的局限性。例如，1924年颁布的宪法就规定，只有20岁以上的男性公民才享有选举权，只有"年满30岁的土耳其男性公民"并具有用土耳其文阅读和写作能力的，才能当选为大国民议会的议员。凯末尔改革后，土耳其依然存在社会不平等和剥削，工农大众实际上无权参加国家政治生活和管理。

所以，尽管凯末尔改革的内容家喻户晓，但改革的深远意义却没有得到所有人的理解和支持，持反对态度的人不仅有旧政权

---

① Вартанъян Э. Г., Доктринв Кемализма в контексте идей Зии Гук Алпа, Религия, националнa идентичност и държавност на Балканите през XIX—XXI век, Том 1, Сборник със статии от международна научна конференция, Велико Търново 19 – 20 ноември 2016 година, Велико Търново, 2018, с. 141 – 142.

的保守势力，而且有境内的少数民族和反对派政党。1925年2月13日库尔德人得到英国的支持在东安纳托利亚地区暴动，要求恢复哈里发制度和宗教学校及其教育。1926年6月16日凯末尔的好友在伊兹密尔策划谋杀凯末尔，但被破获，处死了11人。1930年12月23日一帮极端宗教主义首领在伊兹密尔附近游行示威，高呼："打倒凯末尔，恢复伊斯兰教法典！"也以失败告终。可见，土耳其的议会民主更多是停留在字面上，反对派政党没有发言权，凯末尔当局主宰了土耳其社会的一切。

与此同时，凯末尔通过建立强大的政党来贯彻执行他的思想和政策。

文化与教育改革

一战后土耳其社会和人们精神生活的革命性变化有力地促进了土耳其共和国知识分子的成长和文学艺术的繁荣。这个时期，土耳其的诗歌、散文、小说、绘画、建筑都取得了被后人高度称赞的成就。

共和国时期的文化和教育获得了迅速发展，取得了令人满意的成绩，这与凯末尔的改革措施密不可分。文化教育方面有三项显著成就受到称赞，而且对后来的影响极其深远。

一是提倡国民教育。奥斯曼帝国时代，国民的识字率比欧洲国家要低很多。20世纪初识字人口只占帝国总人口的4%左右，而同一时期法国达到14%，奥地利达到14.5%，英国达到18%，德国达到16.5%，意大利达到7.6%[①]。而且，国民接受的是宗教教育，学校成为束缚进步思想的场所。直到18世纪，在西欧的影响下，宗教学校之外开始创办炮兵学校和工程兵学校。学校由宗

---

① А. Д. Желтяков, Ю. А. Петросян, *История просвещения в Турции* (конец XVIII—начало XX века), Москва, Издательство Наука, 1965, c. 152.

教部门管理。后来,帝国境内的其他行省在19世纪开办类似其他欧洲国家的世俗学校,宗教课只是教学的一部分。

共和国诞生之初,国民教育已经作为民族的事业来看待。1924年停办了全部宗教学校,教育制度获得统一。在各级学校里,关于土耳其文化的课程,统一由土耳其的教师授课。同时,教育与宗教分离,实现国家教育世俗化,女生获得了入学的机会。初等教育不仅是让初学者学习文化知识,还要培养他们的爱国主义和情操。所以,小学生进校开始背诵的第一句话就是"我是土耳其人,诚实而勤劳"。他们要立誓"保护弱者,尊重老人,追求进步,服务国家。学问、道德和民族主义携手共进"①。

共和国时期,除重视小学、中学和技术学校的发展外,在努力发展高等教育。1933年将奥斯曼帝国时期留下的旧伊斯坦布尔大学改造为现代化的新大学,在该大学还建立了一流的经济学院。当时有3437名大学生,其中有624名女生,138位教师。建校时只有医学系、法律系、文学系和自然科学系。1934年在该校增设了革命历史研究所,1936年新开了经济系。与此同时,在安卡拉创办了文、史、哲、地等学院,最后合并成今日的安卡拉大学。

共和国根据自己的财力物力发展教育事业,其目的是创造一个现代化的、文明的土耳其社会。1924年,凯末尔在一次讲话中说:②

> 先生们!我们民族的目标,我们民族的理想,是按世界的标准,成为一个文明的社会集体。因为,在世界上,每个民族都拥有资源上的主权与自由、独立的权利,他们既是主

---

① [美]戴维森:《从瓦解到新生——土耳其的现代化历程》,张增健、刘同舜译,学林出版社1996年版,第158页。

② 转引自[土]卡密尔·苏《土耳其共和国史》,杨兆钧译,云南大学西亚研究所,1978年,第208页。

权所有者,优势相对地创造文明的主人,没有创造力的民族,也就没有自由和独立。

二是改革文字。这场改革的目标是把过去惯用的阿拉伯字母抛弃,而采用土耳其新字母。这是发展国民教育的关键性一步。几百年来,土耳其人一直使用外来的阿拉伯文字体,在教学和普及教育方面受到种种障碍。土耳其字母拉丁化的方案公布后,为保持土耳其文字和语言的纯洁,删除了土耳其语中的阿拉伯语和波斯语混合词语,形成土耳其书面语。1928年年初,凯末尔亲自主持成立了一个专家委员会,负责创制土耳其新字母。同年8月新字母正式向全国公布。原来预计完成文字改革至少需要5—7年的时间,在凯末尔等领导人的努力下,两三年内基本实现了改革的目标。凯末尔亲力亲为,走到乡村,挂起黑板,传授新字母。全国人民亲切称他为"首席教师"。凯末尔在大国民议会讲坛上说:[1]

> 伟大的土耳其民族,改变蒙昧的状态,轻而易举的办法,只有把自己美丽的原有的文字简易化。用这种工具,才能使我们摆脱落后状态。这种读和写的钥匙,唯有采用拉丁字体,来改革土耳其字母。
>
> 我的敬爱的朋友们!文字改革,是高尚而永存的纪念物,这标志着土耳其民族,进入了一个新的光明世界。

土耳其文字改革运动,实际上也是一场清除外来语和纯洁本民族语言文字的过程。凡在书写和教学上使用的外来语词,都用土耳其文词语代替。这便于在普通百姓中推广,受到欢迎。

---

[1] 转引自[土]卡密尔·苏《土耳其共和国史》,杨兆钧译,云南大学西亚研究所,1978年,第210页。

三是倡导学习本国历史。奥斯曼帝国年代里，宗教学校里的历史课只讲伊斯兰教历史和奥斯曼帝国历史。共和国成立后，要求学习本国历史，把讲授土耳其历史作为一项主要任务。1931年，由凯末尔提议，在安卡拉成立了土耳其历史研究学会。接着，召开了各个历史时期的学术研讨会，每4年举行一次历史学国际代表大会。其一项重要成果是编辑出版了四卷本《土耳其历史大纲》，编写了各级学校的历史课程。这为土耳其文化事业和教育事业做出了贡献。

凯末尔认为，土耳其地域辽阔，历史资料丰富。土耳其文化在世界文化中占有重要地位，应该通过历史让世人更多地了解土耳其。凯末尔还强调说，一方面需要吸收欧洲文明的成果，另一方面，需要在发展文化的同时保持文化独立。

三　土耳其的欧洲现代化之路

建设现代化土耳其

土耳其共和国继承了奥斯曼帝国沉重的经济和财政遗产。共和国的经济以农业为主，工业基础十分薄弱，而且由于1911—1922年的连年战乱，丧失大片领土和大量劳动力，经济几近崩溃。如何恢复和发展年轻共和国的经济已经刻不容缓，迫在眉睫。

土耳其获得政治独立后，一项重要任务是赢得经济独立。因为，没有经济独立就谈不到政治上的完全独立。所以，在共和国建立的前夕，于1923年2月17日在伊兹密尔召开了全国经济代表大会，来自全国各地的1135名农民、贸易、手工业者、工人和军队的代表与会。会议的一项主要任务是制定新土耳其国家发展的经济纲领。凯末尔在会上发表了长篇讲话。他指出：

> 政治上和军事上的胜利，不管有多么巨大，如果经济上

所获得的胜利不能巩固下来的话，不久，胜利即消失了。

我国历史上所有的胜利与失败，都与我们的经济状况有直接的关系……只有民族主权和经济主权都加强了，才能获得完全的独立。①

这次代表大会通过了包括12点内容的纲要，强调要以人民和祖国的名义，增加生产、扩大耕地面积、开发矿藏、吸引外资，以及改革税收制度、取消什一税、建立新型信贷机构、发展交通运输、向无地农民提供土地、发展农业机械、制止投机倒把，等等。这次大会为共和国的经济政策指明了方向，奠定了基础。

农业作为整个经济的基础受到政府的高度重视。1924年开始建立农业信贷合作社，除开展信贷外，还收购和销售农产品。为鼓励农业机械化，对进口的农机部件、化肥、燃料等免除关税。1925年2月17日，土耳其政府正式取消农产品的什一税，这是农业领域的一项重大措施，有力促进了国内市场的发育和农村商品货币关系的发展。

凯末尔在全力推行社会和政治改革的同时，十分重视国家的经济建设和国家的繁荣发展。土耳其建国后，凯末尔实行"国家主义"政策，推行计划经济和工业国有化，民族工业得到一定的发展。共和国成立后，凯末尔为发展土耳其的经济，为促进工业、农业、交通和商业各部门的发展，做出了艰苦的努力，取得了令人骄傲的成绩。

1924年3月1日，凯末尔在第二届大国民议会第一次会议上说：

经济和财政领域的改革和措施具有实质性意义。我们国

---

① Кемал Ататюрк, *Избрани речи и изказвания*. с. 98 – 99.

家的财政状况取决于资金支出的纪律和秩序。我们希望执行严格的预算，进行税收改革，与所有铺张浪费的行为作斗争。我们认为，增加我国财富的源泉首要是农业、工业和农产品加工业。①

凯末尔曾经提出："没有工业就没有独立！"为此，1927年5月28日，一部私人企业法开始生效。改法规定，私人企业可以在城郊免费获得土地修建工厂企业，而对于盖在城区的工业企业，可以延期10年支付这些土地应纳赋税；新工矿企业从国外购买的机器及其设备和原材料免征关税；新企业的铁路和水上运输费用减免30%；国家机关、私营企业和城市公共部门必须购买和使用本国工业产品，尽管这些产品要比进口产品贵10%。② 这一年，还成立了高级经济委员会，由政府总理担任名誉主席。该委员会有权向政府的经济法律草案提出建议，研究国内的经济形势并向政府提交具体建议，探讨世界经济发展趋势及其对土耳其经济的影响。

土耳其发展民族工业的政策取得了初步成果。据1927年统计，土耳其拥有65245家工业企业，256855名工人。其中，只有2822家企业可以称作工厂，其他都是小型企业和手工作坊，约2/3的工业品属于加工农产品。③

铁路建设在土耳其共和国经济政策中处于重要地位。奥斯曼帝国时期的铁路掌握在英国、法国和德国手里，主要分布在爱琴海和地中海沿岸一带，为它们的经济和军事战略利益服务。1924年成立了"安纳托利亚铁路局"，国家控制了铁路建设和管理。

---

① Кемал Ататюрк, *Избрани речи и изказвания*. с. 238.

② Дженгиз Хаков, *История на съвременна Турция*, София, Парадигма, 2008, с. 101.

③ Дженгиз Хаков, *История на съвременна Турция*, София, Парадигма, 2008, с. 102.

1933 年国家收购了东色雷斯地区的"东方铁路"。这样，奥斯曼帝国花了 60 年的时间，由外国公司在安纳托利亚西部修建了约 4000 千米的铁路。而土耳其共和国仅仅在 1925—1939 年的 14 年时间内利用国家贷款铺设了 3000 千米铁路。[①] 20 世纪 30 年代土耳其的铁路已经与苏联和伊朗的铁路连接在一起。

1929—1933 年的世界经济危机沉重打击了凯末尔的改革和土耳其的经济，特别是土耳其的农业。奥斯曼帝国时代国家依靠农业和贸易。一战前后，土耳其的贸易主要由希腊人和亚美尼亚人控制。年轻的土耳其共和国为了摆脱经济危机的影响，采取了一系列措施，如开展生产节约运动、禁止从国外进口奢侈品、降低国家公务员的工资、稳定货币、制定反对投机倒把法、建立本国银行、接受西方贷款和苏联的援助，等等。1929 年实行土地改革，许多无地和少地的农民获得了土地，开始种植茶叶、柑橘、甜菜等新的农作物，成立安卡拉高等农学院，推广农业机械等。

在土耳其共和国，国家从一开始就在经济生活中发挥着重要作用。国家集中资源，制定经济政策，领导重要部门的经济活动。正是在 1929—1933 年的世界经济危机中产生了土耳其的国家主义。因为这个时期土耳其民族资本薄弱，而外国资本对土耳其的投资甚少，所以许多经济项目只能由国家组织实施。

实现国家主义政策的一个方向是学习当时苏联的榜样，将土耳其经济转入有计划的发展。为此，1932 年 8 月，应土耳其政府的邀请一个苏联专家小组来到安卡拉，帮助制订土耳其经济发展的第一个五年计划。1934 年 4 月 17 日，土耳其宣布实行第一个五年计划（1934—1938），重点是建立一批国营企业和发展民族工业。

---

① Дженгиз Хаков, *История на съвременна Турция*, София, Парадигма, 2008, с. 103.

在第一个五年计划期间，土耳其建立了一批新的工厂，如纺织厂、丝绸厂、玻璃厂、造纸厂、制糖厂、皮革厂等。1939年第一家冶金联合企业开始投产，可以满足土耳其50%的钢铁需求。据统计，到1939年五年计划完成时，土耳其的食糖、水泥、木材、橡胶和皮革可以完全满足需要；在很大程度上毛料（87%）、棉布（43%）、纸张（32%）、玻璃及其制品（63%）也可以保障供应。关于第一个五年计划完成时的土耳其基本情况，有关学者还提供了如下的资料：①

全国人口约1700万；

国内生产总值1634亿里拉；

国民收入主要领域的比重：农业占47.4%，工业占11.2%，商业占10%，建筑业占4.6%，自由职业占4.1%；

经济增长速度：14%；

外汇储备：3600万美元、26吨黄金；

人均国内生产总值：1927年73里拉，1929年80里拉，1935年82里拉，1938年92里拉（合75美元）。

应该说，土耳其共和国在没有明显的经济和财政外援的情况下面临20世纪30年代的世界经济危机，继续履行《洛桑和约》的赔款义务，实现没有内债，坚持国家主义和计划经济，使土耳其经济发展取得了可喜的成绩。这是凯末尔推行激进改革和建设世俗新土耳其政策的结果。

土耳其第一个五年计划期间工农业所取得的成就巩固了国家的经济独立和政治独立，鼓舞它继续有计划地发展经济。1938年

---

① Дженгиз Хаков, *История на съвременна Турция*, София, Парадигма, 2008, с. 106、107。

土耳其颁布了国家工业建设新纲领。这个纲领有别于五年计划，它包括发展采矿业3年计划和发展其他工业部门的4年计划两个部分。1939年这两个计划共同纳入第二个五年计划。① 这个新五年计划预计将建立100多家工厂，使土耳其的工业规模进一步扩大。由于爆发了第二次世界大战，该计划被迫流产。到第二次世界大战前夕，通过凯末尔的改革，土耳其已经从一个落后的农业国变成了农业—工业国，土耳其的现代化已经起步。

凯末尔的和平外交政策

1923年《洛桑和约》之后，一个独立的新土耳其已经登上国际舞台。它被大国承认为国际社会平等的一员。凯末尔提出了土耳其对内对外政策的座右铭是"国内和平，世界和平"。这是凯末尔外交政策的核心思想和指导原则。土耳其与近40个国家建立了正式外交关系，与其中26个国家签订了友好条约。土耳其还是巴尔干和中东地区安全和合作组织的积极倡导者和参与者。应该指出的是，尽管凯末尔的主要精力放在国内改革上，但同时他独立自主地推行其外交政策，并取得了很大的成功。凯末尔推行和平的对外政策，旨在减轻一战后土耳其需要承担的某些赔款义务和重新塑造土耳其的国际形象。

一战后，土耳其的边界直接与欧洲大国接壤：在高加索地区同苏联相连；南部与法国的殖民地叙利亚和英国的控制区伊拉克相邻；隔地中海同意大利相望。所以，土耳其要执行谨慎的对外政策。

早在土耳其共和国成立的早期，凯末尔就向世界宣布："在我

---

① под редакцията на проф. Милчо Лалков, *Балкански щрихи в европейското минало*, София, Университетско издателство "Св. Климент Охридски", 2001, с. 191.

国的对外政策中，没有侵犯别的国家的内容。只有保卫我们的主权、我们的国家、我们的荣誉。"① 他还补充说，年轻的土耳其共和国将信守自己承担的（条约）义务，同所有邻国和其他国家相互尊重，友好相处。土耳其不会垂涎其他国家的领土，也不愿干涉别国的内政。同样，我们也希望别的国家尊重我们的主权和独立。② 因此，"1923年到1938年的整个共和国时代里，土耳其得到了历届统治王朝所没有得到的一大好处，即真正的和平对外关系，没有大国干涉的苦恼"③。

1930年12月3日土耳其的《安卡拉报》写道："我们不希望安卡拉的一只手被莫斯科绑住，而另一只手被罗马绑住，就像俄罗斯需要共产主义和意大利需要法西斯主义一样，我们土耳其需要的应该是凯末尔主义。"这在一定程度上反映了凯末尔多方位外交思想。

凯末尔应该感到幸运，他执政时从苏联获得了政治、经济、军事和外交上的大力援助，尽管凯末尔当局镇压了土耳其共产党，但土苏关系依然顺利发展。所以，晚年他多次谴责西方大国的侵略政策，强调建立各国人民之间的和平和谅解极为重要。他还告诫土耳其人民在未来的世界大战旋涡中要严守中立。1938年重病期间，他对身边的医护人员说：④

不久，一场真正的风暴将在欧洲肆虐。这种可怕的龙卷风将荡涤世界上所有国家，人类将再次陷入新的世界大战。

---

① 转引自［土］卡密尔·苏《土耳其共和国史》，杨兆钧译，云南大学西亚研究所，1978年，第223页。

② Кемал Ататюрк, *Избрани речи и изказвания*. с. 233.

③ ［美］戴维森：《从瓦解到新生——土耳其的现代化历程》，张增健、刘同舜译，学林出版社1996年版，第163页。

④ 转引自Дженгиз Хаков, *История на съвременна Турция*, София, Парадигма, 2008, с. 172.

> 对我们来说，这场血雨腥风的灾难具有生死攸关的意义。我们不能参加战争，我们要在风浪中牢牢掌握国家的航船不要触礁，勇往直前。

凯末尔的预言是他对 20 世纪 30 年代国际关系的准确判断，也是他和平外交政策的深切体会。在从 1928 年起的短短 10 年里，土耳其的外交活动十分频繁。仅到访土耳其的国外元首就有：阿富汗国王阿马努拉赫·汗（Amanulah Han，1928）、希腊首相埃雷夫特里奥斯·维尼泽洛斯（Venizelos，1930）、伊拉克国王法萨尔-埃米尔（Fasah Emil，1932）、南斯拉夫国王亚历山大（Alexandr，1933）、伊朗国王里扎·巴列维（Reza Pahlevi，1934）、英国国王爱德华八世（Eduart Ⅷ，1936）、约旦国王阿布杜拉赫（Abullah，1937）、罗马尼亚国王卡洛尔二世（又译卡罗尔，Karol Ⅱ，1938），等等。由于凯末尔的努力，土耳其改善了同世纪宿敌俄罗斯和希腊的关系。

同期，土耳其同邻国签订了一系列重要协议，以处理悬而未决的边界领土问题。1924—1926 年与伊拉克解决边界问题和摩苏尔问题；1936 年起与叙利亚解决哈塔伊（Hatay）省的地位问题；1926 年起同希腊开始解决色雷斯地区土耳其人和希腊人的财产问题等。1934 年 2 月，土耳其、希腊、罗马尼亚和南斯拉夫在贝尔格莱德签订了《巴尔干公约》。1937 年参加组建由土耳其、伊朗、伊拉克和阿富汗参加的条约组织，积极参加集体安全问题。土耳其还同苏联、保加利亚等国缔结了友好条约。土耳其改善了与英国、法国、意大利、美国等大国的关系。1932 年 7 月土耳其成为国际联盟的成员国。

由于从 1911 年起，土耳其受到同意大利战争、两次巴尔干战争、第一次世界大战和国内民族解放斗争的影响，它的经济和军事势力严重削弱。这些因素制约着土耳其的外交政策，致使它的主要精力放在巴尔干半岛上。

其中,土耳其率先主动改善同希腊的关系。土耳其和希腊的关系从希腊宣布独立以来就处于对立和紧张甚至仇视的状态,整个历史时期在战与和之间飘摇。希腊和土耳其有多处领土之争,但土耳其一律拒绝承认有领土问题。

20世纪20年代土希关系中的最大事件是爆发了争夺小亚细亚的战争,结果希腊遭到惨败。1923年7月土希两国通过《洛桑和约》似乎已经"解决"了两国之间的问题,但实际上由于双方的不信任和敌视,两国遗留下来的问题和新产生的问题都没有从根本上厘清,更没有彻底解决。整个20世纪20年代,两国关系是紧张的。1924—1926年土希两国开始交换移民,即居住在土耳其的希腊人(起初不包括生活在伊斯坦布尔的希腊人和东正教牧首)和居住在希腊西色雷斯的土耳其人。交换居民尽管得到国联和海牙国际法庭的协助,但总是伴随着暴力驱赶和财产的处理问题,或者说一般很难做到"自愿"和公平,常常发生许多纠纷和冲突,引起双方政府的干预。

20世纪20年代末,希腊是共和主义者执政,是充满欧洲进步思想的国家。土耳其的凯末尔政府也是正在兴起的面向欧洲和走上现代化道路的国家。两国都有改善关系的强烈愿望。1928年7月,时任希腊首相维尼泽洛斯公开宣布放弃对土耳其和小亚细亚地区的所有领土要求,执行睦邻友好政策,改善同邻国——特别是同土耳其的关系,承认边界现状。这一声明得到了土耳其方面的积极响应,也表现出和平与善意。

于是,希土两国从1930年6月开始先后签订了经济合作条约、海上武装条约、移民条约和友好条约。之后又缔结协议停止交换移民。不久,希腊维尼泽洛斯首相访问土耳其,签订了土希中立和友好条约,建立了较为密切的关系,开启了两国关系新篇章。① 维尼泽洛斯成为凯末尔的亲密朋友，并积极建议将诺贝尔奖授予凯末尔。希腊改善同土耳其的关系，使它的东部边界保持稳定，使它更好地发展同其他巴尔干国家的关系，并积极参与巴尔干事务。同时，希土之间关系缓和与解决两国尖锐矛盾的做法也为其他巴尔干国家提供了经验和借鉴。

土希争论塞浦路斯问题由来已久。塞浦路斯问题原本是由英国殖民主义者在该岛进行殖民掠夺造成的。塞浦路斯从地理位置看，属于西亚国家。而从地缘政治考虑，它被视为欧洲国家。由于它同希腊和土耳其有着密切的历史、宗教、民族联系，它有时也被列入巴尔干国家。

塞浦路斯面积 9251 平方千米，人口 72 万人。其中 80% 为希腊族人，18% 为土耳其族人，其余主要有亚美尼亚人、犹太人等。塞岛位于地中海东部，是仅次于西西里岛和撒丁岛的地中海第三大岛。它距土耳其不到 100 千米。因此，它是欧洲通向中东地区的海上战略要地，是东地中海一颗引人注目的"明珠"。但塞岛受希腊政治、经济、宗教和文化的影响最大。

土耳其人定居塞浦路斯的历史始于奥斯曼帝国的扩张时期。塞浦路斯处于土耳其人的统治之下，长达 3 个世纪。1821 年希腊人民的反奥斯曼帝国起义给塞浦路斯以巨大鼓舞。1830 年希腊人民独立运动取得胜利，塞岛上反抗土耳其人的斗争越来越频繁。东正教会在这场斗争中起着重要作用。岛上的知识分子主要接受希腊教育，深受希腊独立运动思想的熏陶。他们对希腊有一种特殊的感情。正是从这时起，塞岛希族人试图说服希腊政府关心塞岛事务，兼并该岛。1831 年，奥斯曼帝国迫于欧洲列强和东正教会的压力，承认塞岛上的基督教居民有权加入希腊国籍。于是，塞岛希族人不认为他们是一个单独的民族，而是希腊民族的一部分。

---

① Дженгиз Хаков, *История на съвременна Турция*, "Парадигма", 2008г., с. 164.

1833年，最早提出了塞浦路斯跟希腊合并的口号。这就是后来有名的"意诺西斯"（同希腊合并）运动的开端。这一运动得到岛上大多数居民的支持。

1878年，根据《柏林条约》奥斯曼帝国同英国缔结《塞浦路斯公约》，把塞浦路斯的统治权和管理权转让给英国。英国在塞岛搞"分而治之"，挑唆本来就复杂的民族关系，从中渔利。英国还在该岛修建了它在海外最庞大的海军、空军基地，争夺东地中海霸权。

在此期间，土希两族关系不仅没有在外来势力干预下得到缓和，反而受到英国的愚弄和欺骗，开始同室操戈。1882年英国在塞岛建立殖民地式的立法会议，准备给塞岛以有限的内部自治，并按人口多寡组织立法会议。这对岛上的希族非常有利。殖民统治早期，为了尽快削弱奥斯曼帝国，英国对希族的"意诺西斯"运动持听之任之态度。第一次世界大战爆发前夕的1913年，英国政府同希腊政府频繁接触，讨论以塞岛换取希腊克法利尼亚岛的阿戈斯托利昂港做军事基地。1915年10月英国又向希腊许诺，只要它站在塞尔维亚等国一边参加战斗，塞浦路斯可以在战后划给希腊。可见，英国人从一开始就不关心塞岛的自由独立和土希两族友好相处，而是拿塞岛作筹码，在外交上做交易。而且，在多数情况下英国政府站在希腊一边说话。

所以，土希两族从组建立法会议起，就塞岛的现状和前途发生矛盾和争论，无法达成共识、采取联合行动，更无法开展共同的反对英国殖民统治的斗争。希族代表曾在立法会议上强行通过决议同希腊合并。土耳其族人则举行群众大会，提出抗议，并主张塞浦路斯应归还土耳其，因为土耳其是塞岛"合法的继承人"。面对土希两族的争议，英国于1914年宣布兼并塞浦路斯。根据1923年签订的《洛桑和约》，土耳其最终放弃了对塞岛的"宗主权"，承认英国的兼并。1925年塞岛正式成为英国的直辖殖民地，但享有较大的自主权。

1928年英国占领塞浦路斯50年时，岛上曾发生大规模反英示威游行。1931年10月，塞岛爆发声势浩大的反英起义，希族居民强烈要求同希腊合并，要求民族自决。英军镇压了这次起义，岛上暂时恢复了和平。可以说，第二次世界大战前，塞岛两族居民有些摩擦，但基本上能和睦相处，没有发生大的纠纷。直至1960年8月16日塞浦路斯共和国成立，英国对塞岛的统治长达82年彻底结束。塞浦路斯问题一直是希腊和土耳其长期争论的问题，希土两族和解还道路漫长。

凯末尔时期黑海两海峡问题。第二次世界大战前大国的巴尔干政策，集中反映在它们对黑海两海峡的争夺上。黑海海峡包括博斯普鲁斯海峡和达达尼尔海峡，位于欧亚两洲的接合部，是黑海通向地中海的咽喉，战略地位极其重要。博斯普鲁斯海峡位于黑海与马尔马拉海之间，长约30千米，最宽处3.6千米，最窄处0.7千米，航道中心水深50—120米。两岸濒海有许多悬崖和水湾，山高200余米，多城镇和乡村，风景秀丽，是险要的军事重地。伊斯坦布尔就矗立在海峡两岸。达达尼尔海峡处于爱琴海和马尔马拉海之间，全长约62千米，最宽处7.5千米，最窄处1.2千米，航道中心水深约45—100米。两岸山高约400米，也是保卫伊斯坦布尔的天然屏障。

20世纪30年代中期，土耳其政府要求改变黑海两海峡的现状，即涉及两海峡的航行问题和将博斯普鲁斯海峡和达达尼尔海峡交由土耳其管理，并有权在那里修筑工事和驻军。土耳其政府认为，维持巴尔干地区现状的政策与要求修改《洛桑和约》的条款并不影响它提出这个要求。早在1932年的安卡拉国际裁军和会上，土耳其就已经提出了这个问题。当时由于英国的强烈反对，该问题被搁置起来，直到1936年的蒙特娄（又译蒙特勒）国际会议上，才制定两海峡的新规则：非军事区不取消，但土耳其成为拥有充分权利的海峡控制者，可以在那里修建要塞和驻扎军队。土耳其还拥有控制两海峡的航行权，撤销根据1923年《海峡制度公约》成立的"海峡国际委员会"。

1936年6月22日，土耳其、英国、法国、苏联、希腊、罗马尼亚、保加利亚、南斯拉夫、日本等《洛桑和约》签字国的代表，在瑞士的蒙特娄召开了制定新的海峡制度的国际会议。会议围绕各国军舰通过黑海海峡的问题，进行了长时间的争论，最后于7月20日达成协议。与会9国代表签署了新的《关于海峡制度公约》，通称《蒙特娄公约》。公约确认了海峡通行的自由原则：平时和战时各国商船均可自由通过；平时黑海沿岸国家的军舰可自由通过海峡，非沿岸国家之军舰通过海峡则要受到一定限制，即同一时期通过的军舰总吨位不得超过1.5万吨，在黑海停留的船只总吨位不得超过3万吨，停留时间不得超过21天；在战时如土耳其为中立国，各交战国军舰不得通过海峡，如土耳其为参战国，则由土耳其决定允许哪些国家的军舰通过。根据新公约，撤销了原来的海峡国际委员会，恢复了土耳其对海峡的全部主权，土耳其获得了在达达尼尔海峡和博斯普鲁斯海峡设防的权利。该公约于同年11月9日生效。

显然，1936年关于黑海两海峡的公约的通过不仅是土耳其的胜利，而且也是苏联的胜利。从此，英国被迫失去对海峡的控制权。至于巴尔干国家，土耳其无疑是直接的获利者。保加利亚受到土耳其修改《洛桑和约》的鼓舞，也坚持要和平修约。在这个问题上，保加利亚与土耳其出现了改善关系的曙光。南斯拉夫对土耳其在海峡问题上的成功表示高兴。希腊则对土耳其的胜利表示担忧，害怕黑海国家保加利亚仿效土耳其，重新提出爱琴海出海口问题。罗马尼亚也是黑海国家，但对《蒙特娄公约》有些犹豫不决。

后来的事实证明：土耳其掌握着黑海两海峡大门的钥匙，但开锁权却控制在欧美大国手里。

凯末尔主义

在推行积极的对内对外政策的同时,凯末尔还通过建立强大的政党来贯彻执行他的思想和政策。1923年4月,凯末尔在一份声明中第一次提出了建立政党的必要性问题。8月9日,凯末尔召集他的志同道合者研究成立政党的具体事宜。这个政党叫作人民党。1924年人民党改名为共和人民党,成为土耳其民族资产阶级和地主阶级利益的代表。

1923年8月11日举行大国民议会选举,人民党在议会的286个议席中获得265席,大获全胜。凯末尔及其追随者在议会占据绝对优势。所以,这届议会又称为"革命议会",一直存在到1927年10月1日。

同时,对凯末尔改革不满的各种世俗的和宗教的势力,集聚在一起,于1924年建立了进步共和党,旨在推翻凯末尔政权。于是,土耳其的国内政治局势呈现加剧趋势。对于反对派的兴起和活动,凯末尔等人早有准备,还在1923年年底,当局就成立了所谓独立法庭,调查和处理反对凯末尔的案例。凯末尔等人以此确立了共和人民党在土耳其政治生活中的垄断地位。

1927年10月共和人民党召开第一次代表大会,会期长达6天。凯末尔在会上作了"历史性"讲话,回顾了土耳其推翻君主专制统治以来所发生的深刻变化,他特别讲到对土耳其民族和土耳其青年寄以莫大的希望,并正式将10年来凯末尔的改革和国家的变革统一称为"凯末尔主义"。

1931年5月10日,共和人民党在安卡拉召开第三次代表大会。大会通过了共和人民党的新纲领和新章程。决定在土耳其实行党政合一,议会实行一院制。党的纲领根据土耳其社会人们的不同职业和他们从事的活动,划分为5个社会集团,即小农、小手工业者和工业家、大地主、工人和商人。

党的纲领最终确定了凯末尔主义的基本原则。它从前几年的共和主义、民族主义、世俗性和人民性等 4 项基本原则又补充了国家主义和革命性两个原则。这 6 项原则（又称 6 个主义）被象征性地绘制为 6 道向外放射的光线，中间代表党，6 道光线代表国家希望发展到达的 6 个方向：共和主义、民族主义、人民性、世俗性、国家主义和革命性。① 这实际上是共和人民党所通过的党纲的核心内容和价值观，是一直保留至今的凯末尔主义，又称凯末尔思想。在一定程度上讲，凯末尔主义是民族主义和亲欧主义的混合体。土耳其学者也承认，"阿塔图尔克（Ataturk）主义的基本思想也许可以概括为高度的西方主义和高度的民族主义"②。所以，后来的土耳其政治家都在捍卫凯末尔主义的同时，坚持西方化的路线。

所谓共和主义，是指共和国是体现人民主权思想的最好最持久的形式，它是国家体制不可动摇的基础；应该动用一切手段捍卫它，并反对任何威胁破坏它的势力。

提出民族主义的主要任务是要在发展国际联系时"保持土耳其民族的特殊属性和特点"，并在融入世界进程中同"所有文明民族享有同等的平等权利"。故凯末尔主义主张的民族主义与种族主义和极端沙文主义不能同日而语。凯末尔既反对奥斯曼主义，也反对泛伊斯兰主义和泛突厥主义。民族主义和突厥主义是土耳其共和国的意识形态和实践活动。所以，凯末尔的民族主义是力图将土耳其社会融入当代民族，使土耳其民族成为当代世界民族平等的一员。

至于人民性，则宣布人民是意志和主权的源泉，要真正履行国家对公民和公民对国家相互的义务；凯末尔认为，新土耳其国

---

① 参见 Дженгиз Хаков, *История на съвременна Турция*, София, Парадигма, 2008, c. 120。

② ［土］悉纳·阿克辛:《土耳其的崛起：1789 年至今》，吴奇俊、刘春燕译，社会科学文献出版社 2017 年版，第 99 页。

家依靠人民，代表人民的意志，是人民的国家，不是任何个人的国家；人民性就是民主管理，在法律面前完全平等，没有任何个人的特权。

而世俗性是强调土耳其国家是世俗国家，教会与国家和世俗事务分离。据说，在凯末尔主义6项原则中，关于世俗性的解读是争论最多的。一说世俗性是土耳其社会现代化和民主化的重要前提；另一说真正的穆斯林不可能成为世俗主义者，但穆斯林社会是世俗社会。所以，世俗性不仅是一种宗教概念或宗教事务脱离国家的自由，而且强调宗教思想要脱离世俗事务、脱离政治；管理国家要依靠科学技术取得的成就，而不能依赖伊斯兰宗教的教义。总之，世俗性意味着接受世俗的生活方式和思维，接受科学观念。

国家主义主张在承认和保护私人倡议的同时，国家要积极参加经济生活，以便在最短的时期内使民族繁荣昌盛；国家主义意味着国家发展经济中起着主导作用，要有计划地发展经济和管理国家，但这并不意味国家要垄断一切生产资料，国家应该提倡和鼓励私人倡议精神。

6项原则的最后一项是革命性，则要捍卫和忠于凯末尔的革命思想，对于土耳其社会现代化要持不断革命的态度。土耳其社会之所以落后是因为没有吸收西方社会的革命变革。改革不仅要推翻旧的国家机构和过时的思想和生活方式，而且要建立新的国家机构、要有新的思想和新的生活方式。凯末尔主义不是教条，而是体现当代社会科学技术进步的新思想。

共和人民党的纲领除上述基本原则外，还列举了一系列党的任务和措施，如劳动和节约，使商品出口超过进口，帮助农民建立信贷和生产合作社，支持外贸，继续修筑铁路，完善税收和财政制度，扫除文盲，等等。

尽管凯末尔具有欧洲的议会民主思想，但到第二次世界大战前夕共和人民党仍然是土耳其唯一的执政党，不容许别的政党存在。1924年11月17日进步自由党成立不到一年，便在次年6月遭到取缔。1930年8月12日出现了土耳其第三个政党自由共和党，但到11月17日该党也消亡了。从20世纪20年代初土耳其的工人运动兴起，提出了一系列政治要求，但直到凯末尔改革的后期才得到重视。到二战前夕，土耳其城市工人的数量已达到80万人。这迫使凯末尔不得不在1936年制定了第一部工人法，1937年实施8小时工作制，禁止妇女和儿童从事非法劳动，享受病假期间的部分报酬。但工人法严禁罢工。与此同时，土耳其共产党的活动仍然遭到禁止。所以，二战前土耳其依然是一个一党制国家，国家的政治生活被共和人民党严密控制和操纵。

1937年2月，共和人民党的这6项原则写进了土耳其共和国宪法，成为建国的基本原则，标志着土耳其在按照欧洲的模式进行革命和建设。

我们看到，在土耳其近代史上还没有一位其他历史人物可以与凯末尔媲美。凯末尔生前和死后都被公认为一位天才的军事家、国务活动家和改革家，也是一位和平主义战士。新土耳其所取得的一切成就与凯末尔的伟大人格、坚定的改革魄力，为整个土耳其国家和民族的幸福而奋斗的精神密不可分。所以，还在1934年11月24日，土耳其大国民议会通过一项特别法，决定授予凯末尔"阿塔图尔克"的尊称，意即"土耳其国父"，以表彰他对土耳其共和国做出的突出贡献。这也是土耳其人民对凯末尔35年来战斗、改革、建设和革命的最高承认。也是在这一年（1934），凯末尔获得诺贝尔和平奖提名。由于英国外交大臣亨德森主持了国际裁军会议而被授予诺贝尔和平奖，所以凯末尔与这个奖项擦肩而过。但凯末尔是巴尔干和中东地区唯一的一位获此提名的国务活动家和政治家。

然而，正当改革和建设如火如荼进行，土耳其沿着欧洲现代化道路前进的时候，新土耳其的设计者和建筑师凯末尔却未能实现土耳其的梦想，积劳成疾，于1938年11月10日病逝。① 政府的讣告称："我们的祖国失去了自己伟大的建筑师，土耳其民族失去了自己伟大的领袖，而人类失去了自己伟大的儿子。"② 11月16日，连续三天三夜成千上万的民众在多尔玛巴赫切皇宫瞻仰凯末尔的遗容，依依不舍地告别自己的领袖。随后，凯末尔的灵柩暂时停放在安卡拉民族学博物馆内。

1953年土耳其政府以隆重的仪式将凯末尔移灵到安卡拉的拉萨特佩（Rasattepe）山冈上一座宏伟陵墓。墓壁上镌刻着凯末尔生前的《告青年书》和1933年土耳其共和国成立十周年演说辞的片段。墓壁上的浮雕诉说着土耳其独立战争时期的英勇战斗场景。

纵观凯末尔的一生，我们清晰地看到：他是土耳其人民无可争议的民族解放斗争和反封建斗争的英勇斗士；1919—1920年，他站在反对外国占领者和苏丹专制制度的最前沿；1920—1923年，他领导建立了土耳其正规军和创建了土耳其共和国；1923—1938年，他开展史无前例的改革运动、蓬勃的经济建设和和平外交政策，使土耳其跻身于欧洲现代化国家行列，直至生命的最后时刻。凯末尔革命给土耳其人民带来了希望，为土耳其国家实现了独立和自由。他的离世是土耳其的重大损失，也给世界人民带来了深沉的哀悼和敬意。英国首相丘吉尔称"阿塔图尔克的逝世是整个人类的损失"。

在巴尔干近现代史上，凯末尔创立的土耳其共和国为其他巴尔干国家树立了榜样，其历史地位和作用留下浓墨重彩的一笔。"毫无疑问，在他的领导下建立了坚强的土耳其共和国和土耳其民

---

① 11月10日作为凯末尔忌日，一般要举行全国性短暂默哀。
② 转引自 Борнард Аюис, *Възникване на съвременна Турция*, Пловдив, Издателство "Пигмалион", 2003, c342。

族。独立和国家主权已成事实,对外关系有了良好的基础,西方化迈出了大步,世俗化也有同样的进步。"①

四 旧中国报刊视域下的凯末尔其人其事

凯末尔一生没有来过中国,但是他的革命思想和改革精神以及成功事业却在中国留下了不可磨灭的印象,得到中国有关报刊的广泛评论和赞扬。第一次世界大战前夕,土耳其和中国都被西方殖民主义者视为西亚和东亚的两个"病夫",饱受欺凌和侵略。然而,一战结束后,凯末尔在土耳其领导资产阶级民主革命,对内推翻了延续了6个世纪的苏丹专制制度,对外驱赶西方霸权主义势力,建立共和国,走上独立自由发展道路。

1929年,中国南京政府与土耳其共和国建立了正式外交关系,互派了外交人员,两国官方和民间的交往增多。正是在这前后,中国媒体和学界开始关注、了解和研究土耳其、土耳其革命和凯末尔其人其事。这从一些专访和通讯文章可以看得出来,资料的可靠性和权威性较高。当我们翻阅1923—1938年中国南京和上海两地几种报纸和杂志的时候,惊喜地看到,有的报纸几乎每天都登载有关土耳其的消息,多种刊物的创刊号上在显著位置刊发了有关凯末尔的文章。它们像一幕幕电影浮现在我们眼前,那些泛黄的纸页依稀在向我们叙述一个个动人的故事。这些真情实意的文字深深感动我们,使我们觉得有必要记录下来,把它们再现给今天的读者。②

---

① [美]戴维森:《从瓦解到新生——土耳其的现代化历程》,张增健、刘同舜译,学林出版社1996年版,第165页。
② 首都师范大学历史学院硕士研究生徐蕊帮助提供了本书的相关报刊资料,特此致谢。

《新土耳其》一书夸赞凯末尔领导土耳其革命的贡献

1927年中国出版了《新土耳其》一书①,在社会上引起广泛反响。作者在书中论述了土耳其国家的兴起、衰落和复兴,重点介绍了土耳其共和国的诞生和凯末尔的贡献。他在讲到土耳其复兴的原因时说:"是因为土耳其到了1919年的时候,已经有了民众的觉醒了……自1919年后,土耳其民众跟着他们的革命领袖走,不计成败,不管利钝,总是朝前的动,朝前的干;所以即令一时没有成功,但凭这点觉醒,我们也总可以相信他们必有成功之一日。"(《自序》,第2页)

1927年正是中国革命处于最困难的低潮时期。作者坚信,土耳其的今天就是中国的明天。他说:"这一次土耳其的革命,以凯末尔等为先锋,以全体民众为后盾,对内有普遍的觉醒与一致的团结,对外有奋勇的军队与敏捷的外交,各出全力,各下决心,一个生气勃勃的新土耳其,便是这样艰难缔造起来的。我们的地位,与过去的土耳其恰有同病;现在土耳其已经复兴了,已经找到新的生命了,只是我们应该要如何努力啊!"(《自序》,第4页)作者还明确指出,当时的中国应该向土耳其学习,以土耳其为榜样。他写道:"以过去的政治、经济、司法、外交各种地位论,土耳其与中国最相类似;现在中国状况尚陷纷乱,而土耳其对内对外的革命却已告一段落;艰苦卓绝,卒底如成。尤觉处处可供参考,事事可资效法。"(《例言》,第1页)

对于1923年土耳其共和国的成立,凯末尔以196票对1票的绝对多数当选为共和国第一任总统,《新土耳其》一书的作者做了

---

① 柳克述编:《新土耳其》,上海商务印书馆1927年版。作者柳克述(1904—1987)是一位知名学者,是中国第一位对土耳其有所研究的学者。著有《土耳其革命》《近世外交史》等。本小节的引文均出自该书,因而只标出了相关的页码。

这样的总结:"土耳其的国体问题总算有了正确的解决。把六七百年来罪孽深重的帝国政治,还它一个烟消火灭;回想起从前土耳其人呻吟憔悴于专制淫威之下,不聊其生,不得其死,岂曾料竟有今日!"(第331页)

在作者的笔下,新土耳其的建设取得了举世瞩目的成绩,彻底改变了土耳其的落后面貌。他说:"自从这次革命,土耳其共和国的执政者,他们的眼光是比较深远的,他们的思想是比较新颖的。所以就能够一反向日所为,相与励精图治,从各方面去实行现代化、西方化,以期与世界各文明国立于同一标准线上。他们的这种决心与态度,对于外交的折冲是如此,对于内政的兴革也是如此。"(第337页)作者深信,新土耳其的各项改革计划和建设事业定会获得成功。"总而言之,现在土耳其革命已经成功,正在力谋建设,一方面以获得独立自由的资格,与各强国各民族相周旋;另一方面又极注意休养生息,以图国力的恢复与充实。假使在进行中不遇若何重大的事变,则新土耳其的繁荣,良可计日而待。"(第338页)

新土耳其在短短的两三年里,整顿全国教育,改良司法,奖励农工商业,开展妇女运动,进行其他领域改革,到1926年已经取得明显成效。作者看到中国革命的主要敌人仍是帝国主义、封建势力和军阀割据,列举了新土耳其革命成功的几点启示,"或与中国改造前途,也是不无借鉴之处"(第353页)。新土耳其革命取得胜利的原因有:民众的觉醒;革命势力的集中;外交胜利;团体组织的严密;应付事机的果断;领袖得人。

作者这里所指的革命领袖,当然是凯末尔。他认为,在三四年的时间里,凯末尔用军事和外交两手创建了一个新土耳其,让西方世界为之惊服。因此,"凯末尔是一个最高领袖,要处理一切大政方针;而同时在国民军中,他又是一个全军统帅,时常要去亲身督战。在政治军事两方面,他所负担的责任都非常重大,而

又都能胜任愉快。像这样的干才，在并世豪杰中原也不多见啊！"（第361—362页）

对于新土耳其共和国的缔造者凯末尔，作者充满了敬意，在书中专门开辟一章，谈凯末尔的生平。他指出，对于真正革命的成功者，绝非侥幸所致。"他要看清环境，他要抱定信仰，他要以毕生精力去贯彻、实践。"（第363页）凯末尔就是这样的领袖人物。

对于凯末尔从成立共和国到颁布新宪法，仅仅两三年的时间，但新土耳其所取得的成就足以值得中国学习。作者感叹道："我们想想，土耳其自建国700年来，苏丹一向就是政治上的领袖，教主也一向就是宗教上的权威，积习相沿，等闲不敢把他怎样；今革命政府乃一律揭破而毁灭之，其思想、其行事，真也令人起敬！"（第407—408页）

新土耳其革命已经成功，建设已经起步。从一战结束到1926年，新土耳其已经描绘出自己的发展蓝图。作者在全书的结尾，再次把当时的中国与土耳其比较，动情地呼吁国人以新土耳其为榜样，不要气馁，急起直追，以实际行动改造和建设中国。不是光在一旁赞叹，而是要学习，要有行动。他写道：

> 当兹快要搁笔之时，尚有未尽之一言，应为读者诸君告：土耳其与中国同为近东远东两大病夫，相似之处最多，相念之情倍切……现在土耳其已经霍然病已，而中国转有病入膏肓之势；我们目观彼邦人士激昂振奋，顺利进步之处，应该是如何的羡慕与惭愧呢？昔人有言："临渊羡鱼，不如退而结网。"我进步的觉悟的国人啊，我们不要徒然羡慕，不要徒然惭愧，我们还是进一步去努力"结网"吧！（第410页）

作者还指出：土耳其之与中国，真也算得遥遥相对的一对难兄难弟了。可是到了这几年来，近东方面的那位兄弟力自振奋，竟能霍然病已；最惭愧的只是僭称哥哥的我们，一向依然故我！纵未获以身作则，宁不能见贤思齐？我中国的志士仁人，其将何以善自处呢？（第2页）

高度评价凯末尔的改革及其成就

从目前查找到的资料来看，中国报刊早在1920年就第一次报道了凯末尔革命活动的消息。例如，以当时影响最大、历史最悠久和最权威的《东方杂志》（1904—1948）为例，该刊1920年第17卷第20期：在"世界新潮"栏目刊登了题为《土耳其国民党（即尔后的共和人民党）领袖凯末尔将军》的照片和简介；1921年《东方杂志》第18卷第5期：在"世界政潮中之人物"栏目又登载了标题为《在安卡拉土耳其国民党政府领袖凯末尔》的照片和解说。1922年，《东方杂志》又多次登载了凯末尔参加活动的照片，有如下的标题：《希土大战及近东时局：土耳其总司令凯末尔》（第19卷第17期）、《近东战争之扩大：凯末尔在营中摄影》（彩图，第19卷第17期）、《安卡拉政府外交总长凯末尔》（彩图，第19卷第17期）、《近东战胜利后之土耳其；君士坦丁堡人民——凯末尔肖像，游行市街，以祝胜利》（彩图，第19卷第24期）。

凯末尔将军也是中国民主革命的先驱孙中山先生所仰慕的一位英雄。1923年11月16日，孙中山先生在论述第一次世界大战后亚洲民族觉醒，抗击欧洲强权时，首推土耳其的榜样作用。他说："今之突厥（指土耳其），其先导也。"[①] 1924年孙中山先生在《三民主义》一文中写道："土耳其在欧战之前最贫最弱，不能振作，欧洲人都叫他做'近东病夫'，应该要消灭。到了欧战

---

① 孙中山：《致犬养毅纵论国际局势并请日本助成中国革命及承认苏联函》，《孙中山全集》第2卷，人民出版社2015年版，第205页。

加入德国方面,被协约国打败了,各国更想把他瓜分,土耳其几乎不能自存……到了现在,土耳其虽然不能成世界上的头等强国,但是已经成了欧洲的二三等国。"① 孙中山先生认为,土耳其共和国获得独立与凯末尔接受苏联的援助是分不开的。他说:"事实告诉我们,土耳其的独立,他的凯末尔将军,得到苏俄不少的帮助。"②

《东方杂志》1923年对于凯末尔创建土耳其共和国和当选为第一任总统,重点介绍凯末尔的生平,并附有不同时期的照片(包括彩照)。这一年年底《东方杂志》的一篇综合消息,总结了这一年新生共和国的政绩:土耳其自改建共和政体以来,凡事厉行革新。新总统凯末尔严令全国妇女废除面幕。图为在埃及开罗之土耳其妇女,服装如旧,面幕则已除去矣(彩图,第20卷第24期)。

这里,我们特别推荐笔名"幼雄"发表在《东方杂志》1923年第20卷第6期上的《凯末尔的生平》长篇文章。从下面几个小标题我们便对全文略知其一二:历史小说中的人物;反抗专制主义者;入狱的前后;凯末尔与安弗尔③;上安弗尔的一个条陈;重回故京;安卡拉国民议会;凯末尔的战略;凯末尔是怎样一个形貌。作者开门见山指出,由于建国,乃使他"闻名全球"。去年他带领土耳其军民打败了希腊,今年在统辖土耳其全国,"他的功绩差不多和我国历史小说中所描写的一般"。现在人家都称他为"铁人","称为安卡拉泥城中的铁人"。

另一位作者在《拯救土耳其于危亡中的凯末尔》一文中,对比了土耳其和中国:"土耳其原来和我们中国却有许多同病相怜的

---

① 孙中山:《三民主义》,《孙中山全集》第1卷,人民出版社2015年版,第337页。
② 孙中山:《庆祝十月革命七周年纪念宣言》,《孙中山全集》第3卷,人民出版社2015年版,第195页。
③ 即恩维尔巴夏(Enver Pasha),曾任奥斯曼帝国政府的国防大臣。

地方，这一点很是得记着，决意做这篇文，贡献于我国的同胞。"作者还指出，凯末尔把土耳其改造为共和国，"表示世界历史中一个专制帝国的崩溃"，是民主的"最后的大胜利"。"没有开国元勋凯末尔，绝不会有今日的土耳其。"①

同时，《东方杂志》这两三年对土耳其和凯末尔的报道和介绍在中国舆论界开启了关注土耳其共和国及其领袖凯末尔的先河，带动了中国对遥远土耳其的关注和研究。我们在查阅1923—1938年的报刊时，发现有20多种大大小小的周刊、半月刊和月刊都对土耳其和凯末尔的兴趣不减，成为"历史的忠实记录者"。报纸要数当时在上海出版的近代中国发行时间最久、具有广泛社会影响的报纸《申报》（1872—1949）最为突出。

这些报刊上的消息、报道、专稿（包括部分译文）和述评的一个共同特点是，称赞土耳其共和国建国以来取得了举世瞩目的成绩，凯末尔的改革的功绩有目共睹，土耳其和中国的历史和国情基本相同，土耳其的成功值得中国借鉴和效仿。

特别是土耳其共和国的诞生，让中国舆论界看到了凯末尔是一个"伟大的革命家"，也从中看到了中华民族复兴的希望。有作者称土耳其共和国缔造者凯末尔是民族英雄："凯末尔为土耳其民族解放英雄，彼善利用帝国主义之相互冲突，出奇制胜，使土耳其脱离列强束缚，得到自由，其精神之伟大，能不令人肃然起敬耶。"② 另一位作者称赞道："成立土耳其民主国于亚洲，唯凯末尔盖世之英才。"共和国建立后才5—6年，土耳其已变成民主国家，"内政已百度维新，其在国际上之地位，已为列强所不敢轻视"。"此虽不能不归功于土国人民之觉醒，但其中有劳苦功高，出类拔萃，盖世之革命英豪，出而领导群众，重造邦国，是即土

---

① 幼雄：《凯末尔的生平》，《东方杂志》1923年第22期。
② 丁伯恒：《凯末尔传略》，《军事杂志》（南京）1935年第75期。

耳其伟大之革命家穆斯塔法·凯末尔其人也。"①

土耳其革命成功鼓舞了正处于内忧外患之中的中国知识界。其时中国南京政府对外妥协于帝国主义，对内发动内战。从广东出发的资产阶级民主革命也半途而废，各派军阀混战不已。所以，有的学者强调说，一战后，民族解放运动在亚洲高涨，诸多弱小民族奋起反抗，争取民族独立和自由，唯独只有土耳其成功了。"现在中国正向独立自由的途径走去，对于这个新兴的土耳其，尤其对于这个土国民族的领袖凯末尔，应予以特别的注意。""欧战前后的近东病夫，已成为独立自由的国家，我们何以不引为前车之鉴，把这个远东病夫，也造成亚洲独立自由的共和国呢？"② 文章还指出，我们现在最需要的是民族的团结，有一个强有力的领袖人物。

基于上述见解，我们发现，除正在对中国虎视眈眈的日本外，在亚洲还没有哪个国家像土耳其那样，还没有哪个领导人像凯末尔那样吸引中国报刊和舆论界如此广泛的重视和敬仰。那些热情洋溢的文章，那些发自肺腑的言辞，那些诚恳的态度，溢于言表，跃然纸上。这在很大程度上都是对土耳其和凯末尔的客观评价，是中国报刊的民意呈现。应该说，其时，中国正处于困惑和彷徨之中，对万里之外的土耳其和凯末尔本人交往甚少，既不大了解，更不熟悉。许多信息是通过苏联和英美等国获得的。但凯末尔领导的土耳其能在中国报刊上引起如此强烈的反响，这确实是中土两国、两国人民在远古时代是近邻，后又受到古丝绸之路的滋润，友好情谊的再现。

历史进入20世纪30年代，随着凯末尔改革成果的外溢和土耳其国际地位的提高，中国报刊对凯末尔锐意改革，励精图治的

---

① 陈念中：《凯末尔之生平及其革命事业》，《建国月刊》（上海）第2卷第1期，1929年。

② 《一周大事述评》，《中央周报》1928年第26期。

关注和赞许也上升到了一个新的高度。在这 10 年里，土耳其共和国经历了两件大事：共和国成立 10 周年和凯末尔逝世。中国报刊围绕着两个事件进行了大量的报道，写了不少较有分量的文章。

1933 年是土耳其建国 10 周年纪念。中国报刊大量刊登了有关十年成就的文章。既有中国学者自己撰写的，也有一些比较好的英美记者的采访稿译文。其中，《申报》率先发表了一组纪念性通讯和文章。该报在 1933 年 10 月 29 日《凯末尔政绩——以农民繁荣为基础》一文中写道："土耳其国成立十周年纪念，全国人民皆注意凯末尔总统所成就之非常大政绩，凯末尔总统之成功、系以农民之新繁荣为基础。土耳其农民向处于苛政重税之下，困苦不堪，今则感受农业银行与六百会社之援助和贷款。"接着，文章列举了凯末尔的其他改革及其成就，诸如采用拉丁字母和新文字，使教育趋于简易；废除回教之为国教，不再受《古兰经》拘束；服装与社会风俗之变更，使女子获新自由；预算不借外债而能平衡，通货已见稳定；土国对俄之友谊，及对希腊、南斯拉夫、匈牙利与罗马尼亚之不侵略公约，已成黑海公约之要素。凡此皆凯称之政绩。

此时，日本侵略者在制造 1931 年 918 事变后，侵占了中国东北，开始染指华北地区。中国学界对凯末尔保卫祖国、建设国家、改革进取及其灵活的外交政策表示钦佩。一位学者在评价凯末尔的改革成果时写道："由于凯末尔的热心改造，经过十余年来的不断努力，社会上各种新基础，都已渐渐树立稳固。土耳其已步入近代国家之林，今日的土耳其，已是世界的一个强国了。"[①]

土耳其经过十年的改革和奋斗已经取得了令人羡慕的成绩，并成功克服了 20 世纪 30 年代初的世界性经济危机。有的报刊载文强调，短短的十年，凯末尔"已经把那个在世界被推为最顽梗

[①] 曹毓俊：《凯末尔与土耳其》，《中山半月刊》第 1 卷第 3 期，1938 年。

的、迷信的和好战的人民，竟已改变范型了，为一种现代化的、进取的、友善的共和国人民了。他统率着他国家的人民虽在皋世发生经济恐慌之中，竟不要挪借外债……在土耳其历史上的第一次十年之中，平安度日，不遭遇着什么危险"①。在土耳其举行全国十周年庆祝活动时，凯末尔发表了长篇演说，陈述了土耳其10年来的一切情况。"我们在这儿敬祝土耳其日趋繁荣，更希望凯末尔拿出更大的力量，打倒一切压迫弱小民族的帝国主义者而拯救一切弱小民族。这样，始可谓现时代的大伟人！"②

在把目光集中到土耳其革命十周年的同时，对凯末尔领导的土耳其革命和中国的抗日现状进行比较也是一部分作者必然要做的工作。他们公开提出土耳其是中国学习的榜样。这里，我们推荐1934年《前途》杂志上刊登的《土耳其复兴与凯末尔》一文，以飨读者。此文在第一段开宗明义地写道："昔日西人常称东方有二病夫。远东病夫为吾中国，近东则土耳其。今近东病夫已霍然醒矣，而远东病夫则每况愈下，至于今日，病势且危尔，大有不可终日之势；是诚强弱异形，而应为吾人所猛省者。果兹从兹猛省，奋起直追，则前事不忘，后事之师，吾国前途尚未始不可有为……今吾敌国外患之来，较之当日之土耳其所遭或犹过之，则吾国复兴之工作至少亦当不亚于土耳其。幸国人勿悲观，勿自馁，努力前进，终有复见光明之一日也。"③

该文强调说，我们不能嫉妒他国他人，而应该像土耳其人民一样团结在凯末尔周围，"万众一心，以赴国难"，并透露一个信息：一个中国考察团访土，受到凯末尔接见。凯末尔表示，对中国遭遇的困难，极为同情，而期望其复兴；独以中国土地辽阔，

---

① 《土耳其国父——凯末尔及其新生活政策》，《血汗周刊》第2卷第10期，1934年。又见谢挚生《新土耳其与凯末尔》，《现代青年》（北平）第1卷第6期，1935年。
② 《凯末尔传》，何双璧译，《国际译报》第3卷第1—2期，1933年。
③ 王道丰：《土耳其复兴与凯末尔》，《前途》第2卷第7期，1934年。

人民众多，是或不如土国之易。

1936年，《申报》在年中专稿中发表了一篇署名文章，题为《土耳其的经济建设》。该文作者一一列举了土耳其在工业、农业、外贸、银行业各个领域所取得的成绩，引用了大量的数据。作者特别强调，"凯末尔统治下的新土耳其，是建立在这三大主义之上的，即国粹主义、现世主义和工业立国主义"。1923年以来的新土耳其共和国，"无论在经济和政治方面，都努力从事于完全独立的发展。它的最基本的任务，便是使农业国发展而为工业国"。为此，1934年起，新土耳其仿效苏联，制订五年计划，实行计划经济。"这计划的重要点也和苏联计划经济有些类似，即是将重要产业作为国有国营，注意国防建设。"并且强调说，"全国电气化是祖国发展的重要因素"①。

1937年，有作者认为土耳其取得的成绩是有目共睹的，但功劳应归功于凯末尔。土耳其从共和国建立之日起，他便"开始新土耳其的建设工作，锐意改革，实行政教分离，改良司法，整顿教育，奖励农工商业，提高妇女地位，并宣布了一个经济建设的五年计划"。"从前被人认为近东病夫的土耳其，现在复兴了，是个和世界列强角逐的壮士了。苏莱曼大帝时代的光荣，将再现于今日新土耳其，这就是伟大的民族英雄凯末尔始终艰苦奋斗的业绩。"②

还有的作者看到土耳其的成功，感叹中国革命何时也能成功，表达了忧国忧民的迫切心情。他写道："凯末尔领导下的土耳其国民革命成功了。反观我国，在革命时代的前后，很像土国的革命环境。他们赖有天才的革命领袖凯末尔统筹兼顾，艰苦奋斗，卒

---

① 王特夫：《土耳其的经济建设》，《申报》1936年12月13日。
② 葛文：《土耳其的救星凯末尔》，《公余》第1卷第3期，1937年。

告成功。而我们这革命的收获是怎样呢?"①

1938年,一位作者在讲到凯末尔的精神对土耳其和中国的影响时说,凯末尔革命的时候遇到很多的困难和失败,但他以永不妥协的决心把一切困难都克服了。"假使土耳其没有一个凯末尔出来,那末土耳其说不定要被瓜分灭亡,土耳其人民说不定要像犹太人一样,尝着亡国奴的苦痛。"作者进一步比较土耳其和中国的形势,指出土耳其为中国做出了榜样:"在抗战中的我国,其艰苦卓绝,与欧战时的土耳其的情形相同……因此土耳其的复兴,也是我们大中华民国复兴的最好榜样。只要我们始终不懈,最后胜利,没有不成功的。"②

一切赞美之词属于凯末尔

1938年10月20日,《申报》公开报道称,凯末尔总统病势业已加剧,肝痛已久,颇堪忧虑。官方及政界人士均在讨论总统继任人选问题。

1938年11月10日,凯末尔与世长辞,以《申报》为代表的报刊开始纷纷报道这个噩耗以及土耳其各界的缅怀纪念活动。《申报》在11月13日的第5版登载了凯末尔的遗像和土耳其国会通过选举新总统和组建新内阁的情况。据伊斯坦布尔11月11日消息,"凯末尔故总统得人爱戴",国会以348票全体一致选举前任内阁总理伊诺努为总统。新总统发表了简短而激动人心的演说,"谓当遵循凯末尔故总统遗教、而赓续向前迈进"。同一天,该报在第16版发表了一篇署名文章,介绍了土耳其一战前后的社会变化和凯末尔自幼至登上总统宝座的生平和战斗经历。这一切"从此奠定了他奋发救国的基础,终于成为世界伟大的人物之一"。他

---

① 蕉影:《土耳其的革命领袖凯末尔》,《现代评论》第2卷第4期,1936年。
② 五月生:《凯末尔的精神》,《现世报》1938年第29期。

因病去世，"使举世人士，震悼不已"①。

11月23日，《申报》报道11月21日土耳其为凯末尔致哀，举行隆重国葬。各国军舰均悬半旗，以表敬意。11月30日，该报透露，凯末尔早在逝世之前的1937年6月，以全部私产捐赠国家，获土耳其国民议会通过，并向总统表示感谢。

1938年，中国多家杂志也都登载了纪念凯末尔的文章。例如，《小主人》杂志在"模范人物"栏里载文指出："从11月10日起，胜利者凯末尔总统竟就此去世了！"文章描述了安卡拉万人空巷的情景。"安卡拉满街都沉静起来，清道夫也淡淡地扫去地上的《泰晤士报》，各店铺都关了一半铁门。店员们在里面谈些胜利总统的事……不知从什么地方传来一阵哀乐，国人失掉了一个艰苦卓绝的领袖。"②

1938年11月15日出版的《全民抗战》，在首页发表了一篇《社论》使我们深受感动，值得特别推荐。《社论》由近代中国著名记者和出版家、全国各界救国联合会领导人之一邹韬奋先生撰写，哀悼凯末尔总统逝世。文章写道：③

> 新土耳其开国元勋凯末尔总统于本月10日逝世，这不但是土耳其全国国民所痛悼，也是全世界同情土耳其奋斗精神的人所悼惜的。尤其是在我们中国正在艰苦奋斗，争取民族独立解放的同胞，对于这位领导土耳其反抗侵略，达到"抗战必胜，建国必成"的民族英雄，格外敬重，对于他的不幸逝世，也格外感觉到深刻的悼惜。
>
> 我们悼念这位新土耳其的"国父"，想到他领导全国反抗

---

① 严懋德：《新土耳其创国英雄凯末尔的童年》，《申报》1938年11月13日。
② 任菊巖：《胜利总统凯末尔》，《小主人》1938年第11期。
③ 韬奋：《凯末尔与新土耳其》，《全民抗战》1938年第36期。

侵略的成功过程,不禁深深地感觉到我们中国当前的苦斗,实有从土耳其接受许多宝贵的经验和教训的必要。

中国和土耳其在以前是被人鄙视地叫作"远东病夫"和"近东病夫"……当时(指一战后)土国的苦难,较之今日中国的遭遇,有过之而无不及。而当时凯末尔振臂一呼,领导全国积极奋斗,铲除腐化,振奋人心。

我们中国英勇抗战到了今日,有不少进步,也有许多缺憾。自广州失陷武汉撤退后,无可讳言地更增加了多少困难。但是我们看了新土耳其的先例,应该只有克服困难的决心,不应存着消极颓废的观念。

早在1935年,凯末尔第三次连任共和国总统。中国学界就认为,这是"土国人民为报其功而酬其能",也是凯末尔实至名归。有作者指出,"凯氏之所以一而再,再而三地被选为大总统,一方面固然是土国人民念其功劳,一方面亦是凯氏本人有其能力和人格,是爱其国家人民者,国家人民亦恒爱之,凯氏之连任,非出有权力与述数,盖以现在的土国,除凯氏而外,孰能堪为此一国之领袖?"[①] 没有凯末尔就没有新土耳其。有的学者写道:"新土耳其的光荣历史,的确是从凯末尔创建起来的。有了凯末尔,才有独立于世界上的新土耳其。"[②]

中国作者还分析了凯末尔受到人民群众喜爱和欢迎的原因,即在于:"他的伟大的人格,奋斗的精神,坚强的意志,彻底的态度,果敢的魄力,和为整个民族的幸福而牺牲自己的思想,的确是值得称颂的。"[③]

---

① 焰生:《凯末尔三次连任》,《七日谈》(上海)1935年第11期。
② 苇君:《救亡运动的实干者凯末尔》,《中国学生》(上海)1936年第2期。
③ 葛文:《土耳其的救星凯末尔》,《公余》第1卷,1937年第3期。

有的学者认为,凯末尔是深受土耳其人民崇拜的英豪,并抨击那种认为凯末尔是个独裁者的言论。他们指出,"凯末尔最显著的几种特性,便是鞠躬尽瘁,专心为国。意志的坚强。他对于自己的民族是十分忠心耿耿的。他是第一流的军事家、行政家。他有坚决真切的意志,能够不辞劳苦的工作。他是个能够感动民众的领袖,对于事物有极锐敏的眼光。他是个深邃的思想家,当担负责任的时候,竟是个百折不挠的铁汉。……土耳其共和国便是他伟大的纪念碑。由于他对于民族命运的一种志诚,故他的祖国竟重现色彩于地图之上。"①

还有作者感叹,"土耳其总统凯末尔最近离开其亲手创造的共和国,溘然与世长辞,消息传出,举世震悼"。凯末尔在其国家奄奄一息的时候,担负起了这个救国救民的艰巨重任。"经过了三年的苦战,把他的战败国家重新登入胜利之门,雪报欧洲病夫的奇耻,更再接再厉的本其坚决不移的信念,又把他的文化落后的人民教养成一个生气勃勃的现代民族。凯末尔现在虽已溘然长逝,但他的精神却永远在土耳其存在。整个的土耳其将永远本着凯末尔的精神继续前进。从此以后,土耳其的历史,将因凯末尔的伟大人格放一异彩。我们中国正遭遇着五千年来历史上所未有的国难,在我们奋斗求生的进程中,对于土耳其革命成功的历史教训,人人应该记取,人人应该起来,鼓起我们民族至大至刚的精神,把我们的敌人驱逐出境,土耳其就是我们的好模样!"②

1939年年初,中国众多报纸杂志的开头大都标出内容提要称:一个不幸的消息,土耳其的救主——凯末尔将军/总统于1938年11月10日,与世界永别了,享年五十有八。各个报刊都配有凯末

---

① 埃及前内务部长 I. A. Khairallah《凯末尔——新土耳其的创造者》,《东方杂志》1928年第16期。

② 曹毓俊:《凯末尔与土耳其》,《中山半月刊》第1卷第3期,1938年。

尔不同革命时期的照片以及安葬仪式的场景。

1939年，有作者继续撰文指出，"土耳其前后不到二十年，今已变成一个现代化强国，实皆其故总统凯末尔氏一人努力抗敌救国，有以致之。故土国人皆称凯末尔氏为'土耳其国父'"。凯末尔确实是"他山之石"，值得我们处于抗击日本侵略者的中国人学习。①

就在这一年，一向报道土耳其和凯末尔较多的《东方杂志》载文说，新土耳其的创造者凯末尔因病逝世，"他不但是土耳其共和国的开国元勋，并且是弱小奋斗独立运动中的典型人物"。他把素称"近东病夫"的土耳其变成了现代化的新兴国家，"他的事迹是值得我们敬仰的"。"我们今日的处境，和欧战后的土耳其相仿佛。只要全国的人民和那时土耳其人民一样的沉毅坚决，不折不挠，抗战的胜利建国的成功一定是有把握的。现在我们一方面悼惜凯末尔氏，另一方面却感谢他给了我们许多可以借鉴的地方。"② 他的谢世，是土耳其人民和世界弱小国家人民的"重大损失"。

直到1942年，中国的一个刊物还登载了一篇长文，缅怀凯末尔的功绩。文章一开头便说，我们今天要说的是"在亚洲西端一个国家里一位英雄的故事"。这个国家曾被人称为"近东病夫"，但"在欧战刚打完后三四年内，义旗一举，居然把陈腐的政府革掉，这几年来革新内政，建设地方，很是生气蓬勃。因此一向咒骂它的一变而为夸赞它的，一向瞧不起它的也不敢不以正眼看它了。'病夫'之名，于是乎终。领导这国家做革命运动的，便是大家都已闻名的凯末尔将军"。凯末尔从领导土耳其革命一开始就意识到："要使土耳其能在现在的世界上立足，非把它'欧化'不可，于是就凭他坚强的意志，不顾一切地铲除腐朽的制度，建立

---

① 张因明：《土耳其国父凯末尔》，《大风》（香港）1939年第31期。
② 彩图：《新土耳其的创造者凯末尔》，《东方杂志》1939年第10期。

起新的制度。在数年之内，居然很有成效，将老大帝国的暮气一扫而空，国内到处充满着新的生气。"

作者最后总结说："从凯末尔将军，我们青年的读者至少可以得到几点教训：第一，他教给我们热忱的爱国心，奋身为国的精神，担当起救国的责任；第二，他教给我们服务的道德和个人的私德，为国家为社会努力；第三，他教给我们勇敢和毅力，以百折不挠的精神向前奋斗……我们现在反躬自问：我们有他那样热烈爱国心吗？有他那样嫉私奉公的精神吗？有他那样勇敢的毅力吗？我们的国家不也是被人讥为'病夫'的吗……只要大家心目中存着一个救国的意识，中国就像土耳其一样不会再是'病夫'的了。"①

综述上面中国报刊对凯末尔总统的与世长辞，表达了深切的哀悼，使用了一切赞美之词。可以说，到1939年为止，我们还找不出第二个中外逝者能够享用如此之多和如此之高的评语。这些溢美之词有："革命先驱""救亡运动的实干家""民族英雄""民族解放运动的旗手""革命者""革命领袖""复兴领袖""胜利将军""天才的军事家""铁汉""土耳其之新先知""新土耳其的创造者""土耳其的救星""土耳其现代化设计师""改革家""世界重要人物""伟人""杰出领袖""共和国缔造者""共和国之父""共和国大总统"，等等。

当然，像对待历史上任何一位伟人一样，对待凯末尔及其革命的评价，在土耳其国内外也存在不同声音，不可能完全一致。一位土耳其的大学历史教授悉纳·阿克辛指出，"在任何国家的历史上，都很少有人能像穆斯塔法·凯末尔在土耳其那样改变一个国家的历史潮流和人民的生活……在阿塔图克去世已过半个多世

---

① 刘朗泉：《谈谈凯末尔将军——新土耳其的英雄》，《劳动服务月刊》1942年第5期。

纪后，时间的久远将会促成客观的评价，以克服近年来兴起的负面批评"。①

在我们中国，尽管对凯末尔好评如潮，同样也不乏独立见解。大家都熟悉毛泽东主席对凯末尔革命与众不同的冷静而客观的评价。他在1940年1月发表的《新民主主义论》中指出，在一战和十月革命之后，"还有过一个基马尔式的小小的资产阶级专政的土耳其……由于中国的特殊条件（资产阶级的软弱和妥协性，无产阶级的强大和革命彻底性），中国从来也没有过土耳其的那种便宜事情。一九二七年中国第一次大革命失败之后，中国的资产阶级分子不是曾经高唱过什么基马尔主义吗？然而中国的基马尔在何处？"②

其实，这就是说，在第一次世界大战后苏联十月革命的影响下，欧洲和亚洲的民族解放运动风起云涌，一批中小国家宣告民族独立，纷纷建立共和国。其中，被冠上"病夫"绰号的土耳其就是一个较为典型的例子。凯末尔领导的土耳其和国民党统治的旧中国同为殖民地半殖民地国家，有许多相似的历史经历和现实社会问题。但两国的地缘战略地位不同，人口土地面积相差巨大，面临要解决的国内外问题也不尽相同。而且，中国人民在中国共产党的领导下，毕其功于一役，将新民主主义革命转变为社会主义革命，而土耳其则停留在资产阶级民主共和国阶段。

---

① ［土］悉纳·阿克辛：《土耳其的崛起：1789年至今》，吴奇俊、刘春燕译，社会科学文献出版社2017年版，第246页。
② 《毛泽东选集》第2卷，人民出版社1991年版，第680—681页。

第四章　二战中的土耳其

　　第二次世界大战前夕，欧洲两个主要军事政治集团之间的矛盾无论是在外交和意识形态，还是在经济和军事领域都到了不可调和的地步。英法主张维系一战后的凡尔赛和约体系，德、意则要求改变战后的格局，重新划分势力范围。

　　其时，土耳其共和国创始人凯末尔刚刚去世不久，伊诺努继任总统，实现一党垄断统治。土耳其面临的战争威胁主要来自崛起于东地中海和巴尔干的意大利法西斯。这迫使土耳其加速与英法接近。但德国和意大利在巴尔干的经济和政治影响也日益强大。土耳其在两个强大的集团之间犹豫不决。

　　二战爆发后，交战双方都希望将土耳其争取到自己一边参战。土耳其则对卷入战争持特别谨慎的态度。土耳其在1941年6月26日正式宣布中立。土耳其从其民族利益出发，一直徘徊于轴心国和同盟国之间，没有急于卷入战争，而是等待时局发展。

　　一直到第二次世界大战结束，土耳其没有出动军队，未放一枪一炮。1945年2月23日土耳其才"象征性"地向德国和日本宣战，加入反希特勒同盟的行列。这样，土耳其就避免了战争给它带来的严重经济破坏和人员牺牲。但土耳其对内却采取战时经济措施，加重了人民群众的经济负担。

一 土耳其的中立政策

选择保持中立

第二次世界大战爆发后，土耳其经过反复权衡，最终选择了中立。[①] 战争开始阶段，它投靠德国，向其提供铬等战略原材料。土耳其国内泛突厥势力兴起，觊觎苏联的中亚地区。两三年后，眼看德国即将败北，土耳其最后时刻转向反法西斯同盟国，盼望享受胜利的果实。这已经是1945年2月23日的事。

早在第二次世界大战在欧洲爆发的前夕，两个强大的政治、经济和军事集团已经基本形成。一个以英国和法国为代表，努力维护第一次世界大战后凡尔赛和约的格局；另一个以德国和意大利为首的"修约派"，主张改变欧洲现状，重新划分势力范围。大多数巴尔干国家如罗马尼亚、南斯拉夫、希腊、保加利亚和阿尔巴尼亚都在密切关注事态发展，做出各自的选择。这种在第一次世界大战中属于"战胜国"和"战败国"的分野必然影响巴尔干国家之间以及它们与欧洲大国的关系，也影响到这些国家战后的外交走向。

土耳其也面临严峻的考验，但基于历史的教训它不得不慎之又慎。在第一次世界大战中，土耳其因站在德国、奥匈帝国一边导致奥斯曼帝国彻底崩溃，随后又面临协约国的占领和瓜分。现在它又一次到了选边站的关键时刻。不过，土耳其经过一战后凯末尔领导的20年和平发展，已经在沿着欧洲现代化的道路前进，

[①] 法国历史学家马塞尔·博多等主编的《第二次世界大战历史百科全书》（曹毅风等译，解放军出版社1988年版）在"中立国"条下写道："一些国家，例如土耳其和葡萄牙保持了最好的伪装中立，直到战争的最后阶段才在盟国的压力下或在其自身利益的驱使下对轴心国宣战。瑞典人设法保持中立直到战争结束。瑞典和瑞士都为盟国的秘密机构渗入德国和意大利提供出发地。西班牙亲近轴心国，但被英国大使塞缪尔·霍尔说服，一直保持中立。"在国际法中，中立是指战时不参战，平时不参加军事同盟。显然，土耳其的中立也是一种"伪装中立"。

并取得了看得见的成果，共和体制深入人心，土耳其人民开始享受凯末尔改革的成果。

据说，1938年凯末尔在病逝前夕，曾对即将爆发的第二次世界大战留下遗言：切记土耳其不可卷入未来的战争。伊斯麦特·伊诺努作为凯末尔的接班人，成为共和人民党和国家最高领导人后，忠于凯末尔的告诫，使土耳其在迅速变化的国际局势中合纵连横，坚守中立，争取国家的最大利益。

早在20世纪30年代，希特勒德国十分重视与巴尔干国家的政治经济关系。这一方面是因为巴尔干地区在纳粹的侵略扩张计划中占有重要的战略地位，即它处于从中欧通往中东的关键地理位置上；另一方面是因为选中了罗马尼亚和保加利亚作为法国和英国在巴尔干地区势力圈里的突破口和"薄弱点"。

1940年上半年，欧洲战事的发展直接影响巴尔干国家的生存和走向。特别在意大利6月10日宣布加入德国一边参战、法国失败、8月底英国遭到德国大规模空袭后，巴尔干国家几乎都把自己的命运捆绑在德国的战车上。巴尔干国家的安全和生存在很大程度上取决于德意军事机器的主要打击方向。它们的安全和领土欲望完全寄希望于德意发动的战争结果。

这时，交战双方都希望将土耳其争取到自己一边参战。土耳其则对卷入战争持特别谨慎的态度。从1940年春季到德国入侵法国，土耳其一直坚持亲西方的方针，与英法签订了贸易协议，扩大了经济联系。意大利发动战争后，军事行动扩展到地中海地区，威胁土耳其在东地中海的安全和利益。6月14日英、法两国政府根据1939年10月19日与土耳其的三国条约请求土耳其政府采取反对德意集团的军事行动，但遭到土耳其的拒绝。[①] 此时，土耳其

[①] 该条约规定，如果英国和法国参加由一个欧洲国家发动的战争，并且战火烧到了地中海时，土耳其将帮助英法；如果战事没有波及地中海时，土耳其将对英法保持友善的中立；如果土耳其成为一个欧洲国家的进攻目标时，英法将向它伸出援助之手。

不愿意履行条约的义务,还有一个借口是,法国已经投降,英法没有实现向土耳其提供必要的武器装备的承诺。眼看法国战败、英国软弱,土耳其选择置身于冲突之外,并努力讨好德国。1940年夏,土耳其与德国签订了新的贸易协议,开始扩大与德国的经济联系。

应该说,战争初期德国在战场的胜利对土耳其的外交政策产生了一定的影响。当1941年4月德军侵占南斯拉夫和希腊,并进驻保加利亚和罗马尼亚靠近土耳其边界后,土耳其加速了与德国的接近。土耳其国家领导人强调,土耳其这时最好的选择是在英国、德国和苏联之间执行平衡政策。

土耳其在1941年6月26日正式宣布中立。它之所以选择中立。首先,担心站在同盟国一边会遭到德国的军事报复。其次,二战之前,土耳其的大多数政治精英尤其是高级将领基本上是亲德国的。再次,经济因素起着不可忽视的作用。1936年土耳其一半的外贸是与德国进行的,尤其是铬矿主要是输往德国。还有,大战开始时,土耳其武装力量还没有做好投入战斗的准备,土耳其在观望、犹豫,甚至想在地区发挥平衡作用。最后,土耳其拒绝交战双方提出参战的建议,也是凯末尔提出的"国内和平,世界和平"外交政策的一项重要原则。

于是,在整个二战期间土耳其的外交处于十分尴尬的境地,它不得不面对外界的压力,与交战双方进行艰难的斡旋。这时,土耳其似乎变成了"巴尔干的瑞士",交战国家在这片中立的土地上进行非官方的接触和谈判。例如,罗马尼亚作为德国的盟国,在战争的结束阶段就利用安卡拉与同盟国就退出战争进行讨价还价的谈判。

徘徊于轴心国和同盟国之间

巴尔干国家中唯有土耳其没有被德意法西斯占领。德国竭力拉拢土耳其参加三国轴心，是为了确保希特勒进攻苏联时南线的安全，削弱英法在中东地区的武装力量。德国保证不会攻击土耳其，相反，会保卫土耳其在海峡的利益，防止苏联对海峡的威胁。德国还承诺，将希腊沿马里察河右岸从斯韦林格勒到德德阿加奇的领土割让给土耳其。起初，德国故意留下这片"中立"土地，准备送给土耳其，条件是土耳其要加入三国公约并参加战争。但最终土耳其没有卷入战争，德意法西斯军队也未占领小亚细亚和中东地区。

在希特勒德国进攻苏联前夕，德国向土耳其提议签订德、土友好条约和同意德军从土耳其过境的协议。为此，德国将保证黑海两海峡不受苏联侵犯。英国担心德国利用土耳其领土选择最近的路线进入中东，因此鼓励土耳其抵御德国的诱惑，与南斯拉夫和希腊一起组成巴尔干共同战线。

土耳其政府没有采纳德国和英国的建议，仍在犹豫和等待中。面对德国即将发动对苏联的侵略，土耳其佯装"备战"，实行军队动员，甚至开始摧毁奥德林色雷斯地区的桥梁，在边界上构筑了工事，制造向德国亲近的姿态。希特勒和土耳其总统伊斯麦特·伊诺努开始交换表示相互信任和改善关系的信件。

1941 年 6 月 18 日德国和土耳其在安卡拉签订了友好和互不侵犯条约，表示相互"尊重对方的利益和领土不可侵犯"，"不采取任何直接或间接针对另一方的措施"[①]。土耳其则保证不介入德国和同盟国之间的战争，坚持中立立场。这样，土耳其只是保持表面上的中立，实际上站到了德国一边，成了德国潜在的盟友和农产品与战略原材料的供应基地。这一举动使 1939 年缔结的英国和土耳其同盟条约的声明也失去了意义。

---

① Дженгиз Хаков, *История на съвременна Турция*, София, Парадигма, 2008, с. 182.

面对土耳其当时极其微妙的国际处境，斯大林曾在给丘吉尔的私人信函中说："我不知道在现时条件下，土耳其想如何把履行对苏和对英的义务同履行对德的义务结合起来。"①

德土两国条约签订没有几天，德国便发动了侵苏战争。土耳其政府发表声明，宣布在德苏战争中保持中立。这一表态符合土耳其政府战争初期的立场，即在看不到谁会获胜的情况下，置身于冲突之外或尽量不介入战事。但是，明眼人一看，这种"中立"既是暂时的，也是带倾向性的。土耳其国家领导人对德军东线战事的迅速发展曾暗自欣喜。土耳其国内泛突厥主义思想抬头，宣扬土耳其应该参战，趁机夺取苏联境内突厥居民居住的高加索和中亚地区。土耳其的宣传机器不惜夸大德军的战绩，甚至预言苏军将很快失败。

土耳其政府还允许法西斯国家的军舰穿过黑海海峡，并签署了向德国军事工业提供铜和铬的新协定。1942年夏，土军在土苏边界聚集了26个师，配合德军对斯大林格勒和北高加索的攻势，起到了钳制苏军力量的作用。

英国首相丘吉尔力图促使土耳其转变立场。1943年1月30—31日丘吉尔在土耳其的阿达纳市会晤伊诺努总统，商讨土耳其参加在巴尔干地区开辟第二战场的问题。丘吉尔要求土耳其向盟国空军提供军事基地，以利于盟国空军空袭罗马尼亚石油产区。丘吉尔强调土耳其站在同盟国一边参战的作用，并保证说，如果德国进攻土耳其，英国将提供大量军事援助。伊诺努口头上答应考虑英国的建议，但依然认为中立高于一切，担心德国和保加利亚的报复行动。从经济角度考虑，土耳其认为减少或停止与德国和

---

① ［俄］弗·奥·佩恰特诺夫、伊·爱·马加杰耶夫：《伟大卫国战争期间斯大林与罗斯福和丘吉尔往来书信——文献研究》上卷，于淑杰等译，世界知识出版社2017年版，第301页。

保加利亚的进出口贸易,会给土耳其经济造成严重损失,甚至"失去经济独立"和"独立的政治行动"。所以,土耳其再次表态说,会与英国保持盟友关系,希望在友好协商的基础上解决问题。

丘吉尔在1943年11月的德黑兰会议上向斯大林和罗斯福陈述了自己的计划:土军在盟国空军和英国驻埃及军舰的支持下攻占多德卡尼斯诸岛,驱逐德军出爱琴海;开放达达尼尔海峡使同盟国武装力量与苏军建立直接联系;盟军在意大利战线进驻罗马,占领达尔马提亚的岛屿和港口,随后从南斯拉夫西部直插多瑙河和维也纳;保加利亚、罗马尼亚和匈牙利中立化并向盟军投降;德国的21个师将被盟军、土耳其和游击运动牵制或消灭在巴尔干半岛。有人指出,在意大利已经投降和希特勒的末日指日可待的时候,丘吉尔重提这个"巴尔干方案",其政治意图远大于军事意义。第一,赶在苏军进入中欧和东南欧之前恢复流亡国王和政府以及亲英政治家们的政权;第二,遏制共产党的影响和巩固英国在该地区业已动摇的地位。① 当然,斯大林和罗斯福对丘吉尔的计划比别人更加明白。他们拒绝了这个方案,仍然坚持集中英、美所有兵力于英吉利海峡和法国西北部开辟拟议中的西线战场。

但是,在德黑兰会议上同盟国仍然认为,如果土耳其参战,它们就可以打开通过达达尼尔海峡和博斯普鲁斯海峡的航道。这样,美国可以通过黑海向苏联运送物资。盟军可以利用土耳其的机场在巴尔干地区和中东地区与敌人作战,控制爱琴海上的岛屿。为此,在他们通过的《苏美英三国德黑兰总协定》中写道:

> (二)同意从军事观点来看,土耳其能在本年年终以前站到同盟国一边参战,这是大家所热烈期望的。

---

① Кръстьо Манчев, *История на балканските народи*(1918-1945), София, Парадигма, 2000, c. 283.

（三）注意到斯大林大元帅的声明：如因土耳其参战致保加利亚向土耳其宣战或进行攻击，则苏联将立即对保加利亚处于作战状态。出席会议各大国进一步认为可以在即将举行的谈判中将这一事实说清楚，俾使土耳其参战。①

但是，土耳其依然拒绝同德国断绝联系，甚至不允许英国飞机使用同盟国帮助修建的空军基地。

英国坚持土耳其与同盟国一起作战的一个基本战略目的是，扩大英国在黑海两海峡和地中海的战略地位，并为未来阻止苏联进入地中海和苏伊士运河区域做准备。其时，伊诺努总统原则上同意与同盟国合作，但没有承诺土耳其卷入战争的具体时间，仍然坚持土军要得到盟国的武器装备之后才能采取军事行动。

英国的这一谋略与土耳其的想法不谋而合。土耳其也不愿意看到苏联进入该地区。但土耳其希望自己解决与苏联的关系问题，而不愿意英国插手。土耳其认为，苏联是土耳其的主要威胁，而德国正在消耗和拖垮苏联，它持中立立场是明智的。土耳其人还觉得，反希特勒同盟只是暂时的，一旦德国失败，同盟国就会解体，巴尔干会成为苏联的势力范围。所以，1944年5—6月苏联红军靠近罗马尼亚边界的时候，土耳其担心苏联会对它采取什么举动。在得到苏联尊重土耳其的中立后，土耳其才表示放心。

同时，土耳其也还没有做好参战的准备，它的国家领导人伊诺努在继续采取拖延和观望态度，一直不愿意向英国空军提供基地。面对英国的压力，土耳其执政当局处境相当困难。1944年6月底，土耳其总统伊诺努召集土耳其军队高级将领，商讨一旦与

---

① 见世界知识出版社编《国际条约集（1934—1944）》，世界知识出版社1961年版，第410—411页。

德国交战，军队精英会做出何种反应。他说，军事政治形势发展迅速变化，留给土耳其继续坚持中立立场的时间不多了。但军方的反应仍然冷淡，称无论是精神上还是物质上都没有做好准备。据一项调查，土耳其议会只有2%的议员支持与英国结盟参加战争。美国媒体则乐观地认为，尽管土耳其社会舆论反对参加世界大战，但政府越来越倾向于跟同盟国合作。土耳其媒体普遍认为，从土耳其的民族利益出发，还是不要急于卷入战争，再等待时局发展。

关于开辟巴尔干第二战场与争取土耳其参战

在第二次世界大战中，几乎所有巴尔干国家都卷入了战争的旋涡，唯有土耳其在隔岸观火。早在1939年4月法西斯意大利吞并了阿尔巴尼亚。1940年10月28日意大利进攻希腊，遭遇希腊军队的顽强抵抗，面临崩溃。到1941年3月底，罗马尼亚、保加利亚和南斯拉夫相继加入了德意日三国轴心。1941年4月6日，南斯拉夫和希腊同时沦陷，两个国家的人民奋起反抗德意侵略者，开始了轰轰烈烈的反法西斯武装抵抗运动。这时的土耳其一直与德国在发展经贸合作关系，但对外宣布"严守中立"。

二战期间，英国一直支持巴尔干国家南斯拉夫、希腊和阿尔巴尼亚等国在伦敦的流亡政府和流亡组织。英国为了维护其战前和战后在巴尔干的政治、经济和军事利益，不顾与苏美盟国达成的在西欧开辟第二战场的协议，谋求在巴尔干开辟一个"第二战场"。1943年8月中旬，罗斯福和丘吉尔在加拿大魁北克例会上，决定履行一年前对斯大林的承诺，在欧洲开辟第二战场。到这时，丘吉尔还在坚持他的"巴尔干方案"，要求盟国军队首先在东地中海、爱琴海的罗德斯岛和巴尔干地区开展军事行动，以占领罗马，再向意大利北部挺进，然后在南斯拉夫、阿尔巴尼亚和希腊登陆。在丘吉尔看来，这样既可以牵制苏联向巴尔干、向西欧推进，也可以争取土耳其参战，迫使保加利亚和罗马尼亚退出战争。这个方案又统称为在巴尔干开辟第二战场方案。①

本来，早在1942年8月，美、英、苏三大国领导人经过多次艰难谈判和激烈交锋达成了谅解，决定1943年在西欧开辟第二战场，以牵制德国军力和援助苏联。但是，美、英两国却在1942年7月抛出了将于秋季在北非登陆的"火炬"计划，以减轻各自的军事压力。

1943年5月，德国军队在英美联军的打击下遭到惨败。同年6月，英、美军队登陆西西里岛。这时，土耳其的外交政策动向引起英、美、苏同盟国的高度关注。以德国为首的轴心国担心土耳其倒向同盟国一边参战；英、美、苏反希特勒同盟不愿意看到土耳其继续保持中立。苏联盼望土耳其参战，开放黑海海峡，以利同盟国的援助物资和军火更快捷地到达苏联战场；英国主张在巴尔干开辟第二战场，重点是吸引土耳其参战；美国起初对英国的"巴尔干方案"没有多大兴趣，但不反对盟友提出和讨论这个问题。②

历史学家们指出，1943年10月19日丘吉尔在英国参谋长联席会议上第一次正式诠释了在巴尔干开辟第二战场的重要性问题。他说，要最大限度地增强英国在意大利战区的英国力量；我们要进入巴尔干，维系英国在爱琴海的阵地。③ 丘吉尔认为，尽管英国

---

① 关于开辟巴尔干第二战场方案问题在二战史上是一个有争论的问题。丘吉尔在《第二次世界大战回忆录》中否认他自己及其政府有这个方案。英国史学界也持这种观点。历史学家们的观点是，英国首相一直支持1942年秋在北非登陆的"火炬"计划，没有制定在巴尔干开辟第二战场的任何文件。有学者指出，丘吉尔在巴尔干追求英国利益的最大化，所以试图说服苏联和美国首先考虑在地中海、意大利和巴尔干采取军事行动的问题。巴尔干方案即发端如此。

② Дженгиз Хаков, *История на съвременна Турция*, София, Парадигма, 2008, с. 184.

③ Стоян Рачев, *Чърчил, България и Балканите（1939—1945）*, София 1998, с. 185.

在开辟第二战场问题上与美国和苏联存在一定的分歧，但美国会同意他的计划，苏联也不会强烈反对。

在丘吉尔的巴尔干方案中，促使土耳其站在同盟国一边参战占有重要位置。一旦土耳其放弃中立参加反希特勒同盟，英国可以在战时利用土耳其的机场和港口，特别是黑海海峡，加强自己在爱琴海和东地中海的势力，在战后巩固在巴尔干地区的政治和经济影响力，继续支持君主制度。如果土耳其不参战，同盟国将不会保障它的领土完整，它也没有资格跟胜利者平起平坐。

土耳其很清楚，在战胜德国之后，苏联在中欧和东南欧以及巴尔干的影响力肯定会占据优势，所以它无意按照英国的计划，参加在巴尔干开辟第二战场，以阻挡苏联红军南下巴尔干。土耳其既不会按照英国的计划在巴尔干参加战争，也不愿意与北部邻国苏联制造纠葛，它希望保持一支完整的军队，以备战后的不测风云。土耳其还认为，阻止苏联红军进入巴尔干和西欧是英美的任务，而不是它的责任。土耳其优先考虑的是战后与苏联的邻国关系。

的确，1943年1月底伊诺努总统在土耳其的阿达纳市与丘吉尔会晤时，专门讨论了土耳其参加巴尔干第二战场的战斗问题，同盟国向土耳其提供军事装备和土苏关系问题。在讨论中，丘吉尔坚持土耳其应该在1943年下半年参战，伊诺努原则上表示同意，但对具体参战时间不置可否。他强调盟国要先提供武器弹药，以提高土军的战斗力。同时，伊诺努希望英美在战后帮助土耳其抗拒苏联可能提出的某些要求。

1943年11月的德黑兰会议仍然建议土耳其1944年2月之前站在同盟国一边参战。1943年12月，罗斯福和丘吉尔在开罗会见了土耳其总统伊诺努，讨论土耳其在巴尔干半岛参加对德战争的问题。英、美的军事和政治战略意图非常明确，吸引土耳其卷入巴尔干战场能保留巴尔干的现存社会制度，防止战后出现共产党人的管理制度。但是,土耳其政府仍然信守中立,继续与德国保持较为紧密的经贸关系,没有应允马上站在英、美一边作战。土耳其依然希望在英国、德国和苏联之间起一种平衡作用。这样,丘吉尔的巴尔干第二战场方案无法在苏联红军进入巴尔干之前实现,筑起一道阻挡红军向巴尔干和西欧挺近的防线。这样,由于土耳其的一再婉言拒绝,丘吉尔在巴尔干开辟第二战场的方案落空了。

1944年春,土耳其的伊斯坦布尔成为保加利亚、罗马尼亚政府与英、美同盟国和保罗国内反战组织谈判的场所。1944年6月,苏联红军已经在向巴尔干方向挺进。丘吉尔不得不开始与苏联就在巴尔干划分势力范围的问题展开谈判,以保住其在东地中海、黑海、希腊和土耳其的利益。1944年6月6日,同盟国终于在欧洲开辟了反对纳粹德国的第二战场。英美联军开始进攻西欧。它们的空军完全取得了制空权,将德国的许多城市夷为平地。显然,德国即将战败。

我们知道,斯大林从1942年提出欧洲第二战场问题以来,一直主张在大西洋开辟新的战场。但是,丘吉尔却想在巴尔干开辟第二战场,利用土耳其惩罚保加利亚。他的这一想法一直坚持到1944年9月5日苏联向保加利亚宣战才放弃。[①]

二 土耳其的战时经济政策

最后时刻投靠同盟国

二战后期,政治和军事的主动权逐渐移向同盟国一边。特别是1944年下半年,苏联红军攻入巴尔干半岛,势如破竹。希特勒

---

① Минчо Минчев, *Девети септември 1944—триумф на народната воля*。— "*Понеделник*", 2016, брой 5/6, с. 49.

的盟国罗马尼亚和保加利亚处于风雨飘摇之中，其亲希特勒政权岌岌可危。

盟军在欧洲战场上的节节胜利和丘吉尔的反复敦促，对戴着"中立"面具的土耳其总统伊诺努来说，无异于套在孙悟空头上的"紧箍咒"。他已经没有更多的选择余地。丘吉尔后来在回忆录中援引美国学者的话说："那五年半的时间，对伊诺努总统和土耳其的其他领导人来说，看来是个无止境的难熬的进程。"①

此时，丘吉尔似乎也对土耳其的"中立"失去了耐心，强烈要求土耳其领导人彻底改变"中立"立场。1944年6月6日，盟军实施"霸王"计划，开辟了欧洲第二战场；与此同时，苏联红军猛烈反攻，德军狼狈西逃。到了这个时候，土耳其的中立立场才开始松动，倾向同盟国。6月15日，土耳其亲德的外交大臣努曼·梅内门焦格卢（Numan Menemenjioglu）被迫下台。

1944年8月2日，土耳其政府宣布断绝与德国和日本的外交和经济关系。又过了几个月，1945年2月，斯大林、罗斯福和丘吉尔三巨头在雅尔塔决定是年4月将在旧金山成立联合国，并决议到3月1日前还没有与德国和日本断绝外交关系的国家一律不能成为联合国创始国会员时，土耳其才在2月23日向德国和日本宣布"象征性战争"，真正加入反希特勒的行列。

一直到第二次世界大战结束，土耳其没有出动军队，未放一枪一炮。土耳其向德日宣战的举动改善了它与英国和美国的关系，为它参加联合国创立大会拿到了"入场券"，但它无法享受反希特勒同盟胜利国的待遇。1945年3月，苏联政府宣布1925年签订的苏联—土耳其友好和中立条约已经过时，需要重新修订，这也算是苏联对土耳其中立政策的一种反应。

---

① ［英］温斯顿·S. 丘吉尔：《第二次世界大战回忆录》下，史雪峰译，中国画报出版社2015年版，第378—379页。

土耳其在第二次世界大战中的对外政策可以说是成功的。土耳其经受住了两个交战集团的压力，没有站在它们中的任何一边参加战争。这样，它就避免了战争给它带来的严重经济破坏和人员牺牲。

战时经济措施

其实，土耳其在坚持武装中立的同时，它的经济已经转入了战时状态，并拥有一支庞大的军队。土耳其不惜耗费大量资金建立强大的武装力量，以抵御敌人可能的侵略，保卫国家。土耳其军队在1939年只有20.7万人，1940年年初扩充到约70万人，而1942年达到了100万人。① 在整个战争期间，土耳其军队一直处于战备状态，所以，它的军费开支比战前增加了5倍多。有数据称，战时土耳其的直接军费占到国家预算的55%—60%。如果加上间接的军事费用，土耳其的军费与交战国相差无几。

为了增加财政收入和动员全社会的力量，1940年1月18日土耳其国民议会通过了《保卫国家法》，这事实上是战时土耳其政府的行动纲领。该法开宗明义提出："在当前的特殊情况下，为了巩固国家经济结构和国家防御，部长会议有义务和权利在特殊情况下实施这部法律。"② 该法律规定，政府有权专门控制和指挥各个经济部门，控制国家的社会政治生活。该法宣称，要控制工业和矿业企业，以满足国家对这些企业产品的需要；要规定生产品的品种和数量及企业的工作时间；要保障正常的劳动工资，禁止无故旷工；要以最低生产成本价格收购一定数量的产品，日后无偿发放给需要的人；每天延长工作时间3小时，取消每周的休息日；

---

① Вера Мутафчиева, Антонина Желязкова, *Турция*, Изд. "Отворено общество", 1998, c. 72.
② под редакцията на проф. Милчо Лалков, *Балкански щрихи в европейското минало*, София, Университетско издателство "Св. Климент Охридски", 2001, c. 192.

限制或取消一些商品的消费；号召农村的男女劳动力到城里大的私人工厂工作，给予报酬；要求生产一定数量和品种的农产品，等等。①

为了保证实施《保卫国家法》，1940年2月20日专门成立了以总理为首的协调委员会。国家安全部、财政部、经济部等一些最重要部委的领导人是这个委员会的成员。这个委员会根据《保卫国家法》以政府的名义宣布做出如下重大决议：如没收财产、成立价格委员会、规定商品的国家指导价、建立食品委员会、成立石油管理委员会、颁布劳动力和公司管理条例、实行消费品配给制度、提高房租，等等。

这部非常时期通过和实施的法律，使政府有权直接干预国家经济，最大限度地搜刮企业和私人的财物，动员全国的人力物力。城乡男女青年有的应征入伍，有的被迫到离村庄十几千米以外的劳动营耕种，以供应食品和外贸产品，增加国家的粮食储备。1940年还制定了生产武器和军事装备的私人企业法；1942年夏季，国家规定几种指定农产品产量的25%—50%要以较低的价格卖给国家；1942年还成立了预防投机倒把和国家机关腐败的专门法庭；1943年推行8%—12%的农产品新税；1943年出台了工业企业法，要求他们的产品优先保障国防和民生。另外，战争年代土耳其政府还专门制定了对城乡发财暴富户的一次性征税措施，公布了出口铬矿的新条令等。

1940年4月国民议会修改了《新闻法》。一个月后，成立了新闻出版总署，以加强对新闻出版物的控制。1940年11月，土耳其政府宣布对伊斯坦布尔、奥德林等5大城市实行戒严，一直持续到大战结束。土耳其政府利用上述措施严格控制舆论和民情，

---

① Дженгиз Хаков, *История на съвременна Турция*, София, Парадигма, 2008, с. 187.

压制和打击社会的不满情绪。根据其后通过的《警务活动法》，警察可以直接抓捕和拘留人，无须经过诉讼。这实际上限制和侵犯了个人的自由。

经过几年的努力，尽管土耳其没有正式参加战争，但它的整个生产和国民收入同样有所下降。据有关统计，工业生产减少了5.6%，农业生产下降了7.2%。土耳其由于保持中立，它的进出口贸易迅速提升，国家的外汇储备增加。1940年的出口贸易接近1亿美元，而战争结束阶段的进口低于1亿美元，出口却达到2.5亿美元。①

在这4—5年里，土耳其的农业生产在国民收入中的比重有所下降，因为工业生产发展迅速，它的比重明显上升。但到二战结束土耳其依然是一个农业相对落后和工业发展薄弱的国家。在战争年代大的银行和工商业资本获得了发展，据称，土耳其全国有2000个新的百万富翁。

表4—1　　　　　　国民经济各部门所占比例情况（%）

年份	农业	商业	工业	其他部门
1942	58.2	26.2	8.8	6.8
1943	53.1	24.3	17.0	5.6
1944	44.3	29.6	19.7	6.4

资料来源：под редакцията на проф. Милчо Лалков, Балкански щрихи в европейското минало, София, Университетско издателство "Св. Климент Охридски", 2001, с. 202。

在整个二战期间，土耳其对外保持武装中立，没有参与任何战争活动，使它躲过了1944年10月9日丘吉尔和斯大林被列入瓜

---

① Дженгиз Хаков, История на съвременна Турция, София, Парадигма, 2008, с. 190.

分巴尔干国家的方案。① 对内却采取战时经济措施，加重了人民群众的经济负担。土耳其一部分工商业巨头和大地主利用战时积累了大量财富，共和人民党作为唯一的执政党独揽大权，社会矛盾凸显，战后土耳其面临民主与独裁的艰难选择。

---

① 即二战史上著名的"百分比协定"。根据这个协定，英国和苏联在巴尔干对罗马尼亚、南斯拉夫、希腊和保加利亚按百分比划分了势力范围。土耳其因信守中立未列其中。

第五章　土耳其走上多党议会民主道路

在土耳其共和国历史上，军人历来拥有重要的权势，军人政变成为政治生活中的常态。历届总统也大都是军人出身。1946年以后，土耳其实行多党议会制。这种西方议会民主制度到了土耳其后，变成了党派之间争权夺利，互相倾轧的工具。每当国内局势发展到不可收拾的地步或党派斗争难分胜负的时候，军队立即出来进行干预，接管政权。军队成为政治生活中的活跃的积极因素。人们称这为"土耳其现象"。

在20世纪60年代初至80年代初的30多年里，一方面，土耳其各个政党在进行你死我活的斗争，不择手段夺取政权；另一方面，军队作为一支独立的决定性力量，经常介入国家政治生活。正是军队在调整和掌控多党政治体制的走向，以克服国家的政治经济危机。同时，土耳其军队严格维护和遵守国家的世俗性质，反对资产阶级政客将国家引向伊斯兰宗教方向，他们抵制任何旨在建立神权政治国家的运动，这一传统一直保持到20世纪末。

第二次世界大战后，随着土美军事政治同盟关系的确立，土耳其政府的整个对外政策在冷战早期就带有明显的民族主义的、反对共产主义的性质。20世纪60年代下半期国际形势开始缓和，土耳其不再一边倒向西方，而是同时也改善了与苏联和东欧集团的关系。土苏两国实现了高层领导人互访。

在奥斯曼帝国倾覆后的半个世纪内，土耳其共和国取得了宝贵的经验和成就。独裁专制政权已经让路给民主政府和竞争的多党政治，基本形成了自由市场经济和开放的社会。土耳其已经在沿着自己的道路向前发展。

一 战后建立多党政治体制

从一党制到多党制

第二次世界大战后，土耳其社会各阶层群众包括农民、工人、职员对政府战时的横征暴敛政策不满，就连资产阶级和大地主也对战时政府的巧取豪夺措施愤愤不平。穷人和富人的利益都受到了损害，实际上土耳其社会出现了反对共和人民党执政的各阶层的统一战线。他们主要反对执政党的社会经济政策、对外政策和一党独大的专制主义制度。

人们普遍认为，到二战结束，土耳其共和人民党仍然是一个"专制主义政党"。它实行一党垄断和管理，一切权力集中于一个中心，属于"一个无所不能的领袖"，党政不分。有人认为："这种体制跟斯大林和希特勒的独裁极其相似。唯一不同的是，穆斯塔法·凯末尔和他的继任者伊斯麦特·伊诺努（İsmet İnönü, 1884—1973）既不是共产党人，也不是法西斯分子，而是土耳其温和的民族主义者。"[①] 这种由土耳其民族资产阶级创立和领导的政党，同土耳其历史上的封建专制统治相比是一个巨大的进步，但仍落后于时代的要求。

社会上的不满情绪很快反映到了党内，形成了党内反对派。1944年3月，在议会对政府投信任票时，共和人民党的57位议员

---

① Кръстю Манчев, *История на балканските народи* (*1945—1990*), том 4, София, Парадигма, 2006, с. 116.

投了反对票；在表决1945年预算时，5位议员表示反对，77位议员弃权，其中持反对立场的就有前政府总理杰拉尔·拜亚尔（Celal Bayar，1883—1986，见图5—1）。

图5—1　杰拉尔·拜亚尔总统

显然，共和人民党的威信正在丧失，再也不能对社会上的改革呼声熟视无睹了。此时，党的最高领导人伊诺努表现出了一位政治家的高度责任心和领导能力。他意识到再也不能把自己看作"完人"和"智慧的顶峰"，凌驾于党和国家之上。1945年年初，他宣布自己不再是共和人民党的"民族领袖"和"终身主席"。战后国际形势的迅猛变化和土耳其国内事态的发展促使伊诺努承认党内外的现实，接受西方的议会民主价值和国家政治制度。

为了不使党发生分裂，伊诺努不得不正视党内反对派的存在。1946年1月，从共和人民党分裂出来的4位议员率先在安卡拉成立了民主党，其总主席便是杰拉尔·拜亚尔。民主党的政治纲领包括：在政治生活中普遍贯彻民主原则；尊重人权和自由；改革选举制度（如无记名投票、公开计票）；自由建立各种组织和社团；提倡私人资本和个人首创精神；弱化世俗化、强化宗教化，但宗教不得干预政治和国家事务。[1] 这样，在土耳其的政治生活中，出现了共和人民党和民主党两个主要政党以及其他一些小党。战后土耳其的多党政治制度开始形成，人们长期禁锢的思想逐渐迸发出来，渴望参加选举的积极性空前高涨。

1946 年 7 月 21 日，土耳其举行战后第一次多党议会选举。全国参加选举的选民约占全体选民的 75%。投票结果，共和人民党获得大国民议会中总共 465 个议席里的 396 个、民主党获得 61 个席位、独立人士获得 7 个席位。[2] 民主党等反对党指责共和人民党在选举中弄虚作假，在各地操纵选举。监管投票是公开的，但计票却秘密进行。在 8 月 5 日的大国民议会第一次会议上，伊诺努以 388 票当选为总统。

多党制已经启动，形形色色的党派纷纷登上政治舞台。据统计，在 1946—1948 年的短短三年时间里，土耳其又成立了若干新的政党：自由民主党、农场主和农民党、捍卫伊斯兰党、爱国党、土耳其伊斯兰保守党以及几个左翼党，如土耳其社会民主党、土耳其社会主义工农党，等等。左翼政党主张在土耳其建立"人民的国家"，消灭经济和社会的不平等，建立"社会主义的、民族主义的、国际主义的、爱好和平的世俗国家"，"变生产资料为社会所有制"，等等。

这些党派人数少、力量小，缺乏政治斗争经验。在土耳其政坛起主导作用的仍然是共和人民党和暂时还没有与该党彻底决裂的民主党。不过，在对待政府的态度上和多党制的运作上，不仅

---

[1] Дженгиз Хаков, *История на съвременна Турция*, София, Парадигма, 2008, с. 197.

[2] Вера Мутафчиева, Антонина Желязкова, *Турция между Изтока и Запада*, София, "Отворно общество", 1998, с. 74.

执政党同在野党之间不断发生矛盾，而且民主党内部强硬派与温和派之间亦产生了分歧。共和人民党政府攻击民主党采取非法手段进行政治斗争，而民主党则谴责政府死死抱住一党专制时期的管理模式不放。伊诺努总统试图超越党派利益，通过改组政府，从中调停关系。1947年7月12日，伊诺努发表备忘录，承认反对党的活动合法，表示相信政府今后不会向民主党施加压力。备忘录在一定程度上使土耳其国内政治生活逐步走向正常化，从而也缓解了执政的共和人民党同主要反对党民主党的关系。

1947年11月共和人民党召开第七次代表大会，这是该党执政时期的最后一次代表大会。伊诺努继续当选为党的总主席。大会修改了党的章程，以符合多党制的要求，将党的一部分权力与政府分开；在选举和推荐国会议员程序方面，也把更多的权力（70%）交给了地方党政机关；实行秘密投票和公开计票等。

1948年7月民主党内的一部分激进势力另行组建民族党，但这对民主党的冲击并不大。1949年6月民主党召开第二次党的代表大会，提出反对被分裂出去的党员重新入党，巩固了拜亚尔在党内的地位。这次大会决定集中精力准备1950年即将举行的议会大选。

战后经济得到恢复和发展

随着国家的政治向多党制方向转变，社会经济领域也必然发生一些积极的变化。任何一个政党如果想上台执政，它就必须制定相关的政策，满足选民的社会经济要求。土耳其是一个农业国家，社会的基本选民是农民。大地主只占全国人口的1%，却控制着土耳其50%的可耕地，约40%的土地属于富农和中农，贫农拥有的土地不足10%，而他们却占全国人口总数的65%—70%。许多农民耕种地主的土地，受尽压迫剥削，债务缠身，一贫如洗。他们最基本的要求是分配土地，以改善自己的生存状况。可以说，土耳其哪个政党争取了农民群众的支持，它就有赢得选举的希望。

战后，共和人民党在社会各阶层中的威信不断降低，不得不大力争取无地和少地农民的选票。共和人民党政府除了取消战时向农民征收的各种特殊税收外，于1945年6月颁布了土地改革法。土改法首先是将国家的、公共的土地，其次才是将大地主的土地分配（须支付少量的费用）给无地和少地的农民以及愿意从事农业生产的无地人员。同时，政府还发放一定的贷款供获得土地者购买农具。土改法规定，超出500公顷（土地紧缺地区为200公顷）的土地将被划归公用。那些长期租种大地主土地的佃农可以直接获得土地。但是，共和人民党发现，要征用大地主的土地十分困难，因为一方面遭到大地主的强烈抵制，另一方面执政党也不愿意完全失去大地主的支持。所以，一直拖到1947年才开始分配国家和公共的土地，而很少触动大地主的利益。1950年正式修改土改法，宣布私人土地所有制不可侵犯，大地主的土地不能征用。当然，土改法对战后土耳其的农业还是起了一定的促进作用，取得了一定的成效。据称，从1945年到1956年，全国3117个村庄的272279个农户分到了200多万公顷土地。

1946年共和人民党政府开始实行战后的第一个五年计划。土耳其曾经在1934—1938年执行过第一个五年计划，重点是推行凯末尔的国家主义，加强国家所有制，实现经济独立。战后第一个五年计划则放弃了国家主义，接受了民主党关于加强私有制经济地位的建议，协调工业发展。这将有利于土耳其"突破"封闭性政治和经济发展，向西方世界开放。为此，1947年在伊斯坦布尔成立了第一个非政府组织——商人协会，倡导发展私人经济，加强与世界经济的联系。同时，土耳其加入了国际货币基金组织，决定接受美国的援助。1947—1948年土耳其被列入"杜鲁门主义"援助对象和"马歇尔计划"，得到美国的军事和经济援助。据有关统计，1948—1952年，土耳其从美国获得了2.25亿美元的经济援助和 3 亿美元的军事援助。① 美国在土耳其建立了实施援助的各种行政和军事机构。与此同时，土耳其也就被纳入美国在中东和东地中海的军事战略计划，成了美国的军事和政治盟友。

尽管土耳其国家主权上的独立性受到一定的制约，但它的经济结构却发生了积极的变化，获得了较快的发展，人民的生活水平得到了改善。战后初期，土耳其国内生产总值的增长速度平均每年达到 11%、农业的增长速度甚至平均达到 13.2%、工业达到 9.2%。农业和工业的生产总值分别在 1948 年和 1951 年达到战前的水平，这为土耳其的经济恢复和发展，为加强同西欧的经济联系创造了条件，也为进行新一轮议会选举铺平了道路。

1950 年议会选举

1950 年 5 月，土耳其举行了转入多党政治体制以来的第二次议会选举。1946 年的第一次议会选举后，土耳其政治生活中的两支主导力量仍然是执政的共和人民党和主要反对派民主党。其他一些反对派政党暂时还都比较弱小，是多党政治制度的配角。舆论普遍认为，共和人民党在上次议会选举中获胜完全依靠舞弊，仗势欺人。这次胜利的天平可能不再向他们倾斜。

共和人民党已经意识到面临严峻的挑战，再次站在了风口浪尖。一方面，它于 1950 年 2 月通过了对自己有利的新选举法，规定所有参加选举的政党一律有权平等地获得竞选资金；在议会按多数制分配议员席位；选举秘密进行，但在司法部门的监督下计票。另一方面，它为了拉选票，在小学开设宗教课、举办穆斯林培训班、在安卡拉大学创立神学系，以争取宗教界人士的支持。在竞选活动中，共和人民党强调优先发展私有制，以赢得资产阶

---

① Екатерина Никова, *Балканите и европейската общност*, София, Издателство на БАН, 1992, c.101. 据统计，土耳其 1947—1957 年得到了 17 亿美元的军事援助。

级和地主的同情；政府还匆忙成立了劳动部和实行工人保障制度，以拉拢工人的选票。但是，执政党绝不允许工人游行示威和罢工，更不允许共产党人以任何形式参加选举。早在1949年政府当局就实行书禁，将马克思主义书籍和国内进步人士的作品视为"具有颠覆性"的书籍禁止陈列和销售。① 共和人民党还威胁选民说，自由不是无政府主义，不是要把土耳其变成右翼的宗教国家，更不是要在土耳其实行左翼的社会主义。

民主党则利用土耳其社会各阶层群众对执政党的不满发动宣传攻势，提出取消反民主的法律、提高人民的生活水平、罢工自由、尊重和发展私人经济、制定更加民主的法律，等等。民主党还主张在议会分配席位时按选区比例制，而非多数制，以打破执政党的垄断地位；要求总统伊诺努保持中立，不要利用个人的威信给执政党拉选票。

结果，在5月14日的选举中，民主党出人意料地获得了胜利。执政27年的共和人民党惨败于反对党，丧失了政权。土耳其全国的投票率高达89.3%。民主党获得53.3%的选票，根据多数制原则在议会拥有408个席位；共和人民党获得39.9%的选票，在议会仅拥有69个席位；国民党获得3.1%的选票，拥有1个席位；独立人士获得4.8%的选票，拥有9个席位。② 西部经济较发达的地区大都把票投给了民主党，而共和人民党的支持者主要集中在土耳其东部地区。共和人民党做梦也没有想到，正是它过高地估计了自己在各选区的实力，使自己坚持的多数制选举制度丢失了大量选票。土耳其学者认为，"民主党宣布这一胜利是新时代

---

① 直到2012年12月，土耳其政府才宣布取消这个荒唐的禁书令，取消对453本书的禁售令，其中包括马克思和恩格斯的《共产党宣言》和列宁的《国家与革命》以及土耳其进步作家和社会主义者的书籍。

② Дженгиз Хаков, *История на съвременна Турция*, София, Парадигма, 2008, с. 219.

的开始。这实际上是土耳其政治生活的分水岭。随着革命时代的一党制在1945年结束,土耳其的第二届民选政府在没有动乱的情况下移交给了反对党。这是伊斯麦特·伊诺努与共和人民党的一大成就,也是民主党的胜利"。① 西方学者也指出:"1950年发生如此现实的政治革命,是土耳其社会变革的一个反映。民主党迎合了一大部分心怀不满的人的心意,(共和)人民党却很晚才注意到。"②

大选后,民主党深受鼓舞,尝到了多党制的喜悦成果,决心推进国家的民主化进程。共和人民党尽管不愿面对失败的事实,但不得不尊重选民的意愿,很不情愿地坐到在野党的席位上。从共和人民党分裂出来的民主党以压倒优势击败颇有影响的共和人民党,代表大资产阶级和大地主利益的阿德南·曼德列斯(Adnan Menderes,1899—1961)上台执政。

1950年5月,新一届土耳其大国民议会成立,拜亚尔当选为土耳其共和国总统。拜亚尔辞去民主党主席职务,曼德列斯接任民主党主席兼任政府总理。民主党上台自然会改变原来执政党的许多政策,确立土耳其的政治发展方向。曼德列斯政府的纲领强调:在政治领域,社会政治生活自由化;承认罢工的权利(如果不威胁社会秩序和经济稳定);思想、言论和出版自由(限制极端左翼和右翼);宗教(伊斯兰教)自由(允许在学校进行宗教教育,但宗教不得干预政治和鼓动一种宗教反对另一种宗教);反对共产主义。在经济领域,尊重和提倡私有制;国家不得通过行政手段干预经济生活;平衡国家预算;国有企业私有化(不包括对整个经济和全局产生影响的企业);增加积累扩大生产;采取措施

---

① [土]悉纳·阿克辛:《土耳其的崛起:1789年至今》,吴奇俊、刘春燕译,社会科学文献出版社2017年版,第274页。
② [美]戴维森:《从瓦解到新生——土耳其的现代化历程》,张增健、刘同舜译,学林出版社1996年版,第172页。

吸引外资；加强对农业的投入、提高农产品价格、提供农业机械；发展交通运输业，等等。① 得力于上述措施和美国的援助，民主党政府第一任期结束时，土耳其经济有了长足发展，甚至出现了"繁荣"景象。

图 5—2　阿德南·曼德列斯总理

曼德列斯上台后，制订了一个广泛的经济计划。这个计划在一定程度上摆脱了凯末尔时代的孤立主义，而发出了欢迎外国投资和给予技术援助的呼吁。美国和德意志联邦共和国开始关注和援助土耳其。在短短的几年时间里，土耳其出现了一线希望。到处兴建工厂、修建公路和港口、修筑水库。勘探新的矿藏，给外国公司颁发了勘探许可证。土耳其成为世界上输出铬矿最多的国家之一。

---

① Дженгиз Хаков, *История на съвременна Турция*, София, Парадигма, 2008, с. 220—221.

这样，在许多方面，土耳其已经接近西欧资本主义经济体制；但在公民的人权和自由方面，在少数民族的政策等方面与西欧资本主义国家相去甚远。

土耳其实行多党议会制部分地扩大了资产阶级的民主和自由，但带有封建主义和东方专制主义的烙印，尚处于初级阶段。随着土耳其与美国军事政治同盟关系的确立，土耳其政府的整个对外政策在冷战早期也带有明显的民族主义的、反对共产主义的性质。重要的是，土耳其根据战后复杂的国际形势，结合本国的具体情况，选择了自己的发展道路。值得关注的是，土耳其已经站在实现欧洲现代化的起跑线上。

二 军人政变和多党联合政府

1960年"5·27"军事政变

20世纪50年代上半期土耳其在社会经济发展和对外政策方面都取得了令人印象较深的进步，这提高了民主党及其政府的威信，并为1954年5月2日的议会选举奠定了胜利的基础：民主党赢得56.6%的选票和议会的490个席位，共和人民党赢得34.4%的选票和议会的30个席位。从而，拜亚尔和阿德南·曼德列斯轻松连任总统和总理。

土耳其有了西欧的政治制度模式，又有了美国的援助和北大西洋公约组织（北约）的安全保证，但并没有平息国内的政治斗争。相反，各政治派别的较量才刚刚开始。这充分反映在战后第二次议会选举中。

二战后，土耳其影响最大的军事政变有1960年5月、1971年3月和1980年9月三次。小规模的军事政变次数更多。

民主党政府对内实行独裁统治，对外亲美，越来越严厉地镇压一切社会进步组织的活动。1920年成立的大国民议会被勒令解散；实行严格新闻检查制度，关闭进步报刊，逮捕进步政府职员和记者，任意解雇大学教授，甚至连法官的地位也得不到保障。警车开进校园，镇压学生的不满活动，禁止工人罢工和群众示威游行。对共和人民党主席伊诺努的正常党务活动横加阻止和干涉，并暗中策动暴徒用石头袭击他。

民主党政府大量接受美国贷款，本国货币大幅度贬值，造成物价高企，通胀严重。1960年时，政府的外贸赤字增大，通货膨胀加剧，引起社会普遍不满。

1960年4月21日，土耳其议会强行通过议案，禁止一切政治活动。4月28日，土耳其最大城市伊斯坦布尔成千上万的大学生们上街游行示威，高呼"独裁者曼德列斯下台""曼德列斯是杀人犯""我们要自由"等反对政府的口号。① 土耳其政府出动大批军警、坦克上街镇压，枪杀游行群众。

青年学生的示威游行队伍不断扩大，波及土耳其的多个城市。政府出动大批军警镇压。5月1日，伊斯坦布尔的军事长官宣布将以武力对付任何示威。他命令军队对哪怕是最小规模的集会游行也要开枪。首都实行24小时戒严，禁止任何公共集会，所有公共场所包括酒吧间、饭馆、体育场和教堂都停止营业或对外开放。在大街小巷荷枪实弹的军队在巡逻，各战略据点有坦克和重兵把守。同一天，曼德列斯亲自出马，向全国发表广播谈话，要求家长们"约束在校子弟的行动"，企图以此恐吓学生们的反独裁斗争。

5月2日，世界民主青年联盟致电曼德列斯，强烈抗议土耳其政府对学生和青年的野蛮镇压，支持土耳其青年争取民主和自由的合法要求，呼吁土耳其政府解除戒严令，释放被捕者和尊重人权。5月9日，国际民主妇女联合会打电报给土耳其妇女组织，声

---

① Дженгиз Хаков, *Политическата борба в Турция 1960–1971*, София, издательство на БАН, 1979, с. 21.

援土耳其人民反对建立军事基地和要求改善生活的斗争。

5月14日，首都安卡拉的学生走上街头，呼喊"曼德列斯辞职"和"打到独裁者"的口号，反对政府的反民主措施和独裁统治。5月19—21日，继续爆发空前大示威，几乎安卡拉的青年、包括军事学院在内的学生、士兵和军官都参加了示威。政府发布戒严令，授权军警可以射击集会的群众。警察向群众投掷催泪瓦斯手榴弹，政府当局出动军队，实行疯狂的逮捕和屠杀。共和人民党也趁机煽动反政府活动，使国内局势十分动荡。

与此同时，新成立的"紧急状态司令部"还发表了一份公报，要求所有市民必须携带身份证和注明他们工作单位的证明文件；禁止一切宗教集会，进一步加紧封锁消息。在短短的几天之内，有7家日报和周报被勒令停刊。

正是在这种形势下，土耳其军人开始介入政治。本来，土耳其军方形式上不参加国家的政治生活，他们甚至没有选举权。由于时局变化，陆军司令杰马尔·古尔塞勒（Cemal Gürsel，1895—1966）1960年5月3日给当时的国防部长写信，要求"总统必须辞职，必须改组内阁，清除其中危害全国的人，由主持正义和公正的人担任"。"必须在最短时间内释放被拘留的记者、学生等。科学机构也必须重新恢复活动"[1]。但总理曼德列斯对此置之不理，他在5月25日的讲话中说，"我们唯一的道路是选举"，拒绝了军人提出的一切要求。

于是，军队在古尔塞勒陆军上将的率领下，在1960年5月27日发动政变，以阻止国家事态的恶性发展。这天凌晨，陆军在保安队的配合下开进首都安卡拉，占领广播电台等重要机构，逮捕了总统拜亚尔、总理曼德列斯和所有民主党的众议员。政变行动

---

[1] Дженгиз Хаков, *Политическата борба в Турция 1960–1971*, София, издателство на БАН, 1979, c. 30.

图 5—3　杰马尔·古尔塞勒

没有遭遇任何武装抵抗。军队成功接管了政权，立即在安卡拉和伊斯坦布尔实行戒严，要求全国人民服从命令。

参加政变的主要军官组成了 38 人的"民族团结委员会"，由古尔塞勒任委员会主席，并兼任看守内阁总理和武装部队总司令等要职。

5 月 28 日，政变首脑古尔塞勒宣布担任土耳其国家元首兼新政府总理。新政府由 3 名军人和 14 名文官组成无党派政府，实权仍掌握在"民族团结委员会"手里，在一定程度上恢复了国家政治生活中的军人——文官官僚制度。古尔塞勒上台后，立即宣布禁止一切集会和示威，不允许任何政党进行活动，对以往政府成员采取温和态度。对外政策方面，宣布继续忠于北约和中央条约组织，遵守同美国签订的军事协定，向美国提供军事基地。

军政府于 6 月 12 日颁布临时宪法，规定"民族团结委员会"为土耳其的最高权力机构。在新的国民议会选举出来之前，国家权力将属于"民族团结委员会";行政权将由该委员会的主席所组成的临时政府来行使,而委员会的主席既是国家元首又是政府首脑,并且担任武装部队总司令的职务。临时宪法还规定,所有土耳其的法令都必须在国家元首批准后才能生效。同时,还成立了最高正义法庭,审判前政权的近500名官员。

11月13日,古尔塞勒清除了"民族团结委员会"中以蒂尔凯什(Tyurkesh)上校为首的14名少壮派激进军官,重组"民族团结委员会",加强了国家的法制和民主管理。

12月14日,古尔塞勒签署了关于成立制宪议会和众议院的两项法令,由"民族团结委员会"通过。根据法令,制宪议会将全部由军人统治的最高权力机构"民族团结委员会"的成员组成,众议院的议员一部分由选举产生,而另一部分由官方任命。制宪议会将在1961年1月6日开始工作,替代"5·27"后公布的临时宪法,并制定新的选举法。制宪议会拥有决定预算等全部立法权力,但是"民族团结委员会"有权否决众议院通过的任何法案。此外,国家元首可以在法案通过后的7天之内否决任何法案。

1961年2月,古尔塞勒在接受美国专栏作家赛·利·苏兹贝格采访,当被问到是什么原因导致他发动了政变、为什么军政府认为推翻前政权是必要的,他说:

> 发生革命的原因是政治情况已经堕落到不可救药的地步。我们被引向独裁,一种宗教、党派和阶级的独裁。而且我们国家的经济生活也陷于混乱。土耳其人急剧地分裂成两派,准备在一场内战中互相厮杀。这难道还不是进行一场革命的正当理由吗?①

---

① [美]赛·利·苏兹贝格:《七大洲风云四十年——回忆录萃编》,蒋敬等译,天津人民出版社1979年版,第476页。

古尔塞勒还指出，政变已经过去几个月，土耳其军队遵循不参与政治的原则，已经脱离了政治。军政权颁布了特别的法令使军队脱离政治，并通过严格的纪律贯彻执行。其实，这并非完全符合事实。因为他身为将军就是国家元首，军政府的一名要员仍然担任安卡拉地区司令，其他几个政府要员仍执掌着军队的指挥大权。军队同政治分开还远没有实现。

土耳其的社会舆论对这次军事政变表现得非常平静。他们认为，1960年5月27日兵变是土耳其历史上的积极事件。一位土耳其政治家指出：1960年5·27革命"在土耳其开创了一个社会觉醒和变革的时期"①。土耳其当局甚至规定，无论多党政治体制还是各个政治党派都不得与这场政变相对立，而且5月27日这天被定为土耳其的国庆节。

关键的1961年

1961年1月12日，军政府的内政部发表一份公报，宣布还政于民，解除党禁，自次日起允许土耳其各政党恢复活动，还允许成立新的政党和修改现有政党的章程。但公报同时规定，各政党不得进行任何政治宣传以及室外的集会或游行。该公报的意图是想证明土耳其正在"恢复民主"。这时，原总理曼德列斯的民主党已执政10年，其政府被解散。

由于解除党禁，更多的政党在1961年诞生，成立了共和农民民族党、正义党、新土耳其党、土耳其工人党等。被禁止的民主党部分党员参加了正义党和新土耳其党。土耳其政坛多党政治气氛异常活跃，其中的佼佼者就是老牌政党共和人民党。它的最大竞争对手民主党解散了，为自己再度上台执政扫清了道路。

---

① ［土］埃杰维特：《中左——土耳其的一种政治思想》，徐鹂译，商务印书馆1984年版，第56页。

1961年5月27日，军事政变一周年的纪念日，土耳其就新宪法举行全民公投，全国85%的选民参加了投票。参加投票的人中有62%支持新宪法，38%表示反对新宪法。新宪法规定，土耳其是一个民族、民主、政教分离和实行法治的世俗共和国，宪法的基本原则是实现和保障人权、自由、民族团结、社会公正、个人和社会的安定和繁荣。根据新宪法，大国民议会由国民议会（即众议院）和参议院组成，以代替过去的一院制。立法权归大国民议会，执法权归总统和政府。公民享有人权和自由；允许成立工会组织和工会活动中心；承认工人有罢工权利；实行带薪休周日和年假；执政党和在野党都得到承认和保护；大学拥有广泛自治；新闻媒体独立于政党和政府；建立宪法法院，以严格监督宪法的实施，等等。① 这部新宪法与1924年的宪法相比，扩大了公民的民主和自由权利，为土耳其共和国的社会政治发展开辟了新的前景。

为了成功举行大选，1961年7月9日搞了一次"全民公投"，政府禁止任何人和任何政党就宪法公开发表意见。1961年10月15日，土耳其举行了军事政变后的第一次国民议会选举。结果是：共和人民党获得议会173个众议院席位和36个参议院席位；正义党获得158个众议院席位和71个参议院席位；新土耳其党获得65个众议院席位和27个参议院席位；共和农民民族党获得54个众议院席位和16个参议院席位。共和人民党取得了胜利，但它的优势不足以单独组织政府。

10月24日，土耳其陆、海、空三军的高级将领发表声明，对这些政党施加压力，要求它们同意古尔塞勒为总统，组织四党联合政府。各政党自然会听从军方的安排。于是，10月26日，古尔

---

① Дженгиз Хаков, *Политическата борба в Турция 1960 – 1971*, София, издателство на БАН, 1979, с. 49.

塞勒顺利登上了总统宝座。根据新制定的宪法，总统任期为7年，他有权委任总理，并有权指定15名参议员。

随着颁布宪法，军人政变的使命已基本结束。从此，土耳其的议会选举和国家政治发展应该符合新宪法的精神。在一定程度上讲，军人发动政变和一年的统治是对民主党当政10年的惩罚。所以，军人政府根据宪法精神，禁止民主党的存在，开始审判它的领导人。1961年9月15日，法院宣判15人死刑、31人终身监禁和418人不同刑期，123人无罪释放。① 其中，除前总理曼德列斯、外交部部长和财政部部长3人被处死外，其他被宣判死刑的人并未执行，后改判为无期徒刑。

军人政府短短的一年关心的是政权建设，几乎在经济领域没有什么作为。成立国家计划委员会，以协调社会经济发展；发行"自由与稳定债券"5亿里拉；修改税收政策；降低部分商品的价格；增加政府官员的工资等。但经济政策的效果并不明显。另外，军政府还对军队和大学进行了调整和改革，结果由于精减了600多名高级军官和150多位大学教授讲师，致使军队不满，开始成立新的军事组织，叫作"武装力量团结"。它与"民族团结委员会"争夺军队的领导权。这对土耳其未来的民主制度和政局的发展造成不利影响。与此同时，由于几个新党的出现，共和人民党未能在大选中获得单独组阁权，成立联合政府是唯一的选择。

伊诺努联合政府

1961年12月2日，土耳其国民议会通过了对以伊诺努为首的新政府的信任案。这届联合政府是根据古尔塞勒总统的命令在11月20日组成的。伊诺努在11月27日向议会宣布新政府的施政纲

---

① Дженгиз Хаков, *Политическата борба в Турция 1960－1971*, София, издателство на БАН, 1979, с. 52.

领时说,它的政府将继续奉行参加北大西洋公约组织(NATO)和中央条约组织(CENTO)的积极的对外政策,并尽力发展同这些成员国,特别是同美国的关系。

这届政府由共和人民党和正义党组成,各占 11 个部长职位。其中,除副总理和内政部长由正义党担任以外,其他主要职务,包括外交部长、国防部长、司法部长和财政部长等都由共和人民党担任。

1962 年 2 月 22 日,8000 名军事学校学生和军官以及安卡拉驻军在首都发动军事政变,反对现政府。政变部队在几辆坦克的支持下,攻占了安卡拉广播电台,在大街上示威。政变军人要求解散议会、修改宪法、清除所有政党中的亲前总理曼德列斯分子,并禁止参加联合政府的正义党的活动。土耳其内政部下达了禁止出入国境的指令,警告人们不要上街。[①] 次日凌晨,政府军开进安卡拉,平息了政变。伊诺努总理宣布,政府已经控制局势。

1962 年 3 月,国民议会通过一项特别法,禁止对政变军人集团和这个集团采取的措施进行任何批评。

1963 年 5 月 21 日,安卡拉再次发生军事政变。经过激烈战斗,政变部队被政府军击败。接着,宣布在安卡拉、伊斯坦布尔和伊兹密尔三大城市实行戒严一个月。政府军夺取了作为政变部队总部的安卡拉军事学院,并逮捕了政变的组织者前安卡拉军事学院院长塔拉特·阿德梅尔(Talat Aydemir)。他曾在 1962 年 2 月 22 日发动过一次未成功的政变。政府军逮捕了一批政变领导人和参与者。

根据土耳其宪法,接下来便是共和国总统选举。古尔塞勒将军自然当选为总统,但是组织政府却十分困难。由于没有哪个党

---

① Дженгиз Хаков, *Политическата борба в Турция 1960–1971*, София, издателство на БАН, 1979, с. 77.

超过一半以上的议席，无法成立一党政府。11月，古尔塞勒总统提议由共和人民党的首领伊诺努组建共和人民党、正义党、共和农民民族党和新土耳其党4党联合政府。但两个最大政党共和人民党和正义党在大赦原民主党人问题上产生激烈争执，互不相让。正义党实际上是从民主党分裂出来的，其成员绝大部分是曼德列斯的追随者。这导致伊诺努政府在1962年5月31日辞职，出现了短暂政府危机。接下来，6月25日由共和人民党、新土耳其党、共和农民民族党的成员和1名无党派人士组成新政府。上届联合政府总理伊诺努继续担任新政府总理。共和人民党在23个内阁成员中占有12个，其中包括一位副总理和外交部部长、内政部部长、国防部部长和财政部部长等要职；新土耳其党占有6个、共和农民民族党占有4个，这两个党在新政府中也各占有一个副总理职位。

接着，三党联合政府就大赦被监禁的前曼德列斯的民主党成员问题达成协议。协议规定被判处6年以下徒刑的前民主党人一律获释，而被判处6年以上刑期的前民主党人将减刑4年。达成这一协议对新政府很重要，因为由共和人民党和正义党组成的上届联合政府正是在大赦民主党人问题上发生激烈争吵而解散的。

1963年11月，三党联合政府由于新土耳其党和共和农民民族党退出而发生危机。在与其他党派组阁失败的情况下，伊诺努于12月25日再次成立由共和人民党和无党派人士组成的新政府。这个由22人组成的新内阁包括4名无党派人士。但重要的部长职位仍然由共和人民党人担任。

伊诺努联合政府执政期间，土耳其的经济保持稳定，年平均增长率由前几年的1%达到约7%。联合政府所采取的主要措施有：第一，实行计划经济。1963年1月起，又开始实行国家经济发展五年计划，作为国家15年远景经济计划的第一阶段。主要目标是加快发展速度，增加国民收入，提高人民生活水平。第二，

图 5—4　伊斯麦特·伊诺努总理

保证投资，通过国内积累和国外财政援助扩大生产。为此，政府特别请求美国和北约国家增加对土耳其援助。鉴于土耳其 1963 年已与欧洲经济共同体签订了成为成员国联系条约，同年西欧、美国和加拿大等 12 个国家以及世界银行等组成"援土财团"。在 1963—1964 年，土耳其从这个财团获得了 3.6 亿多美元的经济援助，而从 1960 年到 1964 年土耳其的外债累计达到 21.48 亿美元。

这些援助、贷款和商品促进了经济发展和稳定，有助于抑制通货膨胀和降低预算赤字。当时，土耳其甚至出现了经济发展的小高潮。有一些统计数字可以证明：1961 年土耳其的国内生产总值为 465.37 亿土耳其里拉，而 1965 年达到 724.19 亿里拉；人均国内生产总值从 1960 年的 1595 里拉增加到 1965 年的 2180 里拉。人均国内生产总值提高较慢，是因为这期间土耳其的人口增长太快，即从

1960 年的 2775.4 万人增加到了 1965 年的 3139.1 万人。①

沉重的军费负担使土耳其的经济和财政状况不断恶化。1962年土耳其拥有 50 万军队，他们的费用超过预算的一半以上。据称，1962—1963 年财政年度中，国防部直接费用比上年度增加5.5%，国防预算的 1/3 被用于购买北约盟国的武器。

由于物价连年暴涨，土耳其人民的生活面临巨大压力。1961年的食品价格与 1948 年相比上涨了 4 倍，服装的零售价格比 1948年贵四五倍。税收加重，民族团结委员会通过一项新的收入税法，规定从 1961 年起向农民征收收入税。住房问题也很严重，1962 年全国约有 300 万户家庭完全没有住宅，而现有房屋又有 22% 已破烂不堪。

沉重的军费负担使土耳其的经济财政状况火上浇油。1962 年度财政赤字达到 1.3 亿美元。政府靠美"援"度日，使外债高达15 亿美元，国家需要拿预算的 1/3 来还债。据官方宣布，土耳其每年需要 10 亿美元外汇收入，但现在国库只有 4 亿美元。

政府的政策引起人民群众的不满。各地不断爆发反政府的示威游行。1961 年 5 月，正值政变一周年纪念，土耳其南部城市爆发了反政府示威，抗议增加赋税和增加军费（军饷）。罢工事件屡有发生。1961 年 3 月，安卡拉 700 多名工人举行示威游行，反对大批解雇工人。4 月，铁路工人要求增加工资 50%；5 月，约有10 万会员的纺织工人工会联合会要求提高工资 40%。

伊诺努是凯末尔之后一位杰出的政治家和国务活动家，可以称为土耳其的"国家领袖"，但他没有凯末尔的政治影响力，也没有凯末尔超凡的人格力量。所以，尽管他的政府使土耳其经济获得了平稳发展，却未能完全稳定国家的局势。政府经常性改组和

---

① Кръстю Манчев, *История на балканските народи（1945—1990）*, том 4, София, Парадигма, 2006, с. 254.

换届，在审判原民主党领导骨干问题上各党无法取得共识，这期间军队发动了两次未遂政变。接着，又爆发了塞浦路斯危机。1965年的政府预算草案再次遭到反对派政党的否决。伊诺努联合政府受到国内外因素的干扰，面临各反对党联合力量的打击和议会大选的考验。

第六章　政党之争与军人政变

20世纪60年代起，土耳其的社会矛盾激化，各社会阶层的政治积极性高涨。受到1960年5月军事政变打击下台的政党又重新上台执政。青年学生运动的斗争由争取大学教育改革转变为反对国家现存制度。政党分化瓦解，纷争不断，导致军事政变频发。土耳其的联合政府模式被正义党一党取代。从70年代初起，土耳其新的经济危机和政治危机威胁着国家的安全和稳定，军人公开介入政治，掌管国家大权。军人坚持凯末尔主义，推行社会经济、政治和其他改革。

1973年大选后，土耳其政局被以比伦特·埃杰维特领导的共和人民党和以苏莱曼·德米雷尔为首的正义党所垄断。中左翼和中右翼政治势力争夺加剧，各不相让，多党制在土耳其严重变形。当政党利益凌驾于国家利益之上的时候，土耳其军队在1980年9月再次发动政变，建立超党派政府，独揽国家政权。1982年颁布新宪法。

1983年11月的议会选举将图尔古特·约扎尔的祖国党推到土耳其政治舞台中央，军人被迫彻底脱离政治。祖国党治理国家意味着土耳其又回到了多党议会民主制的道路上。土耳其在沿着欧洲一体化的方向前进。

一 正义党执政（1965—1971）

正义党脱颖而出

1965年2月，伊诺努政府由于国民议会未通过他提出的1965年国家预算草案而辞职。古尔塞勒总统即刻任命无党派议员于尔居普吕（S. X. Yurgyuplyu）为总理，组建以正义党为主，包括共和农民民族党、新土耳其党和国民党的联合政府。新内阁的22名成员中正义党占近半数的名额。这次更换内阁，正值国民议会大选前夕。组阁结果说明伊努诺的共和人民党与正义党之间争权夺利的斗争日趋激烈。

1965年10月，土耳其举行国民议会选举。这届选举由看守政府主持，有6个政党参与竞争议会的450个席位。全国的参选率为71.3%。正义党获得约53%的选票，在议会赢得240个席位，超过总议席的半数。共和人民党获得134个席位（占29.7%的选票）、第一次参加竞选的土耳其工人党获得15个席位。这是1960年军事政变后的第一次国民议会选举。5年来的政府都是联合政府，因为没有一个政党在议会占有一半以上的席位，足以组织一党政府。

这一选举结果使正义党第一次获得组建一党政府的权利。1964年担任正义党主席的苏莱曼·德米雷尔（Sulaiman Demirel，1923—2015，见图6—1）[①] 于同年10月组织新政府。在内阁中，

[①] 苏莱曼·德米雷尔生于1923年。1949—1950年在伊斯坦布尔技术大学学习地下工程专业，后到美国进修。在安卡拉从事科学研究和大学教学，在土耳其代理多家外国公司。1962年参加正义党，被选为该党执行委员会委员。1964年接任正义党主席，1965年担任总理，是土耳其最年轻的总理。1970年第二次组阁。1975年和1977年组织两届联合政府。1979年再次组织政府，共7次担任总理。1993—2000年任土耳其第九任总统。2015年逝世。

除了动力和自然资源部部长由一个非议会议员担任以外，全体部长都是正义党的党员。

图 6—1　苏莱曼·德米雷尔总理

议会选举完后接下来是总统选举。1966 年 2 月，国民议会选举由执政的正义党提名的杰夫德特·苏奈（Cevdet Sunay，1899—1982）将军①为土耳其新总统，以代替身患重病的古尔塞勒。苏奈原担任土耳其武装部队总参谋长职务。

德米雷尔政府在土耳其连续执政两届。也就是说，正义党两次在国民议会大选中获得了胜利。正义党在 1969 年 10 月的例行议会大选中，又一次获得胜利，上台执政到 1971 年军人再次干预国家政治为止。

---

① 杰夫德特·苏奈（1899—1982）将军当选总统前任土耳其军队总参谋长。毕业于伊斯坦布尔军事学院，1921—1922 年曾在伊诺努指挥下抗击希腊的入侵。担任各种军职长达 30 多年，属温和的保守派。

德米雷尔政府在国家政治方面推行自由民主政策。宣布大赦约2万名刑事犯和约6万名遭起诉的政治犯。除了贪污、伪造、财务和职务犯罪外，一律赦免；特别对土耳其工人党等左翼人士、参加过抗议活动的大学生以及有过宗教犯罪的信徒都进行了宽大处理。

新政府的施政纲领称，经济政策方面，正义党政府主张混合经济、国营经济和私营经济共存；改变国家的税收政策，以体现社会公平；继续执行发展经济的国家五年计划；在能源、采矿业、冶金、化工、食品、交通运输、培训工程技术人才等领域强调以国营经济为主。农业部门完全实行私有化，以小农经济为主，但国家鼓励建立大型私人农场，并将部分国有耕地分给无地的农民。① 正义党政府的施政纲领还特别强调它的经济政策欢迎外国资本在土耳其投资。

在对外政策方面，正义党政府取得的成绩尤为明显。它继续同美国和西欧国家保持密切的关系；同北大西洋公约组织和中央条约组织紧密合作；加强与邻国以及亚洲和非洲国家的关系。随着20世纪60年代下半期国际形势缓和，土耳其不再一边倒向西方，改善了与苏联和东欧集团的关系。土苏两国实现了高层领导人互访，1968年土耳其与保加利亚协商保加利亚境内土耳其族人迁移到土耳其的问题，土耳其同罗马尼亚的关系也有了改善。与此同时，土耳其与美国的关系出现了摩擦。土耳其对美国在塞浦路斯问题上的暧昧立场不满，要求重新审视两国早先签订的双边协议。土耳其还出现了反美游行示威，抗议美国对越南的战争，甚至要求关闭美国在土耳其的军事基地。

德米雷尔政府的第二个任期不像第一个任期那样顺利，而是麻烦不断，遭遇社会政治危机。首先，正义党内部分裂，它的一

---

① Дженгиз Хаков, *История на съвременна Турция*, София, Парадигма, 2008, с. 306.

部分议员在1970年组建了国家秩序党，另一些议员成立了新民主党。其次，共和人民党也出现了危机，1967年该党的部分议员建立了信任党，对伊诺努的中左路线不满，要求执行更加左倾的政策。最后，土耳其工人党亦分化为不同的激进派别。众多的政党产生了多样化的意识形态和纲领，他们既在彼此倾轧，又在鼓动社会骚乱。

这期间，土耳其的政党之间明争暗斗更加厉害。从1970年年初起，国内局势动荡不止。这年3月，安卡拉和伊斯坦布尔的学生频繁发生骚乱。3月27日格迪兹地区发生严重地震，造成1000多人死亡，政府救济不力，引起社会不满。6月，伊斯坦布尔和开塞利（Kayseri）等地的工人上街示威游行，抗议政府限制工会权利的法令。8月，土耳其货币里拉贬值，出现通货膨胀加剧，物价继续上涨，人民怨声载道。

1970年10月，执政的正义党内部矛盾爆发，正义党人众议院议长博兹贝伊利（FerukBozbeyli）因与德米雷尔不和而辞职。接着，在12月众议院中的27名正义党议员退党，另组新民主党。可以说，1970年的德米雷尔政府处于风雨飘摇之中。

土耳其从1950年以来由民主党和共和人民党两大党轮流主政。前者代表中右势力，后者被称为"中左翼"。其他政党参与政治生活，仅仅是作为成立联合政府的补充力量。但自1960年起，土耳其出现了第三种势力，他们就是军队。土耳其军人经常干预政治，理由是捍卫凯末尔的思想和原则，维护国家正常发展，警告各政党及其政治家遵守议会游戏规则。尽管正义党已有10年执政的经验，也取得了一定的成绩，但还是未能躲避开土耳其军方的政变风暴。

从文官政府又到军人政府

进入1971年，土耳其的内乱愈演愈烈。1月安卡拉"中东技术大学"的学生率先起事,遭到政府当局的镇压,这所大学被关闭。但无政府主义暴力行动在各地迅速蔓延,一些银行遭抢劫,一些企业家被绑架,反政府的学生游行和工人罢工不断。库尔德地区举行反政府集会。从2月15日至3月4日,在土耳其的5名美国军事人员先后被极端分子绑架,事态进一步扩大。

土耳其武装部队的高级将领们认为,土耳其陷入了共和国创建以来"最严重的危机",不得不直接出面干预,使国家摆脱无政府状态和危机。时任总参谋长迈杜赫·塔格马什(M. Tagmach)上将和陆、海、空三军司令4名将军于3月12日联名签署一封致总统、参议长和众议长的备忘录,提出军队要接管政权的警告。这就是著名的《3·12备忘录》,它的主要内容有:

第一,由于议会、政府的立场和做法,国家已陷入无政府主义、兄弟间互相残杀、社会和经济不安宁之中,阿塔图尔克的原则已无法实现,宪法规定的改革已不能实现,土耳其共和国已陷入严重的危机之中。

第二,要立即建立一个强有力的、受人们信任的超党派的政府,来消灭现存的无政府主义状态,用阿塔图尔克的观点进行改革。

第三,如果问题不能很快得到解决,土耳其武装部队将按照法律所规定的保卫土耳其共和国的责任,直接接管政权。

军方在通牒中要求正义党政府辞职,组建一个强有力的政府和推行改革。否则,军队将夺取政权。

正义党政府听到广播备忘录半小时后召开紧急会议,德米雷尔总理宣布辞职。总统委任尼哈特·埃里姆[①](Nihat Erim,

---

① 尼哈特·埃里姆(1912—1980)是法学教授。1971年退出共和人民党而成为无党派总理,支持右派。曾在1971年和1972年实行军事管制的动荡时期领导两届超党派政府。1980年7月他和他的保镖遇刺身亡。

1912—1980，见图6—2）教授任总理。埃里姆属共和人民党，是前两届政府器重的人，他上台之后发布了一个备忘录，因而这次被称为备忘录政变，既没有解散议会，军队也没有采取行动。该政府强调要整顿国家机器，立即进行改革，给人民以和平和秩序。

图6—2 尼哈特·埃里姆

但是，埃里姆政府上台的第一件事是宣布在11个省实行戒严。根据军事法令，这些省的行政管理权便落到了军人手里。戒严令规定的首要目标是解散一切革命组织和进步团体。所有具有进步思想的报纸、杂志和出版物被禁。青年组织也被禁止活动。革命者被捕入狱，还建立了特别法庭。戒严令还规定禁止工会活动，其领导人遭到通缉和逮捕；禁止一切罢工，称罢工"有害于国防"。

这次政变后，土耳其政府依然频繁更替，党派斗争激烈。1971年12月，埃里姆总理正式组织以技术专家为主的政府。在25名内阁成员中，14人是各大党派的议员，11人是技术专家。这些技术人员为随后几年土耳其经济迅速发展发挥了重要作用。另外，内阁中有10人是前内阁成员，他们的留任也是新政府取得成功的一个原因。这届政府在军方的监管下，首要任务是稳定局势，恢复社会秩序，加强治安。在全国包括伊斯坦布尔、安卡拉等大城市在内的11个区实行军事管制；成百上千的具有左翼倾向的政府公职人员和高级军官遭到逮捕审讯；限制报刊发行；禁止出版书籍；组织审判土耳其工人党活动家和激进大学生组织负责人；修改了35条1961年宪法中有关民主自由的条款。

在经济方面，政府的施政纲领宣称要进行土地改革、改变税收和财政政策，但几乎没有真正贯彻实施。所谓的土地改革，是把国家和农民的土地转卖给农民自己，支付现金，获利的是国家和大地主。

埃里姆政府还提出了实现公正的捐税制度口号。结果是苛捐杂税越改越多，出现了什么旅馆房间税、饭店销菜税，甚至对理发员和水管工征税。

当局继续镇压库尔德人，称没有什么土耳其人和库尔德人，大家都是土耳其人，否认在土耳其东部几百上千万库尔德人的存在。推行一种将库尔德人"土耳其化"的政策。

1971年5月22日晚上，土耳其东部地区发生强烈地震，造成重大人员和财产损失。地震波及22个省，近20万平方千米，有些地方整个村庄被毁，死亡人数达几千人。埃里姆总理等政府高官前往灾区视察，采取紧急救灾措施。

1971年8月，苏奈总统在接受美国记者苏兹贝格采访时说：①

> 土耳其在历史上和哲学上都有一种特殊情况……在第一次世界大战后，奥斯曼帝国倒在废墟中，而全民族中唯一能够起来挽回颓势的力量就是军队。

---

① [美]赛·利·苏兹贝格：《七大洲风云四十年——回忆录萃编》，蒋敬等译，天津人民出版社1979年版，第366—367页。

唯有阿塔图尔克和在他手下服役的军官们发动了反对列强和许多优势敌人的必要斗争。因此，军队把共和国看成是自己的产儿，如同母亲挂念孩子一样挂念着它的健康。

　　在阿塔图尔克死后，很自然也就由军队来继续进行反对宗教反动派和共产主义的斗争，并防止二者中的任何一方推翻共和国的企图得逞。今年军队干预政局就是本着这种精神，这绝不是意味着它要谋求政治上的权力。

但是，埃里姆政府仅仅是一届过渡政府，这届政府以大胆改革著称。在土耳其所谓"超党派"执政的3年里，共更换了4届政府。这是由土耳其此时多政权中心造成的。军方集团、政府和议会三者之间充满矛盾和斗争。

1972年6月5日，苏奈总统指定前内阁国防部长费里特·梅伦（F. Melen）组成新政府。梅伦是军方干预政局以来的第三任总理。新内阁由25人组成，其中有17人是上届内阁成员。他们包括8名正义党党员（正义党在议会拥有多数票）、5名共和人民党党员、2名信任党党员、1名参议员、9名议会外人士等。

这届政府号称"凌驾于各党派之上"，一方面要为1973年10月即将到来的国会选举创造条件；另一方面要实行社会和经济改革，实现"国家的稳定、信心和平衡"，同颠覆活动和无政府主义作斗争。

1973年4月7日梅伦政府被解散，接着在4月15日组建以纳伊姆·塔鲁（Naim Talu, 1919—1998）为首的新政府。这届政府主要由正义党和信任党联合组成。它包括13名正义党成员、6名信任党党员、3名无党派参议员和2名议会外人士。总理塔鲁是前中央银行的总裁，担任过贸易部部长。

1973年3月苏奈将军七年的总统任期届满，出现争夺总统宝座的危机。这次，军方和政治家之间的关系发展到快要破裂的地步。有的政党领导人对军方卷入政治进行了猛烈攻击，将军们则连连开会，研究对策。议会用了 25 天的时间，进行了 15 次投票，经过一番博弈，最终才选出法赫里·科鲁蒂尔克（Fahri Korutyuk）作为苏奈总统的继承人。他在议会投票中获得 365 票，大大超过当选总统所需的 318 票的多数票。居莱尔（F. Gyurler）将军仅获得 87 票。科鲁蒂尔克于 4 月 6 日就任土耳其共和国第六任总统。

这次总统选举被视为是执政的正义党与反对党共和人民党和信任党相互妥协的结果，也使土耳其民主、议会和武装部队体面地摆脱了危机，议会和政党都把票投给了一个总统候选人，从而选出了一位总统。这是一个积极的信号。

科鲁蒂尔克总统在宣誓就任时说，他保证保持中立，并希望得到土耳其各机构的支持，各政党的合作。但他转过身来向将军们点头致意时，将军们亦个个笑逐颜开。

1973 年 10 月 14 日，土耳其举行议会选举。比伦特·埃杰维特（Bülent Ecevit, 1925—2006，见图 6—3）领导的共和人民党在大选中获胜，赢得 33.3% 的选票，在议会拥有 185 个席位；正义党赢得 29.8% 的选票，拥有 149 个席位；民主党赢得 11.9% 的选票，拥有 48 个席位；救国党赢得 11.8% 的选票，拥有 48 个席位；共和信任党赢得 5.3% 的选票，拥有 13 个席位；民族行动党赢得 3.4% 的选票，拥有 2 个席位；土耳其统一党赢得 1.1% 的选票，拥有 1 个席位。[①] 共和人民党无法单独组阁，只好同正义党组成联合政府。

正是在这个时候，1973 年 10 月 30 日伊斯坦布尔博斯普鲁斯大桥竣工通车（1969 年破土动工）。这座大桥包括两岸引桥在内全长 1560 米，横跨连接黑海、马尔马拉海和地中海的博斯普鲁斯

---

① Дженгиз Хаков, *История на съвременна Турция*, София, Парадигма, 2008, с. 342.

海峡。这也是贯通欧亚大陆的一座"金桥",是土耳其人民的骄傲!

图6—3 比伦特·埃杰维特总理

由于共和人民党的优势微不足道,联合政府的两党又几乎势均力敌,5—6个议会党便寻机发难,致使新议会陷入"信任"和"不信任"的怪圈之中。于是,埃杰维特和德米雷尔两位政党领袖时常轮流坐庄。1974年1月25日埃杰维特再次组织新政府。这次依然由共和人民党和正义党联合组织政府。根据两党达成的协议,共和人民党(除总理外)占有17个部长职位,正义党占有7个部长职位。但这也是一届短命政府。同年9月中旬,埃杰维特因同正义党的分歧无法调和,宣布内阁辞职。

1974年11月17日,参议员萨迪·厄尔马克(Sadi Irmak)在经历两个月的政府危机后受命建立政府。这是一个不寻常的内阁,因为在 25 名内阁成员中有 15 人不是议员，他们主要是大学教授和高级文官。用厄尔马克的话来说，这是一帮"理想主义者和凯末尔主义者"。在土耳其政党争夺激烈和不成熟的多党体制下，它几乎是由无党派人士和非议员组成的，更多带有理想主义色彩。这种联合政府也很难克服土耳其长达 7 个月之久的政府危机。

在这种情况下，科鲁蒂尔克总统于 1975 年 3 月 1 日发表讲话，指出土耳其的政治情况正在恶化，国家需要政治稳定，所有政党都应该相互亲近，渡过这一危机时期。为此，他提出三点要求：（1）各政党首先应该停止政治争斗，要从关怀和爱护国家的角度去缓和国家的紧张局势。（2）必须求助于国民领导机关，做出使国民议会焕然一新的决定。（3）为了加强自由民主制度，应根据最近几年的经验教训审查一下宪法，进而对它进行一些必要的修改。总统继续委托厄尔马克组阁。厄尔马克尝试了种种办法，力图延长这届政府的寿命，但所有其他主要政党都拒绝参加这个政府，也拒绝在议会外支持政府，承担义务。所以，厄尔马克无法打破政治僵局，不久他交回了组织联合政府的总统委任权。

1975 年 3 月 31 日，德米雷尔再度出山，组织由正义党、救国党、信任党和民族行动党参加的 4 党右翼联合政府。这届内阁比以往各届有所扩大，由 30 名成员组成。新政府的施政纲领强调：在外交政策上，尤其在塞浦路斯问题上，立场坚定不移；在内政问题上，反对国内的共产主义，复兴经济。

1977 年 6 月，土耳其提前举行大选，但政党格局几乎没有出现异位。这次，共和人民党得到了 41.4% 的选民支持，在议会占有 213 个席位。同样，正义党也得到了 36.9% 的选民支持，在议会占有 189 个席位。

大选后，埃杰维特于 6 月 21 日组织一党少数派政府。该政府称，作为一个一党政府，第一位的任务是保障国内和平与和睦，加强民族团结，允许自由思想和不同政见的存在。但正义党和救国党都发表声明说，这个得到总统批准的政府遭到议会大多数人的反对，是"反民主的"，构成了一个严重的宪法危机。

根据土耳其法律，在总统批准了内阁名单后，新政府需要在一周内向国民议会和参议院宣读施政纲领；在对纲领进行两天辩论后，国民议会的议员们将投票表达他们是否信任新政府。如果投票表示不信任，那么埃杰维特的政府就将作为一个看守政府直到组成下一届新政府。结果，由于正义党、救国党和民族行动党的反对，政府只赢得217张赞成票，却有229张反对票，两票弃权。7月3日埃杰维特政府未能赢得信任投票后，遂于同日辞职。

这样，法赫里·科鲁蒂尔克总统于7月4日责成正义党主席德米雷尔组织新内阁。德米雷尔在7月21日组织正义党、救国党和民族行动党三党联合政府。新联合政府的29名阁员中，正义党有16名、救国党8名、民族行动党5名。新内阁的名单由科鲁蒂尔克总统于7月21日批准。在联合政府中，每个党分到一个副总理兼国务部部长职位。但总理、国防部部长、外交部部长等职务均由正义党担任。这是潜在的矛盾。

德米雷尔总理在7月27日向国民议会和参议院提出了联合政府的施政纲领。纲领称，土耳其必须采取一切措施加强武装力量，首先要从本国的资源中获得防务所需的东西，要在最短的时间里发展国防工业；要利用一切资源实现发展；将继续努力使农业摆脱靠天吃饭的状况，重视灌溉。在对外政策方面，土耳其将重视和促进与不结盟国家的关系，在牢固的基础上促进与伊斯兰国家的关系；要解决中东冲突，基本条件是撤离被占领土和承认巴勒斯坦人民的合法权利，包括建立他们自己国家的合法权利；建立新的国际经济秩序是一个紧迫的问题，我们要发展同西欧各国的合作关系，继续留在北大西洋公约组织内；我们将重视在互相尊重的基础上发展同中华人民共和国的关系。①

德米雷尔政府执政近 5 个月后，由于在 1977 年 12 月 31 日的国民议会未能赢得信任票而提出辞职。总统接受这届政府的辞呈，要求它在新政府成立前作为看守政府继续工作。

二 联合政府上台（1973—1980）

埃杰维特再度执政

1978 年 1 月 5 日，埃杰维特在总统的授权下再次成立共和人民党、共和信任党和民主党 3 党联合政府。内阁人数从过去的 25 名以内一下扩大到 35 人，以照顾参加联合政府的较小党派和无党派人士。这 35 名政府成员中包括 22 名共和人民党成员（占内阁成员的 60% 强）、10 名国会中的无党派议员（其中 9 人是最新从正义党退出的成员）、2 名共和信任党成员和 1 名民主党成员。这届政府在国民议会总共 447 名参加投票的议员中，获得 229 张支持票，以微弱多数顺利组阁。这是一届以共和人民党为主的较为广泛的内阁。共同组成政府的各党派发表联合公报说，政府将保持和加强作为以法治为基础的民族、民主、非宗教和社会国家的土耳其共和国。

在对内政策方面，本届政府在经济和财政方面接收的是一份沉重的遗产。诸如很高的通货膨胀率、高昂的生活费用、外汇短缺、沉重的外债、电力和商品不足、黑市、没有有效的投资和生产、高失业率等。所以，新政府施政政策的当务之急是：一方面控制通货膨胀；另一方面"要创造一个起跑器，使经济能够从此向前跃进"。

在对外政策方面，政府的施政纲领称："我们的政府认为，不

---

① 详见《德米雷尔总理提出施政纲领》，《新华社新闻稿》1977 年 8 月 3 日。

发达国家或发展中国家应当带头为建立公平的世界经济秩序而努力，它们应当结成在经济上互相大力支持和合作的集团。我们的政府将为此在国际上采取必要的重要行动。"①

埃杰维特上台时，土耳其处于崩溃的边缘，无力偿还已经到期的50亿美元外债。政府与国际货币基金组织签订了一项协议，在1979年和1980年向土耳其提供13.6亿美元的一揽子紧急援助。市场油气短缺、物价飞涨、通货膨胀率高达100%。1978年土耳其的国内生产总值按不变价格增长了3.5%，这是1963年开始的"计划发展时期"以来最低的一年。用埃杰维特总理的话来说，"我们的经济以3%的较低的速度增长就等于没有增长"。他强调说，土耳其政府将为国营企业规定明确的经济和生产目标。国营企业生产的工业品和原料占全国的一半，但是，1978年营业亏损达400亿土耳其里拉。他说，对有成就的管理人员要给予奖励，对那些不称职的人要给予处罚，并调动这些企业里的过剩人员。这样，即使不增加投资，只要生产单位之间充分利用现有的生产能力和改善条件，生产就能够增长。1979年土耳其经济进入有所改善的阶段。例如，土耳其1977年对外贸易逆差超过40亿美元，1978年已减少到23亿美元，1979年上半年为13亿美元。

近年来，土耳其的外债负担越来越难以承受。1977年它所欠的外债是100亿美元，1978年增长到146.81亿美元，1979年高达171.43亿美元，而1980年超过了200亿美元。如果将利息加上，那积欠的外债恐怕接近300亿美元。1980年偿还了13.75亿美元的外债，其中3.7亿美元是利息。② 土耳其外债中的一半是短期债务。土耳其每年的外汇收入不能满足石油进口和支付分期付款的外债。1977年土耳其不得不暂停偿还外债。

---

① 《埃杰维特总理施政纲领》，《新华社新闻稿》1978年1月19日。
② 引自保加利亚《工人事业报》（*Работническо дело*）1980年11月22日。

埃杰维特政府在1978年年底分别同巴基斯坦、芬兰、比利时和联邦德国签署了经济协定。根据协定，巴基斯坦将向土耳其提供12万吨燃料油；芬兰将向土耳其贷款2550万美元，帮助土耳其克服外汇困难；比利时和联邦德国将帮助土耳其在安纳托利亚的马纳夫加特河上修建一个大坝和一座水力发电厂，提供设备和贷款。

1978年5月，埃杰维特访问联邦德国，着重讨论了联邦德国给予土耳其经济和防务援助问题，以及在联邦德国就业的土耳其籍工人的问题。鉴于土耳其对北约做出的贡献，联邦德国签署了给予土耳其1.3亿马克的援助协定。1979年2月，两国的国防部官员就防务合作问题继续进行会谈，内容包括联邦德国武装部队向土耳其武装部队转让一批军事装备和物资，以及在国防工业方面进行合作等问题。4月，土德两国合作建造的第一艘潜艇入水试航。这艘潜艇65%的造船材料来自联邦德国，35%来自土耳其。在联邦德国的帮助下，土耳其的两个大型造船厂在两年内建造了1艘快艇、4艘登陆舰和1艘导弹快艇。1979年9月，土德两国缔结经济合作协定和1980—1981年两年文化交流计划。联邦德国政府将向土耳其提供1.3亿马克的信贷，用以进口热电站工程、水泥厂和一些中小工业的设备。仅1979年联邦德国就向土耳其提供了（不包括军援在内）总数5.1亿马克的信贷。

埃杰维特总理在1979年8月25日的《节日报道员》报上发表了一篇题为《经济方面的新时期》文章。文中宣布："依靠我们自己的力量，土耳其将可以战胜目前存在的最严重的经济危机。"他指出，1979年上半年土耳其的收支平衡情况已有了好转。燃料短缺有所缓和，投资有所增长，某些基本物品的供应也有显著增加。三年前土豆烂在地里，新鲜水果和蔬菜扔到海里，如今都由国家组织出口。"我们的农畜产品出口使农民满意，并促进了农村的发展。"埃杰维特还在文章中总结了土耳其出现经济危机的主要原因。他指出，过去对农村投资缺乏足够的重视，不能充分地发展农业和畜牧业，因而就不能保证工业化的丰富的资源；自然资源使用不合理，依赖进口的石油，而没有强调利用水力和煤炭资源。矿物资源开采水平很低，以致某些矿产国内蕴藏量很丰富，却要进口。错误的借贷政策使得土耳其负债很多，特别是1975—1977年，我们的外债及其利息总共达到180亿美元，加上石油危机的影响，土耳其的经济陷入了严重的危机。①

在外交政策方面，政府遵循走向缓和而不是走向紧张、走向和平而不是走向冲突的政策，以便于国内的凯末尔主义者的和平原则以及国外的和平相一致。称"关于我们同我们的盟国、邻国和同其他一般国家的关系，我们将做出一贯的、有效的努力来发展基于互相信任和共同利益之上的友谊和合作关系"，以加强世界和平和国防。"土耳其位于世界最敏感的地区。不能把自己的国防交给别国去决定。"②

自1978年1月以来，共和人民党主席埃杰维特一直是土耳其的政府首脑。政府里也是共和人民党一党独大。所以，这届联合政府同以往各界联合政府一样，其根基是不牢固的。

1979年3月，埃杰维特政府宣布取消三年来在全国实行的按计划减少供电的措施。1976年起，土耳其各城市每天至少停电两小时。首都安卡拉每周有5天停电两小时。1979年政府称，土耳其的电力生产已能充分满足全国的需要。

1979年5月土耳其执政党共和人民党在安卡拉举行代表大会。共和人民党主席、时任总理比伦特·埃杰维特在5月24日的开幕会议上说，土耳其政府对外政策的原则之一是"充分独立"，"为了达到充分独立，必须在世界上实现经济独立"。他呼吁党和国家

---

① 《新华社新闻稿》1979年8月28日。
② 《新华社新闻稿》1979年8月28日。

在困难时期团结一致。埃杰维特强调要"同本地区各国和世界上所有国家建立良好关系"。他说,"不少外国从老远的地方把它们的鼻子伸进这些国家的国内事务。生活在本地区的各国,遭到来自外部世界的挑衅,它们只有加强自身的团结,才能保卫独立"。①

埃杰维特在1979年7月宣布,土耳其的外汇储备有了明显的增加。到1979年6月底土耳其中央银行的外汇储备总额已达到12.665亿美元,比1978年增加了3.15亿美元。外汇储备增加主要是1979年头5个月的出口收入有了显著增长,上半年的侨汇收入达到9.82亿美元,相当于1978年全年的侨汇收入。②

1979年9月,民主党在政府中的唯一成员副总理法鲁克·絮坎宣布退出政府,对埃杰维特政府是一个沉重的打击。

在1979年10月14日的土耳其国民议会(众议院)补缺选举和参议院部分改选中,德米雷尔领导的反对党(正义党)获得了全部补选的5席,从而使反对党及其支持者获得了国民议会半数以上的席位(在450席中占227席),达到了通过对政府的不信任案所必需的票数。正义党在国民议会中的席位增加到181席。共和人民党尽管在补缺选举中失利,但它还拥有208席,在国民议会中仍是第一大党。③

另外,在改选部分参议员的选举中,反对党也取得了领先地位,获得33席,成为拥有77个席位的第一大党。共和人民党得到12席,共拥有63席。其他党派获得6席。这样,正义党和共和人民党分别成为参议院和国民议会的第一大党,平分天下。各派政治势力围绕组阁问题再次进行较量。

埃杰维特政府执政不到两年就下台,原因是多方面的。第一,

---

① 《新华社新闻稿》1979年5月27日。
② 《新华社新闻稿》1979年7月8日。
③ 《新华社新闻稿》1979年10月17日。

土耳其的经济困难使埃杰维特政府处境艰难。塞浦路斯纠纷进一步激化，国际市场石油涨价，外贸出现巨额赤字，加上美国对土耳其实行武器禁运和经济封锁，致使土耳其的外债高达180亿美元，失业率达到20%以上，通货膨胀率从1978年的42%增长到1979年年底的100%。第二，社会治安不稳是埃杰维特政府下台的另一个原因。国内政治谋杀案几乎每天发生，军事管制从13个省扩大到19个省，其中包括首都安卡拉和最大城市伊斯坦布尔。严重的经济问题和社会治安问题，使广大群众对埃杰维特政权失去了信心，从而导致共和人民党在选举中接连失败。①

对于埃杰维特其人及其执政，中国学界给予了高度评价："埃杰维特崇尚社会民主主义和民族主义。出任共和人民党总书记后，他致力于以'中左'理论改革该党，对内主张实行西方议会民主制度，扩大思想、言论和新闻自由；对外强调维护国家独立和民族利益，支持土耳其继续留在北大西洋公约组织之中，但力求有更多的独立性。他所领导的共和人民党曾是社会党国际的成员。"②

正义党东山再起

随后，德米雷尔于1979年11月12日组建一党政府。新政府在国民议会11月25日举行的信任投票中，以229票对208票获得多数信任。

面对土耳其百废待兴、百乱待理的局面，德米雷尔及其新政府发表施政纲领强调说，在国内政策方面政府决心整顿治安，保障人民的生命财产，并整顿经济，制止通货膨胀。为此，他请当时的经济专家图尔古特·厄扎尔（Turgut Ozal）出面，制订了拯

---

① 顾玉清：《土耳其政府的更迭》，《人民日报》1979年11月29日。
② ［土］埃杰维特：《中左——土耳其的一种政治思想》，徐鸥译，商务印书馆1984年版，"译者的话"，第1页。

救经济的一揽子计划。即降低经济增长速度，刺激出口，通过外贸积累外汇储备，偿还外债，接受国外新的贷款，土耳其里拉贬值，等等。但这些新政并不适合当时深陷政治和经济危机的土耳其，还没有来得及实施，土耳其军方便不请自来。

德米雷尔强调，土耳其是由劳动者和公民共同建成的一个实体，因此，要和各种进行煽动、分裂、违法的不可宽恕的行为做斗争。

土耳其最近15年来的发展速度保持在7%左右，而1978年和1979年降到了零。在经济方面，要允许公民过自由民主的经济生活；要恢复对生产和投资的信任；严格遵守土耳其公民自由就业、自由开办企业、自由使用合法收入的原则；生活费用高和物价上涨对公众不利，要克服通货膨胀。土耳其全国当前最重要的问题之一是控制住通货膨胀，否则经济和社会生活就不可能有秩序；政府要通过财政手段控制政府预算和其他经费的支出。

土耳其将根据其地理位置、历史现实以及国防和经济的需要执行其对外政策。土耳其忠实守约，不冒险，根据理智处理一切问题。

尽管德米雷尔是一个老练的政治家，会巧妙地玩弄权术，但他无法在短期内解决土耳其面临的法律和秩序问题。在当时最近的两年内，土耳其有2500人在屠杀、暴动、暗杀和纵火中死亡。任何人都没有安全感。许多著名的教授、银行家、教师、学生都成了政治恐怖的牺牲品。1978年12月颁布的戒严令，已扩大到19个省，限制了土耳其一半的人口。土耳其的经济已陷入萧条之中，通货膨胀率高达80%，失业人数达到250万人，工厂开工严重不足。土耳其经济基本依靠从国际货币基金组织以及经济合作和发展组织成员国的贷款维系。在对外关系方面，要解决的当务之急是和美国建立防务关系；解决与塞浦路斯即希腊之间存在的问题；解决与欧洲共同市场的谈判僵局。一句话，德米雷尔也拯救不了土耳其。所以，这位总理就任时明确无误地表态说，他不能为大家创造任何奇迹，他只能以最诚实的态度为大家尽心去工作。

70年代经济发展的成绩与问题

从1961年土耳其成立国家计划委员会起，直到70年代末，实行国家发展五年计划经济，其根本目的是保证国内生产总值的增长每年不低于7%。① 国家始终在干预经济部门的生产和发展。从1963年至1976年经济增长率平均每年为7%，其速度不仅明显高于同等经济水平的发展中国家，而且在经济合作和发展组织的24个发达国家中，也仅次于日本，居第二位。

土耳其的经济发展一直比较好。根据世界银行的报告，土耳其的人均国内生产总值1974年为690美元，1975年为860美元，1976年为990美元，而1977年的国内生产总值达到454亿美元，人均为1105美元，成为世界上第53个人均国内生产总值超过1000美元的国家。到1979年已达到1210美元，在世界170多个国家中，居第82位，属于中等收入国家。但在巴尔干地区，它的人均GDP低于希腊、保加利亚、南斯拉夫和罗马尼亚，仅高于阿尔巴尼亚。

这个时期，土耳其的工业发展比较快。20世纪70年代初期，经济增速连年都在8%以上。1973年最高，达到13.1%。工业产值在国内生产总值中所占比重从1965年的15.9%上升到1977年的21.4%，工业生产已经具有相当的规模。

土耳其的对外贸易尽管是入超，但直到20世纪70年代初进出口的逆差并不大。1970年的外贸逆差为3.59亿美元，石油价格

---

① Вера Мутафчиева, Антонина Желязкова, *Турция между Изтока и Запада*, София, "Отворно общество", 1998, с. 84.

大幅度上涨之前的 1973 年为 7.69 亿美元。当时每年可以获得侨汇 10 亿美元左右，再加上旅游业的外汇收入，外汇基本上可以保持平衡，1973 年甚至还有 5 亿美元的盈余。外债也保持在可控范围之内。1973 年的外债总额为 28.4 亿美元，而同年的外汇储备约有 20 亿美元。至此，土耳其的经济一直处于迅速发展的上升阶段。

1974 年的石油危机和 1975 年的西欧经济萧条，致使土耳其经济同病相怜，每况愈下。首先遭遇外汇危机。从 1977 年开始，发展速度日趋下降。在 1974—1978 年的 5 年中，土耳其因油价暴涨，为进口石油总共多支付了 38.2 亿美元。随之，由于工业品价格上涨，土耳其为进口工业品又多支付了 10 亿美元。与此同时，这期间由于部分农产品价格下跌，土耳其在出口贸易中的损失高达 22 亿美元。这样，5 年中造成的损失总共高达约 70 亿美元。在这个恶性循环中，外贸逆差急剧攀升，1974 年达到 22.4 亿美元，1977 年高达 40 亿美元。1980 年高达 47.57 亿美元。[①]

受到西欧经济不景气影响，侨汇也迅速下降，从 1974 年的 14.2 亿美元降至 1978 年的 9.8 亿美元。外汇储备越来越少。1975 年土耳其约有 70 万人在西欧（主要在联邦德国）工作，他们这年的汇款有 13 亿美元。到 1980 年年底，土耳其有 150 万人在国外就业。这些人每年回国，带来了国外的磁带录音机、汽车，有时还有拖拉机等农机以及高档消费品。这一切有助于减少土耳其的收支逆差，也丰富了土耳其的社会文化生活。土耳其政府每年从这个途径获得十几亿美元的外汇收入，约等于土耳其外汇总收入的 1/3。[②]

---

① Дженгиз Хаков, *История на съвременна Турция*, София, Парадигма, 2008, с. 357.

② Дженгиз Хаков, *История на съвременна Турция*, София, Парадигма, 2008, с. 357.

1970—1976 年，土耳其国内生产总值的年增长率仍然达到约 7%。这个时期的发展使土耳其雄心勃勃，在 1973 年制定的远景规划中，提出要在 22 年后使土耳其成为一个先进工业国，赶上意大利的发展水平。

然而，1977 年土耳其的生产已经难以为继，其增长率从 1976 年的 7.7% 下降到 4%，1978 年进一步下降到 3.1%，1979 年的经济增长率仅为 1.7%。由于原材料减少，工厂的开工率严重不足。1978 年平均只有 50% 的开工率，1979 年只有 26%，有些工业部门的生产几乎陷于停顿。同样，经济困难也波及农业。由于缺乏燃料、化肥和农机部件，已经影响到播种和收获。

物资匮乏造成市场供应紧张。政府为弥补生产不足造成的财政赤字，大量发行货币，致使里拉贬值和通货膨胀。失业率也在增加。1978 年官方公布的失业人数为 220 万人，占全国 1600 多万劳动力的 13.5%，1979 年的失业人数上升到 300 万人。

造成土耳其经济出现滑坡的原因，一般认为与内部经济结构和外部经贸形势发生变化等因素有关。概括起来有：（1）经济严重依赖进口，出口能力不足，造成经济畸形发展；（2）高消费，低生产。历届政府为了争取选民，大量举外债刺激消费；（3）土耳其实行国营和私营并存的混合经济体制。庞大的国营企业经营不善，日益亏损，消耗大量资金，成为经济发展的障碍；（4）70 年代初的石油涨价和西欧经济萧条，是造成土耳其经济下滑的直接原因。

进口石油花费了土耳其的大量外汇。1977 年土耳其的石油产量为 271.3 万吨，它所需的大部分石油仍需从国外进口。1979 年用在石油上的款项达到 20 亿美元。1978 年，国产石油仅 273.5 万吨，而进口则达到 1370 万吨（其中包括原油和石油产品）。在世界石油价格上涨的情况下，上述这些进口花费了土耳其全部外汇收入的86%。①

1979年3月，埃杰维特总理签署了一项命令，要求政府各组织和公营企业停止购买新的车辆，注意节约石油。要求全体官员和职员，包括高级官员，上下班尽可能乘坐公共汽车。结果，石油消耗量明显下降。

1973—1980年，土耳其更换了7届政府。政局不稳对国家政治和经济发展产生了负面影响。

军人再次上台执政

20世纪70年代末，土耳其的教派活动和恐怖活动在不同党派的煽动下，逐步升级。1978年12月底，土耳其东南部的拉赫曼什·马拉什地区发生大规模械斗，死亡100多人，政府被迫在13个省实行戒严，但无济于事。次年，恐怖暗杀、抢劫银行的事件层出不穷。根据土耳其官方材料，从1979年至1980年9月12日不到两年的时间里，政治恐怖主义造成5141人死亡和14480人受伤。② 这个数字相当于1975年和1976年两年的16倍。

恐怖活动暗杀的目标也由小到大。原先是不同政治派别的青年学生，后来发展为教师、记者，最后是政党领袖、社会名流，甚至警察、士兵，恐怖分子甚至持枪劫狱，无所不用其极。据统计，埃杰维特政府执政的22个月里，有2000多人死于恐怖活动。德米雷尔上台后，1980年头几个月在暴力事件中丧生的人数已达1600多人，即平均每天有10人死亡，最高的一天达到25人。

1979年下半年，土耳其经济已经到了崩溃的边缘。德米雷尔政府要求西方国家提供新的经济援助和贷款。国际货币基金组织则提出了先决条件，要求土耳其政府缩减开支，减少对国营企业

---

① 参见《新华社新闻稿》1979年4月6日。
② Ибрахим Карахасан-Чънар, *Турция*, София, "ЛИК", 2000, c. 145.

的投资和补助，减少预算赤字，冻结工资，土耳其货币里拉贬值，等等。土耳其政府起初拒绝了这些条件。但在西方"拯救土耳其"的施压下，土耳其政府实行严厉的财政措施，吸引了大量外援，推迟了债务的偿还期；实行自由物价消灭了普遍的黑市现象，货物和燃料销售中心出现了；政府在1979年的隆冬季节宣布了紧缩政策，100%的通货膨胀率到年底下降到50%，土耳其里拉贬值1/3。国际货币基金组织批准了为期三年的16.5亿美元的协定，经济合作和发展组织提供16亿美元的援助，世界银行6亿美元的援助正在谈判之中，还有沙特阿拉伯承诺将提供6亿美元的贷款。外援和贷款有助于土耳其经济免于全面崩溃，但它仍将遭受衰退的严重打击。土耳其的整个经济形势，特别是政治局势仍令人担忧。

社会动荡不宁，黑市盛行，百姓叫苦不迭。土耳其累计欠外债180多亿美元，市场上物资短缺且昂贵。土耳其人可能是世界上烟瘾最大的人，每人每年的平均消费量为100包。而最近纸烟短缺引起的恐慌比每天停电几小时和缺乏燃料引起的恐慌还要大。土耳其人每天离不开浓咖啡而现在也很难喝到。这一切与国家外汇短缺有关，也与黑市猖獗分不开。

1980年头7个月，外贸逆差已达18亿美元，比1979年同期增长了32%。工厂的开工率一般只有50%，在104种主要工业产品中，有67种产品的产量下降，其中原油产量下降19.9%、铬矿下降12%、水泥下降20%、生铁下降41.5%、化肥下降7%、拖拉机下降28.4%、棉织品下降13%。失业人口从1979年的200多万人增至1980年的350万人。

与此同时，总统选举陷入僵局。根据规定，土耳其总统必须由拥有643个席位的大国民议会（由国民议会和参议院组成）选举产生。总统候选人在前两轮投票中必须得到2/3的选票才能当选。但是，在第三轮选举和以后的选举中，候选人只要得到超过半数的选票就能当选。然而，这次议会经过了80轮投票，被提出的几位总统候选人都没有获得上述所需要的票数。

土耳其第六任总统科鲁蒂尔克在7年任期届满后，已于1980年4月6日离开了总统府。从4月7日以来，由参议院主席伊·萨·查拉扬吉尔（I. S. Chaglayangil）担任代总统。这样长时间没有正式国家元首的情况，在土耳其历史上前所未有。出现这种怪现象，是因为两个主要政党共和人民党和正义党无法就总统人选达成协议，从而就共同的总统候选人达成一致。这两个党都希望自己党内的候选人当选总统。在大国民议会里，共和人民党控制了266个席位，正义党拥有264个席位，势力不相上下，它们的候选人在大国民议会投票中都没有得到超过半数的选票。它们反复磋商了半年也毫无结果，国家处于无政府主义状态。土耳其成了"群龙无首"的国家。这时，国民议会也因党派争执不休，处于瘫痪状态。

早在1980年元旦那天，军方在拜会科鲁蒂尔克总统时就递交了有关国内局势看法的一封信件。该信件要求所有立法机构保持团结一致，以使国家免遭目前所面临的那种严重危险；要求全国各政党联合起来制止恐怖主义和分裂主义活动。信件指出："我们国家不能再容忍那些滥用宪法规定的鼓吹广泛自由权利的人"，"他们希望恢复伊斯兰法，企图以法西斯主义代替民主。他们鼓吹无政府主义、破坏和分裂"。因此，"武装部队决定向各政党提出警告，它们由于经常相互争吵，不能制止恐怖主义，以至发展到威胁国家的统一"[①]。这封信又称为备忘录，阐述了土耳其整个武装部队对国家事态发展的看法和立场。安卡拉广播电台在1980年1月2日广播了信件全文。政府当局已经感到"局势是严重的"。如果军方的警告不能实现，那当然就只剩下一条路可走了——军

---

① 《新华社新闻稿》1980年1月5日。

队干预。

土耳其武装部队总参谋长凯南·埃夫伦①（Kenan Evren）对总统人选迟迟不决感到遗憾，表示将择机采取行动。他在5月13日再次呼吁各政党合作，尽快选出总统。

为了解决这个难题，打破僵局，德米雷尔总理主张总统不由大国民议会选举，而改由人民直接选举产生。但是，要这样做就必须修改宪法和选举法。按照规定，只有得到国民议会和参议院2/3的赞成票，才能修改宪法和选举法。由于共和人民党反对，这一建议也无法实现。

1980年7月25日，土耳其政府与主要反对党就五项反对恐怖主义的法案达成协议，通过了新的《反恐法》。这是德米雷尔总理、反对党领袖埃杰维特和代总统查拉扬吉尔在总统府举行了4个小时会谈后做出的决定。人们认为，埃杰维特同意支持德米雷尔提出的新法案是一个积极的迹象，表明这两位长期敌对的大党领导人取得妥协。但埃杰维特拒绝支持政府提出的关于设立反恐特别法庭和有权宣布紧急状态的两项法律，认为这等于给了政府很多独裁主义权力和限制公民的自由。

这时，国内恐怖活动仍然有增无减，一些政党和工会领导人接连被杀害。前总理埃里姆1980年7月19日在伊斯坦布尔以东60千米的地方遭伏击身亡，他的保镖也中弹死亡；7月22日土耳其机械工人工会主席凯末尔·蒂尔克莱尔在伊斯坦布尔的家门外遭枪杀。到8—9月，每天死于暴力事件的人数约有20人。有统计资料说，到9月，全国已有2500多人在恐怖事件中丧生。暴力恐怖行动遍及全国各地。总统府、议会和政府都已瘫痪。正是在

---

① 凯南·埃夫伦生于1918年，1938年毕业于军事学校。1964年升为准将，曾任陆军学校校长。1974年晋升为上将。曾任陆军参谋长和总参谋长职务。有评论称他是一位正直、聪明、忠于阿塔图尔克原则和谦虚的军人。

这种社会、政治、经济危机十分严重的背景下，土耳其军队准备采取行动，接管政权。① 跟以往一样，军队总参谋长多次就国内局势发出警告，要求政治家们以国家利益为重，停止争吵。但各党派议员置之不理，继续为党派私利误国。

按照土耳其的传统，每逢这种时候，军队就立即出来干预，推翻政界人物，强行建立军人政权。这次也不例外。于是，以总参谋长凯南·埃夫伦将军为首的土耳其军人在提出警告未果的情况下，于1980年9月12日清晨，将武装部队开进首都安卡拉，占领了电台、电视台和政府各重要部门。

接着，安卡拉电台广播了第一号军事公报，宣布土耳其武装部队在埃夫伦将军的领导下，已推翻德米雷尔政府，接管全国政权，并在全国实行军事管制，解散议会，取消政党。政变的最高领导机构是由5人组成的"国家安全委员会"，主席是总参谋长埃夫伦，成员包括陆、海、空三军的司令和保安部队司令。他们是：努雷廷·埃尔幸（Nurettin Ersin）将军（陆军）、塔赫幸·沙欣卡亚（Tahsin Sahinkaya）将军（空军）、塞达特·杰拉松（Sedat Celasun）将军（宪兵队）和海军上将内雅特·蒂梅尔（Nejat Tumer）。国家安全委员会秘书长是哈伊达尔·萨尔特克（Haydar Saltik）将军，他是爱琴海舰队司令。

政变部队逮捕了总理德米雷尔和主要反对党共和人民党主席埃杰维特（这两人1个月后获释），以及救国党主席埃尔巴坎（N. Erbakan）。民族行动党主席蒂尔凯什（A. Tyurkesh）两天后被迫向政变当局自首。

政变领导人埃夫伦当天向全国发表广播电视讲话。他说，国家安全委员会将掌管一切权力，直到文官政府成立为止。他还说，新政府将继续忠于北大西洋公约组织，尊重土耳其同其他国家缔

---

① 何立：《土耳其军方夺权前后》，《人民日报》1980年9月17日。

结的国际协定,在平等、互相尊重和互不干涉内政的基础上同邻国保持良好关系。

埃夫伦说,现在被解散的议会的议员,除了利用议会豁免权违法者外,其他人不受审判。4个主要政党的领导人暂时被拘留,"一俟形势许可,就将予以释放"①。

埃夫伦强调说,武装部队是为了"维护国家和民族的统一","重建国家权威"而不得不接管政权的。国家局势已严重恶化,各政党不顾国家与日俱增的困难而继续进行政治上的争吵。他表示,军队信赖民主、自由和议会体制,将在最短时间内成立内阁,移交行政职权。在新政府和立法机关建立之前,以他为首的国家安全委员会行使立法与行政职权。

据国家电台报道,政变当局已下令在全国实行军事戒严。边界已封锁,同外部的联系已被切断。从9月12日上午5时起,在全国实行无限期宵禁。安卡拉大街上到处都是军队和坦克,军用直升机在安卡拉上空盘旋。电台还说,政变当局已逮捕118名高级官员,并把他们解押在伊斯坦布尔。

接着,国家安全委员会采取了一系列恢复治安的措施。军事管制已波及全国。各大城市的市长由军官担任,许多军官作为军事顾问被派去监督政府各部门的日常工作。国家安全委员会已下令禁止罢工。

9月13日,土耳其几家大报普遍表示欢迎这次政变,认为鉴于政治性暴力行动越来越多,政界人士争吵越来越厉害,政变是不可避免的,也是必要的。

9月15日,政府各部正式开始办公,银行和商店中心开业,学校复课,机场和港口重新开放。长期被恐怖活动搞得不得安宁的土耳其各界,对这次军事政变表示支持,甚至各大学和工商界

---

① 见《土耳其发生军事政变武装部队接管政权》,《人民日报》1980年9月13日。

还拍电报给埃夫伦将军，祝贺政变成功。

埃夫伦在9月16日举行的第一次记者招待会上说，军队接管的目的是：（1）维持国家的统一；（2）同无政府状态和恐怖主义做斗争，以保证人民生命财产的安全；（3）维护国家权力；（4）保证社会和平，民族谅解与和睦；（5）在人权和个人自由的基础上建立一个切实可行的世俗共和政体。①

9月18日，埃夫伦宣誓就任总统。他和国家安全委员会成员们在前大国民议会大楼举行"向土耳其民族宣誓"，决心为解决国家面临的各种问题而工作，"忠于阿塔图尔克的原则，忠于公正、法律和人权，决不屈服于自己的信仰以外的任何影响，又不期望得到什么报酬"。他们表示，要"在一个民主的和世俗的共和国原则的基础上制订新宪法"②。

9月21日，国家安全委员会主席埃夫伦任命前海军司令比伦特·乌卢苏③（Bulent Ulusu）以无党派人士身份出任总理，组成27人的内阁，其中包括7名退役的将军和20名文职专家（5名教授和8名老资格文官）。他们几乎都是无党派人士。两个副总理是前参议员、1974—1975年政府副总理泽亚特·巴伊卡拉（Zeyyat Baykara）；上届政府国家计划组织的负责人图尔古特·厄扎尔（Turgut Ozal）。这是土耳其国家56年来的第44届政府。乌卢苏率领新内阁成员在土耳其共和国奠基人凯末尔陵墓宣誓忠于凯末尔，忠于祖国。

次日（9月22日），新政府举行第一次会议。乌卢苏总理强调说，政府的首要任务是"消除恐怖主义的策源地，防止恐怖活

---

① 见《新华社新闻稿》1980年9月17日。
② 新华社编：《埃夫伦宣誓就任土耳其总统》，《参考资料》1980年9月19日。
③ 比伦特·乌卢苏生于1923年，1942年毕业于海军军事学校。1957年成为海军上校，1965年为海军少将，1974年为海军上将。1977年起任海军司令。1980年8月退休，获土耳其军队优秀服务勋章。退休后被任命为驻罗马大使。会英文和意大利文。

动的出现"。本届内阁的目标是"巩固和发展土耳其的经济","今年1月公布的稳定经济的措施,新政府将不作改变地接受"。在对外政策方面,新政府在相互尊重、平等和互不干涉内政的基础上,"土耳其将继续发展同其他国家,特别是跟邻国的合作"①。

图6—4　比伦特·乌卢苏

9月27日,乌卢苏总理在参议院发表了政府的施政纲领。这位57岁的总理重申他的目的,即继续保持土耳其同国际经济和金融机构的一切关系并遵守同它们签订的协议。这是武装部队接管政权以来一再重申的目的。总理强调,新政府面临的两个关键问题是:建立秩序与和平,恢复经济。应该完全根除"无政府状态、

---

① 引自保加利亚《工人事业报》(*Работническо дело*)1980年9月23日。

宗派主义、挑衅和分裂活动",因为这一切是违背土耳其的团结和统一的。他坚决表示要修订宪法,修改这个国家的法律,并精简土耳其"人浮于事的官僚机构";强调政府的基本目标将是"使共和国继续沿着阿塔图尔克所制定的原则的方向前进,不允许将来再陷入类似的严重局势"。他说,政府将重新审查政治、经济、行政和社会方面的法律,并对这些法律作必要的修改。① 他还答应同走私行为做斗争,并改善农业、林业、铁路、公路和航运。9月30日,国家安全委员会撤销了所有市长的职务,并解散了所有的省、市议会。

10月14日,埃夫伦在群众集会上强调要整顿土耳其的国内秩序。他说:"只要我们还没有结束无政府状态,还没有打扫干净这个国家,我们就不会离开我们的职守。""我们要挽救国家不被分裂,不陷于内部斗争。""假如我们互相火并,我们怎能使国家不受侵略呢?只要一个国家变弱了,开始内部斗争,外来危险马上就会出现。看看周围的情况,你们就会明白我的意思。"②

土耳其军方从9月12日接管国家以后,执政的国家安全委员会命令市民从9月29日起,在18天之内交出没有执照的枪支,违者将受到加倍的惩罚。

10月24日,军事当局发表一项声明,说土耳其公众从9月29日至10月17日已向军事管制当局交出了枪械16万余件,子弹54万多发。这些武器弹药包括各种手枪、步枪、自动步枪、电动起爆管、手榴弹和炸药。军方自执政以来,同恐怖分子有过几次大的接触,缴获了大批枪支、弹药和炸药。

乌卢苏总理在穆斯林宰牲节发布公告说:"无政府主义的恐怖活动要根绝。我们要把土耳其从这种祸害中拯救出来。但这不是

---

① 引自保加利亚《工人事业报》(*Работническо дело*) 1980年9月29日。
② 《新华社新闻稿》1980年10月16日。

一天能完成的任务，必须做出法律安排，法治要占上风。"①

在土耳其，暴力活动与党派矛盾有着千丝万缕的联系。最近的十多年来，土耳其政府一直在共和人民党、正义党、民族行动党和救国党四个主要政党之间轮换交替，致使政局动荡。由于朝野各党歧见很深，为争权夺利引起矛盾激化，酿成社会分裂，恐怖活动蔓延。政府对这种局面失控，无能为力。有时产生不出总统，有时选举不出总理。所以，埃夫伦说，土耳其成了"群龙无首"之国，一些政党热衷于个人的争斗，他们为了捞取竞选资本，煽动分裂和破坏，他们不是去扑灭火灾，而是火上浇油，为了自己掌权而不惜把国家变成火坑。正是在这种社会和政治危机重重的背景下，军队采取干预行动，接管政权。

这是一场"不流血的军事政变"。埃夫伦称，这次军队接管政权的目的，是"结束无政府主义和恐怖主义，维护国家安全，重建政府权威"②。军队接管政权后，当局把消除恐怖主义的一切隐患作为主要任务，并采取了如下措施：拘留四大政党领袖和各政党的数十名议员；打击土耳其的极左和极右的无政府主义者。在4—5个月时间里，逮捕了3万多名"恐怖分子"，收缴了大批枪支弹药；勒令一些工会停止活动，逮捕其领导人；禁止罢工、集会和游行；解散所有省、市议会，撤换全部市长的职务；扩大戒严法的权力；限制社团活动，对书报实行检查，等等。

这次政变并不出人意料。各国舆论普遍认为，土耳其国内局势急剧动荡，党派斗争日甚一日，暴力行动不断升级，经济状况极端恶化，是导致军队接管政权的主要原因。

土耳其国内外分析人士普遍认为，每次军人集团起事，是不

---

① 《新华社新闻稿》1980年10月26日。

② Дженгиз Хаков, *История на съвременна Турция*, София, Парадигма, 2008, с. 368.

同意资产阶级右翼政党的政治路线，反对挑动教派活动。政变后往往军人在后台指挥，文官建立政府，治理国家。这次军方接管政权有助于稳定国内政局，防止内乱进一步升级，基本上得到各阶层人士的理解和支持。因此，也有人认为，军人干涉政治在特殊条件下"不失为一种救国办法"。但是，军人政变也绝非一件好事。因为政变之后总是伴随着破坏人权和民主自由。显然，土耳其经常性"兵变"不仅说明西方政治体制和政党制度在土耳其时常水土不服，而且也说明土耳其在学习西方治理国家模式方面规则不健全，制度不成熟，行为不规范。

到11月，军事当局继续在政府各部门清洗参与了非法活动的极端分子，解除了169名高级文职人员的职务。这种人事变动不限于国内，土耳其的驻外代表机构也在调整人员结构。当局宣称，912政变以来，武装袭击和冲突的事件减少了80%，示威游行、反抗和学生闹事的事件亦大量减少。土耳其保安部队一直在全国范围内进行扫荡。他们也缴获了大量枪支弹药，并拘捕了7945人。①

截至1981年6月，当局在以每天5000件的速度收缴武器、地雷、炸弹和子弹。到9月12日政变一周年时，政府已缴获71万件恐怖分子的武器，其中4/5以上是手枪、约6万支步枪、1.1万多支自动手枪和自动步枪、数百万发子弹。这些武器全部是外国制造。② 至此，恐怖主义活动在土耳其遭到镇压，得到了全国上下对军政权的赞赏。

政变3个月后，西方和土耳其媒体试图总结军方执政以来的成绩与问题。他们指出，自政变以来的积极因素有：（1）实际上消灭了恐怖暗杀者；（2）工人们正常工作，工厂生产率提高；

---

① 《新华社新闻稿》1980年11月18日。
② 新华社编：《参考资料》1981年12月20日，第57页。

(3) 通货膨胀率没有上升，到目前，通货膨胀率每年大约都是 100%；(4) 将领们许诺要保护工人权利和大幅度减税；(5) 停止执行造成浪费的工业投资计划。

消极方面有：(1) 大力加强军事管制法的力度，限制一些个人自由。整个国家都实行军事管执法。而在政变之前，67 个省中只有 20 个省实行了军事管执法；(2) 33 人被处以绞刑。从上次军人干政之后的 8 年来，土耳其从来没有处决过一个罪犯；(3) 取缔了许多工会组织，禁止罢工；(4) 取消了议会，由 5 名将领履行其职责；(5) 禁止一切政治活动并取缔政党，许多政治家被捕并遭到刑事诉讼；(6) 将近 7000 人被捕，后来只释放了 3000 人；(7) 按宪法规定建立的法庭的权力被大大削减；(8) 从午夜到早晨 5 点钟的宵禁依然有效；(9) 新闻界感到了受新闻检查的威胁，新闻界常常接到不准写某些敏感事情的报道的命令。

整体而言，自由市场经济没有变化，这使土耳其的盟友和贷方放心，他们看来不像政变前那样为自己的投资感到忧虑不安了。他们看到，土耳其目前尚有实现真正民主的最后一个机会。

政变几个月之后，有人问埃夫伦为什么要进行军事接管时，他回答说："当时我们面临着内战的危险。民主制度不断受到侵蚀，国家处于四分五裂之中。我们是被迫采取这一行动的，而不是事先就想这样做的。"①

1981 年 4 月 12 日，土耳其外交部公布的关于判刑、逮捕和拘留的人数如下：判刑 1205 人，逮捕 12969 人，拘留 5188 人。1980 年 9 月 12 日至 1981 年 4 月 12 日缴获武器的数量见表 6—1。②

---

① 转引自新华社编《参考资料》1981 年 4 月 1 日，第 64 页。
② 转引自新华社编《参考资料》1981 年 6 月 26 日，第 65 页。

表6—1　　　　缴获武器的数量（1980.9.12—1981.4.12）　　　（单位：件）

武器种类	安全部队查获的武器	人民交出的武器
步枪	5919	24183
自动步枪	1318	615
猎枪	1004	546
手枪	110984	132552
机枪	2108	2472
弹药	1119815	635707
火箭筒	2	—
迫击炮	1	1

政变6个月以来所取得的成绩确实值得肯定。军人们保证了社会安宁，有效地消除了极左和极右的政治恐怖活动，重新建立了政府的权威，通货膨胀在很大程度上下降了。他们不仅改善了和西方盟国的关系，而且还改善了同伊斯兰国家以及巴尔干邻国的关系。

当然，这些成绩的取得是有代价的。在克服土耳其病态的、不成熟的议会民主的同时，议会和政党的活动被停止了，进行严厉的新闻检查，人权遭到了限制，大多数人民群众的生活水平明显下降。尽管如此，由于军事政权出重拳打击恐怖主义活动，大部分人民群众支持军事政权及其所采取的措施。随着无政府状态的结束和新宪法的制定，土耳其社会走上正轨。土耳其人民为此却付出了高昂的代价。据统计，至此已有65万人被逮捕，23万人遭到审判，517人被判处死刑，49人被处死。171人由于严刑拷打而丧命。大约3万人因被认为是"不可信的"而失去工作，有3万人逃离土耳其。记者们加起来被判了3315年的监禁。①

---

① ［土］悉纳·阿克辛：《土耳其的崛起：1789年至今》，吴奇俊、刘春燕译，社会科学文献出版社2017年版，第309—310页。

自20世纪60年代初起,土耳其武装部队的军官们越来越多地干预政治。1960年5·27政变针对独裁者曼德列斯,是进步的,制定了比旧宪法更加民主的宪法;1971年3·12政变是政治上的倒退。经过军政权修改的宪法缩小了人民群众的权利;1980年9·12政变修改宪法,出台了选举法和政党法,是最后一次"不流血"的政变。其后,土耳其军人从政的机会越来越少。

1982年10月,土耳其议会颁布了新宪法。宪法承诺土耳其实行建立在法律基础上的多党政治体制。由于制定了新宪法,所以此次军人政变的使命已经实现或基本完成,开始退出政界。但是,土耳其的军人也像希腊的军人一样,一旦掌控政权和管理国家,他们对官场往往恋恋不舍,沾染了官员的官僚腐败习气。1980年政变以后,军人平均在位4年才最终离开政界。

三 世纪之交的土耳其

1980年的《经济稳定计划》

土耳其总理府顾问、国家计划组织代主席图尔古特·厄扎尔提出的《经济稳定计划》于1980年1月24日生效。这个计划又称为"新经济计划",旨在对经济政策做出新的调整和改革。该计划的要点有:停止政府的补贴政策,原来有许多低于成本出售的产品,其差价由中央银行补贴,取消补贴以减少国家预算赤字;取消双重价格,过去市场上几乎所有的商品都以两种价格出售,结果使投机倒把者获利而广大人民群众却不得不从市场上高价购买商品;把价格控制在它的实际水平,以消灭物资短缺和排长队的现象;降低通货膨胀的速度,减少工资收入者的税收负担,等等。这个改革方案把重点放在私人企业和外国投资上面。这些措施付诸实施即收到了一定的效果。

1980年6月上旬,厄扎尔撰写了《我国经济近况》的连载文章，进一步解释了他的经济稳定计划和当前土耳其的经济政策及其解决之道。他认为，1978—1979年是土耳其黑市投机迅速发展的一个时期。其主要特点是生活费用急剧上涨。1978年的通货膨胀率为50%，而1979年接近85%。这个上涨速度是近30年来的第一次。这个时期的另一个特点是，商品短缺，黑市猖獗。

土耳其政府为什么要在1980年对经济做出新的调整和改革？因为自60年代实行计划经济以来直到1976年，土耳其经济发展的年均增长率都保持在6%以上，取得了较好的成绩。1977年国内生产总值为412亿美元，人均约为1000美元。而从这年开始，经济形势日趋疲软，连年下降。1979年经济增长速度下降至1.7%。同期，通货膨胀严重，1979年的批发物价上涨率高达近64%。另外，物资匮乏，黑市盛行；工厂开工不足，失业人数增加；外贸逆差扩大。实际上，经济已经出现明显的危机迹象。

所以，厄扎尔提出的经济稳定计划的短期目标是压缩消费、抑制通货膨胀、消除商品短缺现象、大力鼓励出口。该计划的长远目标是对经济进行大刀阔斧的改革，即减少政府对经济的干预，提倡自由竞争；整顿国营企业，改为专业公司，实行自负盈亏；缩短基本建设战线，砍掉部分项目；改变投资重点，加强薄弱环节，等等。[1] 这项改革计划实施一年后已取得一定的成绩，经济开始回升。这些稳定和发展经济的措施，效果良好。1978年至1982年的第4个五年计划期间，国内生产总值年均增长率约为8%。

执行新经济计划的结果，使土耳其的经济发展取得了一定的成效。例如，通货膨胀率得到了控制，并逐年下降。1980年的通货膨胀率高达107.2%，1981年锐降至24.1%，1982年控制在25.2%。随后，通货膨胀率又有所攀升：1983年为36.6%、1984

---

[1] 徐鹏：《土耳其的"新经济计划"》，《人民日报》1981年4月24日。

年为52%、1985年为40%。① 1981—1985年，通货膨胀率年均为34.4%，只相当于1980年的1/3。1985年的失业人数超过300万人，失业率约为17%。

经济自由化政策得到西方银行家的大力支持，外国投资和出口增加，并放慢了通货膨胀的速度，国家经济在渡过难关，情况在日益变好。前几年食油、电力、咖啡、灯泡、茶、烟等短缺和奇缺的现象已经改观。

土耳其是世界上矿藏丰富的国家之一。70年代末在土耳其发现了蕴藏丰富的铁、煤、铬、铜、镍、铅、镁、金和硼砂等重要矿物资源。这些矿藏的发现，为土耳其发展民族经济提供了有利条件。1976年煤产量为450多万吨；铬矿储量约为1亿吨，1976年的铬矿产量为27.8万吨，仅次于苏联，居世界第二位。

但是，土耳其工业不发达，没有完整的产业链。1976年工业产值为91亿美元，占国内生产总值的22.9%。各种主要机器和装备依靠进口，加工工业以纺织、食品和烟草为主，其次为钢铁、水泥、制糖、化肥和石油加工工业。土耳其特别重视石油化工工业和某些重工业的发展。1976年钢产量为250万吨；石油产量约300万吨，远不能自给，需要进口1500万吨。

土耳其是一个盛产棉花和羊毛的国家。早在16世纪，土耳其生产的精美的纺织品已经扬名国内外。工业革命以后，土耳其被迫长期将棉花作为原料出口，而进口纺织品。随着民族纺织工业获得发展，其产值在土耳其各工业门类中占据第二位。1977年，全国有300多万枚纱锭，3500余台织布机。当年生产棉纱37万吨，棉布13亿米。4000万人口的土耳其，每人平均有布匹30

---

① Дженгиз Хаков, *История на съвременна Турция*, София, Парадигма, 2008, с. 374.

米。① 土耳其的棉纺织品除满足国内市场的需要外，还向国外出口一部分。

土耳其依靠自己的资源和力量发展制糖工业取得显著成绩。1976年土耳其糖产量达到113.7万吨，不仅食糖自给，还有少量出口。土耳其发展制糖工业的特点之一是，所有糖厂都属于土耳其的民族工业。在全国的17座制糖厂中，国营的12座，属于私营公司的只有5座。另一个特点是，这些糖厂的大部分机器都是土耳其国内制造的。第三个特点是，制糖工业充分利用当地生产的甜菜。②

土耳其的旅游业较为发达。1979年到土耳其的旅游者达到120万人。旅游业的净收入1.6亿美元。土耳其正采取一些新措施，如包括改进旅客住宿设施，建立"航空包机公司"，修建新机场和鼓励旅游合作团体等，尽快实现旅游人数增加300万，旅游收入达到10亿美元的目标。

1980年军人接管政权一年内，土耳其执行经济稳定计划，开始重视提高生产效率、重视解决通货膨胀的根源、重视发展能够赚取外汇的经济部门。据有关统计，军事管制一年来的出口比接管前一年增加了58%，进口比上一年同期增加了47.8%，煤炭生产增长11%，电力增长6%，水泥增长20%，等等。在国外就业的工人汇入国内的侨汇增加了近50%，侨汇总数超过30亿美元。③

到1982年，土耳其的通货膨胀率下降、对外支付恢复、出口总额增加。这些都表明经济稳定计划基本上是成功的。这两年里通货膨胀率从115%降至1981年的35%和1982年的30%；两年

---

① 刘开辰：《土耳其棉纺织业迅速发展》，《人民日报》1978年11月26日。
② 《新华社新闻稿》1977年2月19日。
③ 新华社编：《参考资料》1981年9月28日，第79页。

内出口增长了约93%。1981年的外贸出口比1980年增长了61.6%，达到47亿美元。国民经济发展速度持续上升。1980年国内生产总值的增长为-1.1%，1981年达到4.4%，1982年保持在4.4%；前两年一直短缺的烟、食油、盐、糖、水泥等物资，不仅能够满足国内需要，而且还可供出口。

1983年成立的新政府继续经济自由化政策：精简官僚行政机构，下放经济管理权力；鼓励私营企业发展，扩大吸引外资范围；国家预算不再支持国营企业，而是大力投资公路桥梁等基础设施；规定存款利息要高于通货膨胀率；大力发展建筑行业，尤其是修建居民住宅等。

土耳其大型工业和贸易垄断国营企业和私营企业为政府稳定经济的纲领做出了最大的贡献。其时，土耳其500家最大的工业公司有69家国营，有431家私营。私营企业所创造的国内生产总值的比重从1980年的25.1%上升到1984年的29%。据土耳其中央银行公布的资料，1980—1986年土耳其平均经济增长率为5.1%。[①]

《经济稳定计划》取得了令人鼓舞的成绩，但也不能盲目乐观。时任总理乌卢苏在对报界的讲话中指出："在执行经济稳定计划中，虽然作了最大注意和努力，但是仍然存在着一些问题。"他提醒说："谁也不要期待出现奇迹。""我们不要忘记，今天这一代人的牺牲才能成为下一代人安定和幸福的源泉。"[②]

1982年宪法

国家安全委员会掌管国家政权开始，成立了一个4人的律师和学者专门小组，着手修改土耳其宪法。这个小组研究法国和英

---

① Дженгиз Хаков, *История на съвременна Турция*, София, Парадигма, 2008, с. 373.

② 转引自新华社编《参考资料》1982年10月8日。

国的议会制度，计划起草关于新议会和总统权力的新文件。

1980年10月27日，执政的将军们公布了包括七点内容的《临时宪法》，承认1961年的宪法仍然有效，但不允许利用该宪法以是否合乎宪法为由诘难将军们的行动。《临时宪法》非常简单，仅一页纸长。这个《临时宪法》的目的，旨在一旦起草新宪法时保护将军们，同时又使他们自政变以来采取的行动合法化。

国家安全委员会宣布从即日起接管土耳其议会的一切权力，并宣布该委员会主席埃夫伦从现在起将行使国家总统的一切权力。11月2日，国家安全委员会秘书长萨尔特克（X. Saltek）在安卡拉举行的土耳其和外国记者招待会上，介绍了土耳其共和国向文官执政过渡的纲领。纲领指出，要通过制宪议会的组成、任务和权限的法律。然后，将制定一部国家的新宪法，起草关于建立政党和选举的法律，并允许政党进行活动。

1981年7月10日，国家安全委员会宣布，制宪议会将于10月23日成立，为恢复民主政体铺平道路。

1981年10月，土耳其"制宪议会"正式成立，为制定新宪法，并提交公民投票做准备，还将通过选举法和政党法。制宪议会的上院由"国家安全委员会"的成员组成，下院有160名代表，也由"国家安全委员会"指定。制宪议会将作为一个立法机构行使职权，直到选出下届议会，并开始工作时为止。军方为制宪议会做出规定，凡是1980年9月11日以前参加任何一个政党的任何公民不可进入协商会议。进入协商会议者在将来的初选中不能作为党的指定议员的候选人。国家安全委员会将对制宪议会拥有最后发言权。宪法将由15人组成的一个委员会起草。

1982年10月18日，土耳其议会投票通过了新宪法。同年11月该宪法在全民公投时，获得90%以上的赞成票。新宪法坚持了凯末尔的理论和实践，保留和体现了凯末尔的革命原则与精神。宪法特别强调，土耳其国家和民族是"一个不可分割的整体"；土耳其共和国的每一个公民就民族属性而言"都是土耳其人";公民的自由和权利不能被利用来破坏国家和民族的"统一",或者引发语言、种族、宗教和思想上的分歧;各政党的纲领和章程不得与国家和民族的统一矛盾;学术研究和公开出版物不能损害国家和民族的统一。显然,宪法中关于国家与民族的统一这个问题,带有严重的片面性,不承认国内还存在其他民族和少数民族。

该宪法还重申土耳其是"世俗国家",禁止建立在阶级和宗教基础上的政党存在;工会不能开展政治活动;不允许带有政治目的的罢工发生。宪法称,土耳其实行建立在法律基础上的多党政治体制,但反对极左、极右和宗教政党。法官、检察官、大学师生和军人无权参加政党。作为最高立法机构的大国民议会有400个议员,任期5年,他们由普选产生。议会选举共和国总统凯南·埃夫伦,任期7年。总统任命政府总理,政府的工作受到议会和总统的监督。宪法法院作为最高机构监督宪法的实施。

从上可以看出,1982年宪法比1961年宪法更加保守:公民的权利和自由受到限制,国家的作用被强化,凯末尔主义对社会发展的影响进一步放大。

中国学者认为,1982年宪法和此前的宪法相比,具有如下三个特点:第一,赋予总统极大的权力,其范围囊括立法、司法、行政三大领域;第二,1982年宪法收缩了民主的范围,限制了公民的一些基本权利和自由,从而限制政党的自由活动;第三,将1961年宪法规定的(议会)两院制重新改为一院制,在一定程度上有强化中央集权的倾向。[①]

1983年4月22日,土耳其议会通过了《政党法》。根据上一

---

① 郭长刚等编:《列国志·土耳其》,社会科学文献出版社2015年版,第50—51页。

年新宪法的精神，继续强调禁止在阶级和宗教的基础上成立政党和进行政党活动；禁止公、检、法公职人员、大学师生、军人、学者加入政党；禁止1980年9月12日宣布取缔的政党领导人从事政治活动；禁止任何政党接受外国的资助和捐赠；严禁攻击或抹黑凯末尔及其事业；不允许建立政党所属的工会、妇女、青年组织，等等。

1983年11月，议会选举如期进行。由军方首肯的3个新成立的政党参加选举，并取得了不俗的成绩：厄扎尔的祖国党获得45%的选票，拥有议会212个席位，占据议会400个席位中53%的席位；贾尔普（N. Djalp）的人民党获得30.4%的选票，拥有议会117个席位（29.2%）；苏奈尔普（T. Sunalp）的民族民主党获得23.2%的选票，拥有议会71个席位（17.7%）[1]。根据1983年6月10日通过的新《政党法》，当局禁止选举前成立的另一些政党，如大土耳其党、忠实道路党、社会民主人民党、福利党、左翼民主党、民族劳动党、自由民主党、大祖国党等登记注册，也不允许它们参加竞选。它们都被视为议会外反对党。新选举法规定，每一个参加竞选的政党，必须在全国67个行政区中的一半行政区里有自己的地方党组织。根据《政党法》，为了防止政党的大量出现，为进入议会的政党设置了10%的高门槛。也就是说，全国票数低于10%的政党在议会中没有代表权。所以，尽管这时土耳其政党众多，但它们真正能参加大选角逐，并进入议会是非常困难的。

这次选举的结果说明，尽管军方竭力支持军事政变的右翼民族民主党竞选，但该党没有赢得选民的青睐，在三党角逐中仅排名第三，超过半数的选票落到另一个右翼政党祖国党的票箱里。左翼民主党也远远超过民族民主党获得第二位。军方对选举结果

---

[1] Дженгиз Хаков, *История на съвременна Турция*, София, Парадигма, 2008, с. 382.

大感失望，但仍表示接受这种现实。这次军方信守承诺，决定将政权逐步移交给文官政府。

选举之后，凯南·埃夫伦将军再次当选为共和国总统。厄扎尔被任命为总理。到这时也很难说军人完全放弃了政权。总理厄扎尔是文官政府，但总统埃夫伦却是1980年9月12日军人政变的主要首领。军方主宰的国家安全委员会依然存在，牢牢控制着军队、国防、国家安全、警察等要害部门。也就是说，政府只负责解决社会经济问题、内政、文化发展等问题；而军人负责解决国家安全问题，捍卫凯末尔主义的原则和向文官政府过渡的问题。与希腊军人政变不同的是，希腊人民对1967—1974年的军人独裁专制统治强烈不满，而土耳其人民对1980—1983年的军人过渡时期表示满意。

到21世纪初，国家安全委员会的作用在逐渐消退。军人和文人加强了交流，军人彻底离开政界。这与正义与发展党的上台执政分不开。当军事机关垄断政权的时候，约有600个军人控制政府的各个部门。到2004年，国家安全委员会的5位高官只剩下总参谋长1人。国家安全委员会的秘书长也换成了文官。这样，军人不仅丧失了执政权，同时也失去了话语权。

有人统计说，土耳其政局历来不稳定。在战后的55年历史中，土耳其有1/4的时间处于军事管制之下。那么，为什么80年代初正当军人得志的时候，又决定把政权交给文官呢？人们普遍认为有如下原因：（1）这与北约有关。北约尽管是一个扩张性军事组织，但北约国家最反对军人掌权。土耳其要想留在北约，就必须这么做。（2）军人参政违背了凯末尔提出的军人不要干涉政治的原则。（3）土耳其已经建立起西方的议会民主制，各个阶层和政党的利益诉求可以通过议会进行调剂。军人只能代表一部分人的利益，他们掌权执政容易遭到其他阶层的反对。（4）土耳其军人也以不参政为自豪，认为这是民主和文明的进步。

尽管如此，我们看到，土耳其军队不管参政与否，他们始终在社会生活中起着举足轻重的作用。他们是凯末尔主义和国家世俗化的忠实捍卫者。军人退出政坛还与土耳其强人政治家厄扎尔上台执政有关。

厄扎尔时期的土耳其

图尔古特·厄扎尔作为经济专家，1979 年成为德米雷尔政府的经济顾问，1980 年升任政府副总理，他因帮助制订了拯救经济的一揽子计划而声名鹊起。

厄扎尔的祖国党代表自由主义者和伊斯兰主义者混合而成的中右势力，主张自由市场经济。祖国党在 1983 年的选举中获胜成为执政党，而另外两个议会党则成为反对党。民族民主党属民族主义保守党，得到军方的保护；而民主党属中左派，具有社会民主党倾向。

1984 年 3 月，土耳其举行地方市镇选举。土耳其所有政党都有资格参加竞选。这次，厄扎尔的祖国党又以 45% 的得票率在全国 67 个行政区的 57 个区里获胜。两个议会党人民党和民族民主党以及两个议会外政党社会民主人民党和忠实道路党也取得了一定的成绩。

1986 年 9 月，土耳其大国民议会进行补缺选举。祖国党在 11 个空缺席位中获得 6 个、忠实道路党获得 4 个、社会民主人民党获得 1 个。

1987 年 11 月，土耳其大国民议会提前举行选举。祖国党拔得头筹，赢得 36.4% 的选票和在 450 个议席中占有 292 席；处于第二位的是社会民主人民党，赢得 24.76% 的选票和占有 97 席；忠实道路党排在第三位，赢得 19.27% 的选票和占有 59 席。[①] 其他 3 个政党参加了竞选，但未能跨越 10% 的议会门槛。

---

① Дженгиз Хаков, *История на съвременна Турция*, София, Парадигма, 2008, с. 389.

在短短的几年里,土耳其接连举行了多次大选和地方选举,政党格局亦发生了一些变化。从 1987 年 11 月的选举可以看出,议会党依然是 3 个,但出现明显的改变:上届议会党民族民主党和人民党从政治舞台上消失了,取代它们的是社会民主人民党和忠实道路党。社会民主人民党属中左政党,它的前身是 1980 年被禁止的共和人民党,他的领袖是已故伊斯麦特·伊诺努的儿子埃德姆·伊诺努(Erdal İnönü)。忠实道路党代表温和的右翼。这样,厄扎尔和他的祖国党不得不处于中左和中右势力的夹缝中间,修改过去一些过右的政策,以有效治理国家。

1989 年夏,厄扎尔成功实现了第二次连任,权力已经得到巩固。在埃夫伦总统任期届满之前,他开始彻底清除自己的政敌,尤其解雇了一批高级军队指挥官。尽管祖国党在 1989 年 3 月 26 日的地方选举中失去了一些行政区的政权,但该党仍是议会的第一大党。这一切为厄扎尔竞选总统清除了障碍,扫清了道路。

厄扎尔从 1989 年 11 月 9 日就任土耳其共和国总统直到 1993 年逝世。人们认为,厄扎尔当选总统,标志着土耳其军人彻底失去了政权。从此,土耳其各政党和它们的政治家可以自由地和自主地在国家宪法和法律的基础上,为国家的政治经济民主化而奋斗。

1991 年 10 月 20 日土耳其举行议会选举,祖国党败北,再也不能称雄议会。忠实道路党跃居首位,获得 27.03% 的支持票和 178 个议席;祖国党屈居第二,获得 24.01% 的支持率和 115 个议席;处在第三位的是社会民主人民党,获得 20.75% 的支持率和 88 个议席。福利党和民主党也成了议会党。

回顾厄扎尔执政时期,有几件功过是非的大事值得提及,或任人评说。

第一,该政府重视社会经济发展,并为此做出了重大努力。它继续执行五年计划经济;鼓励私有经济发展和吸引外国投资;

图 6—5　图尔古特·厄扎尔

大力发展基础设施建设，修筑公路桥梁，在博斯普鲁斯海峡修建了第二座大桥；调整经济结构，优先发展工业和增加外贸出口、发展旅游业等。这些积极措施促进了经济发展，使国内生产总值的增长速度年均达到4.5%，外贸以每年22%的速度递增，扩大了农田灌溉面积，降低了国家的预算赤字，增加了外汇储备。经济方面存在的问题主要是外债增长过快，20世纪80年代中期已经高达400亿美元，通货膨胀率和失业率居高不下，人民生活水平提高较慢，财富分配不公，东西部地区发展不平衡，土耳其东南部地区仍然是贫穷落后地区。

第二，厄扎尔政府在20世纪80年代中期，开始残酷镇压库尔德人的民族解放运动。1984年8月土耳其政府军、宪兵、警察和地方"保安队"向库尔德的武装组织发起全面围剿和进攻，实行空袭，以彻底消灭库尔德武装力量。土耳其当局认为，库尔德人开展的民族解放运动具有"恐怖主义和分离主义的性质"，必须严厉打击。政府军几乎每年都发动几次围剿库尔德武装的行动。据保加利亚科学院出版的《1987年巴尔干年鉴》的统计，从1984年到1987年，库尔德武装力量有177人被打死，1793人被俘，土耳其政府军方面死伤达600人。80年代后半叶，有一万多名库尔德人被投入监牢，其中183人遭杀害。

这期间，土耳其还同伊朗和伊拉克签订协议，采取共同的反对库尔德人的军事行动，以切断库尔德抵抗组织之间的联系，防止库尔德人的斗争席卷到整个库尔德斯坦。土耳其武装部队多次越过边境，进入伊拉克境内袭击库尔德工人党游击队营地，造成重大人员伤亡。土耳其当局在80年代中期还关闭了5—6种库尔德报纸和刊物，禁止库尔德人学习本民族语言、播放库尔德音乐、穿着库尔德民族服装，消灭能说明土耳其存在库尔德人的任何标记。

20世纪80年代末和90年代初，随着巴尔干地区和中亚地区事态的急剧发展，以及海湾战争的爆发，促使土耳其当局和政治家们意识到是调整对库尔德人政策的时候了。他们看到，苏联和南斯拉夫多民族国家解体，民族自决权被美国和欧盟广泛采用来肢解前社会主义国家。土耳其政府意识到问题的严重性，开始承认"库尔德现实"。1991年起，土耳其政府承认境内存在库尔德人，允许他们学习自己的语言和文化，有权保留自己的风俗习惯和传统，甚至有22位库尔德人当上了大国民议会议员。①

第三，坚决打击和镇压左翼力量。厄扎尔时期，当局对待土耳其国内的左翼，像对待库尔德人一样残忍。不允许共产党合法存在，没有工会组织及其活动，连土耳其和平委员会也被打成亲共产党的组织而解散。到1986年当局共审判和处理了264位左翼进步人士。这在土耳其此前历届政府也不多见。

第四，复活伊斯兰主义。国家世俗原则本来是凯末尔革命的一项基本原则，但落实起来非常困难。土耳其99%的居民是伊斯兰信徒。1979年从伊朗开始刮起一股宗教激进主义风暴，土耳其深受其影响。1981年，土耳其40多位伊斯兰教领导骨干在沙特阿

---

① 1991年4月，在厄扎尔总统的倡议下，土耳其议会通过一项专门法律，承认生活在土耳其境内的所有少数民族和族群，其中包括库尔德人，有权享受国际法规定的关于少数民族的权利，即有权在土耳其讲地方语和方言，有权保留本民族的风俗习惯、文化传统。该法的通过，是土耳其共和国成立以来在民族政策问题上的一个重大突破。

拉伯和伊朗的资助下到欧洲成百万的土耳其工人中传播伊斯兰教，号召摒弃凯末尔的国家世俗主义原则，使土耳其转变为真正的伊斯兰国家，还在西欧国家制造种族和宗教冲突。在这个问题上，厄扎尔政府内部没有一致的观点和立场。当时以埃夫伦将军为首的国家安全委员会坚决捍卫凯末尔主义和国家的世俗性质，而以厄扎尔为首的政府则态度暧昧。厄扎尔总理本人就是一位忠实的伊斯兰信徒，他对日益兴起的伊斯兰浪潮熟视无睹。1988年，他亲自到麦加朝圣，成为霍查。

第五，支持穆斯林在巴尔干地区崛起。20世纪80年代末和90年代初，土耳其政府领导人声称："土耳其东起中国长城西至亚得里亚海"，包括1.3亿"土耳其人"。土耳其还认为，在巴尔干半岛有160万—260万土耳其少数民族，有700万穆斯林。土耳其力图把居住在科索沃、波黑、马其顿和保加利亚的穆斯林都置于自己的影响之下。为此，土耳其专门成立了一个"世界土耳其人委员会"，负责与境外土耳其人的联络工作。土耳其的目的是建立一个"穆斯林大土耳其"，强调只有土耳其才是巴尔干地区穆斯林的"祖国"。厄扎尔总统1993年1月公开表示："对土耳其来说，波黑穆斯林就像巴勒斯坦人对阿拉伯人一样（重要）。"[①] 同时，他在刚发表的《21世纪的土耳其》一书中，竭力宣扬新奥斯曼主义的观点和计划，主张将土耳其的影响恢复到原奥斯曼帝国的疆界内。显然，土耳其执政集团中的某些政治家巧妙地利用巴尔干原社会主义国家的巨大变化和出现的混乱局面，打起了"巴尔干穆斯林"牌。土耳其力图在巴尔干地区扩大势力，成为一支地区霸权力量，取代分崩离析的南斯拉夫。

---

① Институт за международни изследвания, *Балканите в политиката на големите държави: САЩ, ФРГ, Франция*, София, Издателска къща ИНТЕЛА, 1995, с. 156.

厄扎尔还计划将触角深入中东和中亚。但是，由于当时土耳其经济形势不佳和军方的态度暧昧，这一打算落空。

接替病逝的厄扎尔任总理的内吉梅廷·埃尔巴坎（Necmettin Erbakan，1926—2011，见图6—6）将伊斯兰主义和民族主义思想作为国家的意识形态，试图说服土耳其人团结所有伊斯兰国家。为此，他在任上访问了伊朗和利比亚。

1997年埃尔巴坎政府下台。接下来的总理是梅苏特·耶尔马兹（Mesut Yılmaz，1947—　）和比伦特·埃杰维特。这两届政府把土耳其周边国家作为外交政策的重点地区。它们开始改善同希腊、叙利亚和伊朗的关系。正义与发展党执政时也继续这种政策。

图6—6　内吉梅廷·埃尔巴坎

土耳其政党的演变

20世纪初，土耳其开始出现政党活动。到20世纪七八十年代，土耳其先后成立过80多个形形色色的政党，其中大部分刚刚崭露头角还没有登上政治舞台就胎死腹中，或被取缔或自行消失了。特别是第二次世界大战后，土耳其的政党也像多数欧洲国家的政党一样，它们的出现、消失、分裂、改组成了一种常见的社会现象。穆斯塔法·凯末尔创立共和人民党以来的几十年间，土耳其经历了由一党制到多党制的发展过程。

土耳其追求欧洲价值观，学习欧洲的政党制度，基本上也算议会民主制国家。它允许各种政党的存在和活动。1965年通过的政党法规定公民有权建立政党。任何一个政党在其创始人向内政部递交了建党声明并获批准后，就获得了合法的法律地位。但各政党的纲领、活动必须符合世俗民主国家的原则，维护国家领土和民族不可分割的原则，并需在宪法法院注册。各党可以在省、县建立基层组织，并参加大国民议会的议员竞选。凡获得5%（有一段时间规定为10%）选票的政党则成为议会党，可以享受国家的财政补贴，在大国民议会得到的席位越多，获得的补贴金额也越多。各政党有权设立中央和地方机构，可以在大国民议会和地方议会中组建议会党团。但是，土耳其的政党活动自由度受到一定的限制。根据法律规定，宪法法院有权宣布取缔被认为违法的政党。同时，相关法律还禁止共产主义宣传和活动，一切以共产主义为纲领的政党往往遭到取缔。

从1923年土耳其共和国成立到1945年以曼德列斯为首的民主党出现的22年间，执政的共和人民党是土耳其唯一的政党。1925年和1930年共和人民党内部曾发生分裂，先后成立了进步共和党和自由共和党，但凯末尔政权以各种借口取缔了这两个政党，以维持其一党独大。与此同时，土耳其当局还在1925年解散了刚刚成立不久的土耳其共产党。

其时，共和人民党大搞党政合一，在政治上和组织上完全控制着政府。该党首任主席凯末尔担任共和国总统，1938年他去世后第二任主席伊诺努继任总统。共和人民党的大多数省、市领导人都是省长和市长，国家机关的各级官员几乎清一色是共和人民党党员。凯末尔倡导的国家主义和革命性等6项党的指导思想成为土耳其共和国的基本原则，并写进了国家宪法。共和人民党在土耳其政治舞台上拥有不可替代的、无可争议的统治地位。

第二次世界大战后，随着西方民主自由思想影响的加强，土耳其社会对共和人民党一党专断的不满日益明显。共和人民党内部的自由派也向党的领导机构提出在国家生活中实行民权主义、在党内实行民主原则的要求。这些要求遭到拒绝后，一些党的领导人宣布退出党的领导层，并于 1946 年 1 月成立土耳其民主党。该党在 1950 年的议会大选中获胜，组织政府，从而结束了共和人民党长期独揽政权的局面，开启了土耳其多党议会制的尝试。

随着民主党的出现，多党制的"潘多拉盒子"已经打开。1945 年退出共和人民党的人士组建了民族复兴党，1948 年从共和人民党分裂出来的一些人成立了民族党，1952 年民族党演变成农民党，并在 1958 年改组合并称为共和农民民族党（该党后又改名为现在的民族行动党）。

1960 年 5 月军人集团政变推翻曼德列斯的民主党后，曾一度禁止政党活动。但仅仅几个月后，1961 年 1 月又宣布恢复政党活动，并允许成立新的政党。于是，从原民主党退出的人士立即组建了正义党。随后又成立了新土耳其党（1961）、民族党（1962）、土耳其团结党（1966）、信任党（1967）、民族行动党（1969）、民主党（1970）、民族救国党（1972）、共和党（1972）、共和信任党（1973），等等。

这些政党基本上是从那些大党，像共和人民党、民主党和后来的正义党中分裂出来的，反映了各大党激烈的党内斗争、分歧和矛盾。当然，这些政党分化、改组和重建也是土耳其社会阶级矛盾和社会分化的结果，是各派政治力量寻求出路和进行较量的一种表现。

同时，在土耳其，这时中左力量正在呈现上升的趋势。因为在土耳其这样的国家，为了达到现代文明的水准，"中间派（或者是中央派）政党的暮气沉沉和消沉的精神状态无法使社会摆脱保守势力和反动势力——这些势力连可以加速发展的最起码的改革措施也要试图加以制止，而且还阻扰民主和社会公正的实现——的压迫和影响。而反对这些势力的最有效的斗争路线就是中左"。

因为"中左派是进步派、革命派、改革派"①。

土耳其大国民议会为最高权力机构,由众参两院组成。不同历史时期众参两院的议员人数有所变化。20世纪六七十年代,土耳其各政党在众参两院所占席位情况见表6—2。

表6—2　　　　各党在众议院和参议院的席位分配　　　　（单位：席）

一　国民议会（众议院）	
共和人民党	214
正义党	175
救国党	24
民族行动党	16
共和信任党	1
民主党	1
无党派人士	15
空缺	4
共计	450
二　参议院	
共和人民党	78
正义党	64
救国党	6
共和信任党	4
民族行动党	1
无党派人士	1
总统指定参议员	11
全国团结委员会成员	18
退休总统终身参议员	1
共计	184

---

① ［土］埃杰维特：《中左——土耳其的一种政治思想》，徐鹍译，商务印书馆1984年版，第15、18页。

土耳其实行议会民主制。在众议院取得多数席位的政党和政党联盟,可以接受总统任命组织政府。第二次世界大战前和战后初期,是共和人民党垄断政府的时期。1950年后民主党连续执政10年。此后,除正义党在1965—1971年组织过三届以德米雷尔为总理的一党政府外,前后十几年没有出现过一党政府,而是由共和人民党和正义党分别同其他小党和无党派人士组成联合政府或超党派政府。

从20世纪70年代起的十几年里,土耳其没有一个政党可以取得议会中的稳定多数,历届政府都是软弱和短命的。这应该是土耳其政党制度的一个特点。

到20世纪80年代末,土耳其政坛存在如下几个主要政党:

土耳其共和人民党(Cumhurıyet Halk Partısı,简称共人党)是共和国成立后出现最早的资产阶级政党,也是土耳其直到20世纪50年代最大最有影响力的政党。它成立于1923年,创始人是"土耳其之父"凯末尔。1931年该党把著名的凯末尔六项原则,即共和主义、民族主义、人民性、国家主义、世俗主义和革命性写进了党纲。1950年前为土耳其唯一执政党。此后,除同其他政党组织过几届联合政府外,大多在野。

第二次世界大战后,共和人民党开始向"中左路线"转化,在埃杰维特领导下推行带有一定社会民主党色彩的改革。宣扬民主、自由、社会公正;主张土地改革和其他社会改革,建立以国营企业为主的公私混合经济体系,发展国家资本主义;努力建立国防工业、加强民主的独立防卫力量;对外主张继续依靠美国和西方结盟的同时,强调独立自主,注意发展同巴尔干、中东和地中海国家的关系;重视发展与西欧的关系;对发展同苏联和中国的关系态度积极。

该党主要代表工业资产阶级和中小资产阶级的利益,在一定程度上反映了土耳其广大人民要求改变现状的愿望,在青年和知识分子中影响较大。共和人民党经历了从资产阶级民族民主主义政党演变为社会民主党类型的所谓"民主的左的政党"的发展过程。它的社会、阶级基础也发生了变化。该党的理想是建立一个没有人剥削人的、不同于资本主义的制度。围绕"中左"口号,党内发生分歧和斗争,致使党出现分裂,成立新的党派。

共和人民党从成立至1950年的27年中,一直处于执政党的地位。它同国家政权机构几乎融为一体,在国家政治生活中占绝对统治地位。二战后,由于多党制出现,共和人民党的影响力不断下降。但它仍然是土耳其第二或第三大党。

共和人民党的主要机关报刊有:《自由人》(*Lzgür*,月刊)、《社会主义思潮》(*Toplumcu Düşünu*,月刊)、《新民权主义者》(*Yenı Halkqı*,日报)、《共和国报》(*Cumhunylt*,日报)、《和平报》(*Barış*,日报)。

正义党(Adalet Partısı)成立于1961年2月,创始人和第一任主席是奎慕什波拉(Gümüşpola)。该党成立初期主要包括三部分人:退休军官、从民主党分裂出来的农民党成员和被解散的曼德列斯民主党的成员。

正义党基本上承袭了欧洲老民主党的纲领。在政治上主张实行多党制民主,建立与西方民主有共同目标的社会制度。该党强调党的任务是把土耳其变成"自由世界中一个民主、先进、自由、繁荣的国家";强调发展私人资本和鼓励外国投资,反对国有化和土地改革;声称坚持民族主义原则,维护民族统一;拥护政教分离,但强调宗教信仰自由;主张实现社会公正、社会安全、保障个人自由等。该党坚持反共,认为土耳其的主要威胁是国际共产主义,主张镇压国内革命运动。对外主张同美国和北约保持密切关系;对苏联和中国持有戒心和疑虑,但仍愿发展双边关系。

正义党代表买办资产阶级、金融资本家、大地主、大商人及部分农业资产阶级的利益。在党主席苏莱曼·德米雷尔的领导下,该党连续几届在大选中获胜，几次组织一党政府或联合政府。该党在土耳其具有较大的势力和影响。

亲正义党的报刊有十几种。例如：《喉舌报》（*Tercüman*，日报）、《胜利报》（*Za Fav*，日报）、《正义报》（*Adalet*，日报）、《太阳报》（*Guneş*，日报）、《广场》（*Meydon*，月刊）。

救国党（Selametpartisi）成立于1972年，其前身系1970年从正义党分裂出来的民族秩序党。党主席内吉梅廷·埃尔巴坎（Necmettın Erbakan）。救国党代表土耳其封建宗教势力和安纳托利亚内地商业资产阶级的利益，具有强烈的伊斯兰宗教色彩。

该党主张民族复兴和道德复兴，把"发展个人道德"作为首要目标之一。鼓吹建立工人入股的"扩大的私人企业"，以缓和劳资关系；反对农村高利贷，但不主张土地改革；强调以宗教信仰和道德风尚武装人民，重视伊斯兰教的地位和作用。提倡建立重工业，特别是军事工业。对外主张大力发展同阿拉伯国家的关系，反对加入欧洲共同体，反对西方文化渗透。对中国不友好。

救国党得到狂热的伊斯兰教徒的支持，在农村和中小城镇有较大的影响，但其实力远不及共和人民党和正义党，为第三大党。救国党很难单独组阁，一般与其他政党联合组织政府，充当政坛上的配角。

救国党的重要报刊有：《民族报》（*Mıllı Gazete*，日报）、《今日报》（*Bügün*，日报）、《道路》（*Sehıt*，周刊）、《团结》（*Terhıd*，周刊）。

民族行动党（Mılıyetsı Hareket Partısı）是1958年由共和民族党和土耳其农民民族党合并而成。该党具有强烈反共和极端民族主义与泛突厥主义思想，甚至有些法西斯主义色彩。它在右翼青年和部分封建意识浓厚的中下层人中影响较大，是土耳其第四大党，参与组织联合政府。

民族行动党是鼓吹极端民族主义和大突厥主义的右派政党。

1965年后，该党主席蒂尔凯什提出了党的行动纲领的九项原则，简称为"九道光"，即土耳其民族主义、理想主义、道德论、阶级合作主义、科学性、自由主义、农村主义、发展论和人民性。该党的纲领和宣传文件大肆鼓吹"建立一个民族主义的大土耳其"，宣扬"突厥民族是文明的创始者和组织者"，那面"旗帜飘扬在从亚洲中国的长城直到欧洲维也纳城墙的唯一民族就是土耳其民族"，试图重新建立统一欧亚两洲所有突厥民族的大突厥国家。

该党认为伊斯兰教是"最伟大、最现实的宗教"，每所大学都应该设神学系，在小学设置宗教、道德课程。在经济政策方面，主张建立包括国营、私营和民族经济三种成分的"新的混合经济体制"。在外交领域建议根据民族利益在美国、苏联、日本、欧洲、中国五大力量中做出最好的抉择，反对参加欧洲经济共同体/欧盟。

亲民族行动党的主要报刊有：《每日报》（*Hergun*，日报）、《旗帜报》（*Baynak*，日报）、《国家报》（*Devlet*，周刊）、《怀念报》（*Hasret*，月刊）、《土地报》（*Topnak*，月刊）。

共和信任党（Cumhurıyetçe Güren Partısı）1973年成立，主席图尔汉·费齐奥卢（Turhan Feyzıoğlu），成员大多数原属共和人民党，因反对埃杰维特的"中左"路线而退出。

该党以凯末尔主义和民族主义为旗帜，是向所有国民开放的"全民性的党"。政治上坚持西方民主制度，反对社会主义和共产主义；宣称忠于凯末尔的民族统一和团结的原则，赞成混合经济体制和计划经济；主张实行土地改革和农村改革；强调密切与西方的关系，增长北约力量，加强同欧洲共同体的关系。该党几度参与执政，但没有单独组织过一党政府。它是土耳其政坛的一支辅助力量。

民主党（Demokratık Partı）成立于1970年，正义党的一部分成员因与德米雷尔争权夺利而退党，该党得到土耳其老民主党人的支持。该党主席是鲍兹贝里（Bozbeylı）。

民主党代表农业资本家、地主、中小资产阶级和大城市中大资产阶级的利益。它以老民主党的正统继承者自居，声称是共和主义正确观点的代表，坚持议会民主制，鼓吹民族主义、精神复兴和宗教信仰自由。该党反共，宣称自己是共产主义无情的敌人。该党主张以私营经济为主，发展中、小企业，实行农业改革，增加农业生产。对外坚持与西方结盟，同自由世界国家进行最广泛的合作。民主党在土耳其政治生态中只参加过有数的几届联合政府，其作用日渐式微。

另外，土耳其还有团结党（成立于1948年）、民族党（成立于1966年）、土耳其工人党（成立于1961年）、社会主义工人党（成立于1974年）、社会主义革命党（成立于1975年）、土耳其劳动人民党（成立于1975年）、土耳其工农党、土耳其共产党，等等。

第七章　土耳其的新奥斯曼主义

图7—1　阿赫梅特·达乌特奥卢

最近二三十年，土耳其媒体透露，土耳其共和国的对内对外政策正在发生从凯末尔主义转向伊斯兰主义的根本变化。其中，新奥斯曼主义的出现就是一个强有力的证明，特别是时任外交部长阿赫梅特·达乌特奥卢（Ahmed Davutoglu，见图7—1）[①]《战略深谋：土耳其的国际地位》一书的出版，更是为新奥斯曼主义的提出奠定了理论基础。该书集中反映了土耳其"新外交政策的基本原则"。

[①] 阿赫梅特·达乌特奥卢，生于1959年，毕业于伊斯坦布尔高级中学。1983年在博斯普鲁斯大学获得政治学和经济学双学位，后又在该校获政治学和国际关系学博士学位。1993年晋升为马来西亚国际伊斯兰大学副教授，后在土耳其多所大学任教。随后任土耳其外长和政府总理。2016年辞去总理职务。达乌特奥卢是土耳其新奥斯曼主义的倡导者。

所谓新奥斯曼主义从经济到文化，从政治到军事，都认为土耳其是一支新的地区力量。鉴于巴尔干、高加索、中东和北非历史上都是奥斯曼帝国的领土和势力范围，土耳其应该凭借新奥斯曼主义政策推广自己的经济和民主模式；土耳其不仅是地区安全的重要因素，而且是欧亚的中心和邻国的可靠伙伴。新奥斯曼主义主张土耳其同美国特别是同欧盟，进行平等的对话，实行软实力外交；土耳其还主张同邻国"零问题"战略。

大力鼓吹新奥斯曼主义的人被称为"新奥斯曼人"。他们强调，奥斯曼帝国是土耳其历史的一部分，而伊斯兰教是其文化中的一个基本元素。亲西方是土耳其的历史经验，而突厥主义则是其基本运动。随着新奥斯曼主义的提出和实施，原奥斯曼帝国属地的不少人对新奥斯曼主义表示怀疑和担忧，觉得它的"幽灵归来"正在成为现实。在新奥斯曼主义的背后是土耳其的经济利益和霸权野心。人们对此不能熟视无睹。

一　何谓新奥斯曼主义

土耳其提出新奥斯曼主义战略

新奥斯曼主义的出现有其历史背景和现实需要，不是空穴来风。

其一，新奥斯曼主义早已存在，但没有合适的生存土壤。现时，人们都认为新奥斯曼主义一词与土耳其外交部长阿赫梅特·达乌特奥卢的名字分不开。其实，研究人员指出，该词早在几十年前就出现了，只不过未被广泛采纳罢了。

据称，早在1985年，英国皇家国际关系研究所的学者大卫·巴尔恰尔（David Barchard）首次提到"新的奥斯曼主义"[①]。几年

[①] David Barchard, *Turkey and the West*, London, Routledge & Kegan Paul, 1985.

之后，土耳其知名记者杰吉兹·恰达尔在 1993 年使用了类似的词语。

以内吉梅廷·埃尔巴坎为首的亲伊斯兰福利党在 1995 年议会选举中获胜后，公开谈论新奥斯曼主义，希望以此改变土耳其的外交政策。

其二，土耳其出现了一个强有力的吹鼓手，而且是政坛具有一定影响力的人物。他就是阿赫梅特·达乌特奥卢。他出生于 1959 年，在伊斯坦布尔德语学校毕业后，进入博斯普鲁斯大学学习政治经济学。1990—1994 年在马来西亚国际伊斯兰大学工作。达乌特奥卢在这里结识了许多来自巴尔干地区的穆斯林，建立了良好的关系。1994 年完成了博士论文《选择的方向：伊斯兰教和西方世界观对政治理论的影响》，坚持认为西方模式与伊斯兰社会是水火不相容的。他的这一观点一直贯穿在尔后的言论和行动中。这既是他的学术观点，也是他的政治立场。

回国后，达乌特奥卢在大学教授政治学和国际关系。他发表了一系列论文。他的代表作要推《战略深谋：土耳其的国际地位》① 一书。2001 年该书问世，产生一定的社会影响。2003 年他擢升为雷杰普·塔伊普·埃尔多安（Recep Tayyip Erdogan）总理的对外政策首席顾问。2009 年 5 月起，他成为土耳其外交部部长。

其三，《战略深谋：土耳其的国际地位》一书提出和奠定了新奥斯曼主义的理论基础。该书集中反映了达乌特奥卢一系列演讲、文章和谈话的主要观点。人们称这些观点为"新奥斯曼主义"或

---

① 笔者一直没有找到这本书的原著，更没有中文版。但找到了塞尔维亚达尔科·塔纳斯科维奇的《新奥斯曼主义：土耳其重返巴尔干地区》（Дарко Танаскович, Неоосманизам . Повратак Турске на Балкан, 贝尔格莱德 2010 年版）和保加利亚柳本·佩特罗夫的《新奥斯曼主义：土耳其共和国的新地缘政治概念》（Любен Петров, Неоосманизмът Новата геополитическа доктрина на Република Турция, 索菲亚 2015 年版）。所以，本节引用的有关新奥斯曼主义的资料皆源于这两本书。

土耳其"新外交政策的基本原则"。这些基本原则有：(1) 确保自由与安全的平衡原则；(2) 坚持积极参与而不是相互排斥的政策。在解决各种地区问题时应该吸收地区的各种力量参加；(3) 对相邻地区开展有效的外交，以实现第二项原则；(4) 在国际舞台上同主要玩家采取相辅相成的行动；(5) 充分利用国际组织的作用，如联合国、经济和合作组织，等等；(6) 塑造土耳其的新形象，以发挥其重要作用。

这些原则可以通过下述方式得到实现：(1) 土耳其需要发展全方位外交，以改变向西方一边倒的战略方向。只有土耳其周边地区的稳定，才能保障它的安全；(2) 土耳其在国际关系中应该发挥独立的、重要的作用。它不应该从属于任何地缘政治玩家，而要积极参与解决世界上的重大问题；(3) 土耳其的外交政策是可以预见的，而不是临时应景的；它对事件的反应也是积极的，而不是被动消极的；(4) 到 2023 年，土耳其将成为 G-10 成员国。届时，土耳其将脱离 G-20，而进入 G-10，成为伊斯兰世界最强大和最有威望的国家；(5) 土耳其同邻国的关系建立在三项原则的基础之上：与邻国零问题；鼓励发展相互经济关系；加强人员和文化联系。①

其四，土耳其近年的政治经济出现奇迹，萌发了复苏奥斯曼帝国的梦想。20 世纪最后 10 年，土耳其经济繁荣，发展速度快，被外界称为"奇迹"。它与临近的巴尔干社会转型国家和动荡的中东国家相比，确实取得了令人羡慕的成就。土耳其的地缘政治较为优越，大部分从中亚通往欧洲的天然气和石油管道大都经过它的领土。同时，土耳其的武装力量也远远超过本地区的绝大多数

---

① 关于新奥斯曼主义的内容和原则转引自 Мариян Карагьозов, *Новата външна политика на Република Турция и предизвикателствата пред сигурността на България*, София, "Прима Прес", 2014, с. 11 - 12。

国家。这一切使土耳其在中东和北非地区的影响明显增强，使它在巴尔干和中亚地区的作用也显著提升，雄心越来越大。

从经济到文化，土耳其都正在成为一支新的地区力量。巴尔干、高加索、中东和北非历史上都是奥斯曼帝国的领土和势力范围，土耳其欲凭借新奥斯曼主义政策推广自己的经济和民主模式。首先，土耳其是地区安全的重要因素、欧亚的中心、邻国的可靠伙伴。其次，新奥斯曼主义主张同美国、特别是同欧盟，进行平等的对话。再次，实行软实力外交，而非强硬外交。土耳其主张同邻国"零问题"战略。最后，不是要否定凯末尔主义和共和主义，而是要完善和补充上述原则。

另外，土耳其近年加入欧盟的前景堪忧。它开始转向东方，一只脚已跨入中东，另一只脚正在迈入巴尔干地区。同时，它的双手还紧紧抓住黑海、里海和南高加索地区以及中亚地区。土耳其进入上述地区的理论基础就是新奥斯曼主义。

什么是新奥斯曼主义

2009年5月，51岁的伊斯坦布尔伯肯特大学国际关系学教授阿赫梅特·达乌特奥卢当上了土耳其外交部部长。同年11月底，他在执政的正义与发展党党员大会上正式宣布，该党将推行"新奥斯曼主义"。他说："我们拥有奥斯曼帝国留给我们的遗产。人们把它叫作新奥斯曼主义。是的，我们就是新奥斯曼人。我们被迫研究和加强与邻国的联系，甚至与非洲国家的联系。"他还说："奥斯曼帝国是我国历史的一部分，而伊斯兰教是我国文化中的一个基本元素。亲西方是我国的历史经验，而突厥主义是我国的基本运动。"因此，土耳其应该保护"奥斯曼遗产"，坚持奥斯曼主义。

是年年底，达乌特奥卢在波斯尼亚和黑塞哥维那（波黑）首都萨拉热窝举行的《奥斯曼遗产和今日巴尔干的穆斯林》国际会议上明确地说:"世界上有 23 个国家(包括巴尔干国家在内的原奥斯曼帝国疆域内的各国)是我们的亲戚。等待着我们的帮助。这些国家把土耳其视为中心。简言之,我们的历史是一样的,我们的命运是一样的,我们的未来也将是一样的。这正如 16 世纪奥斯曼帝国的巴尔干(行省)上升为世界政治的中心一样,我们将把巴尔干、高加索和中东与土耳其一起变成未来世界政治的中心。这就是土耳其的外交政策目标,我们将实现这一目标。我们将把巴尔干、中东和高加索地区重新融合在一起。"① 巴尔干、高加索、中东和北非历史上都是奥斯曼帝国的领土和势力范围,土耳其欲重温昔日的辉煌。

所谓新奥斯曼主义,主要包含下面几个基本原则:首先,土耳其是地区安全的重要因素、欧亚的中心、邻国的可靠伙伴,而不是处于外围和北约、美国的二等伙伴;其次,新奥斯曼主义与西方的价值观并不矛盾,不是反西方的,而是主张同美国、特别是同欧盟,进行平等的对话。近年土耳其关注巴尔干和中东地区也不是针对西方的,更不是复活伊斯兰主义。再次,实行软实力外交,而非强硬外交,如土耳其从政治上支持波黑穆斯林、承认科索沃独立,外交上妥善处理同伊拉克、叙利亚等邻国的关系。土耳其主张同邻国"零问题"战略。最后,新奥斯曼主义不是要否定历史上的凯末尔主义和共和主义,而是要完善和补充上述原则,使土耳其成为"属于欧洲的欧洲国家和属于东方的东方国家"。土耳其既不亲西方,也不亲东方,而是开展全方位外交。这就是土耳其外交政策的目的。

换言之,土耳其新奥斯曼主义的核心内容有三个,即奥斯曼帝国(奥斯曼主义)、伊斯兰教和突厥主义。一些西方分析家认

---

① 转引自 ДаркоТанаскович, *Неоосманизам . Повратак Турске на Балкан*, Београд, 2010, c. 59。

为，土耳其外交政策中的新奥斯曼主义包括下列基本原则：（1）土耳其已经不再是美国和北约的"年轻伙伴"，而是已经成为中亚、欧亚和巴尔干地区安全的重要因素。所以，它可以在中东和高加索地区发挥调停人的角色；（2）新奥斯曼主义不会威胁西方和俄罗斯；（3）新奥斯曼主义不会成为某种侵略的口实。

土耳其安卡拉国际关系和战略分析中心主任希南·奥甘认为，土耳其是唯一能在中东发挥"现代化"作用的国家，也是唯一能帮助本地区与西方实现"和解"的国家。显然，土耳其并不渴望恢复奥斯曼帝国某个时期的边界，而是希望控制本地区能源输出和能源基础设施、发挥运输枢纽、银行和交通网络作用，使土耳其成为地缘政治超级大国。这一思想再次反映在达乌特奥卢2010年1月在土耳其驻外使节会议上的讲话中。他提到，土耳其的超级（最高）任务不是变成地区国家，而是成为世界国家。土耳其的地理位置、历史和外交经验为它提供了这种可能性。

国际分析人士认为，土耳其政府此时抛出新奥斯曼主义政策，是希望建立以土耳其为核心的"一体化走廊"，以推广自己的经济发展和民主经验模式。土耳其所谓的"走廊"，其实就是想象中的势力范围。第一条走廊是土耳其—叙利亚—黎巴嫩—埃及，继续延伸包括以色列和巴勒斯坦领土；第二条走廊是伊拉克和波斯湾国家；第三条走廊是伊朗和巴基斯坦。尤其是第三条走廊值得关注，如果能够实现，新奥斯曼主义就同泛突厥主义和土耳其的欧亚主义思想交织在一起，一方面，土耳其希望将伊朗和巴基斯坦纳入自己的影响圈，另一方面，土耳其欲使中亚和阿塞拜疆也进入自己的势力范围。

目前土耳其推行的新奥斯曼主义，其主要目的是在原奥斯曼帝国的范围内，恢复土耳其的影响和势力范围。土耳其认为，"16世纪是巴尔干最伟大的时期"，因为那是奥斯曼帝国最强大的时期。当时是帝国的"黄金时代"，控制着地中海的一部分，拥有和平、繁荣和宗教宽容。新奥斯曼主义思想成了土耳其对内对外政策的基石。国家宣传机器向各阶层人民灌输这一思想，使之成为国家"大政策"的基础。

综上所述，我们可以认为，新奥斯曼主义是土耳其的一种外交战略。它意味着土耳其要在地缘政治、历史文化、经济、能源和交通运输等各个领域发挥地区性和世界性作用。它还意味着土耳其要积极参与解决地区性和全球性冲突和国际事务。

视中东为土耳其势力范围

新奥斯曼主义的一个重点是土耳其视中东为自己的势力范围。由于历史的原因，阿拉伯国家过去对土耳其多持敌视态度。直到第二次世界大战前夕的1939年土耳其才同部分阿拉伯国家解决了领土争端。长期以来，土耳其把眼睛盯住"现代化"的欧洲，而视东方、阿拉伯世界为"落后"地区。而且，土耳其执行亲美国的外交路线。所以，阿拉伯国家对土耳其充满了怀疑和不满情绪。中东地区国家一度对亲美国和亲欧洲的土耳其也表示担心。

近年来，土耳其由于推行新奥斯曼主义，它欲发挥地区领导作用。土耳其坚持认为，它是中东国家民主和经济发展的最好模式。"阿拉伯之春"之后，它认为机会到来，可以输出它的模式，而不是美国或欧洲的模式，因为土耳其与这些国家地域相连，宗教和文化相似，意识形态相通。土耳其的成功和榜样还说明，绝大多数中东国家的伊斯兰教和民主是可以共处的。现在土耳其对埃及、利比亚、突尼斯和哈马斯组织已经产生了一定的影响，但对其他阿拉伯国家和海湾国家的影响还远没有达到它的期望，甚至还没有经济实力强大的沙特阿拉伯和卡达尔的影响大。[①] 所以，

[①] 2011年11月3日保加利亚学者阿列克·哈吉耶夫在保加利亚地缘政治协会上的发言，见11月4日Mediapool.bg网站。

土耳其欲不遗余力地进入阿拉伯世界。

为了达此目的，土耳其成立了一个经济和社会调查基金会，于2011年8—9月对埃及、伊朗、伊拉克、约旦、黎巴嫩、叙利亚、沙特阿拉伯和巴勒斯坦等地的2300名公民进行了抽样调查。结果显示：66%的被调查者认为，"土耳其可以成为中东国家发展的模板，是将伊斯兰教和民主成功结合的典范"。调查还发现，埃及是土耳其在该地区的一个新朋友，它和埃及一起可以组建中东地区新的"民主轴心"。所以，北非和中东动乱发生后，土耳其对其关注的程度比以往任何时候更高。土耳其一再表示，它与阿拉伯世界有着"深刻的历史和文化联系"，它有"道义上的责任"帮助阿拉伯国家发展，使中东地区成为"和平、安全、繁荣"的地区。

土耳其看好阿拉伯伊斯兰世界的原因有：（1）美国从中东地区收缩、从伊拉克和阿富汗撤军、迫使以色列在巴以冲突中改变策略。巴勒斯坦问题的解决可能出现转机，土耳其则趁机扩张势力。（2）土耳其欲成为地区大国，称霸中东。它借助历史、宗教、文化等因素，在阿拉伯伊斯兰国家推广自己的经验和模式，赢得阿拉伯国家的信任。（3）土耳其的本意想借助埃及的衰落取而代之，主宰阿拉伯世界。

新奥斯曼主义的核心内容之一是伊斯兰因素。这一思潮得到中东和北非国家伊斯兰世界的支持。土耳其则借机强化自己在伊斯兰世界的地位。2010年12月7日保加利亚《地缘政治》（Геополитика）杂志曾刊登埃夫根尼·贾瓦卡罗夫的《土耳其的中东政策》一文指出，今日土耳其是伊斯兰会议组织的成员，并在其中起着举足轻重的作用，其地位在"阿拉伯民主风暴"中更加凸显。在近几年内，土耳其在非洲新建立了10个大使馆。土耳其认为非洲的原材料资源十分丰富，都被别的国家瓜分，它决心急起直追，积极参与非洲事务，特别是开展合作和发展方面的活动。阿拉伯世界和伊朗是土耳其商品的广阔市场，"阿拉伯之春"为土耳其的武器出口提供了机会。2010年土耳其的武器出口达到10亿美元，而21世纪之初只有2亿美元。

2015年以来，新奥斯曼主义在中东遭到了失败。最明显的例子是土耳其对叙利亚危机的政策和对欧洲移民和难民危机的政策不仅不成功，而且可以说是失败。土耳其同以色列、伊朗和埃及的关系进展缓慢，土耳其在科索沃、波黑和克里米亚鞑靼人的未来等问题上也没有取得预期的效果。

分析人士认为，从经济到文化，土耳其都正在成为一支新的地区力量。土耳其近年加入欧盟的前景受阻，它开始转向东方，把向外探索的范围限制在原奥斯曼帝国的属地之内。

重返巴尔干地区

随着苏联解体和东欧集团社会制度变革，土耳其获得了施展自己抱负的战略空间，而来自北边和西边的威胁消失，自然成长为连接欧洲和亚洲、东方和西方的一支重要新兴力量，为它进入巴尔干半岛创造了条件，提供了机会；与此同时，伊斯兰激进势力不仅在苏联地区，而且也在东南欧地区开始活跃起来。在一定程度上，土耳其就是较为温和的伊斯兰势力的代表。但土耳其真正进入巴尔干地区是在前南斯拉夫解体之后，它的战略利益凸显；而近几年来，希腊深陷主权债务危机，欧元区解决危机不力，这为土耳其留下了足够的活动空间。土耳其在巴尔干的经济、文化、地缘政治等领域的影响明显增强。

所以，土耳其成为地区大国最大的可能性是在巴尔干地区。从历史上讲，巴尔干地区从15世纪到19世纪的漫长岁月里，是奥斯曼帝国的一部分，当然是土耳其希望重新返回的地区。现实中，南斯拉夫联邦解体，陷入内战和动乱；巴尔干地区的穆斯林在外来势力鼓动下同室操戈；巴尔干原社会主义国家经济崩溃，政局混乱，急需外部援助。于是，土耳其在 1992 年专门成立了国际合作和发展局（TIKA）。土耳其的新奥斯曼主义思想或计划无疑就包括绝大多数巴尔干国家，它视该地区为自己的传统势力范围和现实利益所在地。

近年来，土耳其欲利用其传统的历史渊源关系和影响力，在巴尔干地区发挥地区领袖的重要作用。政治上，土耳其正在充当重要的政治和战略伙伴，积极参与解决本地区一系列冲突。如波黑战争期间，它试图扮演波斯尼亚与塞尔维亚冲突调停人的角色；近年在马其顿与希腊因国名问题发生的分歧中它表示愿意从中调停；现在它又提出，愿意就科索沃与塞尔维亚的对话和谈判担任中介。巴尔干半岛上的阿尔巴尼亚、科索沃、波黑甚至马其顿都在同土耳其建立一种"特殊的关系"或"黄金关系"。

经济上，土耳其把巴尔干地区视为积极扩展经济活动的"自然领地"。近年来，大多数巴尔干国家，尤其是阿尔巴尼亚（包括科索沃）、马其顿、波黑甚至塞尔维亚、保加利亚都加强了与土耳其的经贸联系。土耳其的投资已在巴尔干市场站稳了脚跟，是巴尔干国家的重要贸易伙伴和外资来源地。

军事上，土耳其作为北约成员国和地区军事大国，与巴尔干国家签署军事合作协定，参加巴尔干地区的军事演习，为马其顿、阿尔巴尼亚等国提供军事援助，培训军事人才。

文化上，土耳其在巴尔干地区的影响比西方国家还大。2008 年土耳其制作了一部历史幻想故事片《奥斯曼共和国》，在中东和巴尔干地区广为放映，成千上万的青年受电影的影响穿着奥斯曼帝国骑士的衬衣，上面写着"帝国回来了"。土耳其推出了多集电视连续剧《辉煌世纪》，歌颂苏莱曼及其王室的辉煌业绩和生活；每年 10 月举办 1453 年攻陷拜占庭帝国首都君士坦丁堡胜利纪念大会；出版和销售有关奥斯曼帝国时期的历史书籍、文化旅游纪念品、博物馆展品、复制奥斯曼帝国时期的建筑物和书法作品。

人们为过去的历史而骄傲、自豪。同时，也渴望把这种对过去的缅怀和认同输出到帝国昔日的领地巴尔干和中东地区，为土耳其的外交政策服务。

土耳其总理和外长访问巴尔干国家时都强调，巴尔干的文化是土耳其文化中的重要因素，因为那里有数百万土耳其移民。土耳其在西巴尔干国家建立了大量的清真寺、伊斯兰文化中心及土耳其小学、中学和大学，协助当地媒体开办土耳其语广播、视频等。土耳其的轻歌剧和电视节目覆盖了整个巴尔干半岛。可以说，在每个巴尔干国家，土耳其的节目收视率最高。每逢伊斯兰宗教节日，土耳其的国旗满天飞，歌颂奥斯曼帝国的境况时有出现，巴尔干的穆斯林狂呼，现在是恢复自己民族特征的时候了。

土耳其对巴尔干的外交政策还表现在土耳其坚决支持巴尔干国家加入北约和欧盟的谈判，支持国际社会在南斯拉夫联邦解体后有关解决巴尔干地区军事和种族冲突以及地区和平与稳定的各种倡议，在解决波黑问题和科索沃危机中发挥作用。

土耳其宣传巴尔干国家与土耳其同属"一个大民族"，它们之间具有"文化亲缘"关系。2009年年底，土耳其时任总统居尔访问阿尔巴尼亚时说，"我们大家一起，统统是同一伟大民族的组成部分"。土耳其时任总理埃尔多安2011年9月22日在纽约举行的巴尔干国家首脑论坛上强调说，"巴尔干国家拥有共同的未来"。他说，土耳其与巴尔干国家有着传统的文化和历史联系，各国应该克服历史上的成见，加强合作和一体化，共创美好的未来。他还说，"巴尔干的所有问题都直接作用于土耳其，因为历史上我们有着兄弟般的联系"。

巴尔干国家的穆斯林支持土耳其。他们认为，土耳其的背后是美国，美国有意通过土耳其扩大势力范围，其影响不仅仅针对巴尔干地区，今后还要针对苏联阵营中的伊斯兰国家。

然而，巴尔干有识之士对土耳其重返巴尔干地区的外交动向提出了怀疑。他们纷纷指出，土耳其外交政策受到"新奥斯曼"或"新帝国"的鼓舞，企图成为全球大国的野心意味着建立土耳其的势力范围（或称霸权地区）——从远至阿富汗近到亚得里亚海岸为止的势力范围——奥斯曼帝国过去所统治的土地；时任外长达乌特奥卢的讲话是"奥斯曼挑战"，企图把巴尔干与欧洲分开，使巴尔干重新回到奥斯曼时期。塞尔维亚前驻土耳其大使达尔科·塔纳斯科维奇教授专门写了一本专著[①]批判新奥斯曼主义，认为土耳其企图复活奥斯曼帝国，实现巴尔干地区"新伊斯兰化"。贝尔格莱德大学政治学院安全与恐怖主义研究院教授德拉甘·西蒙诺维奇则指出，土耳其希望重新建立帝国，不是有形边界的帝国，而是建立无形边界的势力范围。

所以，目前土耳其推行的新奥斯曼主义，其主要目的是要在原奥斯曼帝国的范围内，恢复土耳其的影响和势力范围。土耳其时任总统居尔多次讲到，希望巴尔干成为"欧洲的心脏，成为东西方重要政治和经济交会的十字路口"，而土耳其则视巴尔干为自己"通往欧洲的门户"。今后5—10年土耳其很可能成为巴尔干地区的主宰力量。

视中亚为土耳其的"战略纵深"地区

冷战后，随着中亚各国的独立，该地区已成为世界瞩目的焦点之一和各种外部力量竞技的舞台，极大地改变了这一地区的地缘政治和战略力量的分布。土耳其凭借其特殊的种族、文化、历史渊源优势和作为北约成员国的身份，在中亚积极构筑自己的势力范围，寻找自己的角色定位。

土耳其认为，1991年苏联解体后，中亚出现"非殖民化"过

---

① Дарко Танаскович, *Неоосманизам*, *Повратак Турске на Балкан*, Београд, 2010.

程，一批独立国家登上国际舞台，形成了"地缘真空"。这正是泛突厥运动复活的好机遇。土耳其早就把阿塞拜疆、哈萨克斯坦、吉尔吉斯斯坦、土库曼斯坦和乌兹别克斯坦视为自己的"小兄弟"，全面渗入中亚地区。该地区地域辽阔，资源丰富，盛产石油、天然气、煤、铜、锌矿、铊、铋，是主要能源出口地。其中土库曼斯坦拥有世界上最多的天然气储备，哈萨克斯坦的金矿、乌兹别克斯坦的石油、天然气、黄金、煤炭、铂和许多其他矿物，可以与南非媲美，是最重要的黄金、天然气、石油和银出口国。中亚的阿塞拜疆，同样拥有丰富的石油和天然气。土耳其当然非常看中这些资源。

关于土耳其对中亚国家的政策，土耳其时任外交部部长达乌特奥卢认为：在早期，土耳其缺乏思想准备，盲目乐观，认为苏联已经解体不再是地区大国，从而导致土耳其对中亚地区的现实和未来走向没有足够的了解和准备。2000年后，土耳其重新认识对中亚国家的政策，开始从过分自负的计划中抽离出来，转为开展更为切实可行的项目。达乌特奥卢强调利用土耳其连接欧亚大陆的地缘战略地位以及它同这些国家的历史、宗教联系，加强"战略纵深"，确保其更广泛的影响力。

近年来，土耳其由于处于特殊的地理位置，故有利于制定一系列"海上和陆上战略"。土耳其在各大学和研究机构成立了专门针对中亚国家的机构和研究中心，对中亚国家的现状和走向进行战略分析。目前土耳其的中亚新政策与它所宣称的"与邻国零问题"的精神是一致的。土耳其力求在中亚避免冲突和局势紧张，保持各种力量和利益之间的平衡。它正以强大的经济实力和政治影响，以文化和教育模式吸引中亚国家。它在中亚各国设立了突厥文化和艺术中心，加强突厥文化宣传；加强土耳其与中亚国家的经济贸易联系，共同开发能源项目，以巩固自己在中亚的阵地；土耳其成立了突厥语国家委员会，加强土耳其与突厥语国家的一体化联系。土耳其还希望借助上海合作组织加强自己在中亚的影响。

纵观近20年来,土耳其对中亚的政策包括:第一,积极与中亚国家的高层接触,通过签署一系列文件和经常性的磋商确立友好合作关系。第二,扩大经济贸易合作,鼓励本国企业对中亚进行投资。土耳其与中亚国家签署了经济贸易合作协定、鼓励和相互保护投资协议、避免双重课税协议、银行间相互理解备忘录等合作文件。第三,重视文化、教育等领域的合作。土耳其向中亚国家在科技、文化领域投入很多,如通过卫星无偿为中亚国家播放土耳其的电视节目。土耳其每年接纳大批来自中亚国家的留学生、出资在中亚建立国际大学。第四,土耳其扩大与中亚国家的军事技术合作和军事训练合作(包括在北约框架内)。第五,土耳其大量吸收中亚劳务移民。俄罗斯需要来自中亚的劳动力,但俄罗斯劳务市场已经有了新的竞争者土耳其和阿拉伯国家。第六,土耳其不会因乌克兰危机和战乱而削弱在中亚的利益。① 克里米亚半岛上的鞑靼人就数量而言排在俄罗斯人和乌克兰人之后居第三位。乌克兰危机爆发后,土耳其第一个站出来向鞑靼人提供援助。

在中亚地区,土耳其除与亚美尼亚因1915年的"亚美尼亚大屠杀"纷争导致两国关系异常之外,它与阿塞拜疆关系最好。土耳其与阿塞拜疆保持着紧密联系。两国不仅语言和文化相近,而且土耳其视阿塞拜疆是小兄弟,是土耳其的能源供应地。甚至有人说,土、阿两国关系是"一个民族,两个国家"。土耳其与格鲁吉亚的关系明显改善,取代俄罗斯成为格鲁吉亚最大贸易伙伴和最多投资国之一。土耳其通往欧洲的石油、天然气管道大都经过

---

① Мариян Карагьозов, *Новата външна политика на Република Турция и предизвикателствата пред сигурността на България*, София, "Прима Прес", 2014, с. 40、42.

格鲁吉亚。土耳其还控制了格鲁吉亚的交通运输通道，如连接土、格两国的巴库—第比利斯—卡尔斯铁路线在 2016 年竣工后，继续延伸至阿塞拜疆，被称为"高加索铁路丝绸之路"。

土耳其在亚洲的东南亚地区，对马来西亚和印度尼西亚等国的影响力也不可小视，它一直在 20 国集团中充当穆斯林世界的代言人。

二　新奥斯曼主义在行动

土耳其欲成为地区大国

土耳其成为地区大国的决心没有改变。2011 年 6 月 25 日，土耳其时任总理埃尔多安在伊斯坦布尔举行的土耳其出口商会大会上认为，土耳其将成为巴尔干地区最强大的国家。他说，1923 年土耳其共和国成立时，全国的出口量仅 5100 万美元。2011 年年底土耳其的出口量已超过 1320 亿美元，而到 2023 年土耳其共和国成立 100 周年纪念时，其出口总量将达到 5000 亿美元。他还认为，土耳其的经济增长是由于国家在信任和稳定的气氛下进行了政治改革的结果。

但是外界，特别是欧盟对土耳其的"政治改革"颇有微词。他们举例说，2010 年土耳其逮捕几名反对党国会议员一直剥夺了他们的代表权。这年 3 月，土耳其执政的正义与发展党政府大批逮捕坚持世俗的、自由主义的 49 名（亦说 52 名）高级军官，谣传军官们要发动政变，一度引起政坛动荡。外界惊呼，土耳其的民主受到威胁，欧盟对土耳其执政当局的做法和伊斯兰激进主义势力抬头极为不满。

2011 年 7 月，土耳其军队总参谋长等一批高级将领宣布辞职，抗议政府关押了 250 名军官，其中有 40 多名将军。军官们被指控反对现政府及其执政党领导人。土耳其法院还剥夺了在 2011 年 6

月土耳其国会选举中当选的两名被关押的库尔德积极分子（总共有6名库尔德积极分子国会议员被关押）的豁免权，不让他们参加议会活动。根据宪法，国会议员享有豁免权。土耳其在言论自由方面目前处于世界第138位。近年来，有68位新闻记者未经审判就关在监狱里。

所以，人们看到，土耳其要实现其雄心勃勃的愿望与计划并非易事。且不说中东、巴尔干和北非国家对昔日奥斯曼帝国的统治心有余悸，珍惜来之不易的独立，再说土耳其也没有这种强有力的外交或经济军事手段，它的扩张必然与美国和英国的势力范围和能源政策发生冲突。这就是说，土耳其想成为地区超级大国的目标会遇到许多严重的挑战。

这些国内外的困难、问题和挑战包括：第一，土耳其境内生活着人口众多的库尔德少数民族，他们一直在为争取自己的权利而斗争。土耳其政府既想以老的方法对待库尔德人，又想采取较为温和的方式解决这个问题，左右为难。第二，土耳其社会内部存在"世俗与宗教""军人与文人"的权力之争。目前军人的传统影响在削弱，宗教势力有所上升。第三，关于外部阻力，首推土耳其同塞浦路斯和希腊不尽如人意的关系。土耳其同这两个欧盟成员国的关系不仅影响它的入盟进程，而且会阻遏它在巴尔干地区发挥应有的作用。其次美国面对土耳其的进攻态势，也不得不重新考虑土耳其还是不是它在该地区的主要伙伴？美国并不愿意看到土耳其在中东和巴尔干地区的作用超越自己。

同时，在土耳其国内，推行温和的伊斯兰主义的正义与发展党极力推行新奥斯曼主义，而坚持凯末尔主义的军方和反对党共和人民党认为，这种政策不能接受，甚至对土耳其的未来是危险的。他们指出，现在的执政者极力实现一个不现实的方案，这个愿望和方案使国家远离凯末尔主义的共和原则，另外，他们还担心"库尔德问题"。因为彻底贯彻新奥斯曼主义的精神和原则，包括库尔德人在内的所有与土耳其种族不同的穆斯林种族将获得广泛的文化自治。新奥斯曼主义实际上代表多元文化社会，它与强调土耳其国家需要建立和保持一个民族的凯末尔主义也是背道而驰的。

尤其在2008年世界金融经济危机和2010年欧洲主权债务危机的冲击下，面对中东地区"伊斯兰国"的崛起，土耳其国内外局势遇到了前所未有的困难。新奥斯曼主义推行起来阻力重重，收效甚微。

新奥斯曼主义在行动

新奥斯曼主义出台后，得到了北约和欧盟的默认，因为它的部分终极目标直指俄罗斯和中国。西方利用它遏制俄罗斯从黑海到地中海和俄罗斯的战略空间利益，利用它阻挡中国"一带一路"西进的重要通道。

近年来，新奥斯曼主义的触角从黑海伸到了地中海。2019年起，土耳其派"勘探船"到东地中海有争议的海域寻找石油和天然气，派军队到北非和中东冲突地区，致使与希腊和塞浦路斯关系在周期性紧张中火上浇油。土耳其在利比亚、叙利亚和塞浦路斯以及希腊几个岛屿大陆架的"勘探"行动引起法国的不安，历史上这些地区与法国有着割不断的联系。

2020年，土耳其借"第二次纳卡战争"大力支持阿塞拜疆取得了对亚美尼亚的胜利，将军事影响力的触角伸到原苏联地区，利用"突厥语国家联盟""突厥语国家合作委员会"等新奥斯曼主义工具，加速在中亚、南高加索地区进行经济、文化、安全扩张，土耳其还欲极力利用语言文化和宗教向中国渗透。

土耳其在欧洲有两百万侨民，它号召自己的公民要保持自己的文化习俗，不要被住在国的文化所吞噬，要在欧洲传布伊斯兰教。早在2017年3月，埃尔多安就号召在欧洲的土耳其人要努力成为欧洲的主人,每家生 3 个、生 5 个孩子,因为这些儿童将是欧洲大陆的未来。① 而欧洲则希望捍卫自己的利益,要求土耳其尊重欧洲的价值观和基督教文明。

到底是土耳其需要欧盟和北约,还是北约和欧盟需要土耳其,目前还说不清楚。土耳其一只脚早已踏进了北约,另一只脚却跨不过欧盟的门槛,其幕后的主宰就是美国。美国在土耳其有几十个军事基地,希望土耳其成为反对俄罗斯和控制中东的前哨阵地,前脚要站稳,后脚要离地,不进不退。这最符合美国的利益,也符合土耳其的利益。

综上所述,我们可以说,新奥斯曼主义推行起来也不会一帆风顺。(1) 土耳其周边国家和地区深陷地缘政治矛盾,存在高风险冲突的可能;(2) 土耳其尽管雄心和野心很大,但目前它在国际体系里只是一支地区力量,它的军事政治和经济潜力不足以支撑它成为世界大国;(3) 土耳其自觉不自觉地已经陷入欧洲、俄罗斯、伊朗、叙利亚等国的矛盾泥潭中难以自拔;(4) 土耳其国内存在威胁执政权的潜在风险。

新奥斯曼主义与伊斯兰教

现代土耳其共和国是世俗国家。根据它的法律,实行政教分离,国家保障公民信仰伊斯兰教和其他宗教的自由。土耳其 98% 的居民信奉伊斯兰教,还有少量的基督徒和犹太教徒。

在长达几个世纪的奥斯曼帝国时期,伊斯兰教不仅是神权和政权的最高体现,而且也是区分土耳其人和其他民族的唯一标准。帝国强制被征服地的人民改信伊斯兰教,最高统治者苏丹就是宗教首领哈里发,即伊斯兰教创始人穆罕默德的继承人。

---

① Георги Георгиев, *Троянско магаре в НАТО и пред ЕС*, в-к Дума брой 107, 08 Юни, 2021.

从 20 世纪 20 年代起，"土耳其革命之父"凯末尔领导建立了土耳其共和国。他认为伊斯兰教代表保守势力，在许多方面阻碍着改革和现代化，所以，新土耳其必须全面世俗化。1922 年，决定将哈里发同苏丹分开，次年取消了哈里发的职位。1928 年从宪法中删去了伊斯兰教为土耳其国教的条文。凯末尔所采取的这些政教分离的措施是比较彻底的，削弱了传统的伊斯兰教在国家社会生活中的地位，加速了土耳其走上现代化世俗国家道路的步伐。

第二次世界大战后，土耳其于 1946 年实行多党政治体制。各党派在宗教问题上仍然执行凯末尔制定的方针，继续使国家"欧化"。但是，20 世纪 50 年代土耳其的宗教又开始复苏，政治生活中的教权主义抬头。在中小学又开设了宗教课，创立了培训带领穆斯林祈祷的阿訇学校，在安卡拉大学建立了神学系等。这时，去清真寺的人多了，宣传伊斯兰教的小册子和图书大量出版，修建了一批新的清真寺。

1960 年土耳其军人政权开始限制伊斯兰教在土耳其的影响。1961 年颁布的宪法禁止在国家生活中推行宗教教义和原则。1965 年通过的《政党法》规定，各党派"不得在自己的活动中运用宗教、宗教学说或教派"，"不能组织和参加宗教庆典活动"[①]，主张世俗化的政府逮捕了一些极端教派的头目。

20 世纪七八十年代，随着不同党派上台执政，土耳其国内生活中始终存在着伊斯兰化和军人干预宗教的斗争。当伊斯兰教活跃起来并吸引广大群众的时候，军人便发动政变，出台法律，限制伊斯兰教的影响，坚持国家的世俗化发展方向。

20 世纪 90 年代，尽管土耳其官方执行非宗教化政策，但这并未改变人民的宗教信仰。伊斯兰教的影响在土耳其到处可见：新

---

① Вера Мутафчиева, Антонина Желязкова, *Турция между Изтока и Запада*, София, "Отворно общество", 1998, с. 99.

老清真寺林立，斋月的昼夜禁食，每年都有成群结队的善男信女去麦加圣地朝拜，在公共场合诵读《古兰经》，等等。这些现象在土耳其农村尤为明显，妇女还是把脸蒙上，去清真寺祈祷成了她们日常生活的一部分。

土耳其政界中有些人在复活伊斯兰主义。本来，国家世俗原则是凯末尔革命的一项基本内容，但落实起来非常困难。受到1979年伊朗原教旨主义风暴的影响，20世纪80年代末和90年代初土耳其厄扎尔政府对伊斯兰主义的复活态度暧昧。厄扎尔总理本人就是一位忠实的伊斯兰信徒，他在1988年亲赴麦加朝圣，成为霍查。他担任总统后，支持穆斯林在巴尔干地区崛起，试图使土耳其成为巴尔干地区穆斯林的"祖国"。

值得指出的是，近年来土耳其官方推行温和的伊斯兰主义，致使伊斯兰激进主义势力抬头。土耳其军队主张坚持凯末尔的国家世俗原则，反对政府修改宪法，使国家更加伊斯兰化。土耳其国家的宗教机构向巴尔干和苏联地区大量投入资金，支持那里的伊斯兰激进分子。

当然，土耳其的政治家们也担心宗教狂热东山再起，危及土耳其共和国的现代化进程。

20世纪90年代初，土耳其执政集团中的某些政治家正在利用巴尔干原社会主义国家发生的巨大变化和多党多元文化出现的混乱局面，打起了"巴尔干穆斯林"牌。他们声称，在巴尔干半岛有160万—260万土耳其少数民族，有700万穆斯林。土耳其力图把居住在科索沃、波黑、马其顿和保加利亚的穆斯林都置于自己的影响之下。为此，土耳其专门成立了一个"世界土耳其人委员会"，负责与境外土耳其人的联络工作。土耳其的目的是建立一个"穆斯林大土耳其"。土耳其民族主义者宣称要捍卫生活在昔日奥斯曼帝国境内所有"受奴役"的穆斯林的权利，强调只有土耳其才是巴尔干穆斯林的"祖国"。

土耳其某些政府要员还认为,过去伊斯兰控制下的所有土地,至今也是整个伊斯兰民族的一部分。土耳其已故总统厄扎尔1993年1月曾公开表示:"对土耳其来说,波黑穆斯林就像巴勒斯坦人对阿拉伯人一样(重要)。"① 同时,厄扎尔总统发表了《21世纪的土耳其》一书,以纪念维也纳战役300周年。书中充满了新奥斯曼观点和计划,他甚至提出通过建立黑海经济合作区,将土耳其的影响恢复到原奥斯曼帝国的疆界内。

从新奥斯曼主义在土耳其国内外的所作所为,我们不难看到,伊斯兰教是新奥斯曼主义的核心内容之一和精神支柱。当代土耳其正在把新奥斯曼主义与伊斯兰教紧密结合,作为对外政策的一种手段。可以说,新奥斯曼主义是目前土耳其国内外,尤其是对外政策的一种主要社会思潮。当然,在土耳其社会还有其他一些意识形态流派,或多或少影响着人们的生活和思想,也左右着国家的内政和外交。其中,居伦运动就首当其冲。

从正义与发展党(Justice and Development Party,简称正发党)分离出来的居伦运动应该属于土耳其最大的、最有影响力的宗教团体,俗称宗教协会。当费特胡拉·居伦(Fethullah Gulen)与正发党结盟还是埃尔多安的朋友的时候,他是土耳其教育、宗教宣传和改善土耳其对外形象的理想宣传员。他也是土耳其外交政策取得某些成功的不可替代的功臣。这是因为:②

(1)居伦运动享受半官方地位和待遇。该运动在国外从事教育和社会活动,而这些活动土耳其国家机关要么不便出面,要么难以执行。它作为非政府组织活动自如,得到国家机关,特别是

---

① Институт за международни изследвания, *Балканите в политиката на големите държави*: САЩ, ФРГ, ФРАНЦИЯ, София, Издателска къща ИНТЕЛА, 1995, с. 156.

② 关于居伦运动为何取得一系列成功,可以参阅:Мариян Карагьозов, *Новата външна политика на Република Турция и предизвикателствата пред сигурността на България*, София, "Прима Прес", 2014, с. 74.

安全部门的支持和赞誉。

（2）这个运动在全世界建立了广泛的活动网络。从中亚、俄罗斯到非洲、美国、西欧、中东，甚至东亚，都有它的分支。因为它主张温和的伊斯兰教，并将伊斯兰教与民主、人权和现代化结合在一起。

（3）各地的"居伦"学校是世俗的，质量高，重点学习英语、土耳其语、计算机和自然科学。这种世俗学校教育还吸引了许多其他宗教的学生，传统的伊斯兰教教义并不是重点。

（4）各地的教育机构自负盈亏。土耳其国家不向它们拨付很多经费，它们却开展许多"民间外交"。它们能够自力更生，是因为教育机构是私人的，收取可观的学费，入学的孩子大都是相关国家的精英阶层的子女。

（5）居伦运动与美国的利益不相矛盾。相反，有报道说，美国中央情报局的特工还利用居伦运动做掩护，从事活动。

（6）居伦运动的许多电视台、广播电台、报纸和杂志不仅对社会广泛阶层施加影响，而且专门关注知识分子，不同层次的机构为知识界组织和赞助各种学术论坛。

（7）居伦本人在世界上享有良好的声誉。他在社会公众和宗教界之间进行对话，他会见过教皇保罗二世。

在正发党内，除居伦运动受到打压外，还存在一些其他宗教协会，如卡迪尔教派（Kadiriya）、苏莱曼教派（Syuleymanjiya）、曼齐教派（Manziliya）等。在土耳其的近邻巴尔干、高加索、中亚地区也拥有大批各种教派的追随者。尽管如此，但任何一个宗教协会或教派都无法代替居伦运动，也无法取得居伦运动所取得的成绩。

当然，除了居伦运动，土耳其社会还存在诸多思潮，如目前在社会上依然有深厚根基的凯末尔主义和泛突厥主义，以及欧亚主义。

图7—2 费特胡拉·居伦

凯末尔主义

凯末尔在世时建立了自己的学说，但它包含左翼、右翼和其他思潮。凯末尔的思想实际上也是一种欧亚主义思想，是现代化的、反对帝国主义的，所以，也是反西方的。正因为这样，凯末尔主义者主张土耳其与俄罗斯、中国和伊朗加强联系。但土耳其社会中有一部分知识分子是亲西方的，军队中也有亲西方的势力。至今，凯末尔主义还没有与欧亚主义有机地融合。凯末尔主义者主张土耳其社会世俗化和自力更生。

欧亚主义内部观点本身并不一致。有人认为，土耳其不属"海洋国家"，而属"大陆国家"，处于欧亚之间。它应该反对西方的影响，而与俄罗斯、中国和伊朗结盟。

执政的正发党中有许多人喜欢欧亚主义，主张建立强大的欧亚经济结构,以伊斯坦布尔为铁路枢纽,通过卡尔斯连接第比利斯和巴库,然后延伸到中亚,接轨中国和巴基斯坦。

一些自由主义思想家主张土耳其利用欧亚主义在欧洲和亚洲之间发挥桥梁作用,建立一条共同的经济带。

土耳其的强军之路

土耳其是一个具有强烈大国意识的国家。长期以来,土耳其既有传统宗教与世俗的冲突,又有文官政府与军人集团的矛盾。土耳其军队一直在社会生活中起着举足轻重的作用。建立一支强大的军队也是新奥斯曼主义所追求的一项重要目标。

土耳其地处黑海之滨,扼守东地中海和爱琴海,南通波斯湾、北临苏联,这种特殊的地理位置,使它成了北大西洋公约组织的前沿堡垒。但它首先是大西洋联盟的"耳目",因为在它的土地上有北约几个最新式的电子监听站。这些监听站为美国提供大量的军事情报。

土耳其武装部队具有较大的政治影响。而且,他们自认为有权干预国家的政治生活。在历史上,土耳其武装部队一直是社会的基石之一,在社会上享有较高威望。早在奥斯曼帝国时期,在军队服役是穆斯林的特权之一,因为军人威风凛凛,携带兵器,又可以分得战利品,收获军人的荣誉。① 后来,奥斯曼帝国的军人们不断西化,购买了西方先进的武器和技术,得到西欧军事教官的培训,甚至可以到西方参观和学习,受到现代化浪潮的洗礼。

在土耳其共和国时期,凯末尔给了军方以"民主卫士"的特殊作用。军队为建立共和国立下了汗马功劳,受到全社会的尊敬。凯末尔之后,共和国的高级军官享受特殊待遇,进入政界。据说,

---

① Мариян Карагьозов, *Новата външна политика на Република Турция и предизвикателствата пред сигурността на България*, София, "Прима Прес", 2014, с. 90.

军队对于政治制度的不稳有一种特殊的责任感。一些欧洲学者也认为:"在使土耳其从一个差不多是封建的国家变成一个努力达到现代民主国家水平的改革中,武装部队过去和现在一直是支柱。"①

二战后,土耳其经济困难,军队的待遇比较差,军事装备落后,战斗力低下。土耳其军人在朝鲜战争中遭受惨重失败。美国为了安抚吃了败仗的土耳其,唆使它在巴尔干率先于1952年就加入了北约。

有了北约给自己壮胆,土耳其军队对政权的渴望更加强烈。所以,每当土耳其社会政治腐败或发生争斗的时候,政府总要向军队发出求助。土耳其社会一向非常尊敬军人。自1923年土耳其共和国成立以来到80年代,土耳其6位总统中有5位都是从军事院校毕业的。安卡拉陆军军事学校的3000多名学生中,每8名学员中就有一个是军官的儿子。该校校长曾自豪地说:"我们国家有6届元首是从这个学校毕业的,住过这个学校的还有总理、总长和上将以上军官。"②

土耳其武装部队是一支超党派的力量,在军内不准有党派活动。人们看到,土耳其的报刊可以讽刺总理和政府,但不得指责和挖苦军队,否则将受到处罚。

20世纪60—80年代,土耳其国内右翼和左翼力量兴起,展开激烈交锋,社会秩序混乱,暴力事件频发。与此同时,库尔德人争取民族独立运动风起云涌,伊斯兰运动也不甘示弱。在这种情况下,军队发动了一次又一次政变,并多年执掌国家政权。这个时期,军队勇敢地站出来捍卫共和国的世俗性质,反对伊斯兰主义复活,使土耳其的多党政治体制日趋成熟和完善。1983年土耳

---

① [比利时]克洛兹:《欧洲有没有防务?》,施谋仁等译,商务印书馆1979年版,第196页。
② 贾若瑜:《为了"锁"住入侵的敌人——访土耳其军事院校见闻》,《解放军报》1979年1月20日。

其军队退出政界,但它作为国家政治秩序坚定维护者的形象一直受到人们的敬仰。

到 1975 年上半年,土耳其武装力量总共有 45.3 万人,国防开支为 135 亿里拉。其中,陆军 36.5 万人;空军 4.8 万人,290 架战斗机;海军 4 万人、宪兵 7.5 万人。

1976 年 6 月,土耳其国防部部长费里特·梅伦(Ferit Melen)和武装部队总参谋长塞米赫·桑贾尔(Semih Sanjial)都强调:"土耳其位于世界最敏感的地区,不能把自己的国防交给别国去决定。"必须"在主要依靠本国资源的基础上努力建立国防工业"。因此,"我们要靠现有的国内潜力满足今后十年的武装部队的装备需要"[1]。他们还认为,在两个超级大国千方百计发展武装力量,东西方集团矛盾加剧的情况下,土耳其为了自己的安全,首先要依靠自己的国防力量,有必要不断保持威慑的力量。土耳其 1980 年国防预算为 1136 亿里拉,另外还有 10 亿里拉专门购买武器,占国家预算的 14.8%,占国内生产总值的 5.2%。这年,武装部队的总人数约 70 万人,其中陆军人数居多。在北约欧洲国家军队中,土耳其军队人数最多,战斗力也较强。但武器装备一般,在逐步谋求现代化。[2] 其时,土耳其有陆军 47 万人,海军 4.5 万人,空军 5.1 万人。另外,土耳其有保安部队 11 万人。他们实际上是一支精锐的陆军。配备有少量小型飞机、直升机、装甲车和炮艇以及枪炮等。

土耳其实行的是义务兵役制。宪法规定:"服兵役是每个土耳其人的权利和义务。"凡年满 20 岁的男性公民,除残疾和教育而中断者外,必须服军役 20 个月。国内外高等院校毕业的学生服役时间为 18 个月。军士和各级军官的教育训练分别由军士学校和军

---

[1] 《土耳其领导人强调利用本国资源加强国防》,《新华社新闻稿》1976 年 7 月 5 日。
[2] 转引自新华社编《参考资料》1980 年 12 月 31 日。

事院校专门培养,强调正规的军事教育。再从有才能的终极军官中挑选一些送到美国军校深造。所以土耳其军官有较高的文化水平和较好的军事素养。

2011年11月,土耳其军队总参谋部第一次正式公布了全国武装力量的情况:总兵力72万人,其中45万正规军、4万军官、5万文职服务人员。土耳其军队正在以美国为首的北约的帮助下加速现代化和高科技化,购买世界上最先进的武器装备,如美国和俄罗斯的战斗机、直升机、导弹、坦克等。同时,土耳其也在加快国产武器的生产。在德国的援助下,土耳其已经能够制造登陆艇、炮艇、潜水艇、领航舰和驱逐舰等。德国还将大量淘汰的常规武器赠送给了土耳其。按军人数量土耳其处于世界第9位,在北约仅次于美国。①

2011年土耳其军事装备的54%属本国生产。它还向中东地区和海湾国家以及中亚,包括阿尔巴尼亚、波黑、阿塞拜疆、格鲁吉亚等国出售无人机、坦克等武器。土耳其计划到2025年它的武器出口要达到255亿美元。② 表7—1反映了土耳其武器出口的创汇情况。③

表7—1　　　　2007—2011年土耳其武器出口创汇情况　　　（单位：亿美元）

年份	金额	年份	金额
2007	4.2	2010	6.34
2008	5.7	2011	8.17
2009	6.7		

---

① Мариян Карагьозов, *Новата външна политика на Република Турция и предизвикателствата пред сигурността на България*, София, "Прима Прес", 2014, с.93.

② Алекс Хаджиев, *Фронтовете и границите на неоосманистката експанзия*, сп. Геополитика, брой 1, 2021, с.78.

③ Левон Овсепян, "Стратегия и основные тенденции модернизации ВС Турецкой Республики" в *Состояние и тенденции развития ситуации на Ближнем Востоке*, Москва 2013, с.38–39.

同时，埃尔多安总统十分重视发展国防工业和军队现代化。国防预算达到 600 亿美元。国防项目从 2002 年的 62 个增加到 2020 年的 700 个。土耳其是世界上 10 个能够自行设计、自己生产武器的国家之一，在生产各种功能的无人机方面居世界第三位。① 土耳其已经能够生产先进型号的"阿尔泰"坦克、直升机、战斗机、榴弹炮。土耳其计划在 2022—2027 年制造 6 艘潜艇，即每年一艘。② 土耳其已经制造了第一台国产航母。从而可以提高土耳其舰队在爱琴海和地中海的战斗力。土耳其认为，它的周邻都是敌人，西方盟友在抛弃它，除了加强军队建设，它没有别的出路。这样，土耳其军队不仅能保卫国家，还能够在境外打击恐怖主义活动，执行维和任务。

土耳其在亚洲、非洲和欧洲的十几个国家有驻军，如叙利亚、伊拉克、利比亚、马里、中非共和国、埃塞俄比亚、卡塔尔、波黑、科索沃、阿尔巴尼亚、苏丹、北塞浦路斯和阿塞拜疆等。这说明土耳其有一支强大的军队，野心勃勃。土耳其欲实现 2023 年建国一百周年的宏伟目标，不仅需要施展自己的"软实力"，还需要有"硬实力"军队的支持。

---

① Любомир Монов, *Вьншната политика на Анкара през призма на концепцията за политическия реализъм*, сп. "Политика", брой 2, 2021, с. 87.

② Любомир Монов, *Вьншната политика на Анкара през призма на концепцията за политическия реализъм*, сп. "Политика", брой 2, 2021, с. 88.

第八章　正义与发展党执政

进入21世纪以来,土耳其的经济取得了一系列骄人的成绩。国家税收和居民收入迅速增长,外国投资显著增多,对外贸易繁荣。与临近的其他巴尔干国家和中东国家相比,土耳其确实取得了令人羡慕的成就。这一切被外界称为经济"奇迹"。

20世纪最后10年,是土耳其政局动荡的10年。有8届联合政府轮番登上政坛,都是短命政府。接着,土耳其正义与发展党于2001年成立,2002年则登上土耳其政治舞台,其领袖埃尔多安总理三连胜,强势掌权创造了土耳其二战后继曼德列斯10年不间断执政的纪录。土耳其社会焕然一新,埃尔多安从总理跃升为总统。土耳其的对内对外政策亦出现了某些令人瞩目的变化。土耳其视中东为自己势力范围,在叙利亚问题上支持叙利亚反政府组织和武装,对恐怖组织ISIS的打击另有图谋,把欧洲难民危机当作与欧盟讨价还价的筹码。埃尔多安总统所推行的对内对外政策,雄心很大,收获有限。国际分析人士指出,土耳其的两面外交政策,很可能使埃尔多安总统自己陷入"困境",使土耳其容易发生突发性事件。

正发党领导人埃尔多安是自土耳其共和国国父穆斯塔法·凯末尔·阿塔图尔克以来最有权势的政治人物。支持者认为他对土耳其进行了现代化;批评者则认为,他试图建立"一个人的独裁统治"。埃尔多安实行的土耳其总统制仍面临许多困难和问题。

库尔德人问题长期困扰西亚四国,而土耳其的库尔德人问题则是这个热点问题中的重点。库尔德族是土耳其人口最多的少数民族,约占全国人口的1/4,但他们从来就没有享受到少数民族的权利。长期以来,库尔德人的民族解放运动从来没有停止过,但库尔德问题的解决最终取决于土耳其和欧美大国的态度。今天,库尔德问题不仅是土耳其社会和政界政治生活中的重要问题,而且是土耳其与美国为首的盟友关系中的症结之一。

一 土耳其的经济

土耳其"经济奇迹"辨析

如果我们对20世纪80年代土耳其的经济形势做出综合评估,就会发现:土耳其经济高速发展得力于进行了结构性改革,工业和农业保持优先增长,服务业和对外贸易受到重点关注。这是经济取得成绩的几个关键因素。至于存在的问题,主要有30%—50%的高通货膨胀率和高失业率,外债增多和外贸逆差,社会收入分配不公等。但是,80年代土耳其推行自由市场经济和开放型经济,已经为90年代经济的进一步发展打下了坚实的基础。

从20世纪80年代中期到2013年,是土耳其经济高速增长期,甚至可以和中国的高速发展媲美。1985年土耳其的GDP总量是926亿美元,而到10年后的1995年已达到2331亿美元。又过了10年,到2005年增长至5010亿美元。2013年土耳其的GDP猛升到9506亿美元。① 其时,土耳其领导人对国家的未来甚是乐观,因为土耳其经济已经融入全球化和西方(美国)市场。不久,情况发生了变化。西方大国严格控制自己的市场,竭力排挤外来竞

---

① Алекс Хаджиев, *Фронтовете и границите на неоосманистката експанзия*, сп. Геополитика, брой 1, 2021, с. 79.

争者。土耳其经济发展空间受到限制。这样，2014—2015 年开始衰落，如果说此前的 20 年土耳其经济增长了 10 倍，那从 2015 年至 2020 年的 5 年间则下降了 20%。

20 世纪 90 年代土耳其经济依然是遵循第六个五年计划（1990—1994）和第七个五年计划（1996—2000）的纲要发展。1995 年制订了过渡性的一年计划，以克服 1994 年出现的经济困难和危机现象。在这个 10 年，土耳其经济尽管经历了 1994 年的经济危机和 1999 年下半年的大地震，但土耳其的经济经受了考验，获得快速发展，使土耳其变成了粗具规模的工业农业国。

这 10 年，土耳其传统的工业部门像纺织业、成衣业、食品业、采矿业、冶炼业、化工、水泥、能源、电力、汽车、电信等都获得了迅速发展。因为土耳其已广泛采用西方的技术和生产工艺，每年吸引的外资超过 10 亿美元；建立了国家科学研究中心；培养了大批本国的科学技术人才；土耳其的专利和材料大量投入生产领域。计算机和电脑广泛应用于生产、服务行业、银行业、教育和科研。20 世纪 90 年代，土耳其按人口计算手机的使用量已接近发达国家水平。例如，1998 年土耳其生产了电视机 5794771 台、电冰箱 2032529 台、洗衣机 1403966 台、吸尘器 1176098 台、小汽车 223934 辆、公共汽车 2946 辆、小中巴 32643 辆、卡车 30945 辆、拖拉机 52545 台，等等。[①] 土耳其还为美国的 F—16 战机提供 2000 多个零部件。20 世纪 90 年代末，土耳其利用这些飞机零部件组装了 287 架飞机，出口埃及 46 架。

20 世纪 90 年代，土耳其的经济年增长率继续保持较高的上升态势。1990 年的增长率为 9.4%、1991 年为 0.3%、1992 年为 6.4%、1993 年为 8.1%、1994 年为 -6.1%、1995 年为 8.0%、

---

① Дженгиз Хаков, *История на съвременна Турция*, София, Парадигма, 2008, с. 417.

1996 年为 7.1%、1997 年为 8.0%、1998 年为 3.9%、1999 年为 －6.4%、2000 年为 6.1%①。需要指出的是，尽管 1994 年和 1999 年由于经济危机和自然灾害出现负增长，但年均经济增长率达到 4.5%，GDP 的总量达到 2046 亿美元。

在这 10 年，土耳其的对外贸易在经济发展中占有重要地位。在这两个五年计划中，土耳其尤其加强了与欧盟的经济和贸易关系。1995 年土耳其与欧盟签订了关税同盟协定，成为欧洲关税同盟的一员。土耳其 50% 的进出口贸易是与欧盟国家进行的，70% 的外国直接投资同样是来自欧盟国家。与此同时，土耳其的外贸逆差也在不断增加，从 90 年代初的 77 亿美元增加到 20 世纪末的 730 亿美元。土耳其利用欧盟的先进机器设备和高科技技术，按欧盟的标准制造产品，加速了土耳其经济的现代化进程。

土耳其经济高速发展要求有新的原材料供应和开辟新的市场。所以，土耳其成为黑海沿岸国家经济区的主要倡议国之一。1992 年 6 月土耳其等 11 个黑海地区国家在伊斯坦布尔举行首脑会议，并签署黑海地区经济合作宣言和博斯普鲁斯声明，黑海经济合作区正式成立。该组织的宗旨是建立黑海地区国家间的睦邻关系，发展经济和社会等领域的合作。

上述种种努力为土耳其经济迎来更高速度、更高质量发展打下了基础，创造了条件，开辟了新的前景。

进入 21 世纪以来，土耳其的经济取得了一系列骄人的成绩。国家收入和居民收入迅速增长，外国投资显著增多，对外贸易呈现繁荣。它与临近的巴尔干其他国家和中东国家相比，确实取得了令人羡慕的成就。这一切被外界称为经济"奇迹"。

在世纪之初的头 10 年，2002—2011 年，土耳其进入经济发展

---

① Дженгиз Хаков, История на съвременна Турция, София, Парадигма, 2008, с. 418.

的黄金期。2005—2008 年，土耳其经济克服 2008 年世界金融经济危机带来的打击，年平均增长率达到 7%。2010 年在欧洲（尤其是希腊）主权债务危机的情况下，土耳其的经济增长率取得 2004 年以来的最高值，达到 8.9%。2011 年土耳其的 GDP 增长飙升至 10.2%，在整个欧洲居第一位。尽管这个时期世界经济处于危机阶段，但土耳其的经济年平均增长率达到 7.5%，人均国内生产总值从 2001 年的 2800 美元增加至 2010 年的 1 万美元。2006 年最低月工资达 330 欧元，高于 9 个欧盟新成员国的月工资。

21 世纪初正发党上台执政时，土耳其的国内生产总值只有 1920 亿美元。到 2010 年土耳其的名义经济总量达到 7291 亿美元，按购买力计算接近 1 万亿美元（9566 亿美元）。国际货币基金组织和世界银行的统计指出，2010 年土耳其的经济总量居世界第 15 位，处于欧洲（包括俄罗斯）的第 7 位。[①] 土耳其在伊斯兰世界是仅次于印度尼西亚的第二大经济体，但印度尼西亚的人口是土耳其的 3 倍。

在这 10 年，土耳其的对外贸易迅速增长。2000 年土耳其的出口额约为 300 亿美元，而 2008 年的出口达到创纪录的 1420 亿美元，进出口贸易额约 3500 亿美元。受到经济危机的影响，2009 年的进出口贸易额只有 2510 亿美元。2010 年止跌回升达到 2800 亿美元。土耳其的最大贸易伙伴是欧盟。2002—2010 年，双方的贸易额翻了一番，从 466 亿欧元增加至 1032 亿欧元。土耳其对欧盟的出口从 206 亿欧元增长到 420 亿欧元，而从欧盟的进口额从 260 亿欧元增长到 612 亿欧元。2010 年欧盟占土耳其出口的 50% 和进口的 49.5%。2010 年欧盟对土耳其的直接投资达 525 亿欧元，而土耳其对欧盟国家的投资也达到 60 亿欧元。土耳其在欧盟国家有

---

① Венелин Цачевски, *България и Балканите в началото на* XXI *век по пътя на Европеизация*, София, Издателство "Изток—Запад", 2011, с. 492.

14万家私人公司，其中的一半在德国。在土耳其公司工作的员工有64万人，每年的流动资金超过500亿欧元。预计2020年土耳其在欧盟的公司将突破19万家，就业员工将达到100万人。土耳其是欧盟的主要劳动力来源地。2010年在欧盟国家长期生活的土耳其人约400万人，临时性的和不合法的土耳其人远远超出这个数字。他们每年为土耳其创造的侨汇超过230亿欧元。有专家估计，到2050年，欧盟将需要8000万外国劳工，土耳其将有1200万人在欧盟工作。①

土耳其是巴尔干地区接受外国直接投资最多的国家。2005年外国的直接投资达到了58亿美元，在其后的3年每年平均高达200亿美元。到21世纪第一个10年结束时，外国直接投资总共达到835亿欧元，约1000亿美元。与此同时，土耳其对国外的直接投资也在增长，2010年年底达到约200亿美元。其时，土耳其的年通货膨胀率也从70%降到了10%。

在2011年6月土耳其议会选举的前夕，执政的正发党公布了该党的宣言。这个宣言又称为《展望2023》，包括23个纲领目标。它提出了2023年土耳其共和国创立100周年时国家发展的优先方向，使土耳其变成世界上经济最发达最强大的国家之一。

《展望2023》在政治方面的最重要目标是通过一部新宪法，使土耳其成为"完全民主的国家"；在社会经济方面，则提出了非常具体的要求。② 择其重点，主要有如下几个战略目标：到2023年土耳其的GDP要比2010年翻一番以上，达到2万亿美元，使土耳其的经济总量从2010年占世界经济总量的第17位提升到占世

---

① Венелин Цачевски, *България и Балканите в началото на* XXI *век по пътя на Европеизация*, София, Издателство "Изток—Запад", 2011, с. 495 – 496.

② 笔者还没有机会看到《展望2023》文件的原文，此处使用的具体要求引自 Венелин Цачевски, *България и Балканите в началото на* XXI *век по пътя на Европеизация*, София, Издателство "Изток—Запад", 2011, с. 493 – 494.

界前10位，或者说到2023年使人均GDP达到2.5万美元，达到欧洲国家的平均中等收入水平；对外贸易到2023年实现5000亿美元，占到世界贸易总额的1.5%。[①] 失业率应该降至有劳动能力人口的5%；修建1.5万千米公路和1.5万千米铁路；盖50万套新住宅；修建至少3个核电站；对全国8200万人口实行医疗保险；适龄儿童入学率达到99%；建立250所大学；土耳其成为世界5大旅游国之一，每年接待5000万外国游客，旅游收入达到500亿美元。

表8—1　　　　计划GDP增长率、人均GDP和外贸出口

年份	2015	2019	2023
国内生产总值（10亿美元）	1076	1486	2064
人均国内生产总值（美元）	14046	16685	25076
出口额（10亿美元）	201.2	317.2	500

资料来源：原文见 türkıye hazır hedef, 2023, 12 Haziran, 2011, Genel seçımbleri, Seçım, Beyannanıesı, s. 36, AK Partı Official Web Sıde. 此处引自 Венелин Цачевски, България и Балканите в началото на XXI век по пътя на Европеизация, София, Издателство "Изток—Запад", 2011, с. 494。

　　土耳其在《展望2023》中不光提出了对外贸易宏伟的总体目标，而且还详细规定了其他方面的任务，如提高出口产品的质量和工艺水平以及在世界市场的竞争力。土耳其产品的规格化、标准化和创造名牌产品等。2013年前实现宏观目标，而最后10年实现各部门的目标。这些指标要求在2013—2018年和2018—2023年两个五年计划中完成。为了完成这一任务，土耳其的对外贸易必须每年增长12%以上。如果真能达到这种速度，2023年土耳其的外贸就可以达到5450亿美元。但是，国际分析人士指出，在对外

---

① И. И. Стародубцев, Современная экспортная стратегия Турция, Институт Бпижнего Востока, http：//limes. ru/stat/2012/17－01－12a. htm, 25. 12. 2013g.

贸易方面，土耳其的出口缺乏高科技产品，主要是低附加值产品，出口产品基本上是汽车工业品、农产品、轻工业产品（如纺织品、鞋类、皮革制品和食品）、化学和冶金产品等。所以，这是一种不太现实的预测，在很大程度上难以达到。

正发党上台后，经济发展稳定，增长迅速。有学者认为，这期间土耳其经济发展得益于2001年911事件后沙特阿拉伯从美国大量撤出资金，其中一部分流入了土耳其。

尽管如此，土耳其经济从近期和中期来看，遇到国内外诸多困难。最严重的国内问题是预算赤字，缺乏大规模投资的本国资源，外贸逆差严重，电力能源依赖进口，本国货币里拉不断贬值，科技创新薄弱，等等。另外，近年来中东局势急剧变化，使土耳其每年失去在利比亚、叙利亚和埃及等地的大量贸易、劳务和投资收入。

土耳其迅速发展的不利因素还有：受过中等和高等教育的劳动力太少，尤其是女性就业率太低；土耳其与欧洲国家关系出现裂痕，导致双边贸易和投资减少，影响经济增长；外贸逆差高达1000亿美元；电力、石油、天然气等能源短缺；外债超过3500亿美元，而中央银行的黄金储备却很少。还有，近年土耳其国内政局不稳，政治出现危机和2016年发生未遂军事政变，更是制约经济发展。

进入21世纪第二个10年之后，土耳其的经济发展速度开始放缓，难以持续高速前进，很可能在国内外局势的影响下缓慢或呈中速起伏发展，甚至出现停滞。所以，有土耳其国内外的经济学家认为，土耳其已陷入中等收入陷阱。这或许也是土耳其"经济奇迹"的真相。

农业和农民问题

土耳其存在三种基本的土地所有制形式：私人的、国家的和村社的（公共利用）。大约90%的可耕地掌握在大地主、中农和小农的手里。国有土地是指森林和适宜耕种的无主荒地。

到20世纪，农业仍是土耳其的基础经济部门，有50%的经济部门的劳动力在从事农业，农产品占出口商品70%—80%。①

土耳其从共和国成立之初起，就提出了解决土地问题和农民问题，但半个多世纪以来，农业生产者始终没有摆脱高利贷者和经纪人的剥削，也没有建立起农业生产者合作社组织，更没有解决农村土地所有制问题。土耳其农村基本上仍是封建土地所有制。解决土地问题、农业问题和农民问题的根本途径是实行耕者有其田的土地改革和建立包括所有农业生产者在内的农业专业化和合作化。土地问题直接关系到居住在农村并依靠土地为生的成百万计的农民。多年来，尽管土耳其政府在不断进行讨论，但这个问题一直没有得到解决。

土耳其学者认为，土耳其的土地分配是不平衡的。只占农户总数0.5%的大农户手中的土地数量，占有全部耕地的11%。在土耳其没有实现耕者有其田的原则。在全国350万农户中，有29.3万户在租种别人的土地，有52.1万户在合伙耕种或者按五五分成制耕种，有11.5万户在以各种方式耕种别人的土地。这就是说在农村有92.9万户农民不占有土地，或者说只有极少量的土地。土耳其农业生产者由于没有实行合作化，生产效益低下。② 所以，土耳其总理德米雷尔1966年在国民议会演说中承认：土耳其有3.5万个村落，居住着2000万乡民，但大部分农村缺少公路、供水系统、学校和保健设施；好多乡村至今仍用不上电。许多乡民备受贫困的煎熬，囿于无知和迷信的高墙之中。许多村民饱尝

---

① Васил Дойков, *Турция*, София, Издателство "Ковачев", 2005, с. 28.
② 参见《新华社新闻稿》1973年9月27日。

无地之苦。①

　　学者们指出，为了消灭农业上的土地和收入分配的不平衡现象，保证土地和收入的合理分配，保证在土地所有制方面基本上实现耕者有其田，并且增加农业生产，必须在土耳其进行卓有成效的真正的土地改革。

　　为了争夺选民和选票，一向反对进行真正土地改革的正义党和信任党联合政府于1972年颁发了名为《土地和农业改革法》的所谓土改法。1972年4月20日，土耳其《共和国报》发表了题为《土地分配的范围明确了》一文，对该法进行了解读。该文指出，政府推行这项改革，是为了"国家的社会和平"。改革要坚持一些基本原则，如在改革地区，分到土地的公民将参加该地区建立的土地和农业改革合作社，国家将大力支持这种合作社；加强对分散小块土地的集中和对牧场、夏季牧场和冬季牧场的管理；已拥有一定数量土地的农民不再分配土地，土地重点分配给5口以下的无地家庭，为了获得地契，农民需按期偿付土地款，且3年之内不得买卖土地。

　　显然，这不是真正意义上的土地改革。不过，这项改革措施使土耳其的农民一般都获得了少量农地，山区的土地面积则更多些。历届政府调整土地关系的尝试和努力取得了一定的成效。农业生产呈现向好的趋势。

　　1976年土耳其从粮食进口国转变为粮食出口国。它同塞浦路斯一起成为西亚地区仅有的两个粮食出口国。农业的机械化程度也比较高，机耕地占可耕地的63%。土耳其粮食作物主要是小麦，占全国粮食产量的70%以上，其余是大麦和玉米等。经济作物主要有烟叶、油橄榄、向日葵和豆类等。土耳其时任总理德米雷尔

---

① ［美］戴维森：《从瓦解到新生——土耳其的现代化历程》，张增健、刘同舜译，学林出版社1996年版，第11页。

1976年11月在安卡拉举行的一次记者招待会上宣布，1976年的粮食总产量预计达到2100多万吨，较丰收的1975年增产约4%。其中，1975年的主要粮食作物小麦的产量达到创纪录的1475万吨。1974年的产量为1116万吨。1977年的小麦产量比10年前1967年的产量1000万吨增长了60%。

1977年土耳其谷物总产量约为2500万吨，其中小麦产量为1650万吨。粮食不仅自给自足，而且还能少量出口。1976年土耳其出口了30万吨小麦。1978年向邻国出口了100万吨小麦。

1977年牲畜总头数达到7700万头。到1979年，土耳其有8000万头牛羊，4000万只家禽。① 它向伊朗和海湾国家出口牲畜。著名的安哥拉羊毛产量居世界第二位，平均年产羊毛9000吨。

1979年年底上台的德米雷尔政府，在农业方面，提出要编制一项"本国农业发展规划"，即一项以"绿色计划"（又称"绿色革命"）为中心的计划。大搞水利工程，使农田灌溉面积进一步扩大；改革农村的行政机构，修订保护农民财产的法律；对农产品的收购要做到价格公平合理，对农民所取得的成就应予以鼓励；全国的自由民主合作社运动是推动农村发展的好办法，农业合作社组织应受到鼓励和支持。"绿色计划"还要求通过增加水利设施，改良种子，加快推广农业机械化和农业新技术，以提高粮食的单位面积产量，推动农业生产。

1980年土耳其全国人口约4444万人，其中，农业人口约占全国人口的60%。1976年的农业生产的产值为95亿美元，占国内生产总值的23.8%（工业占国内生产总值的22.9%、服务行业占53.3%）。土耳其畜牧业较为发达。

20世纪80年代起，土耳其的农业取得了令人印象深刻的进步。在第五个五年计划（1985—1989）期间，农业生产的年平

---

① Ибрахим Карахасан-Чънар, *Турция*, София, "ЛИК", 2000, с. 217.

均增长速度达到4.9%。其中，畜牧业生产平均年增长率也比较突出，1985年为4.4%、1986年为4.2%、1987年为4.3%、1988年和1989年都是4.3%。这项指标完全超过了五年计划年平均增长3.3%的预期目标。这一成就促使政府放弃国家对农产品的垄断，开放农产品市场及种子市场。同时，农村人口开始大量进城，尤其是进入中小城市。1985年城市人口第一次超过了农村人口，说明农民的比例在缩小。土耳其政府对农业的"绿色革命"全面展开，大搞农业技术改造和创新，耕种机械化，增加耕地灌溉面积，采用新农机引进新的农业品种，如香蕉、草莓等。小麦、甜菜、棉花、烟草、蔬菜水果、橄榄、柑橘等生产显著增加。同时，畜牧业及其产品加工，像牛羊肉、家禽等，也都实现了机械化。最近几年开始在广袤的安纳托利亚地区实施灌溉计划，确保增加180万公顷耕地。目前，土耳其平均1公顷耕地拥有33台拖拉机（欧盟是102台）；而1公顷耕地只有0.6台联合收割机（欧盟是14台）[①]。

土耳其耕地面积在欧洲仅次于俄罗斯，居第二位。80%的种植面积是粮食作物，占地1500万公顷，比1951年的880万公顷几乎翻了一番。其中，小麦耕地占900万—1000万公顷。1990—1995年小麦年产量在1500万吨至1800万吨，1995年已经达到2000万吨，每人平均293千克小麦。这个指标超过了美国（240千克）、俄罗斯（251千克）和阿根廷（266千克）[②]。土耳其的这种产量在世界居第9位，在欧洲居第4位，仅在法国、俄罗斯和德国之后。大麦种植面积达300万公顷，年产700多万吨。大麦主要用于生产啤酒和饮料，大麦和玉米还主要用作动物饲料。土耳其19世纪末才开始种植土豆，2001年已经年产500万吨，人均

---

① Ибрахим Карахасан-Чънар, *Турция*, София, "ЛИК", 2000, с. 210.
② Ибрахим Карахасан-Чънар, *Турция*, София, "ЛИК", 2000, с. 210.

达 70 千克。

土耳其的经济作物占耕地面积的 12%。甜菜、棉花、烟叶、茶叶等经济作物是重要的出口产品，受到政府部门的特别重视。近年，土耳其的棉花年产 85 万吨，居世界第 6 位，为较发达的棉纺工业提供了优质的原材料。烟叶年产 20 万—30 万吨，属真正的东方型烟叶。棉花和烟叶质量好，产量高，除满足国内市场需要外，约 50% 用于出口。土耳其是世界上最大的榛子生产国和出口国，约占世界产量的 60%，年产量达 25 万吨。

养羊业是土耳其传统的养殖业部门。安纳托利亚地区有广阔的草场，牧民有丰富的经验，有较发达的肉类和奶制品加工业以及羊毛纺织工业。土耳其有羊 3900 万头（1994），居世界第 7 位。著名的安哥拉羊有 400 万头，其羊毛早已闻名于世，产量居世界第二位，平均年产羊毛 9000 吨。养羊业的产值占整个畜牧业收入的一半。

在农业方面，我们还应该提到土耳其的养蜂业及其产品。土耳其全国有蜂箱 270 万个，仅次于美国和俄罗斯，居世界第 3 位。全国有 15 万个养蜂户，年产 35600 吨蜂蜜，稳居世界第 5 位。土耳其人喜爱茶和蜂蜜是出了名的。

到 20 世纪 90 年代，土耳其的农业生产各部门的比例如下：农作物生产占 60%、畜牧业占 33%、森林和渔业占 7%[①]。同时，农村也发生了移风易俗的巨大变化。人们还记得，昔日的土耳其，当妇女在田野、果园里劳动时，她们的男人却坐在农村的广场上或小饭馆里吸着水烟、喝着咖啡。有这样一个并非笑话的故事：丈夫悠闲地骑着小毛驴走路，妻子却艰难地跟在后面徒步走着。"你上哪儿去？"过路人问那个男人。"我送妻子上医院去。"这种男尊女卑的残酷风俗，尽管根深蒂固，如今已荡然无存了。

---

① Васил Дойков, *Турция*, София, Издателство "Ковачев", 2005, с. 29.

土耳其的旅游业

欧洲旅游者称赞土耳其是"旅游的天堂",这有一定的道理。土耳其气候适宜、自然环境优美、历史文化遗产丰富、政府重视。蓬勃发展的旅游业获得了国内外千百万旅游者的青睐。

20世纪80年代中期起,土耳其加速发展旅游业,并在第五个五年计划(1985—1989)中提出了明确的目标。到1987年,国际旅游的目标任务已提前完成,如旅馆床位从预计的3.8万张增加到了10.5万张,在建的旅馆床位还有13.3万张。到五年计划的最后一年1989年,土耳其各旅店和旅游中心的床位已达13.56万张,在建的还有25.7万张。旅游业使土耳其的外汇收入迅速增加:1986年为6.37亿美元、1987年为8.09亿美元、1988年为20亿美元、1989年也是20亿美元。[①] 这样,国际旅游业便成为土耳其重要的外汇来源之一。

20世纪90年代,土耳其继续大量修建四星级和五星级酒店,并在地中海和爱琴海沿岸开辟许许多多的度假宿营地。90年代末,外国游客已达到每年1000万人,旅游年收入在80亿美元。土耳其决心进入世界旅游业发达国家的行列。

外国旅游者对土耳其旅游情有独钟。据土耳其1993年统计年鉴的资料,来土耳其旅游者的增长情况如下:1982年只有120万人、1985年200万人、1987年270万人、1989年460万人、1990年550万人、1992年700万人。2001年来土耳其的旅游者增加到1200多万人,创造100多亿美元的收入。[②] 2001年来自德国的旅游者超过300万人,英国200多万人。来自邻国保加利亚的旅游

[①] Дженгиз Хаков, *История на съвременна Турция*, София, Парадигма, 2008, с. 397.

[②] Васил Дойков, *Турция*, София, Издателство "Ковачев", 2005, с. 37. 1982—1992年的数字见《土耳其统计年鉴》*Turkije Jstdtistik Jrlligi*, 1993。

者也有 20 多万人。

据统计，2012 年，土耳其共接待国外游客 3569.8 万人次，同比增长 3.01%，旅游收入达 322.49 亿美元，占土耳其出口总额的 15.6%、占国内生产总值的 4.09%。① 旅游业已经成为土耳其仅次于工业制成品的第二大产业。在旅游部门就业的人口占全国总人口的 4.0%。

世界旅游组织认为，在 20 世纪末土耳其的旅游业就已经排在欧洲和亚洲旅游榜的前列。其时，它的旅游收入已占到世界旅游收入的 1.5%。每个游客在土耳其的消费平均在 700 美元左右，土耳其的年旅游进账达到 80 多亿美元。② 大部分游客来自德国、英国、荷兰、俄罗斯、以色列、伊朗、保加利亚等地。他们夏季的首选地是土耳其的海边度假地。

土耳其的旅游业得到政府和私营企业的大力支持和共同推进，协调发展。政府设有专门的旅游部和旅游银行，负责制定旅游业的规章制度，进行旅游业的基础设施建设，出台优惠措施。近年土耳其政府先后颁布了《2007—2014 年旅游发展实施条例》和《2023 年旅游发展战略》，进一步制定和完善旅游业发展的方案和措施。土耳其私营大型旅游集团则是旅游业的既得利益者。例如，"Ten Tur"旅游集团 1996 年的年收益达到 8 亿美元。同年，该集团接待的旅游者达 50 万人次，有 28 家旅游酒店（拥有 8900 张床位）、10 架飞机、58 辆旅游大巴和 76 个办事处（56 个在国外）。③

土耳其特别注意利用各地的特色和优势旅游资源，发展不同类型的旅游业。土耳其的旅游项目非常丰富。国家旅游部门专门开辟了 7 条旅游线路，每一条都包括一些全国闻名的历史古迹、

---

① 见郭长刚等编《列国志·土耳其》，社会科学文献出版社 2015 年版，第 169 页。
② Ибрахим Карахасан-Чънар, *Турция*, София, "ЛИК", 2000, с. 234.
③ Ибрахим Карахасан-Чънар, *Турция*, София, "ЛИК", 2000, с. 234.

人文博物馆和自然风光。土耳其还开辟了许多特色旅游，如节日旅游、宗教节日观光、文化旅游、山区旅游、洞穴旅游、健康旅游、温泉旅游、徒步旅游、垂钓旅游，等等。

伊斯坦布尔是旅游者最向往的城市，每年吸引200多万外国游客。它是土耳其最大的城市，横跨亚欧两大洲。它既是历史文化名城，又是现代化都市。早在中世纪，人们就在赞叹君士坦丁堡有三大宝：平民百姓有跑马场；皇帝们有自己金色宫殿；上帝有自己的"圣·索菲亚"教堂。

伊斯坦布尔的前身是拜占庭帝国的首都君士坦丁堡。"圣·索菲亚"教堂是参观人数最多的地方，是拜占庭帝国和欧洲的不朽艺术杰作。1453年君士坦丁堡落入奥斯曼土耳其人之手后，胜利者苏丹穆罕默德命令将这座东正教教堂改成为清真寺，为适应伊斯兰教祷告的需要，在建筑物内部重新进行了装修。土耳其共和国成立后，于20世纪30年代将这座清真寺改为"阿亚索菲亚"博物馆，成了伊斯兰信徒顶礼膜拜的圣地和游人如织的旅游地。

伊斯坦布尔是名副其实的清真寺之城。全市有各式形态奇异的2000多座清真寺，其中500座被誉为穆斯林圣地。17世纪初修建的苏丹穆罕默德清真寺被誉为奥斯曼帝国建筑和艺术的辉煌作品。该清真寺的内壁上镶砌的各种蓝色图案的瓷砖两万余块而闻名欧洲，被誉为"蓝色清真寺"。该清真寺中央是一个硕大的圆屋顶，由4根圆柱承托。墙体四周有4个小圆屋顶和6座笔尖状宣礼塔。现在，它与近邻的"阿亚索菲亚"博物馆一起成为古代奥斯曼文化和东方文化的见证，受到世界各地旅游者的敬仰。

伊斯坦布尔还有世界驰名的多座博物馆。其中，托普卡帕苏丹皇宫博物馆（Topkanesaray）尤其引人入胜。这座苏丹宫殿坐落在伊斯坦布尔黄金角海湾南岸一个名叫"皇宫鼻"的山顶上，大

图 8—1　苏莱曼清真寺全景

图片来源：Ибрахим Карахасан-Чънар，*Турция*，София，"ЛИК"，2000，с. 234.

约建成于 1478 年。整个建筑群共有 7 个大门，正门面对"阿亚索菲亚"博物馆。皇宫内有称为"甲花园"的皇宫花园。花园的左侧是内宫，是苏丹、太后、皇后、妃子等居住的地方；右侧是世界上最大的御厨，可为 1.5 万—2 万人准备饭菜。花园南侧是苏丹召集大臣们议事的厅堂。皇宫里边还有郁金香花园和几座苏丹学习和日常生活的宫殿。这里是原拜占庭帝国首都城墙和城堡的一部分，周边是广阔的马尔马拉海和博斯普鲁斯海峡，山水清朗，林木葱郁，风景十分美丽。奥斯曼帝国 25 位统治者从 1459 年至 1861 年在此治理庞大的帝国达 400 年之久。这里既是宫殿，也是城堡，更是圣地。土耳其共和国建立后这里改称为托普卡帕故宫博物馆至今。博物馆贮藏和展出奥斯曼王朝的丰富精品，分为瓷器馆、国宝馆、历代苏丹服饰馆、兵器馆、钟表馆，等等。

图 8—2 "阿亚索菲亚"博物馆

图片来源：Ибрахим Карахасан-Чънар，*Турция*，София，"ЛИК"，2000，с. 234.

图 8—3 托普卡帕宫博物馆（原"迎宾门"）

图片来源：Ибрахим Карахасан-Чънар，*Турция*，София，"ЛИК"，2000，с. 234.

土耳其还有令人流连忘返的迷人景点和名胜古迹。如一千多年前辉煌于东地中海的艺术殿堂以弗所（Efes）、伊斯坦布尔的古地下水宫（Yerebatan Sarayi）、安卡拉的阿塔图尔克陵墓、终年流淌不息的温泉棉花堡（Pamukkale）等以及诸多世界遗产。

二 埃尔多安的总统制

20世纪90年代动荡的十年

土耳其社会没有忘记，20世纪80年代经济学家图尔古特·厄扎尔执掌国家政权时，祖国党一统天下，社会政治经济稳定发展，被誉为土耳其"第三共和国"。厄扎尔第一届政府（1983—1987）纠正1980年以来军人政府的一些极端政策，开始文官依法治国。1987年11月议会选举获胜之后，厄扎尔组织了第二届祖国党政府。1989年11月厄扎尔当选为土耳其共和国总统，祖国党政府的地位依然无人撼动。

直到1991年10月议会大选，德米雷尔领导的正确道路党异军突起，以27%的选票击败祖国党（占24%选票）。同时跨越10%议会门槛的议会党还有内杰梅丁·埃尔巴坎（Necmettin Erbakan）的幸福党（17%）、厄达尔·伊诺努（Erdal Inonü）的社会民主党（20.7%）和比伦特·埃杰维特的民主左翼党（Demokratik Sol Partısı）。这样，祖国党的10年单独执政结束，土耳其进入多党联合政府阶段，开启了不稳定的10年。如果说1960—1980年的20年里，土耳其社会是以正义党为首的右翼保守势力和以共和人民党的中左翼力量轮番执政，那么1980年9月军人政变之后，特别是1991—2002年，土耳其社会的政治势力则带有浓厚的宗教、民族主义和种族集团色彩。

整个20世纪90年代，各种政治力量的博弈严重影响着政府的组成和执政能力。在这10年，更换了8届政府，平均执政期

1年左右。这个时期，也是土耳其各派政治思潮泛滥、混乱的时期。社会政治生态中充斥着"左翼与右翼""保守与传统""现代化与欧洲化""伊斯兰化与国家主义"等的讨论与争斗。一些政党衰落，另一些政党崛起；有的政治家声名扫地，而有的政治家一夜成名。但为了各党派的利益和一己私利，达成妥协成为一种时髦。于是，建立联合政府，瓜分国家利益，既是一种权宜之计，也不失为一种选择。

1991年11月30日，正确道路党和社会民主党合作，组建以正确道路党首脑苏莱曼·德米雷尔为首的20世纪90年代第一届联合政府。1993年4月厄扎尔总统突然病逝，德米雷尔荣任总统，新上任的总理是坦苏·齐莱尔（Tansu Çıller）教授，代表正确道路党和社会民主党执政，她是土耳其历史上第一位女总理。接着，正确道路党和重新复苏的共和人民党携手上台。

图8—4　坦苏·齐莱尔

20世纪90年代中期，土耳其右翼势力抬头，并在1994年地方选举中得势，内吉梅丁·埃尔巴坎的幸福党和德尼斯·巴赫切利（Denıs Bahcelı）领导的极右翼民族行动党执掌国家政权。这种趋势在1995年的大选中变得尤为明显。大选于这年12月24日举行。选举的结果是幸福党胜利，它获得了21%的选票；祖国党位于第二，获得20%选票，真理党（正确道路党）第三，获得19%选票，埃杰维特的民主左派党第四，获得15%选票，共和人民党位于第五，获得11%选票。① 土耳其亲伊斯兰党派公开掌控国家政权引起土耳其坚持国家世俗性和凯末尔主义的军方强烈不满，谴责"反动势力"回潮。

由于埃尔巴坎政府放纵伊斯兰右翼势力，凯末尔主义受到严重威胁，军队再次介入。1997年2月28日，土耳其军队总司令在国家安全委员会的会议上提出了18项旨在限制宗教激进主义泛滥的措施，其主要的要求包括：关闭由宗教兄弟会运营的学校、地产和基金会；减少伊玛目学校的数量，使其达到与需要的伊玛目相适应的程度；终结宗教激进主义者对官僚机构、司法、学校和大学的渗透；采取措施限制源于伊朗的颠覆活动；将义务教育从5年延长至7年。② 在军方和国家安全委员会的施压下，埃尔巴坎政府于2月28日辞职。

同年4—5月，土耳其各大城市爆发大中学校学生游行示威，侮辱共和国之父凯末尔，高呼"古兰经或者死亡！"这场政治危机促使宪法法院裁决幸福党及其领导人埃尔巴坎违背国家的世俗性，禁止幸福党的活动，其主要领导人在今后5年不得参与国家政治活动。③ 幸福党遭到取缔后，它的一些铁杆追随者立即成立了美德

---

① ［土］悉纳·阿克辛：《土耳其的崛起：1789年至今》，吴奇俊、刘春燕译，社会科学文献出版社2017年版，第329页。

② ［土］悉纳·阿克辛：《土耳其的崛起：1789年至今》，吴奇俊、刘春燕译，社会科学文献出版社2017年版，第335—336页。

③ Александър Костов, Екатерина Никова, *Балканите през първото десетилетие на 21 век*, София, Парадигма, 2012, с. 355.

党（Fazlet Partısı），重新纠集亲伊斯兰势力，投入未来的议会选举。

在埃尔巴坎政府倒台后，1997年7月组建了以梅苏特·耶尔马兹（Mesut Yılmaz）为总理的三党（祖国党、民主左翼党和民族行动党）联合政府。但这届政府到1998年11月就结束了自己的使命。埃杰维特的民主左翼党单独组织少数派政府。

民主左翼党政府指望在即将到来的议会选举中获得单独组阁权，结束群雄割据的局面和联合执政的混乱。1999年6月18日，土耳其举行例行议会选举，民主左翼党的祈盼落空，仅仅获得22%的选票。已经75岁高龄的埃杰维特疲惫不堪，不得不与祖国党和民族行动党重组三党联合政府。

这时，德米雷尔总统的7年任期届满，一场围绕总统人选的斗争又趋激烈。经过各党派的反复磋商和军方的施压，最后宪法法院院长艾哈迈德·内杰代特·塞泽尔（Ahmet Necdet Sezer）当选就任。

经过10年的走马灯式政府更替，土耳其的政局动荡不定，经济下滑趋势难以遏制。埃杰维特政府陷入2000—2002年的财政危机。国内生产总值下降了6%，年通货膨胀率狂升至60%以上。与此同时，政府还需要克服1999年8月和11月两次大地震造成的重大损失和心理恐慌。10年多党联合执政模式失败，土耳其社会呼吁有一个强有力的、理智的政党和领导人敢于担当，重整山河。

正发党上台执政及其原因

当土耳其政坛乌云密布、尔虞我诈的时候，年仅40岁的埃尔多安像一颗闪亮的明星擢升为土耳其最大城市伊斯坦布尔市市长。他的出现让许多人眼前一亮。

埃尔多安1954年生于伊斯坦布尔，毕业于马尔马拉大学经济贸易学院。1994年他当选为伊斯坦布尔市市长后，1997年5月带头参加街头群众集会，并慷慨激昂地朗诵了一首宗教激进主义禁诗，刚开始朗诵，就被警察抓走。当时他还高呼："这首诗还没朗诵完呢！"他因"反世俗罪"被判处4个月监禁。从此，埃尔多安决心投身伊斯兰运动。

2000年亲伊斯兰的幸福党彻底从政坛消失，伊斯兰运动中的"青年改革派们"蠢蠢欲动，有的成立了"美德党"，有的策划建立新党。监禁期满后的埃尔多安与前政府部长埃尔巴坎教授、阿卜杜拉·居尔（Abdulah Gül）等人一起创立了一个叫作正义与发展党（正发党）的新党，原幸福党的议员也都是该党拥护者和支持者。

正发党向土耳其社会和媒体公布了它的纲领，称党是当代右翼党。要确保国家的民主化进程，尊重个人及其基本权利和自由；要保卫社会的世俗性、各宗教和社团平等的权利；提高土耳其公民的福利；改革经济结构并加速私有化；外交政策要保障土耳其的战略利益、参与多国和区域组织、加强与邻国的相互信任，等等。①

一个新党的诞生，一个新的领导人的出现，受到陷入惶惑中的土耳其公众和社会的高度关注。2002年11月议会大选给了正发党一展宏图的机会。正发党首次参选一鸣惊人，获得34.3%选民的支持，在议会占据绝对多数的365个席位，而共和人民党只获得19.4%的支持率，占据178个席位，民主左翼党、正确道路党和祖国党选举联盟也跨过了10%的议会党门槛。② 正发党从本质上讲，它属于温和的伊斯兰主义政党。欧盟及其领导人支持正发党政权，认为该党将解决土耳其获得欧盟成员国资格中遇到的

---

① Александър Костов, Екатерина Никова, *Балканите през първото десетилетие на 21. век*, София, Парадигма, 2012, с. 358.

② Александър Костов, Екатерина Никова, *Балканите през първото десетилетие на 21. век*, София, Парадигма, 2012, с. 357.

问题。

这样，正发党结束了10年联合政府的不稳定政治，成立了该党第一届一党政府。阿卜杜拉·居尔（见图8—5）任政府总理。新政府决心克服国家政治和经济的停滞状态，加速土耳其的现代化进程，继续融入欧洲一体化，积极为加入欧盟创造条件。

图8—5 阿卜杜拉·居尔总理

正发党在随后2007年和2011年的大选中，分别得到46.58%和49.83%的选票，还在2004年和2009年的地方选举中分别获得41.67%和38.39%的支持率。正发党一亮相就成为土耳其政治生活中一支举足轻重的政治力量。

2003年3月，埃尔多安通过修改议会规则，获得议员身份，立即出任正发党第二届政府总理，并于2007年7月和2011年6月两度连任。他曾荣获世界卫生组织颁发的"特殊贡献奖"，以表彰他在禁烟领域所做的贡献。

埃尔多安是一个强硬派人物。但他在当今的土耳其社会就像新奥斯曼主义一样，得到了社会上多数人的拥护，因为他们的观点对于动员社会去实现土耳其的理想是有益的。埃尔多安是土耳其第二次世界大战以来继曼德列斯之后,第二位连续执政十年以上的总理。

正发党作为土耳其国内第一大党,在大国民议会535个议席中占有312个席位。它的稳固执政地位令土耳其传统的和新生的党派所望尘莫及。正发党能够在选举中屡屡获胜,单独组阁,离不开下面的原因:(1)正发党本身代表一个广泛的和各种人员的联合体;(2)该党是一个强大的和具有严密组织的党;(3)凯末尔政治精英的政治空间受到了限制;(4)土耳其的选举制度对正发党有利,他们几乎都是"安纳托利亚之虎";(5)埃尔多安几乎得到了全国各地人们的支持。①

或者,我们还可以说埃尔多安取得成功的原因是:第一,他成功地削弱了军人在社会生活各个领域的影响力,对他们进行了几次清洗;第二,得到社会多数人支持的军队不会轻易把枪口对准政府;第三,埃尔多安的亲信把持着国家安全和其他强力部门的关键岗位;第四,土耳其的几次较大的军事政变能够成功是因为军队是统一的、团结一致的,而现时军队是分裂的、传统的凯末尔派军官与少壮派军官有矛盾,政变往往难以成功。这是埃尔多安和正发党能够长期执政的重要因素。

同时,正发党是一个温和的伊斯兰政党。它的主要成员是安纳托利亚信仰伊斯兰教的生意人、大城市的工人和政府中经济上的成功人士。该党有严密的组织纪律和选举机制。例如,2011年议会选举前夕,该党在全国拥有957个代表处、1875个城市办事处,3375个基层党组织,有75万党员和同情者参加了选举运动,动员了300万选民投票。在选举运动的最后3个月,党的各级组

---

① Мариян Карагьозов, *Новата външна политика на Република Турция и предизвикателствата пред сигурността на България*, София, "Прима Прес", 2014, с. 15.

织和办事机构昼夜工作，灯火通明。①

与此同时，正发党精心挑选自己的干部，以执行党的路线。在挑选公务员时，优先考虑伊斯兰组织的人员；增加具有宗教信仰的官员；继续吸收中小伊斯兰生意人参政，这些人在2000—2008年的国营企业私有化过程中创造了280亿美元的价值。国家从教育、医疗卫生和社会服务领域撤出，使伊斯兰教组织和基金会取而代之。②

埃尔多安从2003年当上土耳其总理的10多年里，使这个穆斯林占多数的地区大国实现了稳定，经济迅速发展，创造了土耳其"经济奇迹"。但他的最大雄心是成为土耳其的普选总统。

埃尔多安登上总统宝座

2014年被誉为"土耳其的选举年"。执政的正发党在2014年3月30日的地方选举中赢得45.6%的选票。它在81个大中城市中赢得48个市长职位，包括伊斯坦布尔、安卡拉、布尔萨这样的大城市。

地方选举的成绩极大地鼓舞正发党在总统选举中势在必得。选举前夕，正发党公布了名曰《新土耳其》的纲领，一方面尖锐指责国内的其他竞争对手，另一方面做出一系列激进的承诺。同时，该党派出几位部长级要员游说在欧洲各国的土耳其移民和工人，他们的总人数有278万人。这是执政党指望的票仓之一。

结果，在2014年8月10日举行的总统选举中，在4054万有效票中正发党的候选人埃尔多安获得2100万张，占51.65%；人

---

① Павел Шлъков, *Турция после въборов 2011г.：парадоксъ политического развития под властью Партии справедливости и развития*, Фонд исторической перспективъ, http：//www. perspektivy. info/print. phpID. 119138, 26. 04. 2014г.

② Павел Шлъков, Алексей Малашенко, *Антикемалисткая революция：Куда идет Турция?* http；//www. carnegie. ru/events/fa＝3422. 25. 12. 2013г.

民民主党的候选人塞拉哈丁·德米尔塔什（Sılahattın Demırtaş）获得395万张，占9.78%；共和人民党和人民民主党的共同候选人埃克梅莱丁·伊赫萨诺格鲁（Ekmelelın Ihsanoglu）教授获得1590万张，占38.57%。①

这样，正发党领袖埃尔多安当选为土耳其共和国第12任总统。埃尔多安登上总统宝座在国内外引起强烈反响。土耳其反对派政党和国际分析人士纷纷指出，执政党是动用它掌握的巨额资源支持自己的候选人。例如，埃尔多安获得的竞选捐款有5500万里拉，而伊赫萨诺格鲁教授只有850万里拉，德米尔塔什仅有区区120万里拉。

土耳其总统是国家元首，由大国民议会选举产生，任期7年，不得连任。总统任命总理和内阁，并由后者负责处理政府日常事务。总统为武装力量统帅，并亲任国家安全委员会主席。埃尔多安在就任总统时说，他将成为一位"行动果断"和"尽忠效国"的国家元首，不想因受到宪法的束缚，而谨小慎微。

8月27日，埃尔多安任命自己的得力干将外交部部长达乌特奥卢为政府总理。达乌特奥卢受命时表示，呼吁所有进入议会的朝野政党，共同推进新宪法的制定工作。新总理强调说，让我们同心协力打造土耳其，使国家不再存在冲突、紧张和极化分裂现象，使土耳其成为大家彼此尊重的和平国家。他承诺新政府将努力使土耳其早日加入欧盟。

正发党遭到的第一次打击是2015年6月7日的议会大选失利。这是土耳其大国民议会第25届选举，它结束了正发党2014年地方选举和总统选举的双胜利，再次验证了土耳其政党斗争的复杂

---

① Александър Костов, Екатерина Никова, *Балканите през второто десетилетие на xxi век: проблеми, предизвикателства, переспективи*, София, Парадигма, 2015, c. 319.

图8—6　埃尔多安总理/总统

性和残酷性。为了赢得选举，正发党开足宣传机器，最大限度地动员全体选民参加投票。土耳其全国有5481.3万选民，国内外4749万选民参加了投票，参选率高达86.6%。选举结果，正发党只获得40.92%的选票，在议会550个席位中占有259席；共和人民党获得24.78%的选票，占有131席；民族行动党获得16.25%选票，占有81席；人民民主党获得13.42%选票，占有79席。这4个议会党占据了议会95.4%的席位。[①]

此次议会选举的结果引起土耳其国内外社会的广泛关注和评论，因为它透露出如下信息：第一，执政的正发党和上一届(2011)大选相比，丧失了9.1%的选票，即减少了260万选民的

---

① Александър Костов, Екатерина Никова, Балканите през второто десетилетие на xxi век: проблеми, предизвикателства, переспективи, София, Парадигма, 2015, c. 330－331.

支持。这是 2002 年 11 月以来正发党第一次失去了议会的多数席位。第二，议会主要反对党共和人民党较之上届议会选举失去了 1.1% 的支持率，却增加了 37 万新的选民。它在议会与左翼人民民主党合作。第三，民族行动党从正发党挖走了 3.27% 的选民，支持它的选民比上届议会选举增加了 190 多万张选票。第四，一直受到打压的亲库尔德人民民主党拥有 605 万张选票，在土耳其东南部的库尔德人居住区影响力不可忽视。土耳其少数民族政党第一次成为议会的一支政治力量。四个议会党的出现意味着正发党将不得不与其他政党分享执政权力。正发党组织新的联合政府举步维艰。这对埃尔多安及其政党是沉重的打击，产生了深刻的政治危机。

这次执政党的失败，无疑是自由派和世俗民众的重大胜利，特别是亲库尔德人的政党进入议会，极大地挤压了执政党的权力空间。两位库尔德国会议员曾参加达乌特奥卢过渡政府，但仅仅参加内阁一个月就退出了政府，制造了政府危机。

尽管埃尔多安性格强悍，而且得到宗教保守派的强力支持，但这次选举后他的声望却在下降。实际上，他谋求修改宪法扩大自己权力的计划严重受挫。所以，西方舆论认为，"选举结果终结了埃尔多安谋求总统制的野心"[①]。

埃尔多安总统决定提前举行议会选举，让执政党赢得大选，为土耳其重新迎来稳定局面，赢得世界的尊重。[②]结果，在 2015 年 11 月举行的提前议会选举中，正发党获得了绝对优势，再度稳固执政。

正发党终于在选举中取得胜利，重新实现一党执政，但它仍然面临三大挑战：（1）与库尔德人的冲突。如何平息库尔德人

---

① 《土总统修宪扩权计划受重挫》，《参考消息》2015 年 6 月 9 日。
② 《埃尔多安成土耳其大选"赢家"》，《参考消息》2015 年 11 月 3 日。

的不满和恢复与库尔德人的谈判是个难题；（2）稳定经济。遏制土耳其里拉贬值，稳步发展经济是首要任务；（3）埃尔多安的权力问题。总统想启动把国家从议会制变成总统制，强化个人的权力，但修宪的愿望一时难以实现。土耳其还面临诸多其他现实问题。

2016年恐怖袭击频发和未遂军事政变

正发党遭到的第二次打击是2016年的恐怖活动和军事政变。2015年7月20日之后，土耳其政局开始动荡。土耳其政府从6月以来就处于危机之中，大事频发。7月，土耳其政府与库尔德武装的停火协议破裂并爆发流血冲突；土耳其政府军和宪兵队几次遭遇袭击，出现伤亡。这是近两年来未曾出现过的现象。10月10日安卡拉发生大爆炸，导致97人死亡和100多人受伤，这是土耳其历史上最严重的一次恐怖袭击事件。土耳其政府怀疑爆炸案与库尔德武装和恐怖组织ISIS有关。

2016年短短几个月时间里，土耳其首都安卡拉和最大城市伊斯坦布尔连续遭受多次规模较大的炸弹袭击，共有100多人丧生，伤者更多。1月12日，恐怖组织ISIS的自杀式袭击者在伊斯坦布尔自爆，造成12名德国游客死亡。2月17日，一个库尔德人武装组织在安卡拉发动自杀式袭击，造成29人死亡。3月13日，安卡拉发生汽车炸弹爆炸事件，造成37人死亡，120多人受伤。3月17日活跃在土耳其的武装组织库尔德自由之鹰（TAK）声称对安卡拉自杀式炸弹袭击事件负责，称这是对土耳其安全部队自2015年7月以来在土耳其库尔德人聚居地区清除行动的"复仇"，以后还会有更多的袭击。3月18日，伊斯坦布尔一个购物中心发生自杀式炸弹爆炸，导致包括袭击者在内的5人死亡。4月7日在旅游城市布尔萨发生自杀式爆炸，除袭击者死亡外没有造成伤亡。6月7日，伊斯坦布尔历史中心城区附近一辆警用巴士被一枚汽车炸弹炸毁，7 名警察和 4 名平民死亡、36 人受伤。库尔德组织"自由之鹰"声称对此次爆炸负责。6 月 28 日晚伊斯坦布尔阿塔图尔克国际机场遭遇 3 枚自杀式炸弹袭击，致 41 人死亡、200 多人受伤。这是该城今年以来的第四起爆炸事件。

这些爆炸事件是土耳其近年来罕见的现象，令人震惊。恐怖袭击事件频发，使土耳其处于紧张状态，严重冲击该国的旅游业和国际形象，给人们的心理造成恐慌，社会影响极其恶劣。前几年，土耳其在"阿拉伯之春"的疾风暴雨中一直风平浪静，为何这一年来恐怖袭击不断？综合来看，有如下几个原因：

（1）土耳其在叙利亚内战问题上被迫改变偏袒恐怖组织 ISIS 的立场，遭到伊斯兰极端分子的报复。

（2）埃尔多安总统在库尔德人问题上改变立场，导致库尔德人的愤怒和抵抗。

（3）土耳其在叙利亚内战问题上不公正地选边站，引起叙利亚难民中极端分子的不满。

（4）埃尔多安总统修改了土耳其的共和宪法，遭到舆论界和社会的消极抵制。

2004 年以来土耳其已有 80 个新闻记者以"叛国罪"被捕，其中许多人关押至今，被判重刑。土耳其社会内部不团结，依靠高压解决不了根本问题。标本兼治需要社会的和谐环境。有人指责埃尔多安把土耳其推到了不稳定的泥潭。土耳其社会存在恐怖主义活动的土壤，甚至存在军人介入的危险。

早在 2010 年 3 月，正发党政府就大肆逮捕坚持世俗的、自由主义的 49 名（亦说 52 名）高级军官，谣传军官们要发动政变，一度引起政坛动荡。外界惊呼，土耳其的民主受到威胁，欧盟对土耳其执政当局的做法和伊斯兰激进主义势力抬头不满。2011 年 7 月，土耳其军队总参谋长等一批高级将领宣布辞职，抗议政府关押着 250 名军官，其中有 40 多名将军。他们被指控反对现政府及其执政党领导人。土耳其法院还剥夺了在 2011 年 6 月土耳其国会选举中当选的两名被关押的库尔德"积极分子"（总共有 6 名库尔德"积极分子"国会议员被关押）的豁免权，不让他们参加议会活动。根据宪法，国会议员享有豁免权。

众所周知，正发党执政以来，土耳其似乎呈现出军人政变的苗头，军队中的不满情绪在增长。土耳其军队中的最大问题是对国家的日益伊斯兰化不安，要求捍卫国家的世俗传统，即凯末尔主义；民主价值观受到威胁，对埃尔多安总统的政策感到失望；在土耳其东部打压库尔德少数民族，导致库尔德工人党力量壮大；土耳其司法不公，等等。所以，恐怖主义活动在土耳其已经生根。这里存在大量的恐怖主义组织和成千上万从叙利亚逃离出来的 ISIS 极端分子。

果然，土耳其军方对正发党和埃尔多安的统治已经忍无可忍。2016 年 7 月 15 日深夜和 16 日凌晨，土耳其发生了一场军事政变，试图推翻以埃尔多安为首的正义与发展党政府。政变几个小时之后流产，遭到镇压，几万人被逮捕和遣散。二战结束以来，土耳其经历了 1960 年、1971 年、1980 年和 1997 年的四次成功的军人政变，都推翻民选政府建立了军人政权。军人掌权的时间比文官执政还长。2016 年的军人政变是近 50 多年来最不成功的一次。但政变却对土耳其的内政和外交产生了深远的影响。

政变对土耳其对外政策的影响也是明显的。长期以来，土耳其与美国、欧盟和俄罗斯的关系是其对外政策的主要方向，存在着密切的政治、经济、文化和军事联系。第二次世界大战结束以来，土耳其一直执行亲西方的外交政策，向往西方社会。

政变失败，埃尔多安将借机进一步加强个人的权力和在社会政治生活各领域的影响，修改宪法，建立总统制土耳其。但是，一部分军人、司法机关和安全部门仍然是他前进路上的障碍。

埃尔多安的总统制梦想成真

2016年5月24日，土耳其新总理比纳利·耶尔德勒姆（Binali Yıldırım）走马上任，组织正发党新内阁。舆论认为，前总理达乌特奥卢辞职后，以新总理为首的内阁绝大多数都是埃尔多安的追随者和亲信。由于前总理达乌特奥卢因与总统不和退出政坛，埃尔多安可以放开手脚修改宪法，实行总统制，扩大总统的权力。

2017年4月16日，土耳其进行了全民公投，决定是否授权埃尔多安总统以更大的权力，以结束议会制，实行总统制。这是对2016年7月未遂军事政变的回击。

土耳其共和国奠基人阿塔图尔克·凯末尔用毕生的精力创立了共和制度和议会民主制度，使土耳其走上了效仿欧洲的现代化道路。十几年前，土耳其的经济创造了迅速发展的奇迹，土耳其的政党制度已经多元化。这次未遂政变之后，1946年以来开始的多党政治制度被彻底摧毁，他们的领导人大都被捕，办公场地被查封，仅剩下埃尔多安创立的正发党在位执政。土耳其甚至想恢复死刑，这将使它远离取消了死刑的欧盟的大门，与美国和欧盟关系变冷。①

土耳其处于不稳定之中，尤其是南部与伊拉克和叙利亚交界地区。土耳其对伊拉克和叙利亚的强硬的激进政策导致它与这两个邻国的经贸关系变坏，同时还有近300万难民涌入土耳其，需要几十个亿的资金投入，而且伴随着恐怖主义袭击不断，国内的治安情况恶化。最大的威胁来自ISIS，来自库尔德分裂主义活动。而库尔德人由于他们积极参与打击ISIS而得到美欧国家的支持。

据2017年7月31日报道，土耳其几百名妇女破天荒在土耳其

---

① 本节参照了李建军《埃尔多安的土耳其总统制》一文，特此致谢。参见李凤林主编《欧亚发展研究2019》，中国发展出版社2019年版。

第一大城市伊斯坦布尔游行示威，抗议家庭暴力和男人对妇女的歧视，要求取消保守落后的服饰。打出的标语说："不要干预我们的穿着！""不屈服，就会胜利！"游行者高呼："妇女也可以穿短裙！"

根据宪法，土耳其新的议会和总统选举应该在2019年11月举行，但埃尔多安总统决定提前到2018年进行。这既反映了他急于独揽大权，实现总统制的雄心壮志，又显得非常自信，相信这将是一场唾手可得的胜利，会让反对派政党目瞪口呆，束手就擒。

埃尔多安早在竞选前夕就利用官方电视台向他提供的充裕时间大造舆论，称反对派政党都是"未遂政变的支持者"。而且，这次选举是在连续第二年戒严的情况下进行的，这一切对参与竞选的反对派政党和团体非常不利。它们的竞选前景充满了阴影和危险。

共和人民党的总统候选人穆哈雷姆·因杰（Muhalem Inç）是一位中学物理老师，已4次当选国民议会议员。在竞选阶段，他承诺要在土耳其恢复世俗原则和民主原则，终止学校的宗教义务教育。因此，他一度聚敛了人气，被社会舆论看好。

2018年6月25日，土耳其最高选举委员会根据99%以上选票统计公布了6月24日土耳其提前举行的总统选举和议会选举的结果：谋求继续连任的现任总统埃尔多安和他的正发党在双选中获胜，得票率为52.5%，在议会600个席位中获得293席；正发党因与以德弗雷特·巴赫切利（Deflet Bahcelı）为首的民族行动党联合，组成"人民联盟"参加竞选，才在议会超过半数，因民族行动党在议会也占有50个席位。

埃尔多安的主要竞选对手、共和人民党推荐的总统候选人穆哈雷姆·因杰得票率为30.8%，获得146席；亲库尔德人民民主党的得票率为11.2%，获得议会67个席位。该党领导人塞拉哈丁·德米尔塔什（Serahadin Demirtash）作为总统候选人在奥德林的监狱里参加了投票,但成功越过了10%的议会门槛;以梅拉尔·阿克舍奈尔(Meler Akşiner)为首的右翼新党"好党"处于第四位,得票率为7.4%,没有资格成为议会党。但它因与共和人民党组成竞选联盟,也进入了议会,并获得44个议席。

所以,这次选举的结果比早先的预期明显糟糕,并没有在议会赢得一半的席位,当然无法独立执政,更不能在议会为所欲为。若不是民族行动党力挺正发党,埃尔多安将难以实现第一轮获胜的目标。这是自2002年正发党执政以来第一次在议会失去多数席位。

从各政党在议会所占议席的比例看,执政的正发党占据42.4%席位、共和人民党占据22.7%、亲库尔德人民民主党占据11.4%、民族行动党占据11.2%、"好党"占据10.1%。这五个党是议会党。这就是土耳其新一届议会的基本权力格局和政治力量的对比变化。根据埃尔多安的提议,自这次选举起,议会的议员人数从550人增加到600人。议员年龄从25岁放宽至18岁。从此,议会选举和总统选举同时进行,将过去的每4年一次改为每5年一次。

这次选举是2016年未遂军事政变后土耳其处于戒严的状态下进行的。选举结果表明,埃尔多安在第一轮选举中涉险过关,重新当选为土耳其共和国总统。在庆祝胜利的群众集会上,埃尔多安号召结束过去的分歧,保证给大家带来更多的民主。他说:

> 土耳其又一次经受了民主的考验,为全世界做出了榜样。我们的民主胜利了,人民的意愿胜利了,土耳其胜利了!
>
> 我们的民族给了我担任总统和利用执法权的责任……从明天开始,我们将加倍努力工作,实现我们对我们国家做出的承诺;我们将更加坚决地打击恐怖主义团伙;努力改变国家在国际上的形象;土耳其将继续解放叙利亚土地,使难民

安全地返回自己的家园。

埃尔多安特别强调说，土耳其从今天起进入了一个"新时代"，埃尔多安从2014年的受议会牵制的总统变成了2018年天马行空的总统，土耳其必须实行总统制，这是为了更加合理地治理国家，为了更加坚决地处理国内的紧张局势，为了更加有效地解决国家的经济和安全问题。

2018年7月9日，埃尔多安宣誓就任总统。他在就职演说中强调，土耳其将与所有邻国建立相互信任和友爱的关系，在本地区，睦邻关系对维护和平和稳定至关重要。①

但是，外界并不这么看待土耳其的总统制，质疑声不断。土耳其这次提前选举引起世界，特别是欧美国家的高度关注，因为它将对这个国家的未来走向产生深刻影响。埃尔多安获胜，意味着修改了74处的新宪法即刻生效。

通过这次选举，埃尔多安将在总统制的口号下集立法、司法和执法三大权力于一身，成为土耳其历史上权力最大的国家元首。2017年4月他已经投石问路，顺利进行了修改宪法的全民公投。

埃尔多安的当选，得到了世界上大多数国家领导人的祝贺。世界上有近50个国家的代表出席了总统就职仪式，其中，波黑、格鲁吉亚、科索沃、马其顿、塞尔维亚等国派出了国家元首，但比原先预计的17国元首要少。

埃尔多安在获得新的权力后，开始大刀阔斧改变国家机构，将传统的议会制共和国改变为总统制共和国。他有权任命最高法院15个法官中的12个法官，总理职务被取消（现任总理被指定为议长），代之由总统任命一位副总统负责政府事务。

---

① Ангел Петров, *От днес Ердоган управлява Турция почти сам, но няма да му е лесно, Дневник*, 2018-9-7.

2018年7月5日，总统选举和议会选举的结果还没有正式公布，埃尔多安也还没有正式宣誓就职，随即颁布了一项法令，以协调现行法律与总统制新体制之间可能产生的各种问题。该法令称，因取消总理职务，要求将现在属于总理的机构和职权全部转移给总统。为此，需要变更1923年共和国成立以来到2017年的所有法律，总共涉及5000部法律法规。这些涉及总理及其机构的法律法规都得由总统及其机构所取代。各部的组织机构的相关法律一律停止执行，因为所有部将由总统任命。

根据新宪法，总统将任免各部部长、一名或多名副总统、安全部门首脑和军队高级将领。总统有权干预国家预算，有权宣布戒严令和解散议会（即自动导致议会提前进行选举）。

接着，总统颁布了第一道命令组织新政府。新一届政府的部门由过去的23个缩减为16个，其中就包括撤销了欧洲事务部。新增设政治、科学、保健、食品、教育等9个委员会。另有财政、人力资源、讯息和投资4个办公室直属总统领导。同时，埃尔多安开始任命新内阁成员、安全部门首脑和军队高级将领。前政府只留下内务、外交和司法三位部长，部长中有两位女性。埃尔多安的女婿被任命为财政和国库部部长（上届政府担任能源和自然资源部部长）。至此，土耳其开始改变近百年的政治体制，从议会制共和国转变为总统制共和国。国家元首将高度集权，政府成为没有总理的政府。

埃尔多安是自土耳其共和国国父穆斯塔法·凯末尔·阿塔图尔克以来最有权势的政治人物。

当然，埃尔多安治理下的土耳其还会面临许多新的考验、困难和问题。如正发党同极右翼民族行动党结成伙伴关系存在变数问题；土耳其存在的人权和民主法制问题；悬而未决的库尔德问题；入侵叙利亚带来的风险问题；土耳其加入欧盟的谈判已经进入"死胡同"问题；与美国和欧盟的关系问题；土耳其与俄罗斯关系如何稳定发展的问题，等等。

人们猜测，现已花甲的埃尔多安已经担任了 12 年的总理和 6 年的总统，如果没有什么意外，他也很可能任职和连任到 2023 年，带领土耳其人民以满腔热情隆重庆祝共和国建立 100 周年纪念活动。

三　土耳其的库尔德问题

库尔德人主要分布在土耳其、伊拉克、伊朗和叙利亚四国的交界地区，是中东人口居第四位的民族，也是当今世界上最大的少数民族之一。库尔德人问题是长期困扰西亚四国的民族冲突问题，而土耳其的库尔德人问题则是这个热点问题中的重点。

土耳其政府关于民族问题的政策集中反映在它对待库尔德问题的立场上。在目前土耳其的 8500 多万人口中，土耳其族作为主体民族，约占全国人口总数的 70% 以上。库尔德族是土耳其人数最多的少数民族，约占全国人口的 1/4，但他们从来就没有享受少数民族的权利。

然而，库尔德人的民族解放运动从来没有停止过，但库尔德问题的解决最终取决于土耳其和欧美大国的态度。今天，库尔德问题不仅是土耳其社会和政界政治生活中的重要问题，而且是土耳其与美国等盟友关系中的症结之一。

土耳其库尔德人的命运

库尔德人是中东地区继阿拉伯人、土耳其人和伊朗人之后人口数量居第四位的民族，也是西亚地区最古老的民族之一。库尔德人的语言属印欧语系伊朗语族。至今，对库尔德人的总人数没有准确的统计数字。据 20 世纪 80 年代末的统计，库尔德人的总数超过 2000 万人，其中将近 1000 万居住在土耳其，约 700 万人在伊朗，近 300 万人在伊拉克，100 万人左右在叙利亚，还有近 50 万人生活在阿塞拜疆、亚美尼亚、格鲁吉亚、土库曼斯坦、黎巴嫩等国。在西欧国家有60多万库尔德侨民。所以，库尔德人主要分布在土耳其、伊拉克、伊朗和叙利亚四国的交界地区。据俄罗斯学者近几年的最新统计，目前，全世界约有4000万库尔德人：土耳其超过2000万人、伊朗1100万人、伊拉克700万人、叙利亚约300万人。在欧洲其他国家约有50万库尔德人。①

库尔德人的居住地区称为库尔德斯坦，总面积达40万—50万平方千米，土耳其境内的库尔德斯坦占地22万多平方千米，约占库尔德人主要聚居地的一半。他们主要居住在东安纳托利亚，占土耳其领土面积的30%。

库尔德民族是一个人口众多的民族，他们有共同的语言和文化，有固定的领土范围、具有自己的民族意识和风俗习惯。他们有别于伊朗人、阿拉伯人和土耳其人。然而，库尔德人是世界上唯一一个人数众多，却始终没有获得过真正自决权和独立的民族。

库尔德斯坦曾经是奥斯曼帝国的一个行省，处于半自治和半独立状态。库尔德人逐渐被同化，或阿拉伯化，或土耳其化，并接受了伊斯兰教，绝大多数属逊尼派穆斯林（占85%）。这一切为今天解决库尔德人问题增加了复杂性和难度。

1847年，奥斯曼帝国消灭了最后一个库尔德埃米尔国——博赫坦。学者们认为，从这时起便产生了库尔德问题。② 也正是从19世纪后半叶起，库尔德人反抗土耳其统治的斗争逐渐发展为民族解放运动。其时，一位叫作乌贝伊杜拉·纳赫里（Ubeydula Nahri）的库尔德革命家继续领导库尔德武装反对土耳其人和波斯人的斗争。他看到奥斯曼土耳其人在1877—1878年的俄土战争中

---

① РИА, *История турецко—Курдского конфликта*, Новости, http://ria.ru/spravka/20160214/1374442779.html#ixzz40Vkb4NNbhttp://ria.ru/spravka/20160214/1374442779.html.

② Радой Кръстев, *Кюрдите в Турция——Безправие и терор*, София, Военно издателство, 1987, с. 13.

遭到惨败，更加坚定了他建立库尔德独立国的信心。他在写给朋友的一封信中写道：①

> 库尔德民族有50万个家庭，我们是一个单独的民族。我们的宗教不同，我们的法律和风俗也不同……我们要自己掌握自己的命运，我们要团结一致打击奴役我们的统治者。我们要求像其他民族一样享有自己的权利。整个库尔德斯坦已经觉醒，不能继续遭受波斯政府和奥斯曼政府的暴政和压迫。

20世纪初，随着亚洲民族解放运动的兴起，库尔德人的民族意识全面觉醒。他们开始建立社会团体和政党组织，出版报刊书籍，提出了初步的民族民主要求。例如，库尔德人要求在他们的聚居地建立自己的自治行政机构，任命自己的官员，创办自己的学校和使用自己的语言，等等。

第一次世界大战结束时，奥斯曼帝国崩溃。库尔德人要求民族自治和独立的运动进一步高涨。但是，因为他们分布在不同的四个国家，各地的斗争很难形成统一的行动，更缺乏统一的领导和组织，所以斗争往往以失败告终。

此时，库尔德人的自治权得到国际条约承认。一战中的协约国曾打算建立一个库尔德国家，1919年库尔德人曾向巴黎和会提交了《库尔德人民的主张备忘录》，要求成为独立的民族国家。然而，根据1923年英国、法国、土耳其等国签订的《洛桑和约》，库尔德人建国的设想被搁置。根据当时刚刚诞生的土耳其共和国的法律，库尔德人不是单独的少数民族，而是土耳其民族的一部分。故库尔德斯坦正式被土耳其、伊朗、伊拉克和叙利亚四国分

---

① Владимир Чуков, *Исторически данни за кюрдите и антично-средновековната им протодържавност*, сп. Геополитика, брой 2, 2021, с. 89.

割。土耳其攫取了50%以上的库尔德领土和居民；伊朗获得1/4的库尔德斯坦领土；南库尔德斯坦，即今日的伊拉克斯坦归英国管理，剩下的近1.8万平方千米归当时属法国殖民地的叙利亚。

土耳其的库尔德斯坦自然资源十分丰富，盛产石油、铁、铬和铜等。但是，该地区却是土耳其最落后的地区。土耳其最担心和最害怕的是出现一个独立的库尔德斯坦国家。所以，土耳其政界和学术界的民族主义者宣称，土耳其人和库尔德人具有同一族源，同一宗教信仰，库尔德人是"土耳其公民"，从不承认存在库尔德人。1923年后，库尔德人的国会议员被赶出土耳其大国民议会，遭到审判。库尔德人的学校被关闭，禁止使用库尔德语，甚至严禁使用"库尔德"一词，更不准有人自称是库尔德人。1924年土耳其共和国的第一部宪法明文规定："土耳其的全体居民，不论其宗教信仰和种族属性，从公民的角度看都是土耳其人。"[①] 这一条款以公民平等的名义取消了包括库尔德人在内的少数民族的特权。土耳其当局给所有非土耳其人的出路是，要么宣布自己为土耳其人，要么等待迁出土耳其。正是在这时土耳其当局开始称人数较多的库尔德人为"山地土耳其人"，而把库尔德问题称为"东方问题"，库尔德斯坦称为"东方省份"。

库尔德人没有放弃争取独立的权利。库尔德民族组织决心走捍卫独立生存的武装斗争道路。1925年库尔德人爆发了有组织的大规模起义。1926—1928年库尔德人又多次起义。库尔德人以秘密的和公开的反抗形式同土耳其执政集团的民族压迫政策做斗争。1936—1938年德尔锡姆地区发动起义，均遭到土耳其政府军镇压。

这样，在两次世界大战之间，土耳其政府的目标旨在沉重打击库尔德人的民族运动，强迫库尔德人迁移，削弱和消灭库尔德

---

① 转引自杨灏城、朱克柔主编《民族冲突和宗教争端——当代中东热点问题的历史探索》，人民出版社1996年版，第106页。

人的各种反抗斗争。

二战后土耳其政府对库尔德人的政策

20世纪50年代，土耳其各资产阶级政党均利用库尔德问题做交易。不同政党对库尔德人所采取的态度略有不同，但都不承认库尔德人的民族生存权利。土耳其民主党曾利用库尔德人对共和人民党所积压下来的怨恨，把东部地区贫穷落后的责任全部归咎于共和人民党。

1960年土耳其发生军事政变。当局曾采取一些安抚库尔德人的措施，如在库尔德地区修建了学校、医院和道路，库尔德人有权参加土耳其的政党，有45位库尔德知名人士被选进了议会，有的还在国家管理部门任职。新宪法允许在报刊上自由表达思想，库尔德人可以用自己的语言表达不同意见。

但是，这个时期持续得很短。1960年10月政府当局通过法令，在18个居住着库尔德人的省里，强迫被认为有反政府嫌疑的家庭迁移到国内其他地区，并宣称："这里没有库尔德人，所有的人都是土耳其人。"

在整个20世纪60年代，土耳其政府颁布法令，禁止建立以民族为基础的政党团体，这主要是针对库尔德人及其政党的。1966年政府军正式"控制"了（有人认为是"占领"）库尔德地区，将库尔德民族解放运动扼杀在摇篮里。政府当局禁止以任何形式从国外带进和传播库尔德文的材料、报刊和书籍，取缔在群众集会和文艺演唱会上用库尔德语发言和演唱。政府当局甚至不准许外国旅游者和新闻记者访问库尔德地区，害怕他们披露库尔德地区的真相。库尔德地区成为外国记者的"禁区"。

20世纪70年代，库尔德人的民族认同、民族意识和政治意识进一步觉醒，他们的斗争得到土耳其中左翼力量的同情和支持。1971—1980年，土耳其政局动荡，军事政变时有发生，这既是针对国内民主力量的，也是针对库尔德民族运动的。一方面，库尔德民族运动不断壮大，成立了库尔德斯坦民族解放阵线，建立了库尔德斯坦人民解放军。另外，侨居法国等地的库尔德人也创建了政党社团，从经济上大力支持库尔德人的斗争。另一方面，土耳其政府在库尔德地区增加驻军和警察，建立地区宪兵队，以孤立和消灭库尔德人的政党及其领导人。经常在库尔德人居住的省份宣布戒严，这是70年代土耳其当局对付库尔德运动的一个常用手段。仅1978年和1979年当局就先后在库尔德人占优势的13个省和7个省实施戒严。

20世纪80年代，土耳其政府对库尔德人的压制政策可以分为两个阶段。第一阶段始于1980年的军事政变，结束于1984年8月库尔德人开始武装抵抗军事警察的恐怖镇压。据统计，仅政变后头6个月，就有4.5万人被捕，有1.8万人受到审判。政变4年后，被捕人数达到17.8万人，其中近8.1万人是库尔德人。土耳其被关押的政治犯中1/3以上是库尔德人。[1] 从1980年9月到1983年11月，有6352人被判处死刑，其中，1330人是库尔德政党和组织的成员。第二阶段始于1984年8月，一直延续到80年代末。这一阶段以军事演习取代军事警察的镇压活动。这种以演习为名行讨伐之实的手段较为隐蔽，以掩人耳目。

20世纪80年代中期起，土耳其的库尔德人就开展了游击战争。1978年阿卜杜拉·厄贾兰（Abdullah Ocalan）[2] 秘密建立和领导的库尔德工人党就是运动的组织者和领导者。该党的目标是在土耳其东南部、伊拉克北部、叙利亚东北部和伊朗西北部4国交界的库尔德人居住区建立独立的"库尔德斯坦共和国"。该党属左

---

[1] Радой Кръстев, *Кюрдите в Турция——Безправие и терор*, София, Военно издателство, 1987, с.68.

[2] 库尔德工人党领导人厄贾兰1999年年初被捕，土耳其法庭以叛国罪和分裂罪要求判处厄贾兰死刑，后迫于国内外压力判处终身监禁，不得保释。

翼极端组织，主张采取暴力斗争和恐怖主义手段。1984年工人党公开号召全民武装起义，反对土耳其当局。

总体说来，土耳其当局始终不承认库尔德人的存在，而认为他们是"土耳其人"，称他们开展的民族解放运动具有"恐怖主义和分离主义的性质"，几乎每年都发动几次围剿库尔德武装的行动。据统计，从1984年到1987年，库尔德武装力量有177人被打死，1793人被俘，而土耳其政府军方面死伤也达600人。[①] 20世纪80年代后半期，有一万多名库尔德人被投入监牢，其中183人遭杀害。

这期间，土耳其还同伊朗和伊拉克签订协议，采取共同的反对库尔德人的军事行动，以截断库尔德抵抗组织之间的联系，防止库尔德人的斗争席卷到整个库尔德斯坦。土耳其当局在20世纪80年代中期还关闭了5—6种库尔德报纸和刊物，禁止库尔德人学习本民族语言、播放库尔德音乐、穿戴库尔德民族服装，消灭能说明土耳其存在库尔德人的所有标记。

在这种禁令影响下，不少库尔德人被迫侨居邻国或西欧。他们在那里继续从事社会政治活动和文化宣传，向世界舆论介绍库尔德问题真相。他们的行动赢得了世界进步舆论的同情与支持。1985年4月，欧洲议会联盟通过决议，谴责土耳其对"库尔德少数民族"的政策。这迫使厄扎尔领导的文官政府对库尔德问题采取一种较为开明的态度。1987年7月，土耳其当局宣布在宾格尔（Bingol）、凡城省（Van）、迪亚巴克尔（Diyarbakir）等库尔德人聚居的8个省取消军事状态和军事戒严。同时，文官政府开始重视安纳托利亚东部和东南部的社会经济发展问题，增加了对该地区的投资。

20世纪80年代末和90年代初，随着巴尔干地区和中亚地区

---

① *Studia Balcanica 1987*, София, Издателсво на БАН, 1989, c. 131–132.

事态的急剧发展，以及海湾战争的爆发，促使土耳其当局和政治家们意识到是调整对库尔德人政策的时候了。他们看到，苏联和南斯拉夫多民族国家解体，民族自决权被美国和欧盟广泛采用来肢解前社会主义国家。土耳其政府意识到问题的严重性，开始承认"库尔德现实"。

总统厄扎尔曾在1991年年初明确表示，靠棍棒和武力是解决不了库尔德问题的。他宣布在土耳其有1000万库尔德人，他们是土耳其人的兄弟。他甚至建议组成"土耳其人和库尔德人联邦"。同年4月，在厄扎尔的倡议下，土耳其议会通过一项专门法律，承认生活在土耳其境内的所有少数民族和族群——包括库尔德人——有权享受国际法上规定的关于少数民族的权利，即有权在土耳其讲地方语和方言，播放本民族语的唱片、录音带和录像带，以及音乐；有权保留本民族的风俗习惯、文化传统。这实际上是废除了禁止使用库尔德语的法律。当然，这一切都不得违背土耳其民族的统一和国家的领土完整，不得侵犯土耳其的国家主权和破坏社会秩序，并承认土耳其语为官方语。[①] 该法的通过，是土耳其共和国成立以来在民族政策问题上的一个重大突破。

1991年起，土耳其政府承认境内存在库尔德人，允许他们学习自己的语言和文化，有权保留自己的风俗习惯和传统，甚至有22位库尔德人当上了土耳其大国民议会的议员。

然而，随着伊拉克在战争中惨败和伊拉克北部200多万库尔德人反对萨达姆政权武装斗争的扩大，土耳其政府害怕库尔德人取得胜利，担心其蔓延到土耳其境内，又改变了初衷。它利用美国的支持，多次派兵深入伊拉克，围剿库尔德工人党游击队。土耳其武装部队开了越境追剿的先例之后，先后于1994年1月、

---

① Институт по Балканистика при БАН, *Национални проблеми на Балканите: история и съвременност*, София, Издателство АРГЕС, 1992, с. 187.

1995年3月和1996年9月，多次在海、陆、空军突击队配合下，越过土伊边境，深入伊拉克境内达40千米，袭击库尔德工人党游击队营地，造成游击队重大人员伤亡。

据土耳其官方资料，20世纪90年代初，库尔德工人党在土耳其东南部13个省里约有4000名战士，而在跟土耳其接壤的叙利亚和伊拉克领土上有6000名战士。为对付这些游击队活动，土耳其政府动用了6.5万名正规军、警察和边防军。在几年的镇压活动中，土耳其当局夺走了约4.5万名工人党成员及其追随者的性命。联合国和欧盟也宣布库尔德工人党为"恐怖主义组织"①。

库尔德工人党及其活动

早在20世纪60年代中期，随着库尔德知识分子参加民族独立运动，受到周邻国家库尔德语广播和侨居欧洲的库尔德人的影响，以及在伊拉克库尔德人争取民族独立斗争的推动下，土耳其库尔德人开始建立自己的政党组织。1965年在边陲小镇西洛比成立了库尔德民主党。该党以迪亚巴克尔为活动中心。这是库尔德人的第一个合法政党，它的纲领集中反映了库尔德人长期以来争取民族独立的愿望。纲领强调，在政治上，土耳其宪法应该规定这个国家由土耳其人和库尔德人组成，两族平等。库尔德人应按人口比例参加议会和政府，需要明确库尔德斯坦的边界，不得安置移民，不应改变库尔德斯坦和村镇的名称。在经济上，要求实施"库尔德斯坦优先"政策，石油、矿产应在产地提炼加工，其收益的75%应用于本地区。在文化上，库尔德语是库尔德人居住地区的官方语言，应创立库尔德斯坦大学，开办库尔德语广播电台和电视台，出版库尔德语书籍和报刊，等等。

---

① РИА, *История турецко—курдского конфликта*, Новостhttp: //ria. ru/spravka/20160214/1374442779. html#ixzz40Vkb4NNb.

20世纪80年代中期起,土耳其的库尔德人就开展了游击战争。1978年阿卜杜拉·厄贾兰秘密建立了库尔德工人党,成为领导库尔德民族解放运动的组织者和领导者。该党的目标是在土耳其东南部、伊拉克北部、叙利亚东北部和伊朗西北部四国交界的库尔德人居住区建立独立的"库尔德斯坦共和国"。支持库尔德工人党及其斗争的除广大的库尔德农民外,还有一部分库尔德知识分子和在国外的成千上万的库尔德侨民。土耳其政府内也有个别党派同情库尔德人的处境和命运,表达了有限的支持。

所以,库尔德工人党成立后它的成员在增加,影响在扩大。1984年它只有2700人,到1987年已有3400人、1988年约有8000人、1993年有1万到1.5万人。1984年8月,库尔德工人党领导开展武装斗争。它有铁的纪律,决心向土耳其发动"全面战争",以引起土耳其有关政党和国际社会的注意。库尔德工人党的游击战士主要是库尔德农民。他们"白天拿锄头,晚上持步枪"。库尔德人把工人党视为自己的"救星",愿意帮助游击战士。

土耳其政府认为库尔德解放斗争是"恐怖主义""分裂主义"活动。政府当局决定无情打击和镇压。据统计,从1983年到1987年,土耳其政府组织了对库尔德工人党的19起审判,1884人受审,318人被处死。

据土耳其官方资料,20世纪90年代初,库尔德工人党在土耳其东南部13个省里约有4000名战士,而在与土耳其接壤的叙利亚和伊拉克领土上有6000名战士。为对付这些游击队活动,土耳其政府多次动用数万名正规军、警察和边防军越境围剿工人党武装。据西方报刊透露,到1993年土耳其政府共有15万军队和18万军警和其他武装力量对付库尔德工人党及其武装。到这年年底,双方已死亡1.1万人。其中,4517名游击队员、3144名平民、2270名政府军和警察。土耳其政府为此消耗了近250亿美元。

库尔德工人党在遭到残酷镇压后,被迫采取一些恐怖行动。

如攻打土耳其警察哨所、侵袭土耳其驻外代表机构，甚至绑架外国旅游者等。这激起西方国家的不满，法国和德国决定对库尔德工人党在其领土上的活动进行限制。

20世纪90年代末，库尔德工人党在进行了10多年的武装斗争后，宣布结束同土耳其政府的对立斗争，"停止军事行动"。据称，其主要原因是该党领导人厄贾兰1999年年初被捕（现被囚禁在土耳其的一个岛上），土耳其法庭当即以叛国罪和分裂罪要求判处厄贾兰死刑。厄贾兰在受审期间号召库尔德工人党放弃暴力行动，并表示愿意充当库尔德人和土耳其人之间冲突的调停人。

首先，库尔德工人党失去领导人后，决定改变自己的斗争策略，即从武装斗争转变为在外交上获得承认的谈判伙伴，即从同政府对抗走向对话。

其次，库尔德工人党的领导层开始把目光投向欧盟。因为随着欧盟东扩，土耳其需要按照欧盟的要求正确解决境内的少数民族问题，其中库尔德人问题必须合理解决，即土耳其要坐下来同库尔德工人党谈判。

然而，解决土耳其库尔德人问题的道路是不平坦的。因为迄今为止，谁要在土耳其谈论和提出"库尔德人问题"，当局就认为这是分裂主义宣传，要追究其刑事责任。现在土耳其当局仍然拒绝同库尔德工人党接触。

所谓库尔德问题，实际上是土耳其当局与库尔德人需要共同努力和平解决，还是双方都通过武力解决，即土耳其当局出动军队镇压库尔德人争取平等权利的斗争，抑或库尔德人开展传统的游击战达到自己的目的。库尔德人已经不相信政府会解决他们的问题，土耳其政府也不相信库尔德人会放下武器，融入土耳其社会。这导致武装冲突时有发生，问题久拖不决。在伊拉克的库尔德人已经在伊拉克北部建立了自治区，叙利亚的库尔德人也在努力创造条件争取拥有自己的地方自治政府。土耳其很难消灭库尔德人的后方基地，因为库尔德人有自己强大的社会基础。历史已经证明，土耳其很难彻底地、持久地解决库尔德问题。库尔德问题将始终存在，它在未来仍将对土耳其的政治局势稳定产生不利的影响。

土耳其在库尔德问题上进退两难

但是，库尔德人的民族解放运动从来没有停止过。他们的斗争主要集中在两条战线上，一条是在土耳其国内，坚持游击战和鼓动库尔德居民举行示威和开展暴力活动；另一条是在欧洲，特别是在德、法等国进行反对土耳其政府的活动，广泛宣传库尔德人的斗争情况。但20世纪90年代初起，东欧社会制度转型后，争取民族自决权的斗争出现了新的复杂情况，库尔德人不得不改变自己的战略。

鉴于库尔德人分布在四个国家，这对他们开展统一行动十分不利。各有关国家都面临着本国库尔德人要求拥有民族自决权的问题。它们为了本国本民族利益和各自的政治目的，有时单独利用库尔德人，有时又联手镇压库尔德人。任何一国库尔德人的斗争如果取胜，必然会影响到邻国的社会稳定和国家安全。所以，库尔德问题在上述有关四国间经常引发矛盾和冲突，同时也造成四个国家里库尔德人之间和他们内部派别斗争的加剧。库尔德民族解放运动的不团结和内讧成为库尔德人斗争屡遭失败的重要原因之一。这种情形至今也没有出现令人鼓舞的变化。

库尔德人进行了几十年争取民族自决的斗争，但没有得到国际社会应有的重视。美国和欧盟对巴尔干地区和中东地区的民族问题历来采取"双重标准"。这进一步增加了解决库尔德问题的难度。例如，2008年2月，科索沃单方面宣布独立后，土耳其立即宣布承认科索沃为独立国家。舆论认为，土耳其此举是为1975年成立的"塞浦路斯土耳其共和国"合法化作准备。与此同时，土耳其又出动上万人的部队进入伊拉克北部，围剿"库尔德分裂主义分子"，更不允许自己境内的库尔德人自治或独立。

人们越来越清晰地看到，土耳其的"不承认主义"和暴力镇压并不能解决境内的库尔德问题。这个问题将继续存在，并将对未来土耳其的发展产生影响。土耳其政府如果不真正改变以往的政策，库尔德人的斗争就不会平息。土耳其要想早日加入欧盟，就必须在库尔德问题上采取灵活务实的态度，找到妥善解决的办法。

近10年来，伊拉克北部的库尔德人获得了自治，这对土耳其境内的库尔德人是一种强大的推动力。叙利亚的库尔德人也在模仿伊拉克库尔德人的行动，追求实现自治。现在库尔德民兵和库尔德民主党的武装力量与以美国为首的联军共同打击恐怖组织ISIS的雇佣军。他们所追求的当然是在土耳其社会和国家的框架内实现自治。

叙利亚危机出现后，库尔德人向埃尔多安总统及其政府发出了明显的信号，如果他们的权力遭到践踏，将爆发内战。时至今日，土耳其东部的紧张局势没有得到缓和，库尔德工人党的战士继续采取破坏活动。国际分析人士认为，土耳其在东南部地区对库尔德工人党的军事行动极大地加剧了接连不断的冲突，把土耳其推向内战的边缘。

在国内外舆论的压力下，2005年埃尔多安总理亲自到土耳其东南部库尔德人聚居的迪亚巴克尔市发表了"历史性讲话"，公开承认存在库尔德问题。这是土耳其第一位国家元首在光天化日之下正式承认土耳其存在库尔德问题。接着，土耳其安全部门和当时（非法的）库尔德工人党在奥斯陆进行了多次秘密会谈。这导致2012年土耳其当局允许库尔德地区的中小学可以选修库尔德语。时任总理埃尔多安甚至承诺向库尔德地区投资120亿美元，以发展该地区经济和基础设施。①

受到这些"好消息"的鼓舞,被判死刑的库尔德工人党领袖阿卜杜拉·厄贾兰于2013年3月从监狱发出号召,让库尔德人放下武器,和平解决库尔德问题。厄贾兰的号召使库尔德人缓和了反政府的斗争。库尔德武装力量迅速撤出他们控制的基地,同意配合政府的和解进程。库尔德人放下武器,停止坚持了30年的武装斗争。但他们向政府当局提出了一些政治要求,如修改宪法和有关立法,承认库尔德人的基本权利;将库尔德工人党从"恐怖主义组织"名单删除;从监狱分阶段释放包括厄贾兰在内的库尔德领导人等。

这样,2013年春季起,正发党当局表示可以在议会和地方一级加强与库尔德领导人的合作。2015年2月底,正发党政府副总理和亲库尔德的人民民主党副主席在伊斯坦布尔的多尔马巴赫宫(Dolmabaxche)签订了解决库尔德问题的十点协议,库尔德问题的和平进程迈出了一大步。

土耳其的库尔德问题与中东和叙利亚危机紧密联系在一起。土耳其最担心伊拉克和叙利亚的库尔德人获得自治。于是,土耳其一再要求美国及其盟国承认库尔德武装力量与ISIS武装一样都是恐怖主义组织,都是威胁国家稳定和安全的因素,决心要粉碎叙利亚库尔德人的自治计划,结束前几年开始的与库尔德人和解进程。但西方不支持土耳其的此类要求,因为库尔德人是西方所倚重的打击ISIS恐怖组织的重要力量。于是,土耳其的军队又多次进入伊拉克北部和叙利亚北部地区打击库尔德武装,并成为一种常态。同时,加强了对国内库尔德人的镇压,进行了两年的和解进程自然流产。

---

① Александър Костов, Екатерина Никова, *Балканите през първото десетилетие на* 21, век, София, Парадигма, 2012, с. 364.

如今，分布在四国的库尔德人已不再把独立建国作为自己的奋斗目标。他们只希望和所在国其他人一样，享有保持自己的身份、语言和文化权利，实现民族平等。宣布独立并不是解决民族问题的唯一手段或者最佳选择。民族自决权的解决既需要少数民族团结一致努力争取，也需要大国采取公正的态度，合理解决。许多研究库尔德问题的国际分析人士指出，库尔德问题不能用武力手段解决，但政治解决往往只是拖延时间。因此，库尔德问题会继续存在下去，困扰土耳其。

至于说到土耳其库尔德问题的前景，普遍认为存在两种可能性：一种是在土耳其东部地区建立库尔德自治区，以保障库尔德人的文化、语言和经济的权利；一种是大多数库尔德人主张成立"大库尔德斯坦"，包括土耳其、叙利亚、伊拉克和伊朗四国库尔德人居住的领土。这将是一个拥有3500万人口的大国，即土耳其境内的1800万、伊朗的800万、伊拉克的700万和叙利亚的200万库尔德人。① 如果是建立一个由土耳其、伊朗、伊拉克和叙利亚四国库尔德人组成的联邦或邦联，这就要求处于四个国家里的库尔德人先各自获得自治或解放，最后才能组成一个统一的库尔德斯坦。这一主张目前并不现实。如果是通过库尔德人的不断斗争和外界施加压力，他们在不久的将来又能得到土耳其政府的承认，并建立地方自治政府，那土耳其库尔德人居住地就会成为土耳其的一个高度自治区。这也只是一种预测，还看不到现实的前景。

正发党上台伊始，它就被迫在两条战线上进行斗争：反对ISIS组织和反对库尔德人。从本质上讲，土耳其从对ISIS熟视无睹到配合美国和欧洲反对这个极端组织，它是迫于无奈。它的真实意图是要粉碎叙利亚库尔德人的计划，结束前几年开始的与

---

① Дмитрий Добиев, *Курды бросают вызов турецкому государству*, Inosmi. RU. 18.02.2016.

库尔德人和解进程，宣布 ISIS 和库尔德人都是土耳其的敌人。土耳其一再强调，ISIS 是"外部问题"，而库尔德人才是土耳其的"内部问题"。西方媒体指出，土耳其对 ISIS 的 10 次空中打击中，只有一次是针对 ISIS 的，其他 9 次都是在空袭叙利亚和伊拉克的库尔德人阵地。① 这也正是土耳其不满意俄罗斯空袭叙利亚境内极端组织的一个原因。因为这打掉了土耳其在叙利亚北部地区建立"保护地带"和设立叙利亚飞机禁飞区的计划，延长了巴沙尔政权的寿命。同时，这也严重影响了土耳其打击库尔德人在叙利亚建立自治区的努力。

土耳其要求美国及其盟国承认库尔德武装力量与 ISIS 武装一样都是恐怖主义组织。只有这样，土耳其的军队才能合法进入伊拉克北部和叙利亚西北部地区打击库尔德武装，但西方不支持土耳其的此类要求，因为库尔德人是西方所倚重的打击 ISIS 组织的重要力量。巴尔干国家的报刊披露，今日土耳其的东南部地区几乎是处于真正的战争状态：实行戒严、停电停水、迁移支持库尔德工人党的居民、街道设置路障、不时传来枪声。②

埃尔多安总统称土耳其是积极反对 ISIS 组织的国家，但分析人士不认同他的说法，认为土耳其对 ISIS 的出现、发展和行动一向袖手旁观，对伊斯兰极端主义组织的活动持消极态度。土耳其一方面宣称自己是反对 ISIS 的"斗士"，要求伊拉克和叙利亚允许土耳其军队进入这两个国家打击 ISIS；另一方面又要求美欧大国同意它的飞机轰炸叙利亚境内的库尔德人。

随着库尔德人在反恐战斗中崛起，土耳其政府一方面加强镇压，另一方面策划修改宪法，使总统有更大的权力打击库尔德人。分析人士指出，土耳其将为自己在 ISIS 和库尔德人问题上的政策

---

① Мохамед Харав，*Ердоган и Турция*，*Култура*，09. 2015.
② Зорница Илиева，*Главоболията на Турция*，*Desant. bg*，18. 01. 2016.

付出一定的代价。

库尔德问题是土美关系中的症结之一

众所周知，2011年叙利亚内战发生以来，库尔德人一直控制着叙利亚北部和东北部地区，占全国领土面积的27%，控制着叙利亚重要的石油产地。同时，在叙利亚，约2000名美国军事人员也分布在叙利亚的北部和东部地区。那里盛产石油、水资源丰富、耕地肥沃，是库尔德人居住和具有影响力的地区。

在叙利亚内战中，库尔德人民保护武装（YPG）同以美国为首的联合部队一起，打击极端组织ISIS武装力量，充当美国打击ISIS联军的排头兵。2017年10月，库尔德武装一举解放了ISIS盘踞的所谓"首都"拉卡。但是，库尔德人与美国人的密切合作关系却成了土耳其与美国关系的最大障碍。土耳其指责库尔德人武装与库尔德工人党关系密切，称他们是恐怖组织和恐怖分子。

2017年年底，当ISIS被驱逐出伊拉克和叙利亚的各大城市后，库尔德问题便成为中东地区冲突的焦点。土耳其放开手脚，直接出动军队进入叙利亚境内，打击叙利亚北部的库尔德人及其武装。ISIS的残余势力还远没有肃清，而库尔德人却遭受了新的甚至比ISIS更厉害的攻击。美国在反对ISIS的斗争中，只想利用库尔德人充作一时的炮灰，而不想彻底解决库尔德问题。叙利亚库尔德人又一次成为土美关系中的"人质"或"交换筹码"。

美国人在利用完库尔德人之后，基于与老牌北约成员国土耳其的关系，不愿给予库尔德人任何政治上的承诺，也表示反对他们的自治要求。库尔德人看到，美国在叙利亚问题上首鼠两端，最终选择土耳其，而抛弃库尔德人。2018年4月，美国总统特朗普声称，美国想尽快从叙利亚撤军。这也许是虚晃一枪，库尔德人开始警觉起来，他们看到，当土耳其武装力量进入叙利亚的阿芙林地区打击库尔德人的时候，美国一直袖手旁观，一言未发。

美国仍然伺机帮助叙利亚反政府武装继续负隅顽抗。

叙利亚的库尔德人经受了7年的战争磨难，试图与伊拉克的库尔德人建立联系。他们在战争中被美国人利用，出生入死，付出了生命的代价，现在要看美国人的脸色行事。于是，他们准备与阿萨德政府谈判。他们通过战斗，在叙利亚北部广大地区建立了自治政权，成立了叙利亚民主力量（SDF）警察。他们与阿萨德政权基本上没有发生什么冲突，而且经常与政府军配合，打击那些与ISIS恐怖势力勾结的各种反政府武装。

2018年5月，叙利亚总统阿萨德也威胁要用武力解决库尔德人的控制区问题，拒绝与日益崛起的库尔德人谈判。但在各方斡旋下，2018年7月，阿萨德终于同意坐下来，与库尔德领导人握手和谈。这样，叙利亚历史上库尔德人第一次获得了与政府正式谈判的资格，谈判的重点是叙利亚北部库尔德人控制区未来的地位问题，双方"没有任何先决条件"。因为此前不久，伊拉克库尔德人举行了独立公投，由于遭到中央政府反对，公投失败。而其时，叙利亚库尔德人也正处于鼎盛阶段，也想搞独立公投，但权衡利弊最终无限期推迟了决定。库尔德人在其控制区开始更换有利于政府当局的名称和旗帜，这也反映了库尔德人对政府的温和态度，这为同政府当局谈判创造了条件。

叙利亚库尔德人称，他们不追求独立，但希望获得和保留政治上自治。库尔德人同意谈判，条件是希望维持自己的自治地位。总体来说，叙利亚库尔德领导人与伊拉克库尔德领导人相比，态度较为温和，处理与政府的关系时较为慎重。

但是，土耳其当局和埃尔多安总统决不允许库尔德人自治，认为它们都是恐怖分子。最近几年，土耳其变成了全世界伊斯兰极端主义分子进入叙利亚的主要通道和ISIS物资供应的大后方，这已不是什么秘密。土耳其的目的是推翻阿萨德政权和消灭库尔德武装及其组织。

2018年1月20日，土耳其公然出兵叙利亚西北部的阿芙林地区，打击亲美国的库尔德武装保卫人民力量和民主联盟党，号称"橄榄枝行动"，已致使成千上万百姓逃离家园。土耳其欲在叙利亚局势接近明朗化的前夕，主导叙利亚的政治进程，在战后的叙利亚国家结构中起关键作用，把叙利亚库尔德人牢牢控制住。很明显，土耳其对叙利亚库尔德人的态度与美国和欧盟，甚至与俄罗斯存在很大差异。叙利亚的各派支持和反对政府的力量以及国际社会都呼吁土耳其保持克制，不要使叙利亚人道主义危机复杂化。

显然，土耳其和美国很难就叙利亚库尔德人问题达成一致，这是土美两国不和的一个重要原因。美国利用和支持库尔德人的人民保护武装（YPG），而土耳其认为该武装力量是库尔德共产党（ПКК）的叙利亚分支组织。美国则称人民保护武装是反对ISIS和恐怖组织的关键性伙伴。时至今日，土耳其仍在叙利亚有美国人员存在的区域展开打击库尔德武装力量的军事行动。美国称土耳其的行动"不可接受"，"令人十分担忧"①。

叙利亚经历了8年的战乱，国家到了崩溃的边缘，但它始终坚持和捍卫领土完整和主权独立，绝不会向土耳其的武装介入低头，也绝不会允许库尔德地区实现高度自治或独立。

---

① 《美称土打击库尔德武装"不可接受"》，《参考消息》2018年12月14日。

第九章　土耳其的外交政策

在瞬息万变的当代世界,很难对国际局势或一国的外交做出长期的预测。但我们可以根据土耳其第二次世界大战以来的外交实践和近期的政治发展提出中短期的看法。下面我们将就土耳其与美国和欧洲国家的关系,与邻国俄罗斯的关系,以及它同部分巴尔干国家的关系和与中国的关系作一简略的回顾与分析。

20世纪90年代初,随着东欧社会制度变革和苏联、南斯拉夫解体,土耳其以"胜利者"的姿态推行它的外交政策。它从战后的"恐苏"(苏联)和"恐共"(共产主义)病态心理中解脱出来,开启了向外扩张的大门。无论是高加索还是中亚,无论是巴尔干还是中东,土耳其都是强力介入,咄咄逼人。应该说,最近20年来,土耳其积极推行以新奥斯曼主义为中心的外交政策,取得了一定的效果,加强了它在周邻地区的影响力,却由于国际局势的巨变削弱了它与美欧大国的盟友关系。"与邻国零问题"政策并没有获得预期的收获。相反,近年来土耳其在周邻地区的影响力远不如前些年。

埃尔多安总统决心推行自己的外交政策,扩大自己的"朋友圈",包括改善与以色列和俄罗斯的关系。土耳其不希望叙利亚问题的解决任由美国和俄罗斯主宰,它必须关注叙利亚境内库尔德人的动向。可以预见的是,如果埃尔多安总统的思想和行动得到实现，土耳其将成为伊斯兰保守主义性质的、实行总统制的"可控的民主国家"。这将是一个强大的土耳其，执行独立的外交政策，在地区和世界具有广泛影响力的国家。

纵观近20年来土耳其的外交政策，我们不难发现，它可以跟西方或东方国家结盟，但它永远把国家利益和民族利益放在第一位。或者说，土耳其外交政策的基本原则是：在做出战略性抉择时始终抱着实用主义、现实主义和小心谨慎的态度。当它看到外国的地缘政治方案影响到它的自身行动时，它往往做出投机取巧的选择。这从近年土耳其与欧盟、美国、俄罗斯、中国等国的关系可见一斑。

正发党所执行的外交政策具有两面性：一方面，它追求成为美国的战略盟友；另一方面，它又试图获得政治资本，批评美国的中东政策，并与美国的对手接近。因为土耳其的精英们认为，他们的国家处于欧亚的中心地带，是欧洲、巴尔干、黑海、高加索、东地中海和中亚地区的一支重要力量。

一 土耳其加入欧盟：梦想与现实

土耳其在欧盟与东南欧国家一体化关系中占据特殊的位置。土耳其入盟问题是巴尔干国家入盟进程中一个令欧盟头痛的问题。土耳其的地缘政治地位十分重要，它是西亚通往欧洲的桥头堡，又是欧洲进入亚洲最便捷的门户和通道。土耳其像俄罗斯一样是一个欧亚国家。它只有不到3%的领土位于欧洲，传统上却是巴尔干国家。可以说，欧盟从长远的能源战略和安全利益出发需要土耳其，而不是土耳其有求于欧盟。

目前，欧盟的扩大基本已经停滞，有众所周知的多方面原因。而土耳其入盟久拖不决则还有一些特殊的原因。土耳其入盟暂无时间表，而且，欧盟也没有承诺土耳其肯定能够加入其俱乐部。

现在是边谈边看，双方的意愿都不是十分强烈。这样，尽管土耳其和希腊早就参加了北约，而且是东南欧地区最早申请加入欧共体/欧盟的国家，但土耳其的入盟道路曲折漫长，面临许多困难和问题，其前景令人担忧。

土耳其的入盟历程

自1923年现代土耳其建国以来，它就是世俗的民主国家，是西方的亲密盟友。1949年土耳其参加欧洲理事会，1952年它成为巴尔干半岛第一个参加北约的国家。

1959年7月，土耳其在东南欧第一个申请加入欧洲经济共同体（欧盟前身）。1963年9月，土耳其与欧共体签订联系协议，即《安卡拉协议》，开始与欧共体启动建立关税同盟谈判。1974年7月，土耳其因入侵塞浦路斯和1980年9月发生的军事政变，它与欧共体的关系停滞。1986年9月，土耳其与欧共体达成恢复联系协议。1987年4月，土耳其申请成为欧共体的正式成员国。3年后，欧盟肯定了土耳其的入盟申请，但正式入盟还要视土耳其的具体情况而定。土耳其申请入盟至今已逾60年，还在欧盟门外乞求，确实史无前例。

1995年3月，土耳其与欧盟签订关税同盟协议。1999年12月，土耳其在欧盟赫尔辛基峰会上正式获得欧盟候选国地位。从1999年到2004年，土耳其努力按照欧盟的"哥本哈根标准"创造条件加入欧盟，尤其在稳定机构、建立法治国家、保护人权、保护少数民族等方面做了大量工作，特别是取消了死刑判决。

2005年10月，欧盟与土耳其正式开启入盟谈判。但是，从谈判一开始，土耳其和欧盟在谈判中就遇到了有别于其他国家的困难和问题，因为土耳其的宗教、历史和文化与欧盟成员国区别太大。由于中途又遇到一些障碍，所以谈判断断续续，很不顺利。土耳其不仅存在国内问题，而且还遇到外部和与邻国关系等一系列问题。同年，土耳其与欧盟签署议定书，同意将其飞机场和港口向2004年加入欧盟的新成员国（包括塞浦路斯共和国）开放。2006年6月双方遂恢复入盟谈判。

2009年8月，土耳其单方面隆重举行申请入盟50周年纪念（指1959年欧共体刚刚成立两年后土耳其就申请加入），以显示其要求加入欧盟的历史和愿望。土耳其参加与欧盟入盟谈判的代表巴吉什说："加入欧盟，这是凯末尔·阿塔图尔克建立土耳其共和国以来把土耳其提升到当代文明最重要的一个方案。"① 这将推动土耳其为履行欧盟成员国的义务，而努力完成必要的改革。

早在2008年9月，土耳其领导人便开始批评欧盟"不按规则办事"，一再拖延入盟谈判。2010年2月，时任土耳其总理埃尔多安认为，欧盟的报告是片面的，不符合土耳其的实际，无法接受报告中的一些评价。这种评价将对土耳其产生消极影响。这位总理还说，欧盟不能"在比赛过程中停止比赛"，应该按签订的游戏规则办事，应该把土耳其加入欧盟和它成为欧盟的"特殊伙伴"两个问题区分开。土耳其要求欧盟放宽或取消它的公民去欧盟国家的签证，就像欧盟对待其他巴尔干国家一样。

2010年2月，欧盟关于土耳其的入盟进展报告称，欧洲议会外事委员会的议员们认为，土耳其的具体改革在2009年仍很有限，进展不快。欧盟称，土耳其的机场和港口如果不对塞浦路斯开放，将严重影响它与欧盟的谈判进程。土耳其必须采取切实步骤，立即从塞浦路斯北部撤军，解决土耳其公民的迁移问题，为入盟谈判创造条件。报告还批评土耳其宪法法院在2010年上半年将主要代表库尔德族利益的社会民主党宣布为非法。欧盟要求土耳其加速改革，尊重人权和少数民族的权利，解决有关言论自由、

---

① Венелин Цачевски, *България и Балканите в началото на* XXI *век по пътя на Европеизация*, София, Издательство "Изток—Запад", 2011, c. 488.

军队在社会生活中的作用、妇女儿童的权利、工人结社、修改宪法和司法改革等问题。

2010年3月，执政的正义与发展党政府大批逮捕坚持世俗的、自由主义的49名（亦说52名）高级军官，谣传军官们要发动政变，一度引起政坛动荡。外界惊呼，"土耳其的民主受到威胁"，欧盟对土耳其执政当局的做法和伊斯兰激进主义势力抬头极为不满。

到2010年上半年为止，欧盟与土耳其计划谈判的35个章节中，仅结束了"科学与研究"这一个章节的谈判。其他有12个章节在进行谈判，但其中8个章节因为土耳其没有履行《安卡拉协议》（即土耳其承诺2004年向包括塞浦路斯在内的10个入盟国开放机场和港口）而停止讨论。

2010年7月13日，欧盟外长凯瑟琳·阿什顿（Catherine Ashton）和欧盟负责扩大事务的专员费勒访问了土耳其，重申土耳其的入盟前景，并达成了三点共识：第一，欧盟决定吸收土耳其为正式成员国。第二，土耳其应参照欧洲的标准进行政治改革，包括修改宪法。第三，谈判需要继续进行。土耳其方面表示，将加强土耳其与欧盟的政治对话，使其在地区问题和全球问题上的外交政策与欧盟保持协调，双方将共同努力加速土耳其的入盟进程。同年7月27日，欧盟委员会表示继续支持土耳其的改革进程，认为这是土耳其入盟谈判的一个先决条件。

在2010年9月11日举行的欧盟国家外长会议上，对土耳其入盟谈判的分歧依然没有消除。多数欧盟成员国只同意与土耳其进行"战略对话"，讨论一些重要的国际议题，如伊朗核计划、中东和平进程和波黑问题等，因为在这些问题上土耳其的作用与日俱增。列席会议的土耳其外长艾哈迈德·达武特奥卢对欧盟与土耳其入盟谈判"拖拖拉拉"强烈不满，表示土耳其"绝不会接受任何入盟进程的替代方案"。看来，近期内欧盟领导层的讲话和努力都无法掩盖欧盟内部在土耳其入盟问题上的尖锐矛盾。

土耳其对漫长的入盟谈判进程日益厌烦和不满,疲惫不堪,从欣喜乐观走向悲观失望。2010年上半年的一项统计表明,只有44%的土耳其人认为,入盟对他们有益,这比2005年开始入盟谈判前夕66%的支持率少了许多。2004—2011年,支持率从73%降到了38%[①]。目前持悲观主义情绪的人居多,只有27%的土耳其人相信欧盟。近年来土耳其的入盟积极性也大大降低。

支持和反对土耳其入盟的欧盟成员国及其理由

可以说,在土耳其融入欧洲一体化的问题上,是欧盟从长远的能源战略和安全利益出发需要土耳其,而不是土耳其有求于欧盟。欧盟东扩土耳其的理由是:(1)土耳其的地缘战略和地缘政治地位。土耳其作为北约老成员国和美国军事基地,成为欧盟的最大成员国后,有利于牵制和包围俄罗斯,它不入盟则有可能成为俄罗斯的朋友。土耳其还是欧盟东部边界的守卫者;(2)土耳其扼守里海和中亚石油天然气通往欧洲的通道,是欧盟的重要能源生命线;(3)土耳其能在动荡的中东地区发挥欧盟难以发挥的作用。土耳其在帮助欧盟解决难民危机方面已经证明了它的实力;(4)土耳其拥有一支强大的军队,其人数和战斗力在北约仅次于美国。欧盟指望借助土耳其的武装力量保障其安全。

支持土耳其加入欧盟的成员国认为,经过几十年的努力,土耳其与欧盟在经贸和投资领域已经建立了密切的联系。以2007年为例,欧盟已占土耳其整个出口的62.6%和进口的约43%;在整个东南欧国家中土耳其在欧盟进出口中的份额也是最大的,即分别占欧盟进口的3.3%和出口的4.2%。2007年欧盟对土耳其的直接投资达到250亿欧元,任何一个东南欧国家都难以企及。

---

① Любен Петров, *Неоосманизмът Новата геополитическа доктрина на Република Турция*, София, ИК "Световит", 2015, с. 63.

表9—1　　　　　　　　　土耳其与欧盟的经济合作

年份	2002	2005	2007
出口（10亿欧元）	20.6	36.1	48.9
欧盟占土耳其的出口比重（%）	54.3	62.2	51.7
土耳其占欧盟的进口比重（%）	2.5	3.1	3.29
进口（10亿欧元）	26.0	44.6	52.6
欧盟占土耳其的进口比重（%）	48.1	48.2	42.9
土耳其占欧盟的出口比重（%）	2.83	4.24	4.24
欧盟对土耳其的直接投资（10亿欧元）	8.5	12.0	25

资料来源：Commission of the European Communities, 2008; Венелин Цачевски, *България и Балканите в началото на XXI век по пътя на Европеизация*, София, Издателство "Изток—Запад", 2011, с. 211。

与此同时，欧盟为了帮助土耳其进行改革，像帮助其他入盟候选国和成员国一样向土耳其提供了大量的援助。据统计，从20世纪90年代初至2007年，欧盟给予土耳其的援助总额达到25亿欧元，而2007—2011年的援助提高到了30亿欧元。①

但是，土耳其入盟并不是欧盟的共识，它遭到欧盟主要成员国德、法等国的反对。在一定程度上看，土耳其入盟仅仅是欧盟的一种策略，而不是欧盟东扩的一项议程。欧盟主要目的是支持土耳其进行欧洲式改革，而不是真心诚意要接纳土耳其。

在支持土耳其入盟的国家中，首推英国。英国从自身入盟曾遭到法国再三阻挠的经历出发，主张继续东扩，力挺土耳其入盟。英国与土耳其有密切的经贸联系。2010年7月27日正在土耳其访问的英国时任首相卡梅伦（David Cameron）保证说，英国将全力支持土耳其加入欧盟。他抨击反对土耳其入盟的人是保守主义者，

---

① Венелин Цачевски, *България и Балканите в началото на XXI век по пътя на Европеизация*, София, Издателство "Изток—Запад", 2011, с. 213 – 214.

充满偏见。卡梅伦认为,"英土关系正处于黄金期",称土耳其是一个"世俗的、民主的国家",它守卫着欧盟的边界,它应该早日入盟。而有的欧盟老成员国"仇视""讨厌"土耳其。卡梅伦还说,有三种人反对土耳其入盟。第一种人是"保护主义者",他们担心土耳其的经济实力成为一种威胁。第二种人持"集团化"观点,认为土耳其应该在东方和西方之间做出选择。第三种人"抱有成见",错误地认为土耳其是伊斯兰土耳其,认为这对伊斯兰世界将是"一个积极的信号"。

意大利也是支持土耳其加入欧盟的国家之一。意大利时任总理贝卢斯科尼(Sivio Berlusconi)力图游说德国和法国,软化它们的反对立场。表示赞成土耳其入盟的国家还有瑞典、芬兰、西班牙、葡萄牙、波兰、捷克、斯洛文尼亚、爱沙尼亚、保加利亚和罗马尼亚等。

希腊的态度则模棱两可。由于历史的原因和爱琴海岛屿归属之争,希腊一直对土耳其入盟问题持谨慎态度,不轻易公开表态。希腊表面上欢迎土耳其加入欧盟,但要求它遵守欧洲俱乐部的"游戏规则"。而且,两国的领土问题不得讨论。

2010年5月14日,土耳其时任总理埃尔多安利用希腊深陷主权债务危机的艰难处境,对希腊进行了2004年以来的历史性访问。土耳其表示,愿意帮助希腊摆脱经济危机。两国声明要解决两国间有争议的问题,如塞浦路斯问题、爱琴海大陆架、在伊斯坦布尔的希腊总主教区、希腊东北部的穆斯林少数民族问题等,并签订了有关经济贸易、能源、环保、保护森林、反对非法移民、开展旅游等领域的21个协议。土耳其此举是希望希腊不要为土耳其入盟设置障碍,但希腊没有对土耳其入盟做出任何承诺。

在反对土耳其成为欧盟正式成员国的国家中,推动欧盟前进的"两台发动机"德国和法国立场坚定,理由充足。它们认为土耳其现阶段并不具备入盟条件。但它们也承认,土耳其因其地理位置，从经济和安全角度看对"欧洲很重要"。

德国是土耳其在欧盟成员国中最重要的经济和贸易伙伴，近10年来双边的贸易额每年达到140亿欧元。德国占土耳其出口的14%和进口的17%。目前，在土耳其约有1100家德国公司，每年有300多万德国旅游者游览土耳其。在德国居住着近250万土耳其人，其中60万人已经获得德国国籍。但德国极力反对土耳其加入欧盟。默克尔总理指出，"入盟没有一条笔直的道路"。土耳其需要符合欧盟的标准，才能加入。在2009年5月10日召开的德、法两国青年政治领导人会议上，默克尔说，她更希望土耳其成为欧盟享有特权的合作伙伴，而不是欧盟的正式成员。

法国和德国一样，一直抵制欧盟继续与土耳其进行入盟谈判。法国认为，土耳其是亚洲国家，没有资格加入欧盟。法国时任总统萨科齐（Nikolas Sarkozy）也说，我们需要一个组织井然有序的欧洲……这意味着我们不能无边无际地扩张。我们不应该向土耳其做出空洞的承诺。萨科齐和默克尔都认为，"欧盟为了有效地行动，必须有条边界。漫无边际的扩大是不可取的"。法国人民运动联盟总书记克萨维·贝特朗在竞选中称，永久反对土耳其入盟，因为它在地理上不属于欧洲。我们不同意它入盟，但主张同它谈判，使这个国家许多领域发生变化。

在荷兰，极右翼反穆斯林议员海尔特·维尔德斯（Geert Wilders）领导的自由党曾经反对保加利亚和罗马尼亚加入欧盟，现在又说"土耳其作为一个伊斯兰国家永远都不应该加入欧盟"。塞浦路斯自然对土耳其入盟持保留态度。

这就是说，以法国、德国和荷兰为代表的一些老成员国和社会舆论反对东扩到土耳其。目前，据欧盟的相关统计，50%以上的欧盟公民不同意土耳其入盟。西欧国家的居民主要是基督徒，而土耳其则主要是穆斯林。他们担心土耳其国家伊斯兰化，土耳其的宗教和文化跟欧洲文化与宗教不相融，它的政治制度改革方向不是十分明确，国内还存在悬而未决的库尔德民族问题等诸多问题。

严格意义上讲，欧盟反对土耳其的扩张主义外交政策，主要是反对土耳其对欧盟成员国希腊的威胁，反对它干涉欧盟的内部事务，而想把这股祸水引向俄罗斯。

土耳其和欧盟对待欧洲难民危机态度各异

起初，土耳其对2015年的难民潮持观望态度，并试图利用这个机会。它想借助中东的难民过境向美国、欧盟和北约施加压力，让西方改变他们对土耳其倡导的在叙土边界建立"保护区"的不支持态度。埃尔多安总统对欧洲说："如果不改变自己的政策，等待欧洲的将是更为严重的政治、经济和文化问题。"[1] 土耳其境内滞留着200多万叙利亚难民，它随时可以把这股洪水引向欧洲。土耳其不仅容留大量难民，而且对偷渡客打击不力，对印制大量假护照睁一只眼闭一只眼，在水陆两路放行难民进入巴尔干半岛前往欧洲。

土耳其在这次难民潮中处于十分关键的地位和作用。鉴于它与欧盟的关系近年来复杂多变，故使欧盟在解决难民危机时，又面临土耳其的态度问题。2015年10月5日，欧洲理事会主席图斯克（Donald Tusk）和欧盟委员会主席容克（Jean-Claude Juncker）在布鲁塞尔接见了土耳其总统埃尔多安，专门谈到叙利亚危机和难民问题。几乎与此同时，土耳其总理达乌特奥卢访问了华盛顿。上述两个问题也是会谈的重点。欧盟拒绝了土耳其在叙土边界地区叙利亚境内建立"安全区"（或"保护区"）的建议，认为当务之急是土耳其与欧盟合作，齐心协力阻止难民从土耳其进入欧盟成员国，而不是开辟安全区。

---

[1] Мохамед Харав, *Ердоган и Турция*, *Културa*, 2015. 9.

所谓"保护区",宽 45 千米,长 110 千米,设在叙利亚北部与土耳其交界地区。土耳其准备派遣 1.8 万名士兵进入该地区。土耳其军队一旦进入该地区,其大炮的火力可以打击叙利亚境内 40 千米以内的任何目标,可以彻底摧毁叙利亚境内库尔德人的所有军事目标,也可以打击 ISIS 组织和叙利亚政府军。土耳其的借口是保护自己的边界安全,阻止和安置难民到这个"保护区"。但土耳其的倡议遭到美国和欧盟的反对,它们一致反对土耳其军队进入所谓"保护区",担心叙土矛盾激化,使叙利亚危机更加复杂化。

2015 年 10 月 18 日,德国总理默克尔访问土耳其,强调土耳其在解决欧洲难民危机中的重要性,称没有土耳其的合作,欧盟无法保护其外部边界,特别是希土边界的安全。默克尔还承诺支持土耳其尽快加入欧盟,以换取在难民问题上合作。众所周知,土耳其一段时间以来一直在为难民进入欧洲"铺路",以便向欧盟施加压力,得到经济上和政治上的好处。不久欧盟便开始妥协,做出让步,希望土耳其政府采取更多措施遏制叙利亚等地的难民潮涌入欧洲。土耳其则利用这次机会,要求欧盟在四个方面进行让步:(1)欧盟向土耳其提供 30 亿欧元经济援助以换取土耳其把难民留下,阻止他们进入欧洲;(2)为土耳其公民提供申根签证;(3)加速土耳其加入欧盟的谈判进程;(4)允许土耳其出席欧盟主要峰会。[①]

显然,欧盟一时很难接受这些条件。欧盟委员会主席容克表示,欧盟同土耳其谈判的主要目的是保证在土耳其境内的难民都留在那里,并要打击贩卖人口的犯罪集团。至于具体援助和签证问题,以后进一步商谈。欧盟预计 2017 年 10 月可能给土耳其人免签证。关键是要看土耳其是否真正制止了难民潮涌入欧洲。

---

① 《时事纵横》,《参考消息》2015 年 10 月 20 日。

欧盟有关官员认为，自从2015年11月29日与土耳其签订协议以来，从土耳其进入欧洲的难民有所减少，即由此前的每天五六千人减少到每天约四千人，但难民潮并没有停止。2016年1月22日，土耳其总理达乌特奥卢在访问德国时对默克尔说，难民危机的根本原因不在土耳其。相反，土耳其也是难民危机的严重受害者。现在土耳其境内有280万叙利亚和伊拉克难民。土耳其已经为难民花费了近100亿美元，欧盟答应提供30亿欧元是远远不够的。

2016年3月18日，欧盟领导人经过两天的艰难谈判终于同土耳其签订了关于难民问题的一份有争议的协议，双方同意进行难民"交易"，号称迈出了"历史性的一步"。协议具体内容包括：从3月20日起实现"一对一"交换原则，即欧盟将不符合难民资格的叙利亚难民送回土耳其，而将接纳1名从土耳其审查合格的叙利亚难民，初步确定将交换7.2万人；土耳其承诺采取一切"必要措施"防止难民从爱琴海和巴尔干陆路进入欧盟国家；欧盟答应最迟2016年6月放宽对土耳其公民进入欧盟的签证限制，并将加快发放2015年许诺的给予土耳其30亿欧元用于与难民相关项目的资金；欧盟将在7月重新启动陷入停顿的土耳其入盟谈判。协议最后还强调，欧盟各成员国要求土耳其同欧盟一起，努力改善叙利亚境内和叙土边境地区的人道主义条件，使当地居民和难民能够在更加安全的条件下生活。

舆论认为，这个协议将有助于缓解欧洲的难民危机，于欧盟，于土耳其，于难民都是好事。但问题是协议能否得到落实，是否公平合理。这个协议一经透露，已引起欧盟各成员国和国际社会质疑声不断，欧盟被指责在拿难民危机与土耳其做交易，转嫁危机；而土耳其则被指责利用难民危机敲诈勒索欧盟。这次欧盟对土耳其如此"空前的贿赂"行为，激怒了不少新老成员国。欧盟内部对协议的分歧将制约欧盟的行动能力。总的来说，人们不相信欧洲的难民潮会因为签订了该协议而获得彻底解决；人们也不相信土耳其有诚意有能力解决难民危机；人们担心放宽土耳其公民签证带来的灾难性后果不一定比难民潮更轻，后果更不堪设想。

土耳其在一步步疏远欧盟。埃尔多安总统认为，他可以牵着欧盟的鼻子走。埃尔多安总统抱怨欧盟没有履行2016年3月关于难民问题协议中的承诺，一直没有将援助叙利亚难民的资金汇入土耳其，现在土耳其境内仍有300万叙利亚难民和移民等待援助。在难民问题上，土耳其将信守自己的承诺，而欧盟却很不真诚，答应的30亿欧元至今也就象征性地给了一两百万。土耳其为了救济难民已经花去了120亿美元。欧盟委员会主席容克表示，如果土欧关系这样下去，土欧难民协议可能泡汤，无法落实。

土耳其入盟面临诸多困难和问题

欧盟与土耳其在入盟达标问题上的争论主要存在于人口、地理和政治等领域。欧盟认为，一旦土耳其入盟，它将成为欧盟人口最多的国家。2016年它拥有7400万人，而到2020年12月已达到8315.5万人。至于土耳其是否属于欧洲国家，长期以来没有定论，更多地注重土耳其的欧洲价值观，而不是地理位置。还有一个争论最大的问题是文化和宗教差异。由于欧洲主张并尊重文化的多样性，所以多数国家认为土耳其的文化和宗教差异对入盟没有影响；但有一部分成员国持反对态度。有的欧盟国家担心土耳其的人权状况和全球与地区安全问题。但土耳其入盟的最大障碍还是历史上屠杀亚美尼亚人问题、国内镇压库尔德少数民族问题以及同邻国塞浦路斯关系的问题。

目前，在欧盟许多人对土耳其入盟感到疑惑，他们发问：如果欧盟吸收土耳其加入，那欧盟将变成一个什么样的组织？多数人认为，土耳其入盟只是欧盟领导层的一种设想，土耳其自己也并不见得想加入。

毫无疑问，西巴尔干国家（包括土耳其在内）入盟将巩固和扩大欧盟的东扩成果，将进一步提升欧盟的形象，确保巴尔干地区的稳定与安全。然而，欧盟要迈出这一步确实不容易。欧盟一再表态，西巴尔干国家入盟"不能按时间表"，而取决于"它们的改革"。

所以，我们可以认为，欧盟对与土耳其的谈判完全是策略上的考虑。通过谈判可以使土耳其走上现代化道路，可以使土耳其社会更加开放，面向欧洲。这对欧盟解决能源困难和保障安全以及巴尔干地区的稳定都有好处。土耳其入盟的申请迄今仍未列入欧盟的议事日程。土耳其是东南欧的地区大国，它入盟要比该地区其他国家复杂得多、困难得多。欧盟和土耳其到底能否达到各自的目的，取得双赢，还需要时间和实践来检验。

2015年欧盟峰会曾决定重新启动与土耳其的谈判，但2016年年中土耳其发生了未遂军事政变，成千上万的军人、记者和教师遭到土耳其当局的解雇和逮捕，引起欧盟的强烈不满，停止了土耳其的入盟进程。2017年土耳其举行全民公投，将议会制共和国改为总统制共和国，加强了埃尔多安个人的权力。欧盟认为未遂军事政委导致土耳其的民主倒退，司法、人权、言论自由等遭到肆意破坏，暂缓与土耳其的入盟谈判，以观后效。埃尔多安总统称，这是欧盟对土耳其内政的干涉，指出土耳其将就是否继续入盟谈判举行全民公投。埃尔多安总统明确说，土耳其人民对欧盟的犹豫拖拉感到累了，不耐烦了。

土耳其认为，欧盟对土耳其未遂政变负有主观上的责任。政变发生后，欧盟认为政变完全是土耳其的内部问题，而维护人权和民主则是欧盟的问题。欧盟对埃尔多安的指控多于对政变的谴责，对土耳其的担忧大于希望。

不管土耳其入盟与否，它永远是巴尔干和中东地区最大和最重要的经济和战略玩家。土耳其是欧盟的第四大商品出口国和第五大商品进口国。它一旦入盟将改变欧盟的组织结构和力量平衡。土耳其的人口数量多,将在欧洲议会和欧盟委员会占据多数位置,将对欧盟中的传统大国德国和法国构成威胁,故欧盟不会轻易接收土耳其入盟;所以2017年7月6日的欧洲议会决议强调说,土耳其的宪法改革等一揽子计划没有实现前,要停止与土耳其的入盟谈判。欧盟还强调人权至上原则,对土耳其近两年的人权提出了批评。

所以,基于土耳其的经济和地缘战略作用,欧盟不可能全面断绝与土耳其的关系。为此,欧盟应该寻找与土耳其合作的新形式,而不是入盟这个唯一的形式。2018年1月法国总统马克龙在巴黎会见埃尔多安时,建议土耳其与欧盟建立一种"合作、伙伴"关系,而不是成员国关系。早在几年前,德国总理默克尔就说过,欧盟只能与土耳其建立一种非成员国的"特殊关系"。2018年2月,土耳其总统埃尔多安在访问意大利时坚定地表示,除了加入欧盟,土耳其与欧盟的关系不会有其他任何选项。欧盟应该遵守对土耳其的承诺,把双方谈判没有进展归结于土耳其这是不公平的。

土耳其方面最希望从欧盟获得土耳其公民免签证,好大量输出劳工;签订有利的海关协定,便利货物出口;落实难民协议,得到尽量多的资金支持。无论是欧盟还是土耳其都心知肚明,所谓入盟和入盟谈判,都是为了各自利益进行讨价还价的筹码,根本就是不可能实现的事情。但是,不是说没有可能就不去争取,就不去利用这个平台。

现实地说,双方以最小的让步,换取经贸关系的更大发展,这是开展良好合作和谅解的基础。国际分析人士认为,一方面欧盟应该始终不渝地坚持吸收成员国的标准;另一方面,在承诺土耳其入盟时也应该展示其原则立场。

二　土耳其和美国：正在疏远的盟友

一个自信的土耳其，一个强悍的美国，长期以来根据各自的需要成为盟友，但在一系列涉及各自切身利益的问题上，又存在矛盾，甚至摩擦不断。近几年的情况尤为如此。一个经济上和政治上软弱的土耳其不符合美国对伊斯兰世界的利益，也不符合美国对俄罗斯的强硬政策。美国希望土耳其永远处于可控的状态。

美国严厉制裁土耳其，使其经济遭受沉重打击，财政发生危机，一蹶不振。土耳其曾是美国的铁杆盟友。土美紧张关系升级危害土耳其经济，但土美关系不会破裂。它们很可能成为正在疏远的盟友。①

土耳其曾是美国的铁杆盟友

第二次世界大战后，美国利用土耳其的地缘政治和战略地位，以美元为诱饵，先后迫使土耳其接受杜鲁门主义、马歇尔计划和艾森豪威尔主义。美国先后同土耳其签订了50多个双边协定，在土耳其境内建立了大小200多个军事基地和设施，从政治上、军事上和经济上控制了土耳其。

20世纪60年代中期，由于美国在塞浦路斯问题上对土耳其支持不力并缩减援助，土耳其的离美倾向有所抬头。1969年，土耳其要求签订新的《联合防务合作协议》，美国在协议中很不情愿地承认"美土是平等伙伴关系"。1974年土耳其出兵占领塞浦路斯岛北部后，美国曾对土耳其的举动不满，以停止军援相威胁，于次年停止对土耳其的一切军事援助并实行武器禁运。土耳其政府

---

① 本节利用了李少捷《土耳其和美国：正在疏远的盟友》一文中的材料，特此致谢。参见李凤林主编《欧亚发展研究2019》，中国发展出版社2019年版。

则关闭了美国在土耳其的 25 个军事基地。1976 年美国做出让步，只要土耳其重开美国的军事基地和设施，允诺在 4 年内向土耳其提供 10 亿美元的军援。

1978 年，埃杰维特政府经过与美国谈判，美国正式宣布取消对土耳其武器禁运。据有关统计资料，从 1947 年至 1977 年，土耳其从美国获得了共计 75 亿美元的军事和经济援助。这对土耳其军队的强大和经济发展起了重要作用。其后，土美关系曲折起伏，但两国之间都在努力建立起一种谨慎的、坦率的，以互相合作为基础的"亲密朋友和盟国"的关系。

20 世纪 80 年代，土耳其不管是文官政府还是军人政权都把亲美国和欧洲作为对外政策的基础。在 20 世纪的最后 10 年和 21 世纪的头 10 年，土耳其与美国的关系复杂多变，时好时坏，变化不定。这是冷战结束后到相互尊重彼此利益的时期。有的巴尔干问题研究专家概括这 20 年的土美关系有三种情况。[①]

第一种情况包括两国利益完全一致的问题。如两国对伊拉克、阿富汗和巴基斯坦政权的态度、对土耳其加入欧盟、加速发展双边军事合作、贸易和投资等。

第二种情况涵盖两国利益基本一致，但由于国内政治需要而存在分歧的问题。如对待俄罗斯、亚美尼亚、希腊、巴勒斯坦和以色列关系、黑海和里海地区的能源交通等问题。

第三种情况是指两国利益相反和观点对立的问题，如对待伊朗及其核计划；对俄罗斯的战略关系、在塞浦路斯问题上的立场以及关于"亚美尼亚大屠杀"等问题。

总之，土耳其和美国是盟友与伙伴关系，但一路走来总是磕磕碰碰，时而热情，时而冷淡。美国看好土耳其的地缘政治作用，

---

① Александър Костов, Екатерина Никова, *Балканите през първото десетилетие на 21 век*, София, Парадигма, 2012, с. 387.

但不愿意看到土耳其过于强大，牵制它对中东和伊斯兰世界的安全和战略利益。美国总是利用土耳其来为自己的国家利益和战略意图服务。同时，土耳其军队及其武器装备、军工生产也依靠以美国为首的北约国家。

2016年未遂军事政变后，埃尔多安总统恶化了与美国的关系。土耳其一方面指责美国中央情报局介入了此次政变，称北约驻阿富汗盟军前司令约翰·肯布尔是军事政变的主要策划者之一。美国中央情报局通过他从尼日利亚转移20亿美元资金给土耳其政变者。所以，在阿富汗北约盟军中的两位土耳其将军因卷入这种纠葛而被捕。美国军人认为这是"可笑的""荒谬的"攻击，坚决否认。

另一方面，土耳其指控华盛顿还有两大"罪状"：第一，美国出钱出枪帮助伊拉克的库尔德人成立自治区，也支持在叙利亚建立库尔德自治区。这是悬在土耳其头上的两把利剑，将引发土耳其国内库尔德人要求自治和争取独立的斗争。这是埃尔多安绝对不能容忍的、愤怒反美的一个原因。第二，美国怂恿和支持流亡宗教人士居伦策划了土耳其的未遂政变。埃尔多安等人认为，居伦的支持者人数众多，在土耳其国内建立了"国中之国"，在人民群众和军队中都有"居伦运动"的支持者和同情者。埃尔多安总统要求美国必须引渡政变的幕后黑手居伦，美国如果不交出居伦就是支持政变的策划者。美国则要求土耳其拿出证据。土耳其时任总理耶尔德勒姆（Binali Yıldırım）称，谁要保护居伦，谁就是向土耳其宣战。土耳其反对"友好国家或盟国庇护他"。埃尔多安指出，美国在因吉尔利克空军基地储藏有核弹头，扬言要关闭和收回这个基地，赶走美国人。一般来说，土耳其不大可能知道这种机密。土耳其这么宣称，是因为土耳其和沙特阿拉伯也一直想拥有核武器，以获得与以色列较量的资本。

土美关系顿时变得紧张复杂。美国希望在中东地区和土耳其实现"可管控的混乱",而造成塔吉克斯坦、土库曼斯坦、阿富汗和乌兹别克斯坦出现不稳定。从叙利亚撤退出来的 ISIS 武装分子已经到达阿富汗北部和中亚地区,他们具有战斗经验,是地区的不稳定因素。

美国国务卿克里(John Kerry)称,如果埃尔多安对未遂政变者恢复死刑,将把土耳其开除北约。而根据北约的条例,成员国只有自动退出的权利,从来没有被开除的先例。欧盟和北约最多也就是给土耳其当局画一条红线,而没有权利决定土耳其采取行动的自由。

土美之间存在什么矛盾

2018 年 1 月,美国国务卿蒂勒森(Rex Tillerson)"闪电式"访问了土耳其,在会见埃尔多安时称,"土耳其是北约的重要盟友,也是我们在该地区的重要伙伴"。两位领导人会晤了 3 个多小时,没有翻译(土耳其外交部部长代替),没有摆放美国国旗(只有土耳其国旗),没有速记员,更没有媒体出席。这完全不符合外交礼仪。美国国务院发言人通报说,"同土耳其进行了有益的会谈。显然,我们与安卡拉的紧张关系在增长,但是存在采取行动的空间"。土耳其方面向外界介绍说:"进行了积极的、富有成效的会见。讨论了土耳其期待的双边关系中的优先问题,如伊拉克、叙利亚和地区进程等问题。"双方都在做官样文章,没有透露他们的分歧所在。

8 月初,特朗普宣布提高自土耳其进口金属的关税,致使土耳其里拉大幅度贬值,原本紧张的两国关系犹如火上浇油。

土美之间暴露出来和存在的主要分歧,大致表现为七个方面的问题:

(1)关于制裁伊朗问题。2018 年 5 月美国判处土耳其公民和银行家梅赫梅特·哈坎·阿提拉 32 个月监禁,指责他绕开对伊朗制裁，参与非法黄金交易。而且，这个案件还涉及土耳其国家元首埃尔多安。

（2）关于叙利亚库尔德人问题。美国利用和支持库尔德人的人民保卫武装（YPG），把其称为反对ISIS和恐怖组织的关键性伙伴，而土耳其认为该武装力量是库尔德共产党（ΠKK）的叙利亚分支组织。2018年年初，土耳其提醒美国在叙利亚北部地区开展土耳其的"橄榄枝"行动时可能与美军发生军事冲突。6月，美土商定，人民保卫武装将放弃曼季杰市，只在该市周围参加巡逻。

（3）关于居伦、布伦森牧师与未遂军事政变问题。土耳其要求美国交出宗教领袖居伦，斥责他是2016年未遂军事政变的策划者。美国当局说，对于类似的指控需要大量的证据支持。土耳其当局说，已经提供了几千页有关居伦的证据材料。居伦本人从一开始就坚决否认与政变有任何联系。与政变有关的另一问题，是土耳其抓捕和关押了美国牧师布伦森。此人被投入监牢一年半之后被软禁在家。布伦森被指控与居伦同谋在土耳其搞恐怖主义，一旦罪名成立将判处35年徒刑。为此，美国则宣布土耳其的司法部部长和内政部部长在美国的财产被冻结，他们被禁止进入美国。

（4）土耳其购买美国F-35战机和俄罗斯S-400导弹系统问题。2017年12月土耳其与俄罗斯签订了购买俄罗斯的地对空导弹系统的军售贷款协议，总额达25亿美元，引起美国不安。在美国看来，购买俄罗斯的导弹系统违背了北约的防御体系，因而拒绝将已经谈妥的价值35亿美元的F-35先进轰炸机交付给土耳其。

（5）抓捕美国领事馆（土耳其籍）工作人员问题。2017年土耳其抓捕了美国驻土耳其阿达纳（Adana）领事馆翻译和美国在伊斯坦布尔反毒品局工作人员，以及领事馆的另1名工作人员，指控他们与政变有牵连。事态进一步升级，导致2017年10月双方停止发放签证达两个月之久。

（6）埃尔多安的保镖问题。埃尔多安总统访问美国时，他的保镖与当地的抗议群众发生冲突，造成11人受伤。美国司法部门起诉埃尔多安的保镖，使埃尔多安无比愤怒。

（7）美国希望土耳其成为"美国的可靠伙伴"和在中东地区的代言人，发挥建设性作用，但土耳其并不言听计从，往往讨价还价。

美国还力图在下列问题上要么借助土耳其，要么向土耳其施加压力和影响：支持土耳其的民主化；捍卫公民自由和经济自由；继续支持土耳其加入欧盟和进行改革。吸引土耳其参加泛大西洋贸易和投资协议；帮助解决叙利亚难民危机和支持叙利亚的温和派势力；对伊拉克采取共同立场；改善与以色列的关系；参与解决伊朗问题；重开塞浦路斯谈判，等等。还有，在乌克兰和黑海问题上美国也在打土耳其的主意。这都是美国一厢情愿的问题，土耳其当然不会百依百顺。

土耳其政府和埃尔多安总统谴责美国对土耳其2016年未遂军事政变无动于衷，拒不交出政变幕后黑手居伦；指责美国武装叙利亚库尔德人军事组织，尤其是库尔德工人党；抗议美国制裁土耳其内政部部长和司法部部长，不让他们进入美国。

埃尔多安总统说，我们几十年的老盟友美国目前的做法，只会损毁美国的利益和安全，如果美国不改变这种不友好的态度，将迫使土耳其寻找新的伙伴和盟友。美国历来有求于土耳其，如朝鲜战争、古巴导弹危机、911后阿富汗战乱，而美国对土耳其的担忧历来不闻不问。

2018年8月18日，埃尔多安总统在正发党第六次代表大会上宣布："土耳其决不会因为外部经济压力而改变自己的方针。""反对土耳其的人过去没有、现在也不可能摧毁土耳其。"① 他还

---

① Ердоган: Турция няма да смени курса заради външен икономически натиск, Mediapool. bg 网站，2018. 8. 19.

说，土耳其准备迎接挑战，他虽没有点名美国，但称其是"我们的战略伙伴"。它们通过经济、汇率、利率、投资和通货膨胀威胁土耳其。他在讲话中，没有忘记继续打击库尔德人。他发誓，要继续打击来自叙利亚和伊拉克的威胁，土耳其军队要继续留在这两国的库尔德人居住区域，防止库尔德武装力量变大变强。

尽管这样，土耳其也不会轻言离开以美国为首的北约。美国在土耳其领土上拥有庞大的多达 60 个军事基地和设施，还储藏有一定数量的核武器原料，至今土耳其也没有提出要修改或取消美土之间签订的军事合作协议。

土美关系有摩擦但不会决裂

目前的土美关系非常令人担忧，但还没有达到不可救药的地步，没有到决裂的边缘，存在改善的余地和空间。

解决土美两国的紧张关系有两种方式：一是相互妥协，继续保持联系；二是彻底决裂，这将给土耳其的经济和美国的地区战略利益带来严重的后果。但是，有一点可以肯定的是，土美关系恐怕再难恢复到此前的水平。土美两国作为伙伴国已经是几十年的盟友，土耳其为了美国做出一定的牺牲。双方都宣誓忠于盟友关系。最近几年，土耳其人权状况恶化，一系列国内政策受到美欧的批评；同时，在对外政策方面土耳其加强了与俄罗斯在叙利亚问题上的合作。土耳其还购买俄罗斯的武器，破坏了北约的集体防务规则。这一切使双边关系复杂化。

美国方面提出，改善关系的前提条件是：立即释放 2016 年 7 月逮捕的美国牧师布伦森，土耳其参加制裁伊朗，放弃购买俄罗斯的反导系统 S-400，承认耶路撒冷为以色列首都、不再要求居伦回国，停止在塞浦路斯周围寻找天然气，等等。看来，美国的要求远远超出两国公开争论的问题，有更加长远的战略目标。土耳其一时肯定满足不了这些条件。

土耳其方面对美国支持叙利亚的库尔德武装力量极为不满。特朗普撕毁与伊朗的核协议，土耳其则不买账，因为土耳其将近一半的进口石油来自伊朗，认为对伊朗的制裁将损害土耳其的经济。

至于通过外交途径解决，美国可以再忍耐一些，正在等待时机。不错，2018年6月埃尔多安在总统大选中获得了胜利，但在议会没有像普京在俄罗斯一样占绝对多数，而是组成了联合政府。土耳其政治上是分裂的国家，埃尔多安用暴力维持其统治很难长久，一旦经济形势恶化，他的地位就会动摇。外交解决还基于美国在中东地区需要找到推行美国民主，通往西方世界的一座桥梁。土耳其是温和的伊斯兰主义国家，习惯扮演两面派角色。美国可以容忍土耳其不太忠诚，不是坚定的盟友，但要同意与美国进行交易。

为了摆脱困境，土耳其正在做下面三件事：（1）制定克服经济过热和稳定经济的纲领，重振经济。（2）需要寻找新的盟友、新的市场。（3）改善与欧洲国家的关系。

因此，土耳其肯定会加强与俄罗斯、中国、卡塔尔等国的政治和经贸联系。为了摆脱困境，土耳其确实首先需要加强与俄罗斯的政治和经贸联系。2017年12月俄罗斯与土耳其签订了S-400军售的贷款协议。据称，一年后这套防空导弹系统就可以交付土耳其。2018年8月24日，普京在会见到访的土耳其外交部部长和国防部部长时称，俄罗斯与土耳其的关系无论是在经济领域还是在解决外交问题方面正在深化。2018年11月19日俄罗斯总统普京对土耳其进行了国事访问，双方并未就叙利亚政府军与极端分子武装在伊德利卜地区的停火和进一步落实S-400导弹协议取得完全一致。土耳其随着土美关系转暖和美国的施压，在军售问题上又一次产生动摇。

俄罗斯因为乌克兰和克里米亚问题受到美欧的制裁已经5年，

经济相当困难，更多倾向于迫使土耳其在叙利亚问题上进行合作，不可能提供经济援助。土耳其与俄罗斯的关系由于各种利益交织在一起非常错综复杂，矛盾重重。面对俄罗斯的时强时弱，土耳其不会轻易宣布退出北约。在土耳其东部地区有北约反导系统的中央雷达站，在伊兹密尔有北约陆军联合指挥部和美军基地。

卡塔尔面对以沙特为首的封锁，不会轻易挑战与美国的关系，但它的石油美元对土耳其有巨大的吸引力。卡塔尔明确承诺向土耳其提供150亿美元的贷款和直接投资，其中包括提供石油和天然气产品，还与土耳其签订了两国央行互换货币的协议。同时，两国还签订了贸易与经济伙伴协议，加强通信和财政领域的合作。2018年头7个月的贸易额已达到8亿美元，其中包括提供石油和天然气产品。土耳其在阿拉伯地区的最好朋友是卡塔尔。它与沙特的关系一般。阿拉伯国家在目前的美土危机中不会支持土耳其。

由于土耳其具有独特的地缘政治和地缘战略价值，处于北约东南侧独一无二的地理位置，它仍是美国最重要的盟友和伙伴之一，美国和欧盟无论是在安全方面还是经济方面都不会抛弃土耳其。土耳其反复强调，它需要欧洲，而欧洲更需要它。

所以，在同美国关系紧张的同时，土耳其与欧洲的关系有所缓和。2018年7月20日，荷兰恢复了与土耳其的外交关系，2017年荷兰因拒绝土耳其的部长们进入荷兰帮助埃尔多安竞选宣传而断绝了关系。随后，德国宣布取消对土耳其的经济限制并放松旅游限制。9月28日埃尔多安总统访问德国，寻求改善和加强与德国的关系。近年来土德两国关系发生了许多冲突，如土耳其借口未遂军事政变监禁德国记者，而德国议会则通过了一项决议，将20世纪初的亚美尼亚人在土耳其遭屠杀一事界定为"种族灭绝"行为，激怒了土耳其；还在对待库尔德武装问题上和土耳其在叙利亚的军事行动上也出现了深刻分歧。在德国有300多万土耳其人生活和工作，这足以说明德土关系的重要性。据报道，埃尔多安总统和默克尔总理并未就双方的分歧达成"共识"。

埃尔多安欲与欧盟改善关系,但进展很不顺利。埃尔多安一直抨击欧洲国家扶植被土耳其宣布为恐怖主义组织的库尔德工人党和居伦运动,称这是欧洲对恐怖组织的"崇拜和热爱"。埃尔多安还谴责欧洲人权法院要求释放亲库尔德的反对派政治领导人的决定。

2018年10月14日,土耳其释放了被关押两年的美国牧师安德鲁·布伦森后,土美关系开始正常化。作为回报,美国开始放松对土耳其的经济压力,并在叙利亚北部与土军联合巡逻,提供情报信息。这实际上是支持埃尔多安对叙利亚北部地区的占领,违背了俄罗斯、土耳其和伊朗事先达成的协议。不仅如此,土耳其还有意购买美国的"爱国者"导弹以取代俄罗斯的S-400导弹系统。2018年12月美国明确告诫土耳其,要么购买美国的F-35战机,要么选择俄罗斯的S-400防空导弹系统,必须二选一,不能两者都要。而且,警告土耳其若不放弃对俄罗斯军购,将面临美国新的制裁风险。

土美同是北约盟友,又都拥有北约里最强大的军事力量。现在改善关系的大门已经敞开了,但要恢复昔日的盟友关系还需克服前进道路上的诸多障碍。

首先是库尔德问题,这是土耳其最关切的头等问题。土耳其绝不允许库尔德人自治,认为他们都是恐怖分子,由于叙利亚北部地区得到美国人的支持出现了库尔德人的准国家组织,所以,土耳其不顾叙利亚的反对,于2018年1月20日公然出兵叙利亚西北部的阿芙林地区,打击亲美国的库尔德武装保卫人民力量和民主联盟党,号称"橄榄枝行动",已致使成千上万百姓逃离家园。土耳其称对叙利亚没有领土野心,但"有权利打击恐怖主义势力"。它欲在叙利亚局势接近明朗化的前夕,主导叙利亚的政治进程,在战后的叙利亚国家结构中起关键作用,把叙利亚库尔德人牢牢控制住。很明显，土耳其对叙利亚库尔德人的态度与美国、欧盟、俄罗斯对其的态度存在很大差异。叙利亚的各派支持和反对政府的力量以及国际社会都呼吁土耳其保持克制，不要使叙利亚人道主义危机复杂化。土耳其正好在违背与俄罗斯和伊朗达成的协议，强行占据叙利亚的部分领土，引起国际社会的不安。

其次，是关于制裁伊朗问题。2018年11月5日起，美国宣布全面制裁伊朗。伊朗是土耳其的重要贸易伙伴，土耳其不会盲目跟进美国的新制裁措施。土耳其称，它每年从伊朗进口100亿立方米天然气。一旦停止进口，百姓的取暖就成问题。

所以，土美关系在一段时间里很可能是正在疏远的盟友关系。

三　土耳其与俄罗斯关系

俄罗斯与土耳其的关系在不同历史时期，取决于它们的各自利益和在国际舞台上地缘政治地位的迅速变化。21世纪初，它们在争夺地区霸权方面变成了相互依存的伙伴，有着共同的利益，在多方面进行合作。2015年11月的苏—24轰炸机事件则成为两国关系的分水岭。目前，俄土关系正在或已经恢复到2015年前的水平，并开始了新的合作领域。

土俄关系复杂多变

历史上，俄国与奥斯曼帝国在争夺地区霸权和出海口的斗争中，进行过多次大规模的战争。土俄是世纪宿敌。

一战后，土耳其的边界直接同苏联相连。由于凯末尔推行和平中立的外交政策，土耳其改善了同强大邻国苏联的关系。1925年12月17日，土耳其与苏联签订《互不侵犯协定》。从而，土耳其共和国从苏联获得了政治、经济、军事和外交上的大力援助，尽管凯末尔当局镇压了土耳其共产党，但土苏关系依然顺利发展。凯末尔晚年还同苏联缔结了友好条约。他甚至预言，在未来的世界大战中苏联终将胜利。20世纪30年代苏俄与土耳其共和国关系正常化，建立了睦邻友好伙伴关系。

二战后，随着土美军事政治同盟关系的确立，土耳其政府的整个对外政策在冷战早期就带有明显的民族主义的、反对共产主义的性质。1953年苏联正式宣布对土耳其没有任何领土要求。20世纪60年代下半期国际形势开始缓和，土耳其不再一边倒向西方，而是同时也改善了与苏联和东欧集团的关系。

1964年，苏联利用土耳其与美国的摩擦，乘机从政治上和经济上大力拉拢土耳其。而土耳其为了得到苏联在经济上和塞浦路斯问题上的支持，接受了苏联改善两国关系的倡议，两国领导人进行了互访。接下来，双方在1972年发表了"苏土睦邻关系原则宣言"。1973年，双方签订了关于边界问题的6个文件，调整了困扰两国多年的边界问题。1975年，土耳其和苏联签署新的经济合作协定，苏联决定向土耳其提供7亿美元贷款。这年，两国领导人还发表了联合公报，强调加强"睦邻和经济合作"。1977年土耳其与苏联缔结为期10年的经济合作协定。

1978年6月土耳其共和国总理埃杰维特访问苏联，双方签署了睦邻友好合作原则政治文件，为土苏之间睦邻友好合作的进一步发展开辟了新的前景。两国政府签订了《土苏划分黑海大陆架协定》。双方还商定尽快签署一项为期三年的贸易协定。双方声明希望进一步扩大文化、科学和体育交流，以增进两国人民间的相互了解，为此签订了1978—1980年两国文化和科学交流计划。在敏感的塞浦路斯问题上，双方主张在尊重塞浦路斯的主权、独立和领土完整以及不结盟政策的基础上由塞浦路斯的土希两个部族通过谈判解决。

20世纪90年代初起，原东欧社会制度转型和苏联解体，土耳其与俄罗斯政治关系进入多变和竞争阶段,在中亚地区表现尤为突出。土耳其认为在高加索和中亚地区推行新奥斯曼主义的时机已到,大力向独联体进行经济、政治、文化、宗教渗透,宣扬以世俗民主和自由经济为特征的"土耳其模式"。土耳其还试图控制里海的石油和天然气,垄断俄罗斯通往欧洲的油气管道。这一切无不与俄罗斯的国家利益和战略意图发生对立和冲突。土耳其欲在中亚地区取代俄罗斯的势力和影响,侵占欧亚大陆空间。几年之后,土耳其发现俄罗斯的影响力仍然很大,土耳其尽管有美国和欧盟撑腰,也显得力不从心。于是,土耳其开始在该地区谋求与俄罗斯合作。因为两个国家都认为自己是欧亚国家,而且对欧洲的一体化都心怀疑虑。

总体说来,从1991年苏联解体到90年代末,土俄两国关系由于存在各种利益冲突,是竞争多于合作,个别问题上还出现利益冲突。可以说,最近二三十年来,土俄关系从历史上的竞争对手变成了重要的经济伙伴。

土俄关系发展进入新阶段

2001年美国发生911事件之后,土俄关系出现积极变化。2001年11月,两国签署《欧亚合作行动计划》。2002—2012年是土耳其与俄罗斯政治、经济、旅游和文化联系较为密切的10年。2002年土耳其正义与发展党上台特别是埃尔多安就任总理后,两国关系获得迅速发展。2012年12月,埃尔多安当选为正发党领导人之后,于2012年访问莫斯科,受到弗拉基米尔·普京(Vladimir Putin)总统接见。双方讨论了2008年8月格鲁吉亚战争、2009年土耳其与亚美尼亚对话和2011年以来的中东局势等问题。

2002年起,土俄两国建立了战略伙伴关系。尽管土耳其是北约成员国,又正在努力争取加入欧洲联盟,但这并不影响它发展与俄罗斯的关系。土耳其是俄罗斯的第二大贸易伙伴,并与欧亚经济联盟成员国签订了贸易协定。土耳其支持俄罗斯建立国际新秩序的倡议，反对西方国家主宰国际事务。2002年埃尔多安与普京还达成了一项停止支持对方领土上分裂主义活动的重要协议，即土耳其停止支持车臣分裂主义活动，俄罗斯则停止支持库尔德工人党的活动。

2004年俄罗斯总统普京访问了土耳其。这是1972年以来俄罗斯领导人的第一次访问，被视为两国关系的转折点。访问中，签署了两国巩固合作和多领域伙伴关系的联合声明。很快，这两位对许多国际问题有共同看法的实用主义领导人，在能源和贸易等领域找到了合作的共同点。接着，两国建立了较高级别的政府间共同委员会，签订了多项协议和协定。随后，两国在经济、贸易，包括在能源、旅游等领域开始了富有成效的合作。

2009年2月，土耳其总统阿卜杜拉·居尔对俄罗斯进行为期4天的访问，土俄发表联合声明，宣布双方致力于深化友谊和全方位合作，两国关系明显升温。同年8月6日，土俄两国总理在安卡拉签订了20个文件，其中俄罗斯"南溪"天然气管道通过土耳其领海的协议，以及俄罗斯帮助土耳其修建一座核电站的协议。与此同时，俄罗斯还帮助土耳其铺设从萨姆（Samsun）至杰伊汉全长555千米、连接土耳其南北从黑海到地中海的石油管道。这样，土耳其不仅满足了国内经济迅速发展的需要，而且成为从俄罗斯和中亚到西欧的重要能源枢纽，进一步提高了它的地缘战略地位。这样，俄罗斯便成了继德国之后土耳其的第二大对外贸易伙伴。据2009年的资料，是年土耳其从俄罗斯进口了300亿美元的商品，向俄罗斯出口了190亿美元的商品。土耳其消费的1/2的天然气和1/4的石油依赖从俄罗斯进口。

2010年5月俄罗斯时任总统德米特里·梅德韦杰夫（Dmitry Medvedev）访问土耳其，进一步就两国能源领域合作的具体项目进行落实，并商定两国尽快建立两个新的机构：总理一级战略合作委员会和外交部部长一级战略计划委员会。两国将在高加索和中亚地区加强协调与合作。

无论是俄罗斯，还是土耳其都不希望外部势力染指黑海和里海地区。尽管正发党在2011年的纲领中强调土耳其不会采取与俄罗斯竞争的立场，而是要进行合作，但分析人士认为，两国在中亚和高加索地区关于油气管道输送问题的竞争难以避免。

2014年乌克兰危机爆发和俄罗斯收回克里米亚后，土耳其公开反对俄罗斯"侵略"，并坚决支持克里米亚鞑靼人捍卫权利的斗争。从2014年开始土耳其不断强化与乌克兰的关系，出售武器给乌克兰。2015年11月24日，土耳其一架F-16战机击落一架俄罗斯苏-24轰炸机，并残忍地杀害飞行员，激起俄罗斯的愤怒和抗议。普京总统下令对土耳其发动经济制裁，冻结了对土耳其5亿美元的投资。普京要求埃尔多安公开道歉并赔偿战机和人员损失。土耳其自以为有美国和北约撑腰，对俄罗斯采取反制裁。双方的强硬态度给各自的经济和外交都带来重大的损失，而对土耳其造成的不良影响和困难更大些。这主要表现在俄限制进口土耳其的商品，尤其是农产品（此前俄罗斯市场上70%的农产品来自土耳其）；取消土耳其公民进入俄罗斯的免签证制度；取消俄飞往土耳其的包机航线，几百万旅游者不能前往土耳其度假①；停止与土耳其的大型合作项目，如俄罗斯还暂停了"土耳其溪"天然气管道项目。据有关资料，两国的贸易在政治冰期内减少了42%。②坠机事件发生之前，俄土两国之间就因俄罗斯干涉乌克兰以及支持叙利亚政府军而呈现紧张。但是，"坠机事件的发生则直接使两国关系陷入冰点"③。

---

① 俄罗斯到土耳其的旅游者2008年和2009年分别达到280万人和260万人。
② 见《埃尔多安访俄重启土俄关系》，《参考消息》2016年8月10日。
③ 参见李进峰、吴宏伟、李少捷主编《上海合作组织发展报告2016》，社会科学文献出版社2016年版，第294页。

俄罗斯作为土耳其最大和最重要的邻国，在经济、贸易、能源、旅游业等领域的合作富有成效。从 2008 年开始，俄罗斯便成了土耳其最大的贸易伙伴（除欧盟外）。2012 年，两国贸易额达到 330 多亿美元，即土耳其对俄罗斯出口额为 67 亿美元，从俄罗斯进口额为 266 亿美元。土耳其逆差达 199 亿美元。两国贸易额 2014 年为 300 亿美元，2015 年下降至 230 亿美元。① 俄土两国都希望双边贸易尽快达到 1000 亿美元。土耳其所需能源的 2/3 来自俄罗斯；每年约有 300 万俄罗斯人到土耳其旅游度假，约占土耳其外国旅游者的 70%②；俄罗斯曾答应帮助土耳其在梅尔辛（Mersin）省建立第一座核电站，造价 200 亿美元；在俄罗斯约有 150 家土耳其的大型建筑公司，占据俄罗斯建筑市场约 25% 的份额；仅在莫斯科就有 5 万土耳其人生活工作。③ 土耳其在俄罗斯的直接投资超过 60 亿美元，而俄罗斯在土耳其的直接投资也超过 40 亿美元。④ 土耳其的商品在俄罗斯与中国商品展开激烈竞争。为了不从属于俄罗斯，土耳其常常借助北约作为调剂与俄罗斯关系的手段和武器。

土耳其是继乌克兰之后俄罗斯最大的天然气消费国。土耳其的能源战略是平衡自身需求，使自己成为中亚地区通往欧洲和西方重要的"能源桥梁"。看来，土俄都试图弱化双方在中亚国家方面的分歧。俄罗斯和土耳其在中亚地区的合作多于相互的制约，前提是战略伙伴双方能够理解对方在该地区的利益和政策。

埃尔多安在土耳其击落俄罗斯战机后半年内，对俄罗斯态度强硬，2016 年基于国内外出现对他不利的形势，他不得不向俄罗

---

① 《普京访土促两国关系加速重启》，《参考消息》2016 年 10 月 11 日。
② Александър Тодоров, *Инфраструктурната битка за Западните Балкани, ЕС, Турция и останалите*, брой 2, 2021, сп. Геополитика, с. 92.
③ Иван Кръстев, *Москва и Анкара съгласуват общи интереси*, Дума, 17.03.2011.
④ Любен Петров, *Неоосманизмът Новата геополитическа доктрина на Република Турция*, София, ИК "Световит", 2015, с. 57.

斯做出妥协让步。2016年6月，埃尔多安总统就击落战机事件向俄罗斯表示道歉，土俄关系开始正常化。

埃尔多安"破冰"之旅重启土俄关系

2016年7月土耳其发生未遂军事政变后，土耳其迎来了与俄罗斯改善关系的机会。俄罗斯总统普京就军事政变致电埃尔多安，表示盼望土耳其恢复稳定，尽早举行两位领导人会晤。埃尔多安就击落俄罗斯飞机表示书面道歉后，俄罗斯取消了对土耳其的制裁措施。土俄关系开始解冻，并迅速升温正常化。土耳其加速向俄罗斯靠拢，打"东方牌"。未遂政变一周后，以土耳其副总理为首的高级别代表团访问了莫斯科。在双边关系正常化过程中，两国准备落实和实施"土耳其溪"天然气管道和"阿克库尤"核电站这样的大项目，恢复两国之间的包机业务，俄罗斯游客前往土耳其度假变得畅通，俄罗斯恢复进口土耳其的商品。

埃尔多安总统在8月9日访问了俄罗斯，与普京总统会晤。埃尔多安感谢普京和俄罗斯人民对土耳其人民的支持，期望土俄关系"步入完全不同以往的新阶段"，称此次访问对于双边关系具有"里程碑"意义。两国都希望将双边关系恢复到2015年11月"飞机事件"之前的水平，希望尽快实现年贸易额达到1000亿美元的宏伟目标。土俄关系改善对两国都非常重要。俄罗斯通往欧洲的石油天然气管道也有一部分穿过土耳其。埃尔多安还出席了莫斯科一座新建清真寺奠基典礼，该清真寺占地1.9万平方米，是欧洲之最。普京总统和巴勒斯坦领导人马哈茂德·阿巴斯（Mahmoud Abbas）一起参加这场隆重仪式。

埃尔多安访俄是土耳其发生未遂军事政变后的首次出国访问，也是在西方的施压下不得已而为之。这是土耳其遭到西方盟友"愚弄"后做出的向东靠的选择。8月9日，普京与埃尔多安就双边关系正常化达成路线图。俄罗斯将逐步取消反制裁措施，恢复与土耳其的双边互动。

9月3日，普京和埃尔多安在中国杭州 G-20 国集团峰会上举行会谈，讨论了恢复两国全面合作、推动能源协作等问题。10月10日，普京访问土耳其，这是埃尔多安访俄和两位领导人在杭州会面后的第三次会晤。据称，此次行程的主要任务是签订建设"土耳其溪"天然气管道的协议，说明俄土关系正在加速重启。10月14日，俄罗斯方面透露，俄可能向土耳其出售导弹防御体系。外电认为，"这将是表明土俄关系持续改善的最新信号"[①]。尽管12月19日，俄驻土大使在土耳其首都安卡拉遇袭身亡，但从两国领导人表态看，双方并没有将矛头指向对方。

埃尔多安总统决心推行自己的外交政策，扩大自己的"朋友圈"，包括改善与以色列、俄罗斯和伊朗的关系，强调与叙利亚"关系正常化"，不再在叙利亚内战问题上选边站或一边倒。土耳其不希望叙利亚问题的解决任由美国和俄罗斯主宰，它必须关注叙利亚境内库尔德人的动向。

但是，俄土双方在一系列问题上仍存在分歧。俄罗斯希望土耳其重新考虑自己在克里米亚问题上的反俄立场；两国在叙利亚问题上也有严重矛盾，需要双方进行谈判并相互做出让步，还有复杂的库尔德人问题。

西方也对俄土关系改善泼冷水，认为俄土矛盾太多，它们在欧亚地区的利益迟早会发生碰撞。但能源领域的合作取得一些进展，成为两国经济合作的重点。

土耳其和俄罗斯能源合作前景广阔。在当前的国际政治环境下，如果说黑山被拉入北约被称为"大西洋主义"的胜利、俄罗斯失分的话，那么，"土耳其溪"项目重启则称得上在地缘政治竞争中俄罗斯得分和美国的失败。当然，未来"土耳其溪"在巴尔

---

① 《俄土总统会谈令两国关系再升温》，《参考消息》2016年10月12日。

干半岛的进程仍不会一帆风顺，因为美国、欧盟、俄罗斯及土耳其四大国际势力在巴尔干的利益博弈还在继续，胜负难分。土耳其和俄罗斯两国的关系存在风险和变数，这也不是什么秘密。

总体说来，俄罗斯愿意与土耳其建立一种伙伴关系。但是，埃尔多安总统领导的政府只想成为俄罗斯临时的，或某个领域的盟友。这是因为无论是俄罗斯还是土耳其，它们的地缘战略目标是不一致的，有时甚至是对立的。

四 土耳其与巴尔干国家关系

近二三十年来，巴尔干地区是土耳其外交政策的重点地区之一，是新奥斯曼主义的一块试验田。土耳其特别想通过对该地区的政治、经济、文化和宗教影响，在不同国家推行不同战略，重点突出，区别对待，以期达到占领阵地，谋取利益最大化。土耳其正义与发展党在埃尔多安总理/总统的领导下，希望在巴尔干地区成为一支地缘政治力量，参与同美国、欧盟、俄罗斯和中国的竞争，扩大自己的势力范围。土耳其向巴尔干扩张可以达到一箭双雕的目的：一是在巴尔干"复兴伊斯兰教"，实现自己的政治经济利益；二是力图全面排挤欧盟、俄罗斯和中国在巴尔干的影响。

埃尔多安在2018年纪念末代苏丹阿布杜尔·哈密德二世逝世100周年时，认为哈密德二世苏丹是"一位最重要的、最有远见和最具有战略思维的思想家"，认为今日土耳其共和国是"奥斯曼人的延续"。而巴尔干国家则认为，哈密德二世是"双手沾满了鲜血"的苏丹，埃尔多安在搞"历史复仇主义"①。保加利亚《言论报》指出，埃尔多安想开辟土耳其历史的新篇章，而实际上是关

---

① К·Йоктему, *Новото турско присъствие на Балканите*, *Геополитика*, 2011, брой 3. http://geopolitica.eu/2005/1059.

闭了土耳其通向欧洲的道路。

在巴尔干方向，土耳其的外交政策有两个鲜明的特点：在21世纪头10年，土耳其欲加速进入欧盟，全力支持和鼓励巴尔干原社会主义国家加入欧洲一体化进程；从2011年起，随着美国在中东地区制造危机，土耳其寻找各种理由开始直接介入中东和巴尔干冲突，以实现新奥斯曼主义的外交战略。

土耳其在巴尔干国家全面渗透

土耳其对巴尔干国家的渗透和影响不断扩大，这是不争的事实。土耳其尤其在阿尔巴尼亚、科索沃、波黑和马其顿的政治、经济、文化、教育等全方位进入最为显著。

众所周知，巴尔干地区是土耳其外交政策的重点地区之一，也是新奥斯曼主义的一块样板田。土耳其特别想通过对巴尔干地区的政治和经济、文化和宗教扩张，勾起巴尔干各国人民对奥斯曼时期的"美好记忆"，宣扬土耳其的经济奇迹，解决巴尔干国家人民因社会转型带来的诸多困难，平复他们不满的心情。

早在土耳其共和国成立之初，土耳其政府就特别关注巴尔干地区的土耳其人及其伊斯兰宗教团体。20世纪90年代初期，南斯拉夫内乱和解体，给土耳其实现自己的理想和计划创造了前所未有的优越条件。在南斯拉夫危机期间（1991—1999），土耳其曾派出1500人的军队参加联合国维和部队，特别在财政、军事和宣传方面大力支持波黑穆斯林。

土耳其堂而皇之地进入巴尔干是2010年。这年土耳其召集塞尔维亚、克罗地亚和波黑领导人签订了"关于争取巴尔干和平与稳定的伊斯坦布尔声明"，以调解前南斯拉夫遗留问题。从此，波黑在贝尔格莱德设立了大使馆，土耳其则开始成为巴尔干地区的重要玩家。

土耳其在扩大自己的影响力方面，广泛采用了政府组织和非政府组织，进行公开的和隐蔽的赞助。① 为此，土耳其专门成立了土耳其国际合作局（TIKA）、在总理府设立了宗教事务局（DIANET）、宗教慈善总局（即宗教慈善基金会）、国外土耳其人和亲属管理局、"于努斯·埃姆雷"（Yunus Emre）文化中心、"马里夫"（Maarif）学校等政府机构。与此平行的还有遍布各地的"居伦运动"（Hizmet）。有人披露，"马里夫"学校的确从巴尔干各地招募了一批又一批的年轻漂亮的女孩，把她们送到了土耳其与那些有钱人成婚。这一点特别像中世纪奥斯曼帝国通过"血税"在巴尔干半岛基督徒中挑选精壮男孩去帝国补充"埃尼恰尔"近卫兵团。

土耳其的经济状况较西巴尔干国家要好得多，强大得多。土耳其的GDP总量是所有巴尔干国家的三倍多。首先，它是向巴尔干国家的银行进行直接和间接投资，在每个巴尔干国家都有土耳其的多家银行。其次，是投资巴尔干国家的不动产和商业。土耳其是科索沃的最大投资者，是波黑和阿尔巴尼亚的最主要的贸易伙伴。土耳其同所有巴尔干国家缔结了双边协议，以保证土耳其公司在巴尔干享有经济优先权和投资获得优惠条件。

所以，新奥斯曼主义的吹鼓手、土耳其前外交部长达乌特奥卢在其2001年出版的著作《战略深谋：土耳其的国际地位》一书中，将巴尔干国家划分为三种不同的类型：核心首先是伊斯兰信徒最多的国家科索沃、阿尔巴尼亚和马其顿；其次是保加利亚、希腊、塞尔维亚、土耳其和波黑；最后是克罗地亚、罗马尼亚和匈牙利，因为克罗地亚影响波黑；匈牙利和罗马尼亚影响塞尔维亚。

土耳其集中精力在巴尔干地区的土耳其族的文化和教育活动中普及土耳其语教育，为此投入了大量人力物力。例如，在马其

---

① Михаил Димитров, *Разширяващото се турско влияние в Западните Балкани*, *Геополитика*, 2019, брой 1, с. 5.

顿、科索沃、波黑和塞尔维亚的桑贾克地区,开办土耳其语学校和培训班,提供教师和教科书以及资金。土耳其在萨拉热窝、地拉那、斯科普里、普里什蒂纳建立了大学。土耳其在巴尔干国家的教育机构大多集中在穆斯林居住地区,因为那里有扩大土耳其影响的良好土壤。土耳其政府还帮助各地保护和修缮奥斯曼帝国时期的历史和文化古迹,以恢复当地人民对奥斯曼帝国的美好"历史记忆"。

根据土耳其国际合作局(TIKA)的计划,土耳其政府发放国家奖学金;而国际合作局负责保护和修复奥斯曼帝国时期的文化遗产;土耳其语"埃姆雷"教学中心(Unus Emre)则在西巴尔干国家负责传播土耳其的文化、历史和语言。另外,这两个机构还通过赞助当地的媒体宣传土耳其。

在宗教方面,土耳其全力支持巴尔干的穆斯林居民,宣称是他们的权利和自由的捍卫者。当然,土耳其当局竭力宣扬的是土耳其的伊斯兰教派,并由土耳其的伊斯兰组织领导巴尔干的穆斯林社团。而巴尔干地区的伊斯兰教人士也是以各种方式与土耳其保持着密切联系,他们大都毕业于土耳其或中东和北非的高等宗教学院,并获得土耳其的财政资助。他们回到各自国家后愿意为土耳其服务这也是可以理解的。

巴尔干穆斯林是土耳其手中的一张王牌。通过这些信奉伊斯兰教的居民和住在国土耳其少数民族,土耳其向这些国家施加政治和经济影响,同时也对这些国家的安全构成威胁,如通过穆斯林影响波黑、塞尔维亚和克罗地亚的稳定;通过阿尔巴尼亚族影响马其顿和科索沃以及保加利亚、希腊等国的局势。

达乌特奥卢曾明确指出:"从西北的比哈奇开始,沿着波斯尼亚中部—东波斯尼亚—桑贾克—科索沃—阿尔巴尼亚—马其顿—克尔贾利—西色雷斯直达东色雷斯,在土耳其看来这条线路是巴尔干地缘政治和地缘文化的生命线。"① 土耳其宣扬的巴尔干穆斯林这条"生命线"的最危险地段无疑是波黑。明眼人一看便知道，这不是一条经济带或文化带，而是一条巴尔干穆斯林聚居的区域带，他们要么是相关国家的少数民族，要么是穆斯林占据多数的国家，如阿尔巴尼亚和科索沃（地区）。当然，这条线也不是始终连接在一起的，有的地段是断裂的，因为巴尔干地区民族和种族众多，且东正教和天主教居于优势。不管怎么说，这条所谓"生命线"是掩埋在巴尔干地区的"地雷带"，近30年巴尔干地区战乱频繁就是证明。

土耳其在不同巴尔干国家采取不同策略

北马其顿②在巴尔干地缘政治中占据重要地位。土耳其特别看好北马其顿和科索沃，因为控制了这两个地区，就可以削弱希腊和塞尔维亚的传统影响。尽管希腊与马其顿在国名问题上争吵不休，但希腊是马其顿的最大贸易伙伴和投资国；也尽管马其顿宣布脱离前南斯拉夫独立，但马其顿的政治精英都接受过前南斯拉夫的教育和培训，而且在面对阿尔巴尼亚分裂主义势力上有共同的利害关系。所以，土耳其在北马其顿的影响受到塞尔维亚和希腊的某种牵制。

土耳其对北马其顿这个小国仍进行积极投资。它甚至掌控了马其顿的基础设施，投资和管理斯科普里（Skopli）和奥赫里德（Ohrid）机场。同时，土耳其总统埃尔多安与马其顿前总理格鲁耶夫斯基（Gruevski）交往甚密，有良好的私人关系。

土耳其正义与发展党同马其顿的土耳其少数民族政党马其顿

---

① Ени Димитров, "Тънка" турска линия минава през Балканите, Труд, 17.03.2010.
② 2018年6月，马其顿与希腊两国政府达成协议，以马其顿更名为"北马其顿共和国"作为希腊同意其加入欧盟和北约的条件。2019年1月11日，马其顿议会通过宪法修正案，同意按照协议更改国名。本书兼顾这段历史，有时使用马其顿。

土耳其人运动党（马其顿社会民主联盟的伙伴党）和马其顿土耳其族民主党（马其顿统一民主党的伙伴党）以及阿尔巴尼亚"贝卡"（BECA）运动保持非常密切的联系。土耳其在北马其顿设立了"伊斯兰文明中心"基金会，在斯科普里建立了"国际巴尔干大学"（International Balkan University）、在戈斯提瓦尔开办了"国际远景大学"（International Vision University），都是为了培养为土耳其利益服务的未来人才。正发党还收购了斯科普里的"时代"（ERA TV）电视台，进行土耳其语教学；资助出版土耳其文报纸（*Yeni Balkan*），宣传土耳其的政治、经济观点和文化政策。土耳其还拥有斯科普里"西斯蒂娜"（Sistina）私立医院50%的股份。土耳其在北马其顿的影响可以说无处不在。

塞尔维亚是前南斯拉夫地区独立最晚的国家，一直受到以美国为首的西方世界的经济制裁，政治孤立。独立后，在科索沃问题上、在加入欧盟问题上，饱受西方的不公平对待。

土耳其看准机会，欲全面进入塞尔维亚，施加影响。土耳其在塞尔维亚注册了450多家公司，在工业、农业、基础设施领域都有投资。但土耳其的公司规模小，资金数目不多。

土耳其通过国际合作局和宗教事务局帮助塞尔维亚境内的穆斯林居民，支持他们的一些不太实际的要求。2014年土耳其在新帕扎尔市成立了"塞尔维亚土耳其人协会"，在全市的小学推广土耳其语，招揽波斯尼亚中学生到土耳其上大学；2016年土耳其策划这个协会建立土耳其少数民族全国委员会，宣称只有土耳其国家才能捍卫波斯尼亚穆斯林在塞尔维亚的权利和利益。

土耳其和塞尔维亚关系经常起伏不定。经济合作在不断加强，但在科索沃独立问题上双方立场截然不同。土耳其还对塞尔维亚境内波斯尼亚穆斯林聚居地桑贾克地区特别关注，给予多方面的帮助，煽动穆斯林居民的情绪。塞尔维亚对土耳其这种干预态度十分不满。

2017年10月,埃尔多安访问贝尔格莱德和新帕扎尔时,强调土耳其对巴尔干"有亲属关系",有强烈的兴趣,会有大量的投资;希望当地居民多消费土耳其的商品,扩大双方的贸易。塞尔维亚是土耳其商品进入欧盟的陆上捷径。

在这次访问之前,塞土两国在经济领域签订了12个协议。塞尔维亚意识到,国家遭到前南斯拉夫解体的惨烈破坏,现在光依赖俄罗斯的投资是远远不够的,还需要指望土耳其和中国的投资,以改变交通运输和基础设施方面的落后状况,改善投资环境。土耳其积极改善与塞尔维亚的贸易状况。2006年两国之间的贸易额为3.28亿美元,2016年两国贸易额为9亿美元,而到2019年达到了20亿美元,不日将突破50亿美元。① 但是,在实践中,土耳其的私人公司竞争不过中国和俄罗斯强大的、势力雄厚的公司。目前的状况是,土耳其公司往往是分包中国和俄罗斯大项目里的一些子项目,但它们在塞尔维亚的木材采伐和加工业以及蜂产品加工方面占有优势。

土耳其在科索沃的影响最深、最全面。科索沃是今日巴尔干地区的纷争之源,一个最不稳定的因素。土耳其不仅在巴尔干地区率先承认科索沃独立,而且与科索沃建立了最紧密的政治、经济、文化和军事联系。科索沃的土耳其族特别少,但科索沃的土耳其族民主党在科索沃议会拥有自己的代表,其党的主席马赫尔·扬格勒拉尔担任过社会服务部部长。土耳其将科索沃的罗姆人和其他人数不多的族群都视为土耳其人。土耳其族人参加科索沃的地方和国家一级领导机构。土耳其甚至帮助科索沃青年从土耳其偷渡去ISIS充当炮灰。

土耳其在科索沃有500多家公司。它们分布在银行、食品、

---

① Александър Тодоров, *Инфраструктурната битка за Западните Балкани, ЕС, Турция и останалите*, брой 2, 2021, *сп. Геополитика*, с. 93.

商业、医疗卫生等领域，还有 400 多个在建项目。特别是在教育系统，每年提供 100 个名额的大学生奖学金到土耳其的神学院学习，为科索沃培养伊斯兰宗教首领和政治精英。在普里兹伦、佩奇、普里什蒂纳等地，土耳其语"埃姆雷"教学中心"Unus Emre"通过当地伊斯兰宗教团体组织土耳其语免费教育，在大学的院系开设土耳其历史和伊斯兰艺术，使当地土耳其族穆斯林加强土耳其民族认同。土耳其对科索沃穆斯林极为重视。2015 年在科索沃援建了 30 多座清真寺和其他宗教场所。

特别要指出的是，在科索沃有 400 多名土耳其军人参加科索沃多国部队（KFOR），帮助科索沃维护公共安全和秩序。土耳其是唯一派军队到科索沃的巴尔干国家。

土耳其与阿尔巴尼亚的关系也非常好。两国在经济、教育、文化、科学技术和国防等领域签订了各种重要的协议。经济合作处于较高的水平，在阿尔巴尼亚有 300 多家土耳其公司，从事冶炼钢铁、金融和电信等业务。

土耳其全力支持阿尔巴尼亚政要，尤其是支持正义、一体化和统一党。根据宗教事务局的倡议，土耳其政府投资 3000 万欧元在地拉那（Tirana）修建了阿尔巴尼亚最大的清真寺"Hamazgah"，预计 2019 年完工后，可以容纳 5000 人。该清真寺将成为拥有博物馆、图书馆和会议厅的伊斯兰综合体。土耳其国际合作局在阿尔巴尼亚有 250 来个项目，而土耳其语"埃姆雷"教学中心"Unus Emre"则帮助修复那些具有历史文化价值的古宗教建筑、负责土耳其语培训、组织展览、音乐会、论坛和其他文化娱乐活动。

土耳其的影响还深入阿尔巴尼亚的卫生保健事业。根据协议，阿尔巴尼亚的军人都可以到土耳其的军医院治病，一切费用由土耳其国家预算承担。土耳其与阿尔巴尼亚的合作还包括教育、国防、能源、旅游和农业等领域。土耳其航空公司（Türkiye Hava Yollar）

收购了阿尔巴尼亚航空公司（Air Albania）49%的股份。①

到 2017 年 6 月之前，土耳其对黑山的政策重点是帮助黑山加入北约。在黑山成为北约正式成员国之后，土耳其把援助重心转向经济、文化和宗教领域。黑山全国人口仅 60 万，其中大部分是塞尔维亚人，土耳其族很少。但土耳其政府认为黑山的波斯尼亚穆斯林都是土耳其人，所以全力支持他们，特别是支持参政的波斯尼亚政党。

土耳其与黑山经济合作的主要方向是想获得黑山的亚得里亚海港。土耳其控制了巴尔港 62% 的集装箱运输。另外，土耳其公司在黑山的建筑、冶金和金融系统占有一定的份额。目前，土耳其在投资黑山的能源领域，计划设计和修建黑山最大的能源项目"莫拉恰"水电站。

土耳其在巴尔建立了伊斯兰中心，土耳其出资在黑山首都新建和修复清真寺，资助黑山大学生到土耳其攻读硕士和博士学位，组织学习土耳其语。两国在文化和宗教领域的合作日益频繁，以致黑山担心国内的激进伊斯兰迅速扩大势力范围。

波黑是巴尔干各国安全与稳定的关键地区。土耳其最关注波黑局势发展，欲全面控制这个国家，但它很难影响波黑全境。在塞族共和国，俄罗斯的投资高达 10 亿美元，俄罗斯的最大国有银行"联邦储蓄银行"（Сбербанк）控制着这里的财政部门。土耳其的资本强势介入穆克联邦，不得不与西方的银行和公司争夺阵地。同时，土耳其在波黑面临两个强大的竞争对手：沙特阿拉伯和伊朗。后者以它们强大的财力和宗教狂热冲击土耳其在波黑的发展。所以，土耳其从外交上竭力拉波黑加入伊斯兰国际合作组织，使波黑永久成为伊斯兰国家。

---

① Александър Тодоров, *Инфраструктурната битка за Западните Балкани, ЕС, Турция и останалите*, брой 2, 2021, *сп. Геополитика*, с. 91.

土耳其希望通过波黑的穆斯林政党及其领导人贯彻自己的意图。它与波黑民主行动党和该党的主席巴克尔·伊泽特贝戈维奇（Baker Izetbeikovich）和伊斯兰宗教社团保持着密切的联系。土耳其"阿纳多卢通讯社"（Anadolu Agency）和土耳其广播电视台（TRT）都在萨拉热窝设立了地区中心。土耳其投资1亿欧元帮助难民返回家园、支持合资中小企业和旅游业。① 2016年10月，土耳其承诺帮助在塞族共和国的巴尼亚—卢卡修复一座清真寺。该清真寺在1992—1995年的战乱中遭到摧毁。土耳其出资修盖了萨拉热窝大学伊斯兰学系大学生宿舍和该大学的"萨拉热窝—伊斯坦布尔"大礼堂。

　　土耳其与波黑的经济联系相对薄弱。土耳其距离波黑较远，交通运输不便，商品成本较高。波黑主要向土耳其出口畜产品。土耳其的日用消费品在波黑有一定市场。但土耳其有几家大公司进入波黑，总投资达到1.8亿欧元，有2000多名员工。一些土耳其企业和团体在萨拉热窝设立了办事处。

　　应该说，土耳其在波黑具有宗教、经济和文化上的优势。不过，土耳其的公司规模很小，势力薄弱，无法承接重大项目。例如，土耳其在萨拉热窝有两所毗邻的大学，但它们之间没有任何联系，各自为政，故在校学生很少。

　　表面上看，土耳其对罗马尼亚的兴趣应该说不像对其他巴尔干国家那样强烈，但罗马尼亚是巴尔干地区领土面积最大人口最多的国家，土耳其自然不会熟视无睹。况且，在罗马尼亚的康斯坦察（Constanza）和北多布罗查地区也有少量的穆斯林，土耳其当局认为他们是土耳其人。两国的贸易额早就超过了40亿美元。2016年7月之前，罗马尼亚每年有40万人到土耳其旅游。

---

① https：//www.worldbulletin.net/diplomacy/bosnias-Bakir-Izetbegovic-fully-supports-turkish-pm-hhtml，2019.9.27.

可以说，罗土两国在巴尔干地区没有直接的地缘政治矛盾和利害冲突。两国同为北约成员国，军事合作较为密切。尤其在黑海的共同防务方面持共同立场。但近年随着土耳其改善同俄罗斯的关系，罗马尼亚开始另眼看待土耳其的对俄罗斯政策，并在黑海问题上与土耳其拉开了距离。

土耳其与保加利亚和希腊的关系重要又复杂

保加利亚历史上被奥斯曼帝国统治达5个世纪之久，遗产之一是留下了大量的穆斯林居民。据2001年保加利亚人口普查，保加利亚有96.7万名伊斯兰信仰的居民（占全国人口的12%）。10年后的2011年保加利亚生活着约58万名穆斯林，但有几十万人没有填写自己的宗教信仰。这些穆斯林在保加利亚有各种不同的称谓，如"保加利亚土耳其人"，他们是出身于土耳其的保加利亚人；"罗姆—穆斯林"，以吉卜赛人为主；"保加利亚穆斯林"，又称"波马齐人"。

土耳其当局视保加利亚上述三种穆斯林都是土耳其人，始终关注他们，积极做他们的工作。1989年夏秋，出现了40万人迁往土耳其的"出国潮"现象，并成为保加利亚社会变革的一个重要因素。近30年来，土耳其在资金上帮助这部分保加利亚人修建新的清真寺；提供奖学金吸引他们到土耳其的宗教、世俗中学与大学学习；发放伊斯兰教图书资料；培训宣讲《可兰经》讲师；进行广播和电视宣传，等等。① 同时，土耳其当局还在保加利亚吉卜赛人和其他种族中传播伊斯兰教，让更多的保加利亚人伊斯兰化。

这30年保加利亚与土耳其的关系爱恨交织，变化无常。保加

---

① Мариян Карагьозов, *Новата външина политика на Република Турция и предизвикателствата пред сигурността на България*, София, "Прима Прес", 2014, с. 81.

利亚社会转型给了土耳其投资大量涌入的极好机会。据统计，到2014年，一般每个月都有40—60家土耳其公司在保加利亚注册，2016年后增加到每个月多达80—100家。这些土耳其公司大都是中小公司，到保加利亚寻求比较稳定的营商环境，一般集中在保土边界附近和保加利亚东北部土耳其族人较集中的地区，那里没有语言障碍。保加利亚还是200多万名在西欧打工的土耳其人必经之地，而且保加利亚实行比较合理的税收和关税政策对土耳其公司也非常有利。

2009—2016年，土耳其从保加利亚的进口增加了90%，而出口提高了80%。2016年两国的双边贸易额达到35亿美元。保加利亚出口约18亿美元，进口约16亿美元。① 土耳其公司在保加利亚主要从事基础设施、能源、住房和办公建筑、金融业等领域。近年对农业、汽车生产、纺织业和成品服装的投资明显增多。土耳其是保加利亚仅次于俄罗斯和中国的第三大贸易伙伴，两国之间的旅游业也是最发达的。

土耳其公司在保加利亚的活动和投资遇到两个较为复杂的问题：一是一些土耳其公司或个人在土耳其负债后躲避到保加利亚，继续违法经营，经常出现两国司法部门之间的纠纷；二是土耳其一些较优秀或先进的公司在保加利亚（包括其他巴尔干国家）很难找到训练有素的劳动力。

早在20世纪80年代，希腊的经济和人民的生活水平就超过了土耳其。希腊1981年加入欧洲经济共同体/欧盟之后，经济领域的各项指标进一步与土耳其拉大了距离。2010年起希腊遭受主权债务危机冲击，经济衰退，国内政局不稳。尽管从1999年开始希腊主动改善与土耳其的关系，但至今收效甚微。希腊担心美国

---

① Иво Иванов, *Турската геоикономическа стратегия на Балканите*, *Геополитика*, 2018, брой 2.

把战略重心从地中海和中东转移到太平洋和亚洲后，自己"一对一"不是土耳其的对手。希腊是巴尔干半岛上唯一一个反对土耳其的经济和文化渗透的国家。

几十年来，希土两国关于地中海东部的边界争端既久又深，成为塞浦路斯、希腊和土耳其之间的主权诉求和反诉。但是在近些年，该地区的难民问题、海上天然气资源已经把地中海，尤其是东地中海变成了一个关键的战略舞台。

希土海上争端由来已久。第二次世界大战结束后，希土关系的最大障碍是塞浦路斯问题。这个问题时紧时松，一直拖延至今挥之不去。从 20 世纪 70 年代初起，两国之间又凸显爱琴海问题。1972 年土耳其政府擅自决定开发爱琴海希腊水域的一些岛屿，其中包括塔索斯岛的石油资源。希腊政府认为土耳其侵犯了希腊萨莫特拉克、莱莫诺思、莱斯波斯、赫托斯等岛屿的大陆架。两国就爱琴海海底石油和其他资源的开采争论激烈。其中，分歧的焦点是领海的宽度是 6 海里还是 12 海里，以及如何划分两国的大陆架和经济区。这种争论随着塞浦路斯问题的尖锐、缓和而时起时伏。此时，两国之间悬而未决的问题计有：塞浦路斯问题、爱琴海大陆架和该海域上空国际飞行区问题、领海水域扩大到 12 海里问题、爱琴海上若干希腊岛屿的军事化问题，以及保障西色雷斯地区土耳其穆斯林的地位问题等。由于希土两国对解决上述争论问题的立场截然不同，所以这些问题对两国关系造成消极的影响。①

早在 20 世纪 70 年代初，土耳其官方就坚持认为，无论是土耳其政府还是土耳其民众都不接受整个爱琴海完全属于希腊的事实，而应该一半属于希腊，一半属于土耳其。土耳其建议，爱琴

---

① Дженгиз Хаков, История на съвременна Турция, София, Парадигма, 2008, p. 404.

海岛屿的防御应该由土耳其和希腊在北约的框架内共同承担。土耳其的这种态度便打开了爱琴海争端的潘多拉魔盒。1976年和1987年，两国对爱琴海大陆架界线的纷争激化几乎导致兵戎相见。同时，引起纠纷的还有海上航空线路的控制权以及北约对爱琴海及其领空的执行权问题。

冷战结束后，土耳其在一定程度上已经失去昔日东西方全球对抗中的军事和战略地位。而从另一角度看，它在盛产石油且政局极其多变的中东和东地中海地区的作用却在明显增强。它同部分邻国像希腊、叙利亚和亚美尼亚的关系持续紧张，威胁新奥斯曼主义崛起的土耳其的雄心和利益。其时，土耳其对希腊领土要求的内容也在不断扩大。土耳其凭借着国家面积大、人口多和军事力量强的优势，不断向希腊施加压力，要求希腊在塞浦路斯和爱琴海问题上做出让步。

希腊则视土耳其为主要对手。它在1995年单方面将领海从6海里扩大到12海里，认为这符合联合国《海洋公约》的规定，并在次年宣布爱琴海上的无人岛卡尔达克为希腊领土。1996年土耳其以牙还牙，强行登上十二群岛中的一个小荒岛伊米亚岛。这样，希土关系骤然紧张，引起美国和北约的不安，竭力调解联盟内部两个成员国之间的冲突。与此同时，欧盟亦向土耳其发出警告，"声称土耳其与欧盟的关系将以土耳其尊重国际法、国家协议以及欧盟成员国的主权和领土完整为参考条件"[1]。

在希土关于爱琴海问题的争论中，希腊主张所涉及的问题应该交由国际法庭裁定，而土耳其坚持两国之间的分歧应该在双边基础上商讨解决。土耳其还认为，爱琴海中仍有条约没有涉及的"灰色地带"，而希腊把爱琴海变成了"希腊内湖"；希腊希望保

---

[1] [希]约翰·科里奥普罗斯、萨诺斯·维莱米斯：《希腊的现代进程——1821年至今》，郭云艳译，上海人民出版社2008年版，第339页。

住现有领土，指责土耳其在侵犯它的领土主权，觊觎希腊的爱琴海岛屿。

希腊不满土耳其对塞浦路斯的威胁，分别与叙利亚、伊朗和亚美尼亚签订了双边军事—战略协议，在塞浦路斯部署了 C-300 导弹防空系统；公开宣称不支持土耳其加入欧盟。土耳其则进一步加强自己在塞浦路斯土耳其族共和国的存在，提出了自己在爱琴海的主权要求。由于 1999 年土耳其和希腊先后遭到大地震的灾难性破坏，双方遂暂时平息了在东地中海的对抗。

土耳其"蓝色家园"概念被普及。按照"蓝色家园"概念，当奥斯曼帝国失去对海洋的控制时，它基本上就崩溃了，土耳其"必须重返海洋"或者说重返"蓝色家园"才能恢复势力。土耳其目前是否想要通过重返海洋恢复势力，希腊媒体认为几乎是肯定的。2019 年 9 月 2 日，土耳其总统埃尔多安在一场会议上展示了一张照片，照片上的地图描绘了爱琴海近一半地区以及克里特岛东部沿海一个属于土耳其的地区。2019 年 11 月 28 日，埃尔多安总统在伊斯坦布尔与利比亚民族和解政府总理法耶兹·萨拉伊（Fayez al-Sarraj）签署了一项有争议的谅解备忘录，以划定土耳其和利比亚之间的地中海东部海域。这个协议下的地图为土耳其确定了一个最大的海上区域，它剥夺了希腊岛屿的大陆架或专属经济区，也提供了对海上能源资源的主权。

希腊早在 1981 年就加入了欧共体（欧盟），也就是现在的欧盟。希腊守卫的陆海边界都是欧盟的边界。在塞浦路斯、希土冲突、债务危机、难民危机等问题上，欧盟都义无反顾地支持希腊。

2020 年 7 月土耳其派遣多艘勘探船在希腊卡斯特罗里佐岛东部和南部进行能源勘测活动，致使东地中海地区紧张局势升级。土耳其认为其"科考勘探"和经济开发活动是合理的，因为商业开发的海洋边界应该在希腊和土耳其的大陆之间划分，而非由希腊的岛屿划定界限。土耳其还坚称自己享有爱琴海和东地中海的油气资源。希腊则说服欧盟高层对土耳其施加更多制裁,具体措施将涉及旅游、金融系统和进出口贸易多个领域。紧张局势促使德国政府进行干预,德国总理默克尔于7月21日晚分别致电希腊总理米佐塔基斯和土耳其总统埃尔多安,呼吁缓和局势。德国政府希望各方进行"审慎的对话",并强调指出,只有土耳其放弃在东地中海的挑衅行为,欧盟与土耳其的关系才有可能取得进展。在默克尔的斡旋下,东地中海危机暂趋平息。

但是,土耳其要想加入欧盟,要想摆脱目前的经济困难,不能无视希腊的广阔市场和经济潜力。于是,还在2017年12月埃尔多安总统突然访问了希腊,这是土耳其国家元首65年来第一次访问邻国希腊,其意义不言而喻。但埃尔多安总统却在这次"历史性"访问中提出了两个令希腊很不愉悦的问题:一个是要求重新审查1923年签订的《洛桑和约》,正是这个条约规定了土希两国在爱琴海的边界划分线;另一个是土耳其称要帮助白海色雷斯(即西色雷斯)穆斯林居民,使他们成为"巩固与希腊合作的桥梁"。对希腊来说,其境内西色雷斯地区的穆斯林少数民族也是心腹之患。这个地区约有15万名穆斯林,他们约占西色雷斯总人口的1/3。他们的宗教和文化活动一直得到土耳其的鼓励和支持。

土希两国总共签订了25个协议,涉及银行业、农业生产、医疗卫生、旅游业等领域。这些协议是2013年希腊时任总理安东尼斯·萨马拉斯(Antonis Samaras)与土耳其时任总理埃尔多安在伊斯坦布尔签订的。当时两国领导人商定要将两国贸易额增加到100亿美元。在这次两国总理会晤中,埃尔多安总统还提出了两个涉及第三国的问题:第一个是关于从土耳其经希腊到欧洲的天然气管道问题。一条是从阿塞拜疆经土耳其和希腊到意大利南部的"TANAP"天然气管线;另一条涉及"土耳其溪"的管线是否延伸进入西巴尔干国家。第二个是关于修建连接博斯普鲁斯海峡至欧洲的高铁线路问题。这条高铁线路是沿着传统线路穿越保加利亚至贝尔格莱德还是从土耳其的奥德林直达希腊的萨洛尼卡，再通向斯科普里—贝尔格莱德—布达佩斯。这条线路被称为"中国走廊"。当然，这条线路规划的最终决定权在布鲁塞尔（Brussels），土耳其和希腊都没有发言权。①

土耳其巴尔干政策成功的机会有多大

西巴尔干在历史上就是奥斯曼帝国与奥匈帝国之间的缓冲地带。土耳其支持西巴尔干国家加入北约和欧盟的努力，认为只有这样才能解决这些国家复杂的双边关系。但因为土耳其本身也没有参加欧盟，所以它的支持只能是口头上的，很难有实际行动，爱莫能助。同时，土耳其也竞争不过前南斯拉夫地区的塞尔维亚、斯洛文尼亚和克罗地亚对这些国家的天然联系和影响力。塞尔维亚与黑山和波黑语言相通，通过塞族共和国施加影响；克罗地亚则通过穆克联邦在波黑扩展克罗地亚因素；斯洛文尼亚和克罗地亚是欧盟成员国，它们在西巴尔干的威信和感召力要比土耳其高得多。斯洛文尼亚在塞尔维亚有多个基础设施项目，它借助自己较为发达的经济，利用自己专家的经验在欧盟和西巴尔干国家间发挥主导作用。它的高级外交官曾担任波黑和科索沃的欧盟特别代表。据称，斯洛文尼亚公司67%的资金投在西巴尔干地区，占第一位的是塞尔维亚，其次是波黑和科索沃。斯洛文尼亚70%的捐赠和合作资金也流向了西巴尔干地区。② 另外，在西巴尔干地区的银行系统占据优势的国家是奥地利、意大利、斯洛文尼亚和希腊。至于土耳其，由于地理位置较远、资金有限，其竞争力也受

---

① Иво Иванов, *Турската геоикономическа стратегия на Балканите*, Геополитика, 2018, брой 2.

② Иво Иванов, *Турската геоикономическа стратегия на Балканите*, Геополитика, 2018, брой 2, p. 299.

到上述国家的牵制。

所以,巴尔干各国对土耳其的巴尔干政策的反应各不相同。根据2010年"盖洛普"的调查,认为土耳其是友好国家的情况是:93%的科索沃人、76%的马其顿人、75%的阿尔巴尼亚人、60%的波斯尼亚人;而黑山人只有33%、克罗地亚人只有27%、塞尔维亚人仅18%。[1] 因此,我们可以说,土耳其的巴尔干政策取得了一定的成绩,但也并不完全成功。

土耳其在西巴尔干地区的最大竞争对手是意大利和希腊。这两个国家在阿尔巴尼亚的经济、企业、电信的影响远超土耳其;土耳其担心塞尔维亚、希腊和保加利亚结成某种地区合作组织,提出整个巴尔干国家加强接近与合作的倡议。

土耳其渗入巴尔干地区经济上的强劲对手还有欧盟和中国。但是,土耳其不具备欧盟和中国的经济势力;同时,他国政局不稳,经济形势软弱,影响它的扩张野心。外资开始对土耳其敬而远之,认为投资环境比前些年差了许多。土耳其本国的资本家也纷纷外逃。仅2016年就有6000个百万富翁离开了土耳其。他们是2015年外逃富翁的6倍。[2]

土耳其要求西巴尔干国家关闭居伦在这些国家创立的教育机构和学校。但是,西巴尔干国家政府并不听从安卡拉的号令,而是让这些学校和机构继续存在,进行活动,只是对它们加强了管理。

在未来,土耳其无疑将继续加强自己在西巴尔干国家的影响力,因为它认为这个地区是它的传统势力范围。实际上,土耳其千方百计利用外交代表机构在所有巴尔干国家推行自己的政策,确保自己的利益。实践中,土耳其大使馆变成了非政府组织和土

---

[1] Мариян Карагьозов, *Новата външна политика на Република Турция и предизвикателствата пред сигурността на България*, София, "Прима Прес", 2014, с.65.

[2] Иво Иванов, *Турската геоикономическа стратегия на Балканите*, Геополитика, 2018, брой 2.

耳其公司在该地区的"协调中心"①。

有学者指出，到2030年巴尔干地区的穆斯林将达到973万人：阿尔巴尼亚284.1万人、科索沃210万人、波黑150.3万人、保加利亚101.6万人、北马其顿81.2万人、希腊77.2万人、塞尔维亚37.7万人、黑山13.6万人、罗马尼亚7.3万人、克罗地亚5.4万人、斯洛文尼亚4.9万人。② 这里还不包括土耳其的8912.7万人口。这就是土耳其敢于同欧盟和其他国家在巴尔干较量的资本。借力这部分居民，土耳其利用各种手段向巴尔干地区施加政治、经济、文化和宗教影响。土耳其称这是"软实力"。土耳其的优势是：它是北约成员国，它与巴尔干地区的穆斯林有着紧密的历史、宗教和文化联系。因此，土耳其在科索沃、北马其顿、阿尔巴尼亚、波黑、黑山、塞尔维亚的穆斯林族中起着至关重要的作用。

当然，土耳其要在巴尔干半岛施加政治、经济和文化影响，必然会遇到美国、欧盟、德国、俄罗斯和中国的激烈竞争以及西巴尔干国家的警惕。"谁将控制巴尔干？"现在还没有定论。

五　土耳其与中国关系

历史上中国与土耳其关系源远流长，正好是古丝绸之路的起点和终点。在远古时期两国人民就开始了友好往来。1971年中国和土耳其正式建交后，两国的政治、经贸和文化关系日益发展。土耳其处于重要的地缘战略位置，是在中国"一带一路"倡议中具有极其重要影响力的横跨欧亚的地区性大国。今天，我们要推动"一带一路"走进欧洲，土耳其可以起到十分重要的节点作用。

---

① Михаил Димитров, *Разширяващото се турско влияние в Западните Балкани*, *Геополитика*, 2019, брой 1, с. 15.

② Михаил Димитров, *Разширяващото се турско влияние в Западните Балкани*, *Геополитика*, 2019, брой 1, с. 2、3.

丝绸之路：从长安到君士坦丁堡

土耳其是突厥人的后代。可以说，土耳其与中国的关系由来已久，渊源深远。相传，在中国南北朝时，中国王朝就与突厥部落频繁接触，开始了边塞贸易。7世纪，一个强盛的唐朝登上中国历史舞台，开始抗击东突厥和西突厥的侵袭。一支西突厥遗部逐渐迁徙到小亚细亚。可见，从古丝绸之路起，中国与土耳其就有着悠久的历史联系，密切的经贸和文化往来，两国的友好交往已载入史册。中国的史料记载，从秦朝起两国就开始了交往。两国正好是古丝绸之路的两端。

我们清楚地看到，古丝绸之路将东西方世界特别是东西方文明紧紧联系在一起，把中国的四大发明、瓷器、茶叶、丝绸等经过欧亚大陆传播到了欧洲，助力于欧洲的文艺复兴，助力于欧洲崛起和强大；正是在15—16世纪这个人类历史大交流互动的时期，中亚和小亚细亚地区的游牧民族迅速兴起，建立了号称奥斯曼的庞大帝国。1453年奥斯曼土耳其帝国攻占君士坦丁堡，拜占庭帝国崩溃，连接东西方的古丝绸之路被拦腰隔断了，这只拦路虎就是今日的土耳其，史称"奥斯曼之墙"。而在地理大发现之前，世人认为欧亚大陆是世界的中心，人类文明的发祥地。奥斯曼帝国的发展壮大无疑对东西方都带来了历史性的变化并产生了巨大的影响。

奥斯曼帝国15世纪修建的托普卡帕皇宫保留至今，是游人如织的旅游胜地。这个故宫博物馆贮藏和展出奥斯曼王朝的丰富精品，分为瓷器馆、国宝馆、历代苏丹服饰馆、兵器馆、钟表馆，等等。特别需要指出的是，瓷器馆里有几个厅陈列着大量精美的中国古瓷，从唐代的铜器直到元、明、清时代的各式古瓷器，陶罐和铜镜。据说藏品有上万件，只定期轮流展出其中的一小部分。

展品中还有一幅当年运输中国瓷器的图画，人物、骡马，栩栩如生①。这些珍宝有的是中国历代王朝馈赠的，有的是土耳其商人贩来的。例如，珍宝馆里有一件用珍珠玛瑙镶成的盆景，上面的文字表明是"汾阳王"赠送给土耳其苏丹王的。又如，有一幅瓷画上画着一个中国商人赶着毛驴大车，满载着精致瓷瓶，跋山涉水，向着西方前行的画面。它再现了古代"丝绸之路"上的繁忙景象。奥斯曼帝国是古丝绸之路的终点。这些土耳其引以为荣的珍藏品是古丝绸之路中土两国人民友好交往的证明。

中土两国人民当时在交通极其困难的条件下，历尽千辛万苦，克服重重困难，开始了贸易、文化等领域的交流，在亚洲的东部和西部架起了友谊的桥梁。两国人民共同为沟通东西方文明做出了贡献。

在土耳其西部有一个重要的海滨城市叫作布尔萨。这是一个具有悠久历史的文化名城。14世纪初，它曾经是奥斯曼帝国建国时的第一个帝都。它位于古"丝绸之路"的终点君士坦丁堡东南200多千米，是重要的驿站和商品集散地。相传，很早以前中国的蚕、桑和丝绸制品就传到了该地。布尔萨开始养殖桑蚕、生产丝绸。所以，该城在土耳其是著名的"丝绸之城"。现在在布尔萨市艺术博物馆中还陈列着15世纪土耳其的刺绣丝绸服装。至今，土耳其全国一半的蚕丝产于布尔萨市及其周围地区。时至今日，布尔萨郊区依稀还能看到当年"丝绸之路"的遗迹。这证明布尔萨和君士坦丁堡等城市一样，是连接东西方文明、贸易的桥梁，证明土耳其和中国在历史上很早就有交往。

据传，在中国流行的唢呐等乐器，是古时从土耳其传入的。"唢呐"的名称，两国的叫法也一模一样。还有如洞箫、冬不拉、手鼓等乐器的构造和演奏方法，两国几乎都完全相同。

---

① 《中土友谊新发展》，《人民日报》1973年10月28日。

中土建交时的两国关系

1923 年，土耳其"国父"凯末尔亲手创立的土耳其共和国及其改革，对中国社会产生了深远的影响。20 世纪 20 年代之前，土耳其和中国同被西方殖民主义者视为西亚和东亚的"病夫"，饱受欺凌和侵略。然而，第一次世界大战后，土耳其对内推翻了苏丹专制制度，对外驱赶西方霸权主义势力，实行共和制，走上独立自由发展道路。凯末尔领导的民族民主革命功不可没，受到中国进步舆论的赞扬和敬佩。正是从这个时候起，中国学界开始关注、了解和研究土耳其、土耳其革命和凯末尔其人其事。1927 年中国出版了《新土耳其》①一书，在社会上引起广泛反响。作者在书中论述了土耳其国家的兴起、衰落和复兴，重点介绍了土耳其共和国的诞生和凯末尔的贡献。二三十年代，中国的许多报刊对土耳其进行了大量的报道和介绍，特别对凯末尔及其革命和建设事业的成就有非常高的评价和赞扬。

1929 年，土耳其与中国南京政府建立外交关系，设立大使馆。1949 年中华人民共和国成立后，土耳其作为美国在中东地区的忠实伙伴，继续与中国台湾的蒋介石政权保持"外交"关系。

新中国成立到 1971 年中土建立外交关系之前，土耳其当局追随美国，对中国持怀疑和不大友好的立场。1950 年土耳其民主党政府执政后，进一步加强了同西方的政治军事同盟关系。同年 7 月 25 日，土耳其政府决定派出 4500 名军人参加侵略朝鲜的战争。包括土耳其军队在内的联军在朝鲜战场被中国人民志愿军打得丢盔弃甲，遭到惨败。

后来在中、印边界问题上，土耳其又指责中国是"侵略者"。在历届联合国大会上，土耳其紧跟美国，投票反对恢复中国的合

---

① 柳克述编：《新土耳其》，上海商务印书馆 1927 年版。

法席位。

与此同时,尽管中土两国人民之间的民间交流不多,但体现了友好的情谊。例如,土耳其著名诗人纳齐姆·希克梅特(1902—1963)对中国革命的成功感到欢欣鼓舞。1951年他度过十年的牢狱生活后,在世界青年联欢节上说:"在土耳其,大家都这样说:中国人民的胜利是对世界帝国主义的强有力的打击。这也正是土耳其人民所早就迫切地等着的事情。"后来,希克梅特又在一篇文章中写道:

> 土耳其全体人民经常以极其钦佩和期望的心情注意着中国人民的斗争。土耳其的工人、农民和知识分子把中国人民的斗争,看成他们自己争取民族解放与独立、争取幸福与和平的斗争……从新中国传来的消息给我们以新的力量和鼓舞。①

1952年希克梅特来到北京,与中国文学艺术界交流。他写下了几首关于中国的诗歌。1952年中译本《希克梅特诗集》在中国面世,深受中国读者欢迎。

1959年9月,土耳其共产党代表团访问中国,并参加国庆十周年庆祝活动;1962年3月,土耳其画家穆罕默德·聂乍得·德弗汗对中国进行友好访问。

20世纪60年代,土耳其受到经常性军事政变的影响,政府频繁更替,对华关系开始松动。土耳其领导人从总统到外交部部长,纷纷表示愿意改善对华关系。其时,中国正处于动荡之中,外交工作受到严重冲击,在回应土耳其的友好表示时只做了一些礼节性的工作。1964年和1965年,中国红十字会向土耳其红新月会捐

---

① 转引自王庆《美帝奴役下的土耳其》,《世界知识》1951年第42期。

款，表达对土耳其人民战胜自然灾害的慰问。1965年4月，周恩来总理接见了来中国访问的土耳其《自由报》《共和国报》和《晚报》记者，并回答了他们提出的诸多问题。周恩来总理当时表示，中国愿意同土耳其建立友好关系，没有任何东西能妨碍两国建立关系，可以先建立经济和科学研究方面的关系。1966年土耳其《民族报》记者来华时，周恩来总理也予以接见。1966年12月一个中国贸易代表团出访土耳其，同土耳其经济、贸易界人士进行了接触，就发展中土两国民间贸易问题广泛地交换了意见。1971年5月，土耳其东部地区发生强烈地震，造成居民和物质上的重大损失。为了表达中国人民对受灾人民的深切同情和慰问，中国红十字会向土耳其红新月会赠送现款人民币150万元。1971年4月，周恩来总理会见来华的土耳其《形势述评报》记者。周恩来总理多次会见土耳其新闻界人士，为发展中土关系，特别是为中土建立外交关系打下了基础。这一切推动了中土两国1971年5月在巴黎开始了建交谈判。

1971年8月4日，土耳其决定同中国建立正式外交关系，与台湾"断交"。两国驻法大使代表各自政府签订了中华人民共和国和土耳其共和国建立外交关系的联合公报：

> 中华人民共和国政府和土耳其共和国政府根据尊重独立、主权、领土完整、不干涉内政、权利平等和互利的原则，决定自即日起建立外交关系。
>
> 土耳其政府承认中华人民共和国政府为中国的唯一合法政府。
>
> 中国和土耳其两国政府决定，一俟行政手续和物资准备就绪，即互派大使；并商定互相在各自首都为对方的建馆提供一切必要的协助并根据国际准则和惯例为对方使馆执行任务提供方便。

中国《人民日报》发表社论,祝贺中土建交。社论指出:

中国人民和土耳其人民有着悠久的传统友谊。我们两国人民远在古老的年代就开始了友好往来。历史上有名的"丝绸之路",就是从我国甘肃、新疆,经过阿富汗、伊朗和中亚西亚到达土耳其的。中土两国之间的友好往来,只是由于帝国主义和殖民主义的阻挠才陷于中断。

中土两国建交,为两国的友好合作开辟了广阔的途径。①

建交后两国关系获得全面发展

1971年中国和土耳其建交后,两国友好往来增多,政治和经贸关系日益获得发展。因为建交完全符合两国人民的共同愿望和双方之间的共同利益。

1971年第26届联合国大会时,土耳其投票赞成恢复中国在联合国合法席位。同年10月,一个由19人组成的土耳其大公司和商会的实业家和负责人代表团访问中国,这是中土建交后土耳其政府派出的第一个代表团。代表团此行的目的是了解和探讨扩大两国贸易的可能性。周恩来总理会见了代表团。接着,董必武副主席和周恩来总理电贺土耳其国庆,祝中土两国人民的友好关系不断发展。1972年4月,中国和土耳其互派大使。

1972年5月,中国乒乓球队首次出访土耳其,给土耳其人民留下了难忘的印象。1972年9月,中国民航代表团访问土耳其,签订了《中华人民共和国政府和土耳其共和国政府民用航空运输协定》。

1973年8月,上海杂技团访问土耳其,受到土耳其政府和人民的热烈欢迎。土耳其总统、总理和外长先后接见。同年10月,

---

① 《祝贺我国和土耳其共和国建交》,《人民日报》1971年8月7日。

中国农林部部长率领政府代表团应邀访问土耳其，并参加土耳其国庆50周年庆典。11月，新华通讯社代表团访问土耳其，并参加土耳其共和国成立50周年庆祝活动。

1973年中土贸易额达到5000万美元，创历史最高纪录。中国向土耳其出口轻工业品和化工产品；从土耳其进口棉花、铬矿、硼砂等。中国货轮开始进出伊兹密尔港。

1973年10月，土耳其驻华大使埃伦举行国庆招待会，周恩来总理亲自前往祝贺。埃伦大使在致辞中说："我相信，中国人民愿同土耳其民族一道欢庆这一愉快的节日。为了使我们两国共同欢庆甚至无须去追述两国人民之间两千年之久的亲密关系。在我们两个不同革命所取得的不同成就中，存在着互相同情和了解的基础。"①

1973年10月，中国应邀第一次参加具有悠久历史的土耳其伊兹密尔国际博览会，受到各界好评。

1973年12月，土耳其音乐家苏娜·卡恩和居莱·乌拉塔来北京演出，邓小平副总理出席音乐会。这年，土耳其医生扎伊马兹偕同夫人到中国参观学习针灸疗法。他把中国传统的针灸疗法同土耳其本国的传统疗法结合，对不少病人进行了卓有成效的综合治疗，受到土耳其医学界的重视，使土耳其从事针灸治疗和研究的医生越来越多。扎伊马兹医生已成为土耳其针灸理疗协会主席。

1974年7月，土耳其外交部部长图兰·居内什应邀访华。访华期间签订了中华人民共和国和土耳其共和国政府贸易协定。土耳其外交部部长首次访华，为促进两国的友好合作做出了有益的贡献。10月，土耳其阿纳多卢通讯社社长和国际部主任来华访问。

1975年5月，土耳其国家男子篮球队作为土耳其第一个体育代表队访华。10月，中国武术队应邀访问土耳其，先后在伊斯坦

---

① 《新华社新闻稿》1973年10月30日。

布尔、布尔萨和安卡拉等地进行了十几场表演,得到观众赞叹和欢迎。

据粗略统计,从1978年至1981年,中土两国互访的官方代表团和民间组织与知名人士,接近20次,其中包括部长级和中国人大常委会副委员长级高级别代表团。这期间,双方除在政治、经济、文化和体育上的交流日益增多外,两国军队间的合作也有了良好的开端。

1978年10月,中国萧克将军率领中国军事学院代表团应邀访问土耳其;1979年11月,由贝德雷廷·德米雷米上将率领的土耳其综合军事学院代表团访华。1980年11月中国和土耳其签订了第一个文化协定。这项1981—1982年的文化交流计划进一步促进了两国在科学、教育、文化、艺术、新闻、广播、电视和体育等方面的合作。1981年5月,土耳其商业部部长凯马尔·詹蒂尔克访华,签订中国和土耳其两国政府贸易协定书,强调两国在经济的许多领域里有着良好的合作前景。

值得一提的是,1981年土耳其外交部部长伊尔特尔·蒂尔克曼访华,开启了中土关系的新篇章。中共中央副主席邓小平在会见蒂尔克曼外长时说,中土两国同属第三世界,都是发展中国家,都需要一个国际和平环境,发展自己的国家。我们希望今后更好地合作。蒂克尔曼说,土耳其人民非常赞赏中国人民取得的成就,特别是赞赏中国政府目前所采取的明智政策。我们相信,只要中国的现行政策继续执行下去,你们的经济会得到迅速发展。我们两国的利益是一致的。发展双边关系和在各个领域进行合作的前景是广阔的。

蒂尔克曼访华期间,中土经济、工业和技术合作协定在北京签字,协议书有效期为5年。根据协定,中土两国将在平等互利的基础上,采取适当措施推动和促进两国间的经济、工业和技术合作。合作的领域包括工业、农业、旅游及服务、贸易和开办合营企业等。双方还同意成立由各自指定的代表组成的混合委员会，每年轮流举行一次会议。

建交以来，中土贸易有了迅速增长。两国的进出口总额从1971年的458万美元增加到1975年的1619万美元。其间，1973年和1974年曾达到4000万—5000万美元。1976年以后又锐减到几百万美元。两国的经济合作和贸易潜力很大，但没有得到合理利用和发掘。

1981年后，中土两国的高层互访不断，两国的信任度和在国际事务中的合作明显得到提升。1984年3月，时任中国国家主席李先念访问土耳其，这是中国国家元首第一次访问土耳其。1985年6月，土耳其时任总理图尔古特·厄扎尔访问中国。同年7月，以新疆维吾尔自治区政府主席司马义·艾买提为首的代表团访问土耳其。1988年，时任中国文化部部长王蒙访问土耳其。但是，应当看到，尽管20世纪80年代两国高层互访频繁，但由于双方的意识形态和外交取向不同，在当时冷战的大环境下，中土两国的政治关系和经贸联系并未取得实质性突破，双方的潜力没有得到发挥。直到20世纪90年代中期开始，两国的关系才获得重要进展。

尤其是1995年开始，中土两国的政治、经济等领域的关系得到两国高层的重视，全面提升，并取得了积极的成效。1995年5月，时任土耳其总统苏莱曼·德米雷尔访问中国。1996年9月，土耳其国务部部长阿伊菲·伊勒马兹访华。2000年，时任中国国家主席江泽民访问土耳其，两国发表联合公报，确定建立新型合作伙伴关系。

一带一路：从北京到伊斯坦布尔

进入21世纪后，随着中土两国各自综合国力的提升，两国都成了迅速崛起的发展中国家，都走上了经济发展的快车道。中国提出的"一带一路"倡议和土耳其为建国 100 周年制订的"2023 年愿景"计划，其目标完全可以实现对接和合作。双方可以开展更加广泛的交流合作，在政治交流、经济交流、文化交流和地方合作方面取得更多的成果。

2001 年 1 月，时任中国外交部部长唐家璇访问土耳其。2002 年 4 月，中国总理朱镕基率团出访土耳其。2003 年 1 月，土耳其正义与发展党领导人雷杰普·塔伊普·埃尔多安访问中国。2005 年时任土耳其外交部部长居尔访华。2006 年及其后两年，土耳其对外贸易部部长库尔萨·图兹曼连续三年访问中国，探讨解决中土贸易中的逆差问题和土耳其商人如何进入中国市场问题。2007 年 4 月，土耳其副总理艾哈迈德·阿里·萨辛率团访华。

2008 年 11 月，中国全国政协副主席杜青林率团访土，会见了土耳其总统和总理以及出席两国工商界论坛。

2009 年 6 月，土耳其总统阿卜杜拉·居尔对中国进行访问，并专门访问了乌鲁木齐。中土签订了 7 份双边合作文件，内容涵盖外交、能源、文化、传媒、贸易等领域。

2010 年 9 月，时任总理温家宝对土耳其进行访问。中土两国签订了 8 个新的贸易和科技协议，确定建立"战略伙伴关系"，并达成了货币互换协议，两国经贸关系获得新的发展动力。两国的目标是在今后 5 年内将对外贸易额从 170 亿美元增加到 500 亿美元，争取在 10 年内达到 1000 亿美元。在这次访问中，两国还商定共同打击分裂主义和恐怖主义。

2010 年，中国诚邀土耳其和保加利亚加入欧亚高速铁路计划，该计划将建设一条连接中国东部沿海城市与欧洲中部城市的高速铁路，横穿欧亚大陆。这是丝绸之路经济带的重要地段。中国、保加利亚和土耳其在同年 12 月底签署了一份三方合作协定。欧亚高速铁路建成后将大大方便中国与欧洲国家之间的经贸往来，中国方面将为建设工程提供 200 多亿美元巨额贷款。但土耳其当局一直对这个计划拖而不决，因为它担心这可能影响新奥斯曼主义在南高加索和中亚地区的实施。

2010年10月，时任土耳其外交部部长达武特奥卢率团访问了新疆及北京、上海和西安等地，为落实两国总理签订的多项协议。2012年4月，时任总理埃尔多安率领庞大的商人代表团访华。

2012年7月，土耳其前总理埃尔多安访问莫斯科时，请求普京总统做工作，帮助土耳其加入上海合作组织。此前的2012年6月上合组织已接受土耳其为对话伙伴国，但土耳其想成为正式成员国。土耳其获得上海合作组织的对话伙伴地位，有助于它进一步加强与中国、俄罗斯和中亚国家的全方位联系。后来，土耳其在加入欧盟无望的情况下，再次要求加入上海合作组织。中国方面已给予善意的回应。显然，这些两国高层互访及其所取得的成果，被视为中土两国关系迅速发展的标志，丰富了"战略合作伙伴关系"的内涵。

2013年中国提出"一带一路"倡议不是简单地要恢复古丝绸之路，而是要消除新时代的经贸障碍，建立一个互联互通的世界，实现共同发展，互利共赢，远远超出欧亚大陆桥的概念。实现利益共同体、命运共同体，要实现"五通"：政策（沟通）、设施（联通）、贸易（畅通）、资金（融通）、民心（相通）。"一带一路"欢迎世界各国的直接参与和共享，这是互利、共享、共赢的机遇。今天，我们要推动"一带一路"走进欧洲，同样离不开土耳其这个横跨欧亚的地区大国，对土耳其来讲也是机遇。

现在土耳其对于中国的"一带一路"倡议，学界通常持支持的态度，认为土耳其应该加入新丝绸之路，不应该犹豫不决；但是政界并不重视"一带一路"，甚至认为"一带一路"倡议构成了对其新奥斯曼主义的威胁。近年来，土耳其一些大的基础设施项目给了韩国和日本企业。但是，近年土耳其遭到恐怖主义的频繁袭击，特别是2016年7月土耳其发生未遂军事政变后，土耳其内外交困，加入欧盟事实上已经不大可能，它的外交政策开始转向东方，最近与俄罗斯关系得到改善。土耳其大搞基础设施建设又短缺资金，中国可以抓住这个机遇，推进"一带一路"倡议。

2015年7月，土耳其埃尔多安总统访华，与习近平主席就两国的政治、经济、安全等领域的广泛问题交换了意见。埃尔多安总统承诺在土境内打击"东伊运"等针对中国的恐怖主义行径。习近平主席提出，"要在相互尊重、合作共赢的基础上推动中土战略合作关系取得更大发展"[1]。2015年11月，中土两国政府签署了有关协调"一带一路"倡议与土耳其的"中间走廊"计划的谅解备忘录，为与土耳其推进各领域的合作提供了重要政策支持。

2016年是中土建交45周年，带来了机遇，但土耳其方面并不积极。2016年年初，土耳其成为我国倡导的亚洲投资银行（亚投行）创始成员国并注资，进一步奠定了两国金融和经济合作的基础。当然，7月15日的土耳其未遂军事政变也是一个促进两国关系发展的制约因素。土耳其需要花大力气解决国内的问题。同时，土耳其担心中国商品的大量进入会影响土耳其的某些民族工业和传统产品，增加失业率。

土耳其处于重要的地缘战略位置，又是中国"一带一路"倡议中具有极其重要影响力的地区性大国。土耳其还是主要国际贸易、能源和运输航线的枢纽，它将能源丰富的中亚和中东地区与全球主要市场联系在一起。土耳其和中国的独特文化和地理优势是两国最重要的资产，应该得到充分的利用。

土耳其是世界上旅游业较为发达的国家，日益吸引着中国的游客。据称，土耳其旅游和运输部与土耳其发展与合作局正在制订一项"商旅之路"计划。该计划的核心是试图恢复古代的"丝

---

[1] 转引自李进峰、吴宏伟、李少捷主编《上海合作组织发展报告2016》，社会科学文献出版社2016年版，第294页。

绸之路"。预计这条线路从中国的长城出发,途经塔什干—巴库—第比利斯到达伊斯坦布尔,然后向(保加利亚)索菲亚—(北马其顿)斯科普里延伸,直至阿尔巴尼亚的亚得里亚海海港城市都拉斯。这条线路将激活古丝绸之路沿线的城市,重现古代商贾、贸易、人员交往的繁荣景象。如果能够把古代的历史遗产与当今的旅游业结合起来,将吸引无数的游客,享受古今文明的成果。如果这个"商旅之路"和中国倡导的"新丝绸之路"(当下的"一带一路")对接,必将对中国和土耳其的旅游业和经贸发展、人文交流带来新的景象。

中国希望在"一带一路"的范围内加强与土耳其的双边合作和贸易关系,使"一带一路"倡议在土耳其落地开花,使中土关系迈上一个新台阶。历史的路留下了痕迹,应该遵循;眼前的路宽敞明亮,值得珍惜。我们应该踏着先人的脚印,在新丝绸之路上昂首前进。

附录一　奥斯曼王朝谱系表

奥斯曼一世	约 1280—1324 年
奥尔罕加齐	约 1324—1362 年
穆拉德一世	1362—1389 年
巴耶济德一世	1389—1402 年
穆罕默德一世	1413—1421 年
穆拉德二世	1421—1444 年和 1446—1451 年
穆罕默德二世	1444—1446 年和 1451—1481 年
巴耶济德二世	1481—1512 年
塞利姆一世	1512—1520 年
苏莱曼一世（苏莱曼大帝）	1520—1566 年
塞利姆二世	1566—1574 年
穆拉德三世	1574—1595 年
穆罕默德三世	1595—1603 年
阿赫默德一世	1603—1617 年
穆斯塔法一世	1617—1618 年
奥斯曼二世	1618—1622 年
穆拉德四世	1623—1640 年
易卜拉欣	1640—1648 年
穆罕默德四世	1648—1687 年
苏莱曼二世	1687—1691 年
阿赫默德二世	1691—1695 年

续表

穆斯塔法二世	1695—1703 年
阿赫默德三世	1703—1730 年
马赫穆德一世	1730—1754 年
奥斯曼三世	1754—1757 年
穆斯塔法三世	1757—1774 年
阿卜杜尔·哈密德一世	1774—1789 年
塞利姆三世	1789—1807 年
穆斯塔法四世	1807—1808 年
马赫穆德二世	1808—1839 年
阿卜杜尔·迈吉德一世	1839—1861 年
阿卜杜尔·拉齐兹	1861—1876 年
穆拉德五世	1876 年
阿卜杜尔·哈密德二世	1876—1909 年
穆罕默德五世	1909—1918 年
穆罕默德六世（最后一位苏丹）	1918—1922 年
阿布杜尔·迈吉德二世（最后一位哈里发）	1922—1924 年

资料来源：Ахмед Садулов, *История на Османската империя* (*XIV—XX в.*), В. Търново, "Faber", 2000, с. 335。

附录二 土耳其概况

土耳其历届总统及任职时间[*]

姓名（生卒）	任职时间
穆斯塔法. 凯末尔·阿塔图尔克（Mustafa Kemal Atatürk）（1881—1938）	1923. 10. 29—1938. 11. 10
阿卜杜勒哈立克·兰达（Abdülhalik Renda）（代总统）（1881—1957）	1938. 11. 10—1938. 11. 11
伊斯麦特·伊诺努（İsmet İnönü）（1884—1973）	1938. 11. 11—1950. 5. 22
杰拉勒·拜亚尔（Celal Bayar）（1883—1986）	1950. 5. 22—1960. 5. 27
杰马勒·古尔塞勒（Cemal Gürsel）（代总统）（1895—1966）	1960. 5. 27—1961. 10. 10.
杰马勒·古尔塞勒（Cemal Gürsel）（1895—1966）	1961. 10. 10—1966. 2. 2
易卜拉欣·谢夫基·阿塔萨贡（İbrahim Şevki Atasagun）（代总统）（1899—1984）	1966. 2. 2—1966. 3. 28
杰夫德特·苏奈（Cevdet Sunay）（1899—1982）	1966. 3. 28—1973. 3. 28
特金·阿勒布伦（Tekin Arıburun）（代总统）（1903—1993）	1973. 3. 29—1973. 4. 6
法赫里·科鲁图尔克（Fahri Korutürk）（1903—1987）	1973. 4. 6—1980. 4. 6

续表

姓名（生卒）	任职时间
伊赫桑·萨布里·恰拉亚吉尔（İhsan Sabri Çağlayangil） （1908—1993）	1980.4.6—1980.9.12
凯南·埃夫伦（Kenan Evren）（代总统） （1917—2015）	1980.9.12—1982.11.9
凯南·埃夫伦（Kenan Evren） （1917—2015）	1982.11.9—1989.11.9
图尔古特·厄扎尔（Turgut Özal） （1927—1993）	1989.11.9—1993.4.17
许萨梅丁·金多鲁克（Hüsamettin Cindoruk）（代总统） （1933— ）	1993.4.17—1993.5.16
苏莱曼·德米雷尔（Süleyman Demirel） （1924—2015）	1993.5.16—2000.5.16
艾哈迈德·内杰代特·塞泽尔（Ahmet Necdet Sezer） （1941— ）	2000.5.16—2007.8.28
阿卜杜拉·居尔（Abdullah Gül） （1949— ）	2007.8.28—2014.8.28
雷杰普·塔伊普·埃尔多安（Recep Tayyip Erdoğan） （1954—）	2014.8.28—

* 土耳其总统当选后，必须脱离原有党派，因而未列出总统所属政党。

土耳其历届总理及任职时间

姓名（生卒）	任职时间	所属党派
伊斯麦特·伊诺努（İsmet İnönü） （1884—1973）	1923.11.1—1924.11.21	共和人民党
费特希·奥克亚尔（Fethi Okyar） （1880—1943）	1924.11.21—1925.3.6	共和人民党
伊斯麦特·伊诺努（İsmet İnönü） （1884—1973）	1925.3.6—1937.10.25	共和人民党
杰拉尔·拜亚尔（Celâl Bayar） （1883—1986）	1937.10.25—1939.1.25	共和人民党
勒菲克·萨伊达姆（Refik Saydam） （1881—1942）	1939.1.25—1942.7.8	共和人民党
艾哈迈德·菲克里·图泽尔 （Ahmet Fikri Tüzer）（代总理）（1878—1942）	1942.7.8—1942.7.9	共和人民党

续表

姓名（生卒）	任职时间	所属党派
苏克鲁·萨拉吉奥卢（Şükrü Saracoğlu）（1887—1953）	1942.7.9—1946.8.7	共和人民党
雷杰普·佩凯尔（Recep Peker）（1889—1950）	1946.8.7—1947.9.9	共和人民党
哈桑·萨丁（Hasan Saka）（1885—1960）	1947.9.10—1949.1.16	共和人民党
塞姆斯丁·居纳尔塔伊（Şemsettin Günaltay）（1883—1961）	1949.1.16—1950.5.22	共和人民党
阿德南·曼德列斯（Adnan Menderes）（1899—1961）	1950.5.22—1960.5.27	民主党
杰马勒·古尔塞勒（Cemal Gürsel）（1895—1966）	1960.5.28—1961.10.7	军人政府
法赫雷丁·厄兹迪莱克（Fahrettin Özdilek）（代总理）（1898—1989）	1961.10.30—1961.11.20	无党派
伊斯麦特·伊诺努（İsmet İnönü）（1884—1973）	1961.11.20—1965.2.20	共和人民党
苏阿特·哈伊力·于尔居普吕（SuatHayri Ürgüplü）（1903—1981）	1965.2.20—1965.10.27	无党派
苏莱曼·德米雷尔（Süleyman Demirel）（1924—2015）	1965.10.27—1971.3.26	正义党
尼哈特·埃里姆（Nihat Erim）（1912—1980）	1971.3.26—1972.4.17	无党派
费里特·梅伦（Ferit Melen）（1906—1988）	1972.4.17—1973.4.15	共和信任党
纳伊姆·塔鲁（Naim Talu）（1919—1998）	1973.4.15—1974.1.25	无党派
比伦特·埃杰维特（Bülent Ecevit）（1925—2006）	1974.1.25—1974.11.17	共和人民党
萨迪·伊尔马克（Sadi Irmak）（1906—1990）	1974.11.17—1975.3.31	无党派
苏莱曼·德米雷尔（Süleyman Demirel）（1924—2015）	1975.3.31—1977.6.21	正义党
比伦特·埃杰维特（Bülent Ecevit）（1925—2006）	1977.6.21—1977.7.21	共和人民党
苏莱曼·德米雷尔（Süleyman Demirel）（1924—2015）	1977.7.21—1978.1.5	正义党

续表

姓名（生卒）	任职时间	所属党派
比伦特·埃杰维特（Bülent Ecevit）(1925—2006)	1978.1.5—1979.11.12	共和人民党
苏莱曼·德米雷尔（Süleyman Demirel）(1924—2015)	1979.11.12—1980.9.12	正义党
比兰德·乌卢苏（Bülend Ulusu）(1923—2015)	1980.9.12—1983.12.13	军人政府
图尔古特·厄扎尔（Turgut Özal）(1927—1993)	1983.12.13—1989.10.31	祖国党
阿里·博泽尔（Ali Bozer）（代总理）(1925—)	1989.10.31—1989.11.9	祖国党
耶尔德勒姆·阿克布卢特（Yıldırım Akbulut）(1935—)	1989.11.9—1991.6.23	祖国党
梅苏特·耶尔马兹（Mesut Yılmaz）(1947—)	1991.6.23—1991.11.20	祖国党
苏莱曼·德米雷尔（Süleyman Demirel）(1924—2015)	1991.11.20—1993.5.16	正确道路党
厄达尔·伊诺努（Erdal İnönü）（代总理）(1926—2007)	1993.5.16—1993.6.25	社会民主党
坦苏·齐莱尔（Tansu Çiller）(1946—)	1993.6.25—1996.3.6	正确道路党
梅苏特·耶尔马兹（Mesut Yılmaz）(1947—)	1996.3.6—1996.6.28	祖国党
内吉梅廷·埃尔巴坎（Necmettin Erbakan）(1926—2011)	1996.6.28—1997.6.30	繁荣党
梅苏特·耶尔马兹（Mesut Yılmaz）(1947—)	1997.6.30—1999.1.11	祖国党
比伦特·埃杰维特（Bülent Ecevit）(1925—2006)	1999.1.11—2002.11.18	土耳其民主左翼党
阿卜杜拉·居尔（Abdullah Gül）(1949—)	2002.11.18—2003.3.14	正义与发展党
雷杰普·塔伊普·埃尔多安（Recep Tayyip Erdoğan）(1954—)	2003.3.14—2014.8.28	正义与发展党
阿赫梅特·达乌特奥卢（Ahmet Davutoğlu）(1959—)	2014.8.29—2016.5.26	正义与发展党
比纳利·耶尔德勒姆（Binali Yıldırım）(1955—)	2016.5.26—	正义与发展党

注：上述两表均由西北大学张向荣博士收集整理，在此表示衷心感谢。

土耳其的基本情况（2010）

内容	数值
领土面积（千平方千米）	783.6
占巴尔干地区国家*领土的（%）	50.6
土耳其的欧洲部分领土面积（千平方千米）	23.8
占巴尔干半岛欧洲领土面积的（%）	5
人口（百万人）	72.5
占巴尔干国家总人口的（%）	52.4
土耳其欧洲部分的人口	15.0
这部分土耳其人占巴尔干半岛居民的（%）	27.9
国内生产总值（按购买力计算/按名义价值计算 10亿美元）	960.5/741.8
占所有巴尔干国家生产总值（按购买力计算/按名义价值计算的 %）	49.8/71.6
土耳其欧洲部分的GDP（按购买力计算/按名义价值计算 10亿美元）	60.0/45.0
这部分占所有巴尔干半岛生产总值（按购买力计算/按名义价值计算的 %）	9.6/9.5
人均GDP（按购买力计算/按名义价值计算 美元）	13500/10400
人均GDP在巴尔干国家的排名（按购买力计算/按名义价值计算）	4/4
2000—2010年GDP年均增长速度	4.2
2000—2010年GDP年均增长速度在巴尔干国家的排名	5—6
对外贸易额（10亿美元）	280
在土耳其的外国直接投资（10亿美元）	83.5
政治和经济发展指数在巴尔干国家的排名	5
全球竞争力指数在巴尔干国家的排名	3
腐败指数在巴尔干国家的排名	2
民主指数在巴尔干国家的排名	10
维护政治和公民自由度在巴尔干国家的排名	10—11
人权发展在巴尔干国家的排名	11
媒体自由度在巴尔干国家的排名	12

*包括巴尔干国家（地区）的全部或部分领土，即阿尔巴尼亚、波黑、保加利亚、希腊、科索沃、马其顿、罗马尼亚、斯洛文尼亚、塞尔维亚、克罗地亚、土耳其和黑山。

土耳其人口增长变化情况（1927—2017）

年份	人口
1927	13 648 000
1935	16 158 000
1940	17 821 000
1945	18 790 000
1950	20 947 000
1955	24 065 000
1960	27 755 000
1965	31 391 000
1970	35 605 000
1975	40 348 000
1980	44 737 000
1985	50 664 000
1990	56 743 000
1997	61 400 000
2000	67 804 000
2007	70 586 000
2010	73 723 000
2011	74 724 000
2012	75 627 000
2013	76 668 000
2014	77 696 000
2015	78 741 000
2016	79 815 000
2017	80 845 000

资料来源：http：//www.turkstat.gov.tr；https：//www.cia.gov/index.htm/。

土耳其超过百万人口的 10 个城市

城市	人口（2016 年）
伊斯坦布尔	1400 万
安卡拉	460 万
伊兹密尔	290 万
布尔萨	190 万
迪亚巴克尔	180 万
阿达纳	160 万
加齐安泰普	150 万
开塞利	120 万
科尼亚	100 万
安塔利亚	100 万

资料来源：http://www.turkstat.gov.tr。

土耳其与欧盟的经济合作

年份	2002	2005	2008	2009	2010
出口（10 亿欧元）	20.6	36.1	46.0	36.1	42.0
欧盟占土耳其出口（%）	54.0	62.0	48.0	46.0	50.0
土耳其占欧盟进口（%）	2.5	3.1	2.0	3.0	2.8
进口（10 亿欧元）	26.0	44.6	54.1	44.1	61.2
欧盟占土耳其进口（%）	48.0	46.0	37.0	40.5	49.5
土耳其占欧盟出口（%）	2.8	4.2	4.1	4.0	4.5
欧盟对土耳其的直接投资（10 亿欧元）	8.5	34	45.1	51.3	52.5

资料来源：*European Commission*, *Ixternal Trade Statistics*, 2011。

转引自 Венелин Цачевски, *България и Баллканите в началото на XXI век по пътя на Европеизация*, София, Издателство "Изток—Запад", 2011, с. 627。

欧盟对土耳其的入盟前援助（百万欧元）

年份	2007	2008	2009	2010	2011	2012	2013
过渡期机构援助	256.7	256.1	239.5	211.3	228.6	233.9	238.3
过境合作	2.1	2.9	3.0	9.6	9.8	10.0	10.2
地区发展	167.5	173.8	182.7	238.1	293.4	367.8	378.0
提高人力资源	50.2	52.9	55.0	63.4	77.6	89.9	96.0
农业地区的发展	20.7	53.0	85.5	131.3	172.5	197.9	213.0
共计	497.2	538.7	566.4	653.7	781.9	899.5	935.5

资料来源：European Commission，COM（2009）534，Brussels，14.10.2009。

转引自 Венелин Цачевски，*България и Баллканите в началото на XXI век по пътя на Европеизация*，София，Издателство "Изток—Запад"，2011，с.627。

附录三 土耳其历史上比较重要的日期和事件

1071 年	塞尔柱人在曼齐克特打败拜占庭军队
1080 年	塞尔柱人占领尼克亚（伊兹尼克），在小亚细亚建立塞尔柱人第一个首都
1116 年	塞尔柱人迁都科尼亚
1242 年	蒙古军队攻占安纳托利亚东北部地区，与塞尔柱军队冲突
1299 年	奥斯曼苏丹开始独立
1301 年	奥斯曼人在埃尼基谢希尔建都
1326 年	奥斯曼人占领布尔萨，建立奥斯曼国家正式首都
1346 年	奥斯曼人第一次进入巴尔干半岛
1354 年	奥斯曼人攻占加里波利城堡
1356 年	奥尔罕苏丹征服安卡拉
1361—1389 年	苏丹穆拉德一世在位
1362 年	奥斯曼人侵占亚德里安那堡（奥德林，又称埃迪尔内），并迁都于此
1371 年	奥斯曼人开始入侵塞尔维亚
1389 年	科索沃战役奥斯曼人击败塞尔维亚人的联军
1389—1402 年	绰号叫"闪电"的巴耶济德苏丹在位

附录三 土耳其历史上比较重要的日期和事件

1393 年	奥斯曼人占领特尔诺沃，保加利亚成为帝国的行省
1413—1421 年	苏丹穆罕默德一世远征希腊
1421—1451 年	苏丹穆拉德二世在位
1430 年	奥斯曼人攻占萨洛尼卡
1442 年	奥斯曼人进入特兰西瓦尼亚
1443—1468 年	斯坎德培领导阿尔巴尼亚人反抗奥斯曼人起义
1444 年	穆拉德二世抗击十字军的瓦尔纳战役
1451—1481 年	外号"侵略者"的苏丹穆罕默德二世在位
1453 年	君士坦丁堡沦陷成为奥斯曼帝国首都，穆罕默德二世称帝（苏丹）
1454—1459 年	塞尔维亚被穆罕默德二世征服，成为奥斯曼帝国行省
1458 年	奥斯曼帝国攻占雅典，统治希腊至 1830 年
1462 年	奥斯曼帝国占领波斯尼亚
1463—1479 年	奥斯曼帝国与威尼斯交战
1475 年	奥斯曼人占领克里米亚南部，克里米亚汗向苏丹称臣
1476 年	瓦拉几亚成为奥斯曼帝国封建领地
1479 年	阿尔巴尼亚全境被奥斯曼人侵占
1481—1512 年	苏丹巴耶济德二世在位
1499—1502 年	奥斯曼帝国同威尼斯战争
1503 年	摩尔多瓦臣属于奥斯曼帝国
1514 年	奥斯曼人征服库尔德斯坦
1516 年	奥斯曼人占领叙利亚和巴勒斯坦
1517 年	奥斯曼人占领埃及
1520—1566 年	苏丹苏莱曼"大帝"一世在位
1526 年	奥斯曼帝国军队在莫哈奇战役中获胜占领匈牙利王国
1529 年	奥斯曼帝国军队第一次包围维也纳失败
1538—1542 年	南比萨拉比亚和瓦拉几亚臣属于奥斯曼帝国
1534 年	奥斯曼人占领伊拉克
1535 年	奥斯曼帝国与法国签订和平、友好和贸易条约
1548—1549 年	苏莱曼一世发动第一次对伊朗战争

1553—1555 年	苏莱曼一世发动第二次对伊朗战争
1570—1573 年	奥斯曼帝国与"神圣同盟"（包括西班牙、威尼斯、热那亚等国）交战
1573 年	奥斯曼帝国与威尼斯缔结和约，塞浦路斯被奥斯曼帝国占领
1593—1606 年	奥地利与奥斯曼帝国交战
1623—1640 年	苏丹穆拉德四世在位
1648—1669 年	奥斯曼帝国军队包围康迪亚并占领克里特岛（直到1898年）
1681 年	爆发第一次俄土战争
1683 年	奥斯曼帝国军队攻打维也纳失败
1684—1699 年	奥斯曼帝国同"神圣同盟"（奥地利、波兰、威尼斯和俄罗斯）战争
1687 年	奥斯曼帝国军队在莫哈奇被击败，哈布斯堡家族成为匈牙利国王
1695—1703 年	苏丹穆斯塔法二世在位
1699 年	奥斯曼帝国与哈布斯堡王朝缔结《卡洛维茨和约》，帝国丧失匈牙利领土
1710—1711 年	俄土战争，签订《普鲁特和约》
1714—1718 年	奥斯曼帝国与威尼斯和奥地利战争
1703—1730 年	苏丹阿赫默德三世在位（"郁金香"时期）
1739 年	奥斯曼帝国与俄国和奥地利战争
1768—1774 年	俄土战争签订《卡丘克·卡纳贾条约》，帝国丧失克里米亚，俄国进入黑海
1787—1792 年	俄、奥联合对奥斯曼帝国战争
1788 年	奥地利向奥斯曼帝国宣战
1789—1807 年	苏丹塞利姆三世在位
1798 年	奥斯曼帝国因埃及问题向法国宣战
1804—1813 年	卡拉乔尔杰领导塞尔维亚起义
1807—1812 年	俄土战争

1807—1808 年	埃尼恰尔（禁卫军）起义
1808—1839 年	苏丹马赫穆德二世在位
1815 年	维也纳大会：奥斯曼帝国将比萨拉比亚归还俄国，亚得里亚海沿岸归奥地利，爱奥尼亚海岛屿归英国
1815 年	米洛什·奥布雷诺维奇领导第二次塞尔维亚起义
1821—1829 年	希腊独立战争
1828—1829 年	俄土战争，缔结《奥德林和约》
1830 年	希腊宣布独立，3 月 25 日定为希腊独立日
1839 年	奥斯曼帝国颁布"久尔汉旨令"，开始坦齐马特改革时期（直到 1876 年）
1839—1861 年	苏丹阿布杜尔·梅吉德一世在位
1840 年	英、俄、奥、普在伦敦签订确保奥斯曼帝国领土完整的公约
1853—1856 年	英国、法国和土耳其发动针对俄国的克里米亚战争
1856 年	创立"奥斯曼银行"
1861—1876 年	阿布杜尔·阿齐兹苏丹在位
1865 年	成立"新奥斯曼"维护宪法秘密组织
1866—1869 年	希腊克里特岛爆发反对奥斯曼人的起义
1876—1909	阿布杜尔·哈密德二世苏丹在位
1875—1876 年	波斯尼亚和保加利亚爆发反奥斯曼帝国武装起义
1876 年	第一部土耳其宪法诞生
1877—1878 年	最后一次俄土战争，缔结《圣·斯特凡诺和约》
1878 年	俄、德、奥匈、法、英、意、土签订《柏林条约》，塞尔维亚、黑山和罗马尼亚获得独立、建立保加利亚公国
1889 年	成立反苏丹"奥斯曼团结"秘密组织
1894 年	"奥斯曼团结"组织成为"团结与进步"党
1894—1896 年	亚美尼亚大屠杀
1897 年	希腊与土耳其进行争夺克里特岛战争，希腊军队被击败

1902 年	土耳其各反苏丹组织在巴黎召开代表大会
1908 年	青年土耳其党人政变，恢复奥斯曼帝国 1876 年制定的宪法
1909—1918 年	穆罕默德五世苏丹在位
1911—1912 年	土耳其与意大利争夺的黎波里（塔尼亚）战争
1912—1913 年	第一次巴尔干战争希腊、保加利亚、塞尔维亚和黑山联合打败土耳其
1913 年	第二次巴尔干战争（同盟战争），签订《布加勒斯特和约》
1914 年	土耳其和德国在伊斯坦布尔缔结军事联盟秘密协议
1914 年	奥斯曼帝国站在同盟国一边参加第一次世界大战
1914 年	奥斯曼帝国向俄国宣战
1916 年	英、法、俄签订瓜分土耳其亚洲领地秘密协议
1918 年	奥斯曼帝国投降，签订《穆德罗斯停战协议》
1919 年	希腊与土耳其战争（至 1922 年 10 月）
1920 年	在安卡拉成立土耳其大国民议会，选举政府
1922 年	最后一位苏丹穆罕默德六世被推翻帝位
1923 年	土耳其与协约国缔结《洛桑和约》
1923 年	土耳其宣布为共和国，穆斯塔法·凯末尔当选为共和国总统，土耳其共和人民党成立
1924 年	土耳其废除哈里发制度
1924 年	大国民议会通过土耳其共和国第一部宪法
1925 年	土耳其与苏联签订《互不侵犯协定》
1928 年	修改宪法确保土耳其为世俗共和国，土耳其新字母体系诞生
1930 年	土耳其中央银行成立，拥有货币发行权
1934 年	大国民议会批准发展经济的"一五计划"
1934 年	土耳其与希腊、南斯拉夫和罗马尼亚缔结巴尔干公约
1936 年	土耳其签署《蒙特勒公约》，对博斯普鲁斯海峡拥有控制权

1938 年	凯末尔·阿塔图尔克逝世，伊斯麦特·伊诺努当选为共和国总统
1939 年	土耳其东北部发生里氏 7.8 级大地震，造成 3 万多人遇难
1941 年	土耳其宣布在苏联和德国的战争中中立
1944 年	土耳其断绝与德国外交关系
1945 年	土耳其向德国和日本宣战
1946 年	取消不能成立政党（共和人民党除外）禁令，组建民主党，第一次实行多党议会选举
1947 年	美国宣布长期经济援助土耳其和希腊的"杜鲁门计划"
1947 年	总统伊诺努发表《多党制宣言》，奠定土耳其多党制政治基础
1948 年	土耳其被接纳为欧洲理事会成员国
1950 年	民主党战胜共和人民党，拜亚尔当选为共和国总统
1950 年	土耳其派遣 4500 人参加侵朝战争
1952 年	土耳其加入北大西洋公约组织（北约）
1953 年	土耳其与希腊和南斯拉夫签订友好和互助合作条约（又称《巴尔干公约》）
1953 年	苏联正式宣布对土耳其没有任何领土要求
1955 年	伊斯坦布尔反希腊暴动失败，希腊和英国关于塞浦路斯谈判停止
1957 年	拜亚尔再度当选为共和国总统
1959 年	土耳其和希腊签订承认塞浦路斯独立的《苏黎世—伦敦协议》
1960 年	以古尔塞勒为首的军人集团发动政变接管政权
1960 年	塞浦路斯在土耳其、希腊和英国担保下独立
1961 年	颁布共和国历史上第二部宪法，曼德列斯下台，古尔塞勒当选为总统

1962 年	安卡拉军官学校企图发动政变，土耳其成立国家安全委员会
1963 年	土耳其与欧洲经济共同体（欧共体/欧盟）签署《安卡拉协定》
1964 年	土耳其部队空降塞浦路斯
1965—1971 年	正义党主席德米雷尔组织政府
1967 年	罗马教廷保罗六世访问伊斯坦布尔
1968 年	土耳其与保加利亚签订离散家庭协议，涉及在保加利亚的 7 万土耳其人
1969 年	正义党在选举中再度获胜，组织一党内阁
1969 年	罗马尼亚齐奥塞斯库对土耳其进行正式访问
1970 年	土耳其第一个伊斯兰政党"民族秩序党"成立
1971 年	土耳其第二次军事政变，成立梅伦"超党派"政府
1971 年	土耳其与中国正式建立外交关系
1973 年	土耳其举行大选，科鲁蒂尔克当选为共和国总统
1974 年	塞浦路斯危机激化，土耳其军队占领塞浦路斯北部地区，成立"北塞浦路斯土耳其共和国"
1975—1979 年	美国对土耳其实行武器禁运，土耳其接管美国在其领土上的军事基地
1975 年	土耳其与保加利亚签订长期合作条约
1976 年	土耳其与美国签订保留美军基地条约
1976 年	南斯拉夫铁托总统访问安卡拉
1976 年	土耳其和希腊在伯尔尼签订爱琴海大陆架条约
1978 年	卡拉曼利斯和埃杰维特在蒙特勒会晤
1979 年	保加利亚日夫科夫对土耳其进行正式访问
1980 年	埃夫伦将军发动军事政变，是为土耳其第三次军事政变
1982 年	埃夫伦总统访问保加利亚
1983 年	土耳其第三部宪法正式生效，确立国家安全委员会的特权

1983 年	军政府宣布解散，土耳其恢复民主大选
1983—1989 年	图尔古特·厄扎尔担任政府总理
1984 年	库尔德工人党开始与政府军发生武装冲突
1985 年	土耳其抗议保加利亚对土耳其族的改名换姓运动
1985 年	埃夫伦总统访问罗马尼亚
1986 年	埃夫伦总统访问南斯拉夫
1987 年	阿尔巴尼亚代表团正式访问土耳其
1987 年	土耳其成为欧共体联系国
1988 年	厄扎尔和帕潘德里欧在达沃斯会晤，厄扎尔正式访问希腊
1989 年	厄扎尔当选为共和国总统
1989 年	在伊斯坦布尔举行黑海国家经济合作纲领第一次会议
1991 年	提前举行议会选举，德米雷尔领导的正确道路党获胜并组阁
1992 年	黑海经济合作区在伊斯坦布尔发表成立声明
1993 年	厄扎尔逝世，土耳其第一位女总理齐莱尔领导政府
1995 年	埃尔巴坎的福利党在选举中获胜，建立第一个有伊斯兰倾向的政府
1996 年	土耳其加入欧洲关税同盟
1999 年	土耳其获得入盟候选国地位
1999 年	库尔德工人党领袖阿卜杜拉·厄贾兰被捕
1999 年	土耳其爆发大地震
2001 年	正义与发展党在安卡拉成立
2002 年	土耳其正义与发展党在大选中获胜上台执政
2003 年	土耳其大国民议会拒绝美军过境入侵伊拉克
2004 年	欧盟将库尔德工人党列为恐怖组织
2005 年	土耳其实行货币改革，发行新货币——土耳其新里拉
2005 年	欧盟启动土耳其的入盟谈判
2007 年	正义与发展党政府修改宪法，将总统选举改为全民直选，任期由 7 年改为 5 年且可连任一届

2009 年	美国总统奥巴马访问土耳其，两国建立"模范伙伴关系"，随后埃尔多安总理访问美国
2010 年	土耳其就修改宪法举行全民公投
2012 年	中国人民银行与土耳其央行签订双边货币互换协议，两国贸易开始以本币结算
2013 年	土耳其总理访问美国
2014 年	埃尔多安总理宣誓就任土耳其第 12 任总统，成为土耳其历史上首位民选总统
2014 年	罗马教皇访问土耳其
2014 年	土耳其政府和共和人民党同时宣布与库尔德地方政府的和谈进程进入一个"新的阶段"
2015 年	土耳其总统埃尔多安访华，并在北京出席中国—土耳其经贸论坛
2016 年	土耳其发生未遂军事政变，遭到严厉镇压

主要参考书目

（一）中文文献

郭长刚等编：《列国志·土耳其》，社会科学文献出版社2015年版。

黄维民：《奥斯曼帝国》，三秦出版社2000年版。

李秉忠：《土耳其民族国家建设和库尔德问题的演进》，社会科学文献出版社2017年版。

［俄］伊兹科维兹：《帝国的剖析——奥托曼的制度与精神》，韦德培译，学林出版社1996年版。

［美］戴维森：《从瓦解到新生——土耳其的现代化历程》，张增健、刘同舜译，学林出版社1996年版。

［苏］安·菲·米列尔：《土耳其现代简明史》，朱贵生等译，生活·读书·新知三联书店1973年版。

［土］埃杰维特：《中左——土耳其的一种政治思想》，徐鹃译，商务印书馆1984年版。

［土］悉纳·阿克辛：《土耳其的崛起：1789年至今》，吴奇俊、刘春燕译，社会科学文献出版社2017年版。

［英］阿德诺·汤因比：《文明的接触：希腊与土耳其的西方问题》，张文涛译，上海人民出版社2019年版。

［英］刘易斯：《现代土耳其的兴起》，范中廉译，商务印书馆1982年版。

［英］帕特里克·贝尔福:《奥斯曼帝国六百年》,栾力夫译,中信出版集团 2018 年版。

［英］尤金·罗根:《奥斯曼帝国的衰亡:一战中东,1914—1920》,王阳阳译,广西师范大学出版社 2017 年版。

(二) 外文文献

Крътьо Манчев, *История на балканските народи（1352 – 1878）*, том I , София, Парадигма, 2012.

Миша Глени, *Балканите 1804 – 1999*, С., Рива, 2004 г.

Румяна Прешленова, *Австро—Унгария и Балканите 1878 – 1912*, София, "Св. Климент Охридски", 2017.

Крътьо Манчев, *История на балканските народи（1918 – 1945）*, София, Парадигма, 2000.

Кемал Ататюрк, *Избрани речи и изказвания Кемал Ататюрк*, София, "Народна просвета", 1981.

Халил Реджебов, *Идеологията на Мустафа Кемал Ататюрк*, София, Издателство на Българската Академия наука, 1983.

Кръстьо Манчев, *Националният въпрос на Балканите*, Изд. „Ланс, С., 1995 г.

Робер Мантран, *История на Османската империя*, София, Рива, 1999.

Ибрахим Карахасан-Чънар, *Турция*, София, "ЛИК", 2000.

Димитри Кицикис, *Османската империя*, София, Кама, 2000.

Бърнард Люис, *Възникване на съвременна Турция*, Пловдив, "Пигмалион", 2003 г.

Василис Фускас, *Конфликтни зони. Вънщната политика на САЩ на Балканите и в Близкия изток*, С., "Арго Пъблишинг", 2005.

Под редакцията на Самих Ванер, *Турция*, С., "Рива", 2008 г.

Дженгиз Хаков, *История на съвременна Турция*, С.，"Парадигма"，2008 г.

Венелин Цачевски, *Балканите : краят на конфликтите* София，2008.

Дарко Танаскович, *Неоосманизмът*, С. "Изток-Запад"，2010 г.

Стефан Карастоянов и др.，*Регионална и политическа география на балканските страни*, част първа Университетско издателство "Св. Климент Охридски" София，2011。

Венелин Цачевски, *България и Балканите в началото на XXI век*, С.，"Изток-Запад"，2011 г.

Российский институт стратегических исследований, Владимир Иваненко, "*Российско-китайское взаимодействие в контексте предстоящего вывода коалиционных войск из Афганистана*" в "*Регион Центральньой Азии: состояние, проблемы и преспективы российско-китайского взаимодействия*"，сборник докладов, М.，2013 г.

Мариян Карагьозов, *Новата вънщина политика на Република Турция и предизвикателствата пред сигурността на България*, София，"Прима прес"，2014.

Ибрахим Ялъмов, *Етнокултурна и религиозна идентичност на турската общност в България*, С.，Висш ислямски институт，2014 г.

Снежана Ракова, *Венеция，Османската империя и Балканите XV—XVI в.* София，"Св. Климент Охридски"，2017.

Стефан Карастоянов и др.，*Регионална и политическа география на балканските страни*, част втора Университетско издателство "Св. Климент Охридски" София，2018.

съст. А. Костов, Е. Никова, *Балканите през първото десетилетие* на 21. век, С., "Парадигма", 2012 г.

Балканите след Втората световна война-Проблеми на 60-те години, С., "Наука и изкуство", 1978 г.

Ахмед Садулов, История на Османската империя (XIV—XX в.), В. Търново, "Faber", 2000.

Балканите през второто десетилетие на xx век: проблеми · предизвикателства · переспективи, С., "Парадигма", 2015.

主要人名译名索引

（按汉语拼音和英文字母排序）

A

阿巴斯 伊朗国王 Shah Abbas Ⅰ

阿巴斯，马哈茂德 Mahmoud Abbas

阿卜杜尔·哈密德一世 Abdul Hamid Ⅰ

阿卜杜尔·哈密德二世 Abdul Hamid Ⅱ

阿卜杜尔·拉齐兹 Abdul Azis

阿卜杜尔·迈吉德一世 Abdul Mejid Ⅰ

阿卜杜尔·迈吉德二世 Abdul Mejid Ⅱ

阿布杜拉赫 Abullah

阿克舍奈尔，梅拉尔 Meler Akşiner

阿佘克巴夏 Ashek Pasha

阿赫梅特·阿加 Ahemet Aga

阿赫梅特·伊泽特巴夏 Ahmet Izzet Pasha

阿赫默德一世 Ahmed Ⅰ

阿赫默德三世 Ahmed Ⅲ

阿赫梅德·尼亚齐贝伊 Ahmed Niyazi Bey

阿赫梅特·里扎贝伊 Ahmet Riza Bey

阿德梅尔·塔拉特 Talat Aydemir

阿里－巴夏，马拉什利 Marasli Ali-pasha

阿里巴夏，穆罕默德 Mehmed Ali Pasha
阿里·里扎巴夏 AliRiza Pasha
阿马努拉赫·汗 Amanulah Han
阿尔斯兰，凯·阿尔普 Kaye Alp Arslan
阿什顿，凯瑟琳 Catherine Ashton
亚历山德鲁·伊·库扎 Alexandru Ion Cuza
亚历山大 Alexandr
亚历山大二世 Aleksandr Ⅱ

B
巴赫切利，德弗雷特 Deflet Bahcelı
巴赫切利，德尼斯 Denıs Bahcelı
巴耶济德 Bayezid Ⅰ
巴耶济德二世 Bayezid Ⅱ
巴尔恰尔，大卫 David Barchard
巴伊卡拉，泽亚特 Zeyyat Baykara
拜亚尔，杰拉尔 Celal Bayar
贝卢斯科尼 Sivio Berlusconi
博兹贝伊利 Feruk Bozbeyli

C
杰拉松，塞达特 Sedat Celasun
杰马勒巴夏 Cemal Pasha
查拉扬吉尔，伊·萨·I. S. Chaglayangil
丘吉尔 Churchill

D
达马特·费里德巴夏 Damat Ferid Pasha

达乌特奥卢，阿赫梅特 Ahmed Davutoglu
德米雷尔，苏莱曼 Sulaiman Demirel
德米尔塔什，塞拉哈丁 Sılahattın Demirtaş
贾尔普 N. Djalp

E
爱德华八世 Eduart Ⅷ
叶卡捷琳娜二世 Ekaterina Ⅱ
易卜拉欣一世 Ibrahim Ⅰ
易卜拉欣巴夏 Ibrahim Pasha
伊赫萨诺格鲁，埃克梅莱丁 Ekmeleli Ihsanoglu
因杰，穆哈雷姆 Muhalem Inç
埃尔巴坎，内吉梅廷 Necmettin Erbakan
埃里姆，尼哈特 Nihat Erim
埃杰维特，比伦特 Bülent Ecevit
埃尔多安，雷·塔伊普 Recep Tayyip Erdoğan
埃尔幸，努雷廷 Nurettin Ersin
埃夫伦，凯南 Kenan Evren
恩维尔巴夏 Enver Pasha

F
法萨尔-埃米尔 Fasah Emil
费齐奥卢·图尔汉 Turhan Feyzıoğlu
斐迪南 Ferdinand
斐迪南一世 Ferdinand Ⅰ
菲特赫·贝伊 Fethi Bey
弗佐里，梅赫梅德 Mehmed Fuzuli

G

（总主教）格里高利五世 Grigoriy V

居莱尔 F. Gyurler

居尔，阿卜杜拉 Abdulah Gül

居伦，费特胡拉 Fethullah Gulen

居内什，图兰 Turan Güneş

奎慕什，波拉 Gümüş Pola

古尔塞勒，杰马尔 Cemal Gürsel

H

哈莱夫奥卢，瓦希特 Vahit Melih Halefoğlu

J

容克 Jean-Claude Juncker

K

卡梅伦 David Cameron

卡拉伊卡吉斯，乔治 Georgi Karaiskakis

卡洛尔二世 Karol Ⅱ

卡米尔巴夏 Kamil Pasha

卡帕提斯特里阿斯，雅尼斯 Ioannis Kapodistrias

卡拉·穆斯塔法巴夏 Kara Mustfa Pasha

凯末尔，穆斯塔法 Mustafa Kemal

捷马尔，伊斯玛依尔 Ismail Kemal

克里 John Kerry

科贾·锡南 Kodja Sinan

科洛科特罗尼斯 Kolokotronis

科鲁蒂尔克，法赫里 Fahri Korutyuk

君士坦丁十世 Konstantin X

君士坦丁十一世 Konstantin XI

L

拉扎尔大公 Lazar

蒂勒森 Rex Tillerson

M

马克龙 Emmanuel Macron

马夫罗科达托 Mavrokodato

马夫罗米哈里斯 Petros Mavromichalis

马赫穆德一世 Mahmud Ⅰ

马赫穆德二世 Mahmud Ⅱ

穆罕默德三世 Mehmed Ⅲ

穆罕默德四世 Mehmed Ⅳ

穆罕默德五世 Mehmed Ⅴ

穆罕默德六世 Mehmed Ⅵ

穆拉德四世 Murad Ⅳ

穆斯塔法一世 Mustafa Ⅰ

穆斯塔法二世 Mustafa Ⅱ

穆斯塔法三世 Mustafa Ⅲ

穆斯塔法巴夏 Mustfa Pasha

梅德韦杰夫，德米特里 Dmitry Medvedev

费里特·梅伦 Ferit Melen

梅内门焦格卢，努曼 Numan Menemenjioglu

曼德列斯，阿德南 Adnan Menderes

勇士米哈伊 Mihai Viteazul

米德哈特巴夏 Midhat Pasha

默安克尔,安格拉 Angela Dorothea Merkel

N
奈纳多维奇,马蒂亚 Matiya Nenadovic
内施里,梅赫梅德 Mehmed Neshri
尼亚齐贝伊,阿赫梅德 Ahmed NiyaziBey

O
奥布雷诺维奇,米洛什 Milos Obrenovic
奥斯曼加齐 OsmanI Gazı
奥斯曼二世 Osman Ⅱ
奥斯曼三世 Osman Ⅲ
奥托一世 Otto Ⅰ
厄扎尔,图尔古特 Turgut Ozal
厄贾兰,阿卜杜拉 Abdullah Ocalan

P
巴列维,里扎 Reza Pahlevi
佩特罗维奇,卡拉乔尔杰 Karagorge Petrovic
普京,弗拉基米尔 Vladimir Putin

Q
齐莱尔,坦苏 Tansu Çıller

R
拉格布巴夏 Ragib Pasha
雷希德巴夏,穆斯塔法 Mustafa Resid Pasha
雷伊斯,皮里 Piri Reys

鲁道夫一世 Rudolf Ⅰ
卢米，杰梁雷丁 Djelyaledin Rumi
罗斯福 Ruzvelt

S
萨巴赫丁 Sabahattin
萨义德巴夏 Said Pasha
沙欣卡亚，塔赫幸 Tahsin Sahinkaya
萨科齐 Nikolas Sarkozy
萨尔特克 X. Saltek
萨尔特克，哈伊达尔 Haydar Saltik
萨马拉斯，安东尼斯 Antonis Samaras
萨拉伊，法耶兹 Fayezal Sarraj
桑德尔斯，利曼·冯 Limanfon Sanders
桑贾尔，塞米赫 Semih Sanjial
谢夫凯特巴夏，马赫穆德 Mahmud Shefket Pasha
斯库法斯，尼科拉斯 Nikolaos Skufas
索别斯基，扬 Jan Sobieski
斯特拉提米罗维奇，罗斯提斯拉夫 Rostislav`Stratimirovic
苏奈尔普 T. Sunalp
塞利姆一世 Selım Ⅰ
塞利姆三世 Selim Ⅲ
塞泽尔，艾·内杰代特 Ahmet Necdet Sezer
西格蒙德 Sigizmund
斯坎德培 Skenderbeg
斯大林 Stalin
斯坦姆博洛夫，斯特凡 Stefan Stambolov
苏莱曼一世大帝 Suleyman I Kanuni

苏奈，杰夫德特 Cevdet Sunay

苏莱曼巴夏 Sulayman Pasha

T

塔格马什，迈杜赫 M. Tagmach

塔拉特巴夏 Talyat Pasha

塔鲁，纳伊姆 Naim Talu

蒂尔凯什 A. Tyurkesh

科洛科特罗尼斯，托多尔 Theodoros Kolokotronis

特弗费克巴夏 Tevfik Pasha

蒂尔凯什 Tyurkesh

蒂梅尔，内雅特 Nejat Tumer

蒂尔克曼，伊尔特尔 Ilter Turkmen

图斯克 Donald Tusk

W

瓦莱丁，沃德尼克 Valentin Vodnik

维尔德斯，海尔特 Geert Wilders

维尼泽罗斯 Eleutherios Venizelos

弗拉迪米雷斯库，图多尔 Tudor Vladimiresku

乌卢苏，比伦特 Bulent Ulusu

Y

耶尔德勒姆，比纳利 Binali Yıldırım

耶尔马兹，梅苏特 Mesut Yılmaz

伊普西兰迪斯，亚历山德罗斯 Aleksandros Ipsilantios

伊诺努，伊斯麦特 Ismet Inonu

伊诺努，埃德姆 Erdal İnönü

伊契科，佩特尔 PetarIcko

伊姆雷，尤努斯 UnusImre

伊泽特贝戈维奇，巴克尔 Baker Izetbeikovich

于尔居普吕 S. X. Yurgyuplyu

后　　记

　　我没有想到本书是我研究巴尔干国家历史的收官之作。老实说，我没有资格写土耳其的历史，因为我不懂土耳其语。但是，如果因为不懂对象国的语言，就不去研究或写作这个国家的历史，这似乎又不是一个世界历史研究者的应有态度。世界之大，国家之多，语言之繁，大家有目共睹。要撰写一个国家的历史和现实，首先要去关注、认识、了解这个国家，然后才是去研究这个国家。我从20世纪60年代初起在保加利亚索菲亚国立大学学习历史专业时，就开始笼统地听讲奥斯曼帝国历史和土耳其的近现代史，与保加利亚土耳其人也有一些接触。中国留学生中先后有4位同学专门学习土耳其语，我从他们那里了解到关于土耳其的一般常识。20世纪70年代我在中央广播事业局国际部担任保加利亚语修辞定稿时，结识了土耳其语组的同事，收集了不少有关土耳其的剪报，80年代初我在南斯拉夫进修时还有一个学期与土耳其学生同住一个寝室。20世纪90年代起，我几次到伊斯坦布尔游览，还正式访问过土耳其。应该说，正是这些零零碎碎的印象、知识和认识促使我要做一次尝试。

　　当然，作为巴尔干历史研究者，在完成了巴尔干地区史和南斯拉夫、保加利亚、阿尔巴尼亚等国的国别史之后，总觉得如果不写一本关于土耳其的专著，我的工作还没有做完，于心不忍。

于是，我冒着高龄的风险，决心试一试。可喜的是，今天我的愿望实现了，可以交卷了。至于还有两个重要的巴尔干国家希腊和罗马尼亚的历史，我是没有时间和精力继续了，但我相信年轻的学者会去完成。到那时，我国的巴尔干历史研究就打下了较为坚实的基础，已经粗具规模。

另外，我也是我们世界历史研究所最早尝试把历史研究与现实问题结合起来的研究人员之一。我一直努力在研究、叙述和依托历史事件和历史人物的同时，来观察和思考某个国家或地区现实问题的由来和发展。或者说，让呆板枯燥的历史能为解决今天鲜活的现实问题提供某种参考背景和意见，甚至是一把钥匙，因为现实问题也是历史遗留问题的延伸和再现。所以，我把本书干脆称为《土耳其：历史与现实》。这也算是我研究世界史的一种手段和方法吧。

2018年下半年，我向中国社会科学院离退休干部工作局申请写作《土耳其：历史与现实》一书，希望获得资助经费。2019年3月，我的申请获得批准，遂签订了《中国社会科学院离退休人员科研项目立项协议书》。因此，本书能够顺利出版，要感谢中国社会科学院离退休干部工作局的领导和有关工作人员，没有他们的支持和经费资助就不会有这本书的问世。同时，我还要衷心感谢中国社会科学出版社，没有他们的辛勤付出本书也不可能顺利出版。谢谢所有关心我的写作和本书命运的同事们！谢谢愿意浏览拙作的读者们！

马细谱
2021年9月1日于
中国社科院昌运宫宿舍